# 权威·前沿·原创

皮书系列为

"十二五""十三五""十四五"时期国家重点出版物出版专项规划项目

BLUE BOOK

**智库成果出版与传播平台**

并购蓝皮书
**BLUE BOOK** OF M&A

# 中国并购报告（2022）

ANNUAL REPORT OF M&A IN CHINA (2022)

全联并购公会

荣誉主编／王　巍

主　编／蔡　咏

执行主编／李　康

社会科学文献出版社

SOCIAL SCIENCES ACADEMIC PRESS（CHINA）

图书在版编目（CIP）数据

中国并购报告 . 2022 / 蔡咏主编 . --北京：社会
科学文献出版社，2022.9
（并购蓝皮书）
ISBN 978-7-5228-0526-9

Ⅰ. ①中… Ⅱ. ①蔡… Ⅲ. ①企业合并-研究报告-
中国-2022 Ⅳ. ①F279.21

中国版本图书馆 CIP 数据核字（2022）第 143125 号

并购蓝皮书

# 中国并购报告（2022）

主　　编 / 蔡　咏
执行主编 / 李　康

出 版 人 / 王利民
责任编辑 / 恽　薇　贾立平
责任印制 / 王京美

出　　版 / 社会科学文献出版社·经济与管理分社（010）59367226
　　　　　　地址：北京市北三环中路甲 29 号院华龙大厦　邮编：100029
　　　　　　网址：www.ssap.com.cn
发　　行 / 社会科学文献出版社（010）59367028
印　　装 / 三河市东方印刷有限公司

规　　格 / 开　本：787mm×1092mm　1/16
　　　　　　印　张：27.25　字　数：407 千字
版　　次 / 2022 年 9 月第 1 版　2022 年 9 月第 1 次印刷
书　　号 / ISBN 978-7-5228-0526-9
定　　价 / 158.00 元

读者服务电话：4008918866

# 《中国并购报告（2022）》
# 编委会

# 主要编撰者简介

**蔡 咏** 全联并购公会常务副会长，国元证券股份有限公司原党委书记、董事长，亚洲金融智库研究员，中国人民大学国际并购与投资研究所理事，深圳证券交易所战略发展委员会委员，上海证券交易所博士后导师，深圳资本市场学院、安徽财经大学、重庆工商大学特聘教授，中国证券行业文化建设委员会顾问。研究方向为资本市场、投资银行管理、公司投融资、证券行业文化建设。著有《实践的回眸：证券公司、资本市场及文化建设》（安徽人民出版社）、《实践的眼睛：证券公司与资本市场研究》（中国经济出版社）、《中国资本市场专题研究》（合肥工业大学出版社），编著《会计原理》（复旦大学出版社）、《会计原理的学与教》（安徽人民出版社），出版译著《国际会计》（中国旅游出版社），主编系列报告《安徽上市公司发展报告》（社会科学文献出版社）、《中国并购报告（2021）》（社会科学文献出版社），发表学术论文、课题研究报告等 50 余篇。

**李 康** 博士，正高级经济师。现任湘财证券股份有限公司首席经济学家、副总裁兼研究所所长，中国证券业协会首席经济学家委员会主任委员。兼任全联并购公会学术与培训委员会副主任、上海市金融工程研究会副理事长、中国政法大学破产法与企业重组研究中心研究员等。2011 年起担任国家统计局中国经济景气监测中心百名经济学家信心调查专家，2020 年起受聘湖南省人大财政经济委员会财经工作咨询专家，2020 年起入选中国证券业协会课题研究 70 人专家库，连续 10 年担任证券时报"中国上市公司价值评选"专家评审委员。2001年起担任证券业从业资格考试统编教材《证券投资分析》主编并任2018~2022版《金融市场基础知识》主编。出版《中国资本市场实务运作指引》《中国产业投资基金理论与实务》等论著、译著多部。主持的多项研究课题屡获相关领域最高奖项，在《经济研究》《统计研究》等国家级核心刊物及行业主流媒体上发表多篇研究成果。

特别鸣谢下列 6 家全联并购公会理事单位对《中国并购报告（2022）》研创与出版的大力支持！在此表示衷心的感谢！

1. 北京尚融资本管理有限公司    »

2. 中环控股集团    »

3. 洽洽食品股份有限公司    »

4. 合肥滨湖金融小镇管理有限公司    »

5. 山东华信清算重组集团有限公司    »

6. 致同中国    » Grant Thornton 致同

（注：排名不分先后）

# 摘　要

　　2021 年，伴随全球各经济体陆续从新冠肺炎疫情中恢复生产经营活动，叠加大规模的货币财政刺激政策，各国并购市场迎来了不同程度的恢复反弹势头。总报告对 2021 年中国并购市场发展的宏观环境进行了全面的分析，指出新冠肺炎疫情的负面影响正在减弱，国内市场年度积压的并购需求得到集中释放，且在量化宽松政策提供的充裕流动性支撑下，并购意愿和能力得到大幅提升。2021 年，国内并购市场呈现并购数量增长、单笔成交金额下降的特征。随着中国经济进入降速提质的高质量发展阶段，马太效应逐步显现，中小型企业被并购的意愿逐步提高。

　　政策法规篇通过对本年度中国立法机关、行政机关新颁布的与并购重组直接或间接相关的法律、法规、规范性文件的回顾与分析，完整地呈现了这一年来中国有关并购重组的法律体系建设的全貌；通过对主要法律、法规和主要规范性文件的分析与评价，进一步呈现了这一年来中国现有并购重组规则的完善情况或新规则的建立情况，并对这些进一步完善的规则和新规则进行了简要的解读。行业篇通过对制造业、能源矿产业等十大行业的发展背景、现状与趋势以及并购规模、特点等进行研究，辅以主要并购案例的逻辑框架解读，系统全面地呈现了国内主要行业的最新并购状况；揭示了在目前全球产业链的重构及创建"双循环"的发展格局中，一些规模较小的企业面临着生存和成长的压力，而大型公司正在通过纵向的产业并购，扩大其在市场竞争中的分量及价值，2021 年国内并购市场中产业链的纵向并购增长较快。专题篇聚焦国内并购市场，对上市公司、民营企业的并购以及并购基

金的发展情况进行了归纳分析。热点篇重点分析了反垄断监管框架下和 ESG 投资框架下相关行业并购的新情况，同时特别增加了对新冠肺炎疫情下的跨境并购现状及趋势的分析，对元宇宙领域的并购重组分析，以及对深化混合所有制改革、助力国有经济优化布局和调整结构等热点问题的深入探讨。案例篇对本年度内一些具有市场影响力的并购案例进行了重点分析，例如，中升集团收购仁孚中国、极兔速递并购百世快递、高瓴资本收购皇家飞利浦以及中国建材水泥板块业务的深度整合等。最后，本报告的"附录"中，为读者提供了 2021（第十八届）中国并购年会和第七届中国并购基金年会的精彩观点集萃。

**关键词：** 并购市场　行业并购　并购重组

# 序一　重启并购，为数字经济和
## 全球经济做贡献

王　巍　全联并购公会创始会长

拿到全联并购公会常务副会长、资深金融专家蔡咏主编的《中国并购报告（2022）》书稿，非常感慨。疫情中，并购人没有"躺平"，依然坚守信念，默默地为行业树碑立传。如约，我再次写一个短序。

新冠肺炎疫情的全球蔓延给全球经济带来了巨大冲击，2022年伊始，疫情的多点散发更是给并购人带来了巨大挑战。关注未来，我们都要考虑新冠肺炎疫情带来的深刻影响。翻阅《中国并购报告（2022）》的目录与正文，在这个跨度长达20年的行业报告基调上，我们对2023年中国并购市场的预期将有这样几个重要的改变。

第一，并购价值观的重新定位。改革开放以来，中国企业界和金融界一个重要的驱动力是"做大做强"，这与新中国成立初期的"超英赶美"目标如出一辙，源于经济落后但理想远大的奋斗精神。这种举国之力的创业激情和全球开放的大环境的确创造了一个大国从贫穷到强大的奇迹，并购始终是重要的操作工具，厥功至伟。不过，最近几年，全球化趋势已经发生了深刻变化，中国的强劲增长模式与价值观和美欧主导的传统全球格局发生了激烈冲突，中国的成长动力与空间更多向内部转移。面对计划优先于市场、公平优先于效益、政策优先于规则的中国特色社会主义国情，许多基于价值观的挑战由此产生，如单纯地做大做强是否会导致市场垄断，破坏公平竞争的环境？一味追求加入全球经济体系是否会阻碍中国企业提升价值链空间，甚至

威胁国家经济利益安全？仅仅以资本为驱动力的并购扩张是否会形成野蛮生长？并购交易中如何考虑碳中和、就业、妇女权益等社会责任维度？

第二，数字经济的奠基。新冠肺炎疫情的一个重要推动就是数字经济的真正奠基。企业都在加速网络化和线上运营，始终提供在线服务的创新企业如拼多多等都拿出了亮眼业绩，而一些固守线下服务的企业纷纷倒闭破产。中国政府高度重视数字经济发展，也实施了一系列政策。实体资产和实体企业的数字化已经成为社会共识，已是大势所趋。大数据、云计算、人工智能、区块链等技术日益成熟，成为推动数字经济发展的动力。数字经济中的并购交易也日益活跃。2022年1月微软以687亿美元收购动视暴雪，4月马斯克以430亿美元收购推特，5月芯片制造商博通（Broadcom）以610亿美元收购威睿（VMware），成为2022年全球目前最大的三笔并购交易。我们期待同样的并购也会在中国发生。

第三，全球并购将再次启动。中国政府非常明确将对外开放作为长期基本国策，而且坚定中国经济是全球经济的一部分。如果说传统产业的融合已经完成了历史阶段目标，那么中国的科技、医疗、环境、金融服务和数字经济则刚刚登上全球舞台，这应当成为中国企业家和创业者全力以赴的领域，并购业也应当仁不让，倾情助力。

全联并购公会二十年来为并购交易鼓与呼，积极推动中国并购行业的法治化、市场化和全球化建设，不忘初心，矢志不渝。每一年的并购报告都是对并购业重要事件、人物和观念的检视，为中国并购人摇旗呐喊。我们期待风雨过后天更晴，期待并购同仁摩拳擦掌，为中小企业纾困解难，为创新企业添砖加瓦，为并购先锋企业保驾护航，共同推动中国经济的数字化转型，成为全球经济中一股具有长远价值观和值得尊重的力量。

2022年5月30日

# 序二："冷清"不可怕　"转型"更重要

蔡　咏　全联并购公会常务副会长

2021 年中国资本市场亮点频现、收获满满，诸如：新《证券法》正式实施；投资者保护翻开了新篇章；"注册制"稳步扩容实施；"科创板"硕果累累；"新三板"改革获得成功；北京证券交易所闪亮登场，证券市场对外开放迈上了更高台阶。作为国内资本市场重要组成部分的并购市场整体成交金额，较上一年实现同比增长，但并购案件在数量上较上一年有所下降，平均单笔成交金额同比略有增长。故此，市场并购金额、数量、单笔金额三项统计数据齐升的势头，在 2021 年被"终结"，表明新冠肺炎疫情持续两年后，中小微企业整体抗风险能力较弱的劣势愈加突出。并购市场在新冠肺炎疫情持续冲击下，整体呈现强者恒强、弱者恒弱的特征。另外，从交易金额占比来看，2021 年中国并购市场占全球并购市场规模的比重也较上一年下降了近 10 个百分点。综合来看，2021 年国内并购市场整体上是收缩的，相对往年显得较为"冷清"，往年的并购热点行业如教育培训行业、互联网行业等并购规模呈下降态势。个人认为，2021 年国内并购市场状况不佳、较为"冷清"的原因有三个方面。第一，"科创板"的推出，全市场推广实施"注册制"，使得 IPO 首发比较容易，且近期以来 IPO 新发估值越来越高，发行价格逐渐被推高。例如：2020 年 12 月 20 日挂牌上市的"禾迈股份"，每股发行价为 500 多元，被称为"史上最贵新股"，发行市盈率高达 200 多倍；2020 年 A 股市场中，上市公司间并购交易的平均市盈率已超过 60 倍，而上市公司收购非上市公司的平均市盈率一般不超过 15 倍。所以，

在这种情况下，很多好的公司更愿意选择 IPO 首发，而不愿意进行并购交易。这应该是导致"冷清"的主要原因。第二，IPO 市场实施"注册制"后，能否上市交给证券交易所问询，在审核方式及时长上都有所改善。但是，并购交易的审核仍然采用原有的方式，审核的时间也较冗长，且审核关注点更加严格。从并购首次得到披露到重组完成的时间基本都超过了 300 天，时间比较长。第三，对并购资产标的的审核中，经常提到资产的"持续盈利能力"标准，并购市场对此感到较难把握。中国证监会发布的《上市公司重大资产重组管理办法》第 43 条中要求关注"有利于提高上市公司资产质量、改善财务状况和增强持续盈利能力"，监管的关注程度也逐渐提高。在 2020 年并购重组被否决的 15 单中，有 14 单的否决理由都与"持续盈利能力"标准相关，当然还有其他一些技术层面的问题。

走出国门，我们再来看一下 2021 年全球并购市场的情况：总体成交额较上一年同比增长约 10%；与国内市场相同，并购数量也较上一年下降了约 1/3；平均单笔交易额比上一年上升幅度较大，提升约有 70%。综合来看，2021 年全球并购市场呈现以下六个方面的特点。第一，因为全球疫情的影响，数字化的商业模式已经成为境外并购的重要考虑因素之一。受新冠肺炎疫情的影响，数字化和技术资产的交易正在加速，已成为全球并购市场的热点。第二，并购标的资产的市场估值被进一步分化，价格呈现"冰火两重天"的状况，各国央行推行的宽松的货币政策所带来的资金高流动性及充裕性，继续推动了全球并购活动的开展。然而，由于全球主要股票市场的反弹，充足的资本和大量私募基金的竞相交易，估值水平正在飙升。新冠肺炎疫情又使得大公司在市场上获得了更高的估值议价，不仅高科技行业是这样，其他的传统行业也是如此。事实上，由于各种疫情防控手段以及新冠病毒疫苗的出现，人们正在逐步恢复对经济转好的信心，提高了对全球经济增长率和利润率上升的预期，从而使并购标的估值提升。第三，虽然较高的估值通常意味着较高的风险，投资者因此会做出更加谨慎的选择，但是目前的全球并购市场对优质资产的竞争越来越激烈，出价也越来越高。资本市场投资者急切的投资需求，尤其是对数字化的技术公司以及具有行业变革影响力的公司的青睐，使得他们不惜代价进行商业竞争，交易节奏也随之加快。第四，由于全球对防止温室效应、气候变暖达成了共识，各国政府已在逐步落实"碳达峰"和"碳中和"的目标。所以，碳排放的约束因素在促进全球并购重组中发挥了前所未有的正面作用，市场在并购重组过程中会逐步考虑环境影响因素对并购重组所带来的"双刃剑"作用。第五，在全球产业链重构中，一些规模较小的供应商面临着生存的压力，而大型制造业公司正在考虑通过纵向的产业并购，扩大其在产业链中的分量及价值，所以全球并购市场中产业链的纵向并购笔数增加了很多。第六，各国的 PE 基金近几年发展比较快，其强烈的交易意愿推高了估值水平，竞争愈发激烈。受新冠肺炎疫情的严重影响，对于原来的商业模式迭代速度比较快的行业，有不少行业的资产价格受到 PE 基金的打压。

综观全球并购市场，"机遇"和"转型"成为 2021 年全球并购交易市场的两个关键词。对于一些公司来说，竞争可能很激烈，人们对疫情后经济恢复的"憧憬"和数字技术资产的"青睐"已经让大多数公司的掌门人达成了共识，从而推动了 2021 年并购交易数量和金额的增加，且平均交易规模也在扩大。实际上就并购交易一般情况来看，基本上在并购交易中自身的战略比较清晰、所筛选的目标比较合适，并且与管理层有着良好沟通的并购企业均取得了比较好的发展，且在交易过程中也进展得比较顺利。做并购的人都知道，并购交易不取决于你收购了什么以及标的资产多大，而是更看重并购后的整合，并购后的公司与之前所制定的整体发展战略、目标是不是相一致。只有这样的并购交易才能创造价值，才能在整合并购中产生"1+1＞2"的效果。另外，需要提及一点：2021 年全球达成的并购交易价值超 5 万亿美元，其中"特殊目的收购公司"（SPAC）模式的交易价值占了很大一部分，有近 2 万亿美元，该模式的发展劲头目前仍然比较强劲，并引发市场各方密切关注，包括美国证券监管当局也在加强对 SPAC 模式的监控，观察其实际效果以及对资本市场的影响。

2021 年"冷清"的国内并购市场与"转型"的境外并购市场形成了反差，这让我们这些从事并购重组的专业人士感到亦忧亦喜："忧"的是国内

并购何时才能解决所遇到的新问题，促使国内并购行业持续健康高质量的发展，维持甚至提高国内并购数额占全球并购市场的比重；"喜"的是境外并购市场出现的"转型"现象，也在国内并购市场中频频出现，机遇大增，引领国内并购市场在向数字化资产、防止气候变暖的环保行业以及供应链上游企业并购等方向倾斜，得到了企业家及并购专业人士的重视。我们有充分的理由相信：上述这些方面的并购重组将会在未来快速健康地发展起来。2022 年的并购报告中就适时地增加了数据资产、元宇宙以及疫情防控等方面的并购热点内容。

《中国并购报告（2022）》全面记录了 2021 年国内外并购市场的风云变幻，细致阐述了各行业及上市公司、混合所有制企业的并购状况，总结分析了 2021 年并购基金的发展趋势，回顾了与并购相关的法律法规及政策导向，对并购行业的关注者和参与者来说，是一份珍贵的参考资料。记录中国并购市场发展历程的该系列报告已经走过了 21 个年头。该系列报告专注的目光、独特的视角、忠实的笔触，依旧在《中国并购报告（2022）》中延续。此外，《中国并购报告（2022）》还适时增加了当年的热点话题。衷心感谢所有参与此报告撰写工作的人员。同时，也真诚希望各位同行、专业人士对本报告进行批评指正，以使今后的报告能够更加完善、全面和准确，为并购重组市场的高质量发展贡献力量，我们将感激不尽。

2022 年 6 月 19 日

# 目 录 ↰

## Ⅰ 总报告

## Ⅱ 政策法规篇

## Ⅲ 行业篇

## Ⅶ　附录

〔皮书数据库阅读**使用指南**〕

# 总 报 告
## General Report

# B.1
# 2021年中国并购市场分析

李康　何超　秦川*

**摘　要：** 伴随全球各经济体陆续从疫情中恢复生产活动，叠加大规模的货币财政刺激政策，全球并购市场在2021年迎来大幅反弹。全球并购交易总额超5万亿美元、并购交易数量超6万宗，流动性预期的改善成为2021年并购市场复苏的主要驱动力。本报告首先分析了2021年并购市场的宏观经济环境，伴随疫情而来的负面影响在边际减弱，2020年积压的并购需求得到集中释放，且在量化宽松政策提供的充裕流动性支撑下，并购市场意愿和能力得到大幅提升。其次，从国际并购市场的角度展开分析，美洲地区、EMEA地区和亚太地区并购数量和规模均实现同比上升，新冠肺炎疫情和全球生产活动的复苏刺激了医疗、金融、通信、航

---

\* 李康，博士，正高级经济师，湘财证券股份有限公司首席经济学家、副总裁兼湘财证券研究所所长，中国证券业协会首席经济学家委员会主任委员，主要研究方向为资本市场及相关法律；何超，北京大学经济学硕士，湘财证券研究所宏观分析师，CFA持证人，主要研究方向为国内外宏观经济和产业并购发展；秦川，上海交通大学高级金融学院硕士，湘财证券研究所宏观分析师，CFA持证人，主要研究方向为国际资本市场、外汇市场及投资基金业发展。

空等领域的并购需求。最后得出结论，中国并购市场在 2021 年呈现并购数量加速增长、单笔成交金额大幅下降的特征。随着中国经济进入降速提质的高质量发展阶段，马太效应逐步显现，中小型企业被并购的意愿逐步提高，2021 年中国并购案例主要集中在双循环、消费升级、数字经济等相关领域。

**关键词：** 并购环境　国际并购　行业并购

# 一　2021年并购市场的宏观经济环境

2021 年是全球经济进入新冠肺炎疫情影响下的第二年，在经历了 2020 年新冠肺炎疫情冲击下的全球经济衰退后，主要发达经济体实施天量货币宽松政策以应对疫情冲击，2021 年全球经济大幅反弹复苏，在 2020 年低基数的基础上，2021 年全球 GDP 实际同比增长 6.1%。

由于全球疫情目前仍未得到全面控制，疫苗的大规模接种和有效性验证仍需时日，叠加俄乌冲突等地缘政治危机影响，全球供应链扰动问题延续，粮食与能源安全问题愈发严峻，全球经济的复苏进程仍存在高度不确定性。

## （一）疫情冲击下各国经济复苏节奏不同

世界卫生组织数据显示，截至 2021 年 12 月 31 日，全球新冠肺炎疫情已波及 200 多个国家和地区，累计确诊病例已超过 2.8 亿例，累计死亡病例超过 540 万例。在 2020 年新冠肺炎疫情的严重冲击下，全球主要经济体实施宽松货币政策与财政政策，2021 年各国经济出现不同程度的复苏。

如图 1 所示，美国方面，2021 年第一季度 GDP 实际同比增长 0.55%，结束了疫情暴发以来连续 3 个季度的负增长，第二季度 GDP 实际同比增长 12.2%，在 2020 年第二季度受疫情影响 GDP 实际同比下滑 9.1% 的低基数基础上实现大幅反弹，第三季度与第四季度延续了复苏趋势，GDP 实际同比分别增长 5.0%、5.5%。整体来看，美国在疫情后果断实施天量货币宽松政策，2021 年全年复苏势头强劲，但进入 2022 年以后，随着美联储缩表加息周期的到来，疫情期间注入金融体系及个人账户的流动性将逐步被收回，经济增长有放缓趋势。从美国国债收益率角度观察，10 年期美债与 2 年期美债收益率出现倒挂，反映了短期流动性的快速降低以及市场对长期经济增长前景的不乐观，叠加俄乌冲突下通胀的加剧，市场预期未来 18 个月美国经济存在衰退风险。

欧元区方面，整体复苏节奏与美国相仿但落后于美国，2021 年第一季度 GDP 实际同比下滑 0.9%，第二季度 GDP 实际同比增长 14.8%，在 2020 年第二季度受疫情影响 GDP 实际同比下滑 14.7% 的低基数基础上实现大幅反弹，其反弹与下跌幅度均大于美国，结束了疫情暴发以来连续 5 个季度的负增长，第三季度与第四季度延续了复苏趋势，GDP 实际同比分别增长 3.9%、4.6%。

日本方面，在新冠肺炎疫情蔓延前的 2019 年第四季度 GDP 已进入衰退期，与欧元区同步在 2021 年第二季度 GDP 实际同比增长 7.3%，走出衰退期，第三季度与第四季度延续了复苏趋势，GDP 实际同比分别增长 1.2%、0.5%。整体看，日本是三大发达经济体中复苏力度最弱的国家，受疫情影响其 GDP 进入衰退期的时间最长。

如图 2 所示，新兴经济体方面，中国是金砖五国中受疫情冲击最早并最早实现经济复苏的国家。2020 年第一季度受疫情影响，中国 GDP 实际同比下滑 6.9%，在有效的疫情应对措施下，2020 年第二季度 GDP 实际增速重返增长轨道，并延续至 2021 年全年。2021 年第一季度中国更是在低基数效应下实现 GDP 实际同比增长 18.3%，随后 3 个季度延续复苏趋势，GDP 实际同比分别增长 7.9%、4.9%、4.0%。俄罗斯受疫情影响于 2020 年第二季度进入衰退期，当季 GDP 实际同比下滑 7.4%，于 2021 年第二季度实现复苏，当季 GDP 实际同比增长 10.5%，第三季度与第四季度延续复苏趋势，GDP 实际同比分别增长 4.0%、5.0%。印度受疫情冲击最大，2020 年第二季度 GDP 实际同比下滑 23.8%，但于 2020 年第四季度即较快实现复苏，当季 GDP 实际同比增长 0.74%；2021 年全年延续复苏趋势，其中第二季度因低基数效应 GDP 实际同比增长 20.1%，随后两个季度分别回落为 8.4%、5.4%。巴西与南非的复苏节奏也基本类似。

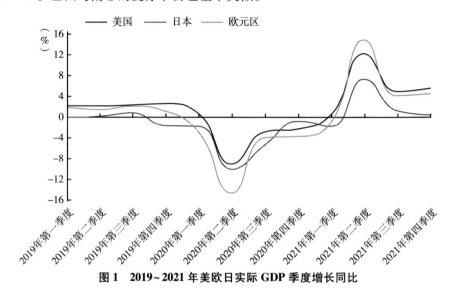

**图1 2019~2021年美欧日实际GDP季度增长同比**

资料来源：湘财证券研究所、Wind 数据库。

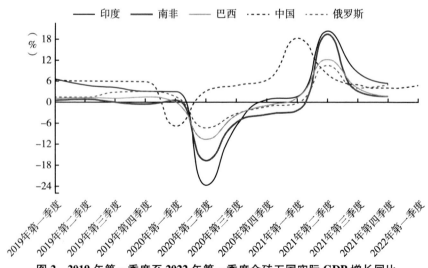

**图2 2019年第一季度至2022年第一季度金砖五国实际GDP增长同比**

资料来源：湘财证券研究所、Wind 数据库。

## （二）全球商品与服务贸易活动逐步复苏

新冠肺炎疫情对 2020 年全球商品与服务贸易均产生了较大冲击。2020 年全球货物贸易出口额为 17.6 万亿美元，较 2019 年的 19 万亿美元同比下滑 7.4%，进入 2021 年以后，随着疫苗接种在全球范围内的有序推进，以及各国因地制宜的常态化防控措施，全球货物贸易逐步复苏，全年货物贸易出口额为 22.3 万亿美元，在 2020 年低基数基础上同比增长 26.7%，较疫情前的 2019 年增长 17.4%。

分区域来看，北美地区 2020 年货物贸易出口额为 2.2 万亿美元，较 2019 年的 2.5 万亿美元同比下滑 12.0%，2021 年货物贸易出口额为 2.75 万亿美元，同比增长 25.0%，较疫情前的 2019 年增长 10.0%。欧盟 2020 年货物贸易出口额为 5.5 万亿美元，较 2019 年的 5.8 万亿美元同比下滑 5.2%，2021 年货物贸易出口额为 6.6 万亿美元，同比增长 20.0%，较疫情前的 2019 年增长 13.8%。金砖五国 2020 年货物贸易出口额为 3.5 万亿美元，较 2019 年的 3.6 万亿美元同比下滑 2.8%，2021 年货物贸易出口额为 4.7 万亿美元，同比增长 34.3%，较疫情前的 2019 年增长 30.6%。其中中国表现最为亮眼，2020 年货物贸易出口额为 2.6 万亿美元，较 2019 年的 2.5 万亿美元同比增长 4.0%，2021 年货物贸易出口额为 3.4 万亿美元，同比增长 30.8%，较疫情前的 2019 年增长 36.0%（见图 3）。

## （三）天量货币宽松政策和财政刺激政策逐步进入回收期

为应对新冠肺炎疫情对全球经济在生产制造、消费投资、居民信心等方面的冲击，各经济体吸取了 2008 年全球金融危机时的政策经验，迅速出台了一系列财政和货币刺激方案来减少疫情对实体经济的冲击，全球的财政和货币政策空前扩张，并在 2021 年全年延续。进入 2022 年第一季度后，各国货币政策逐步进入收紧阶段，疫情期间释放的流动性逐步开始收回。

财政政策方面，主要经济体在疫情暴发后均迅速推出了对企业进行减税、允许个人延迟纳税、对个人或家庭发放现金、增加失业保险及救济金等

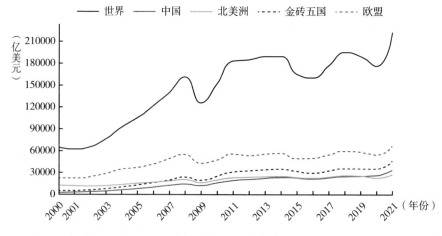

**图3　2000~2021 年全球主要经济体货物贸易出口金额**

资料来源：湘财证券研究所、Wind 数据库。

积极的财政政策。无论是发达国家还是发展中国家，财政支出均较往年出现
大幅上升。2020 年发达国家一般政府总支出占 GDP 比重为 46.5%，较 2019
年上升了 8 个百分点，2021 年发达国家一般政府总支出占 GDP 比重下降至
43.9%，仍高于疫情前水平，同期一般政府收入占 GDP 比重从 2019 年的
35.6%上升至 2021 年的 36.6%，财政赤字大幅增加。2020 年新兴市场和发
展中国家一般政府总支出占 GDP 比重为 33.4%，较 2019 年上升 2.6 个百分
点，2021 年一般政府总支出占 GDP 比重下降至 30.7%，已回到疫情前水
平，同期一般政府收入占 GDP 比重从 2019 年的 26.3%下降至 2021 年的
25.4%，财政赤字略有扩大（见图 4）。整体来看，发达国家受益于本币硬
通货的地位，财政政策在疫情期间的扩张相对更为容易。

货币政策方面，全球主要央行的资产负债表快速扩张。美联储资产负债
表规模从疫情暴发初期 2020 年初的 4.17 万亿美元扩张到 2021 年底的 8.76
万亿美元，扩张幅度为 110.1%（见图 5）。欧洲央行同期资产负债表规模从
2020 年初的 4.7 万亿欧元扩张到 2021 年底的 8.6 万亿欧元，扩张幅度为
83.0%。日本央行资产负债表规模从 2020 年初的 573 万亿日元扩张到 2021
年底的 724 万亿日元，扩张幅度为 26.4%（见图 6）。未来随着全球主要经

济体宽松货币政策的逐步退出，疫情期间释放的天量流动性将逐步被回收，流动性风险冲击将对新兴市场债务形成压力。

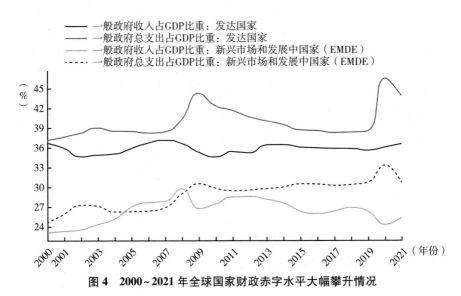

**图4　2000~2021年全球国家财政赤字水平大幅攀升情况**

资料来源：湘财证券研究所、IMF。

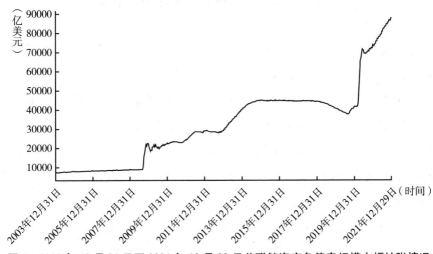

**图5　2003年12月31日至2021年12月29日美联储资产负债表规模大幅扩张情况**

资料来源：湘财证券研究所、Wind数据库。

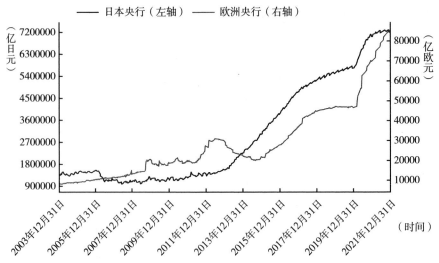

图 6　2003 年 12 月 31 日至 2021 年 12 月 31 日日本央行与
欧洲央行资产负债表规模大幅扩张情况

资料来源：湘财证券研究所、Wind 数据库。

## 二　2021 年国际并购市场概况

全球投资并购活动与全球经济基本同步，在 2020 年受到新冠肺炎疫情冲击后，于 2021 年有所复苏。

根据经济合作与发展组织（OECD）公布的数据，2021 年全球外国直接投资（FDI）总额为 1.6758 万亿美元，较 2020 年的 0.6865 万亿美元的规模同比增长 144.1%，较疫情前 2019 年的 1.1187 万亿美元的规模同比增长 49.8%，在天量货币宽松政策及财政刺激政策支持下，投资领域已完全恢复并超出疫情前水平（见图 7）。

OECD 国家 2021 年 FDI 总额为 1.2590 万亿美元，较 2020 年的 0.3763 万亿美元的规模同比增长 234.6%，较疫情前的 2019 年的 0.7398 万亿美元的规模同比增长 70.2%，优于全球 FDI 表现，发达经济体的量化宽松货币政策对 FDI 的影响显著，叠加 2020 年受疫情冲击的低基数效应，2021 年

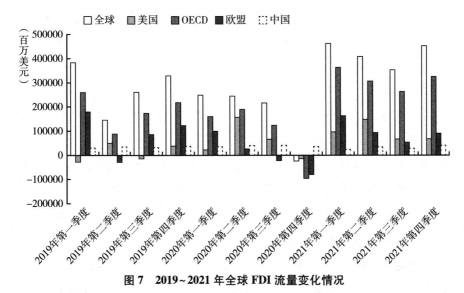

**图7 2019~2021年全球 FDI 流量变化情况**

资料来源：湘财证券研究所、OECD。

OECD 国家的 FDI 增速反弹明显。

2021年中国 FDI 总额为 0.1280 万亿美元，较 2020 年的 0.1537 万亿美元的规模同比下滑 16.7%，较疫情前的 2019 年的 0.1369 万亿美元的规模同比也下滑 6.5%。

2021年，在全球主要央行量化宽松货币政策叠加财政刺激政策的影响下，并购市场迎来大幅反弹。根据路孚特与普华永道的数据①，2021年全球并购交易总额超过 5 万亿美元，全球并购交易数量超过 6 万宗。市场流动性的改善成为 2021 年并购市场复苏的主要驱动力。

### （一）2021年美洲并购市场②概况

根据路孚特与普华永道的数据，2021 年美洲企业并购交易数量为 21297

---

① Global M&A Industry Trends：2022 Mid-Year Update，https：//www.pwc.com/gx/en/services/deals/trends.html.

② 美洲并购市场统计范围包括北美洲、南美洲及加勒比海地区。PwC 并购数据统计口径是在 Refinitiv 与 Dealogic 的数据整合基础上，加入 PwC 的主动分析调整；IMAA 作为 M&A 领域的非营利性组织，二者并购数据统计口径的差异可能导致美国与北美数据之间有误差。

宗，较 2020 年的 16743 宗同比增长 27.2%。2021 年上半年，美洲企业并购交易数量为 11012 宗，较 2020 年的 7367 宗增长 49.5%；下半年美洲企业并购交易数量为 10285 宗，较 2020 年的 9376 宗增长 9.7%。

美国不仅是美洲并购市场的代表地区，同时在一定程度上也能反映全球并购市场的概况。伴随疫情扰动影响边际减弱，以美国为代表的发达经济体生产活动有序恢复，在疫情期间积压的并购需求得到集中释放，同时背后又有美联储宽松政策释放的巨量流动性支撑。在这些有利因素的叠加下，2021年美国并购市场整体呈现并购意愿和并购能力大幅提升的态势。

分行业看，信息通信、交通运输、医疗科技、金融保险、商业地产等领域成为美洲并购市场的"香饽饽"。

信息通信行业，2021 年 5 月，美国电信巨头 AT&T 分拆旗下华纳媒体（Warner Media），与探索频道母公司 Discovery 合并，合并完成后 Discovery 与华纳媒体将成立一家独立的娱乐公司，市场估值达到 1500 亿美元，AT&T 持有新公司 71% 的股权，Discovery 持有 29% 的股权。AT&T 在此交易中获得 430 亿美元，包括现金、债务及华纳媒体保留的部分债务，成为 2021 年全球最大的一宗并购交易。

交通运输行业，2021 年 9 月，加拿大太平洋铁路公司（Canadian Pacific Railway Limited）以 310 亿美元的价格收购美国货运铁路集团（Kansas City Southern）。每股美国货运铁路集团的普通股票将换得 2.884 股加拿大太平洋铁路股票和 90 美元现金。此次双方的并购目的是打造一条连接墨西哥、美国和加拿大的高速铁路。

医疗科技行业，伴随新冠肺炎疫情的全球蔓延，"科技+医疗"的跨界整合更加受到企业的青睐。2021 年 12 月，美国软件巨头甲骨文公司（Oracle）宣布以每股 95 美元的全现金要约收购电子病历公司塞纳（Cerner），交易规模约为 283 亿美元。塞纳是北美医疗保健信息技术解决方案和技术支持服务的领先供应商，伴随甲骨文业务的不断扩张，收购塞纳有望使其加快布局医疗保健垂直市场，并能支持甲骨文刚刚起步的云基础设施业务。此外，2021 年 11 月，北美医药巨头默沙东（MSD）完成对 Acceleron

Pharma 的现金收购，合约总价值 115 亿美元。Acceleron Pharma 是一家临床阶段的生物制药公司，专注于抗癌药和针对罕见病的罕见药的研发，而默沙东此次收购 Acceleron Pharma 将补充公司的心血管领域管线。

金融保险行业，受近年来公共突发卫生事件冲击的影响，医疗保险的精细化管理将向纵深发展，美国医疗索偿处理企业 MSP Recovery 在 2021 年 7 月与 Lionheart Acquisition Corporation II 合并上市。合并后企业估值约为 326 亿美元，MSP Recovery 将利用新融入资金进一步强化其数据分析能力。

商业地产行业，伴随美国经济的复苏和就业率的好转，美国国内消费景气度上升，并购市场已关注到商业地产领域的发展机遇，2021 年 4 月，金克地产（Kimco）宣布以 38.7 亿美元的价格收购魏因加滕房地产投资信托公司（Weingarten）。两家公司均为投资购物中心的房地产信托公司，合并后公司于纽约证券交易所上市，而新公司将拥有 500 余家露天杂货购物中心。

从并购趋势看，以亚马逊、微软为代表的美国巨无霸企业经营状况并未受疫情影响，反而受益于美国资本市场的强劲表现和美联储的量化宽松政策，股价节节攀高，且现金流充足，因此在 2021 年的并购市场上也能屡见其踪。一方面，这些行业龙头通过并购活动能快速拓宽其业务布局，打破目标行业的技术壁垒和渠道壁垒，发挥协同效应，甚至方便其进行跨界竞争。另一方面，全球范围内有不少企业受疫情冲击影响，存在价值低估现象，而巨头们往往可以利用并购的"黄金窗口期"以相对低廉的价格收入优质资产。例如，2021 年 5 月，亚马逊宣布将以 84.5 亿美元收购米高梅影业，米高梅是《007》系列电影的制片公司，旗下还拥有 Epix 有线电视频道，制作过《使女的故事》《冰血暴》《维京传奇》等热门节目，亚马逊通过收购米高梅将进一步丰富亚马逊的电视和电影资料库，为未来与 Netflix 和 Disney 的竞争做好准备。此外，2021 年 4 月，微软宣布以 197 亿美元现金收购 Nuance。Nuance 专注于人工智能技术和语音识别研究，曾是苹果 siri 的主要技术支持者。微软将利用 Nuance 数十年的研发经验强化其在相关技术领域的研发实力。

## （二）2021年EMEA① 并购市场概况

根据路孚特与普华永道的数据，2021年EMEA地区企业并购交易数量为22715宗，较2020年的15952宗增长了42.4%。2021年上半年，EMEA地区企业并购数量为11178宗，较2020年的7007宗增长了59.5%；下半年，EMEA地区企业并购数量为11537宗，较2020年的8945宗增长了29.0%。

回顾2021年EMEA地区并购市场，伴随大部分国家逐步放开防疫举措，全球商业活动往来更加频繁，由此也加速了航空业的整合进程。2021年3月，全球租机巨头埃尔凯普飞机租赁公司（AerCap）收购通用集团旗下通用金融航空服务公司（GECAS）100%的股权，总规模超300亿美元。并购完成后，通用集团获得约230亿美元的净现金收入、新公司46%的股权以及10亿美元的AerCap优先级票据支付款。AerCap是空客和波音的最大客户，此次并购能够使AerCap进一步扩充业务规模，合并后公司拥有的飞机数量将从2020年底的1300多架上升至3000架左右。

欧洲是环保领域的先行者，在并购市场上也能反映其对环境保护的重视，2021年9月，荷兰皇家壳牌公司（Shell）以95亿美元现金将其在美国页岩油主产区二叠纪盆地（Permian Basin）的所有资产出售给全球最大独立油气企业康菲石油公司（ConocoPhillips），标志着Shell将从传统的石油和天然气生产转向可再生能源生产，成为企业践行绿色低碳化转型的典范。此外，2021年新冠肺炎疫情导致全球油价暴跌，Shell的二叠纪业务经营承压，此次并购交易不但有利于推进Shell的能源转型计划，而且还有助于其进一步优化整体资产负债表现。

欧洲也是奢侈品的重地，法国、意大利等一线奢侈品牌享誉全球。2021年1月7日，总部位于法国的全球最大奢侈品企业路威酩轩（LVMH）集团宣布完成对美国珠宝品牌蒂芙尼（Tiffany）的收购。早在2019年11月，路

---

① EMEA并购市场统计范围包括欧洲、中东及非洲地区。

威酩轩集团就有意宣布以 162 亿美元的价格将蒂芙尼公司收入囊中，但由于 2020 年的疫情冲击，路威酩轩集团一度想要放弃收购，最终双方协议将收购价格降至 158 亿美元，2020 年末，蒂芙尼公司股东批准了此项收购，并于 2021 年 1 月完成交易。

新冠肺炎疫情导致全球对医疗服务的需求激增，加速了医疗行业的并购浪潮。2021 年 4 月，西门子医疗（Siemens Healthineers）宣布顺利完成对瓦里安医疗系统公司（Varian Medical Systems）的现金收购，收购总价约 164 亿美元。瓦里安医疗系统公司是全球放射领域的巨头，合并后将成为西门子医疗旗下的新业务部门，而瓦里安医疗系统公司的加入将进一步巩固和加强西门子医疗在医学影像、实验室诊断、人工智能和治疗产品组合等领域的优势。

### （三）2021年亚太并购市场[1]概况

根据路孚特与普华永道的数据，2021 年亚太地区企业并购交易数量为 21136 宗，较 2020 年的 17748 宗增长 19.1%，相对落后于全球并购市场的复苏速度。

2021 年上半年，亚太地区企业并购交易数量为 9814 宗，较 2020 年的 7957 宗增长了 23.3%；下半年，亚太地区企业并购交易数量为 11322 宗，较 2020 年的 9791 宗增长了 15.6%。不同于美洲与 EMEA 地区市场，亚太地区经济活动在 2020 年受疫情冲击相对较小，其 2021 年的并购市场复苏的低基数效应相对不如美洲与 EMEA 地区市场显著，亚太地区并购市场在 2021 年表现相对平稳。

分行业看，数字经济、金融服务、互联网、线下服务业等领域成为亚太地区并购的主战场。2021 年 7 月，日立（Hitachi）收购美国数字工程服务公司 Global Logic，收购金额约为 96 亿美元。Global Logic 是全球领先的数字工程、体验设计和数据服务商，通过此次收购，日立将与 Global Logic 在

---

① 亚太并购市场统计范围包括中东以外的亚洲及大洋洲地区。

IT、能源、工业、移动、智能生活和汽车系统业务等多个领域开展合作，推动其从传统制造商向技术服务商转型。

金融服务领域，2021年4月，东南亚网约车和快递巨头Grab与特殊目的收购公司Altimeter Growth Corp.在美国纳斯达克证券交易所合并上市，市场估值约400亿美元，而Grab在这笔交易中融资45亿美元。Grab是一款集外卖、叫车、买菜等于一身的多功能平台软件，总部位于新加坡，业务遍及东南亚大部分地区，被誉为东南亚的"滴滴+美团"。伴随Uber等海外竞争者进军东南亚市场，Grab也逐渐将业务重心转向了金融服务领域，推出类似Alipay的Grabpay，目前其金融业务的增速已超过打车业务，此番合并上市也将为Grab进一步夯实其金融战略布局提供资本补充。

互联网领域，2021年3月，日本移动通信巨头软银（SoftBank Corp.）旗下的雅虎日本母公司和连我公司（LINE）实现经营合并，新公司名为Z Holdings。软银和LINE母公司韩国NAVER Corp.分别出资50%成立A Holdings公司，而这家公司又持有Z Holdings的65.3%股份。Z Holdings的搜索与社交媒体服务规模均居日本国内首位，也是日本最大互联网企业之一。

线下服务业，2021年5月，总部位于日本的7-Eleven连锁便利店宣布收购马拉松原油旗下Speedway便利店，收购价格为210亿美元，覆盖美国35个州约3900家Speedway便利店，并购完成后，7-Eleven将进一步扩大其在美国的商业版图至47个大中城市。此外，印尼打车软件和支付巨头Gojek与电商巨头Tokopedia宣布合并，共同创建印尼最大的互联网公司，总估值为180亿美元左右。合并后的新公司名为Goto，是一家集打车服务、食品配送和电子商务于一体的企业，也是印尼国内迄今为止最大的企业并购案例。

# 三 2021年中国并购市场分析

中国并购市场与资本市场类似，与海外成熟市场的多年发展经验相比，仍处于高速发展但尚未步入成熟期的阶段。随着中国经济在改革开放后经过四十多年的高速发展，经济增长速度逐步放缓，进入转型升级阶段后，与之配套的并购市场也将逐步进入成熟阶段。尤其在新冠肺炎疫情的影响下，中国中小企业因抗风险能力相对较弱，进入并购市场谋求出路成为其主要选择项。大型企业同样需要通过并购市场的资源整合，进一步提高自身竞争力，从而更好地应对全球化竞争格局，中国并购市场可谓方兴未艾。

### （一）2021年中国并购市场概况

根据普华永道统计分析数据[①]，2021 年中国并购市场整体成交金额为 6374 亿美元，较 2020 年的 7845 亿美元下降了 18.8%；整体并购数量为 12790 宗，较 2020 年的 10551 宗增加了 21.2%。从平均规模角度看，2021 年中国并购市场平均单笔成交金额为 0.50 亿美元，较 2020 年的 0.74 亿美元下降了 32.4%。中国并购市场在 2020 年并购金额、并购数量、单笔金额三项统计数据齐升的势头，在 2021 年被终结。2021 年的中国并购市场呈现并购数量加速增长、单笔成交金额大幅下降的显著特征，表明在新冠肺炎疫情的持续影响下，中小微企业整体抗风险能力较弱的劣势愈加突出，市场整体呈现强者愈强、弱者愈弱的特征。

从交易规模角度看，2021 年交易规模超过 10 亿美元的大额并购案有 97 宗，较 2020 年的 93 宗增长了 4.3%，但仍低于 2015 年的 114 宗的高峰水平。2021 年，中国并购市场整体收缩，主要是因为国内教育培训行业、互联网行业等并购热点领域受到政策影响整体呈收缩态势。

从交易行业来看，根据 Choice 金融终端的统计，2021 年中国制造业的总并购事件数与披露金额事件数均排名第一，分别为 4355 件和 3946 件，行业占比分别为 36.00% 和 36.31%。科学研究和技术服务业排名第二，总并购事件数与披露金额事件数分别为 2085 件和 1872 件，行业占比均为 17.23%。从行业并购总金额来看，制造业位于首位，并购总金额为 8335.67

---

① PwC M&A 2021 Review and 2022 Outlook, https://www.pwccn.com/en/services/deals-m-and-a/publications/ma-2020-review-and-2021-outlook.html.

亿元,占比为 34.55%。金融业与房地产业的并购总额也位居前列,分别达到 4324.57 亿元和 1565.66 亿元。从平均并购金额看,房地产行业居首位,披露金额事件数为 133 件,平均并购金额达到 11.77 亿元(见表 1)。

表 1　2021 年中国各行业并购统计

| 行业名称 | 总并购事件数(件) | 披露金额事件数(件) | 总金额(亿元) | 平均金额(亿元) |
|---|---|---|---|---|
| 农、林、牧、渔业 | 435 | 402 | 571.74 | 1.42 |
| 采矿业 | 114 | 98 | 800.87 | 8.17 |
| 制造业 | 4355 | 3946 | 8335.67 | 2.11 |
| 电力、热力、燃气及水生产和供应业 | 491 | 434 | 1150.66 | 2.65 |
| 建筑业 | 389 | 355 | 1155.27 | 3.25 |
| 批发和零售业 | 384 | 341 | 371.70 | 1.09 |
| 交通运输、仓储和邮政业 | 272 | 249 | 638.66 | 2.56 |
| 住宿和餐饮业 | 38 | 34 | 12.02 | 0.35 |
| 信息传输、软件和信息技术服务业 | 969 | 831 | 632.52 | 0.76 |
| 金融业 | 944 | 870 | 4324.57 | 4.97 |
| 房地产业 | 141 | 133 | 1565.66 | 11.77 |
| 租赁和商务服务业 | 439 | 383 | 622.37 | 1.63 |
| 科学研究和技术服务业 | 2085 | 1872 | 2486.41 | 1.33 |
| 水利、环境和公共设施管理业 | 224 | 188 | 470.58 | 2.50 |
| 居民服务、修理和其他服务业 | 511 | 457 | 817.64 | 1.79 |
| 教育 | 70 | 61 | 10.06 | 0.16 |
| 卫生和社会工作 | 30 | 30 | 22.12 | 0.74 |
| 文化、体育和娱乐业 | 200 | 176 | 74.43 | 0.42 |
| 综合 | 7 | 7 | 62.30 | 8.90 |

资料来源:湘财证券研究所、Choice。

回顾 2021 年中国并购市场的表现,不同于其他地区并购交易的大幅增长,中国在 2021 年的并购表现稳中向好。2020 年中国的并购活动多由政府和国有企业主导,而 2021 年中国并购市场除了有政府的身影,更多的是企业为谋求自身发展而进行的自主化并购行为。2021 年发生的并购交易大多围绕国内宏观经济主线进行,如双循环、数字经济、低碳转型等。其中颇具代表性的并购案例发生在 2021 年 5 月，中国中化集团有限公司与中国化工集团有限公司联合重组并成立中国中化控股有限责任公司（Sinochem Holdings），新公司在北京揭牌成立。重组完成后，新公司业务范围覆盖生命科学、材料科学、基础化工、环境科学、橡胶轮胎、机械装备、城市运营、产业金融八大领域，拥有扬农化工、安道麦、安迪苏、中化国际、鲁西化工、昊华科技、埃肯、倍耐力、中国金茂等 16 家境内外上市公司。合并后的中国中化控股有限责任公司也成为全球规模最大的综合性化工企业。

在以国内大循环为主导的消费升级领域，2021 年 3 月，高瓴资本以 44 亿欧元（折合人民币 340 亿元）的价格收购飞利浦旗下家电业务及其 15 年品牌使用权。此次并购将有助于飞利浦进一步扩大其在健康科技领域的领先地位，而高瓴资本也有望重塑国内家电市场格局，并促进国内相关产业链的加速完善。消费升级的另一大并购案例发生在 2021 年 10 月，伊利集团宣布其子公司以 62.45 亿港元收购澳优乳业 34.33% 的股权，交易完成后伊利集团将成为澳优乳业最大股东，这宗并购案也是中国乳企间规模最大的一笔交易。

数字经济作为 2021 年中国的国家战略备受企业关注，传统线下企业为加速数字化转型进程，选择通过并购的形式快速补齐数字化和线上业务的短板。2021 年 4 月，易居集团宣布收购阿里巴巴持有的天猫好房 85% 的股份。此次并购，易居集团将借助阿里巴巴丰富的数字化运营经验和领先的数字化技术，将房产中介服务向数字化、智能化、精准化的方向推进。

### （二）2021年中国企业战略并购概况

根据普华永道统计分析数据，2021 年，中国企业战略并购数量达到 5143 宗，较 2020 年的 4530 宗同比增长 13.5%，超过 2017 年的高点，创历史新高，但从交易金额口径看，2021 年中国企业战略并购金额为 2617 亿美元，较 2020 年的 3736 亿美元同比下滑 30.0%，创 2015 年以来新低。2021 年中国企业战略并购平均单笔并购金额为 0.51 亿美元，较 2020 年的 0.82

亿美元同比下滑 37.8%，这与中国并购市场整体数据吻合。2021 年，中国企业战略并购呈现大额并购案相对此前几年减少的特征。

2021 年中国企业战略并购市场中，跨境并购活动持续受新冠肺炎疫情影响，境外战略投资者入境并购总金额为 19.9 亿美元，占中国战略投资者并购总金额的 0.8%，较 2020 年有所提升。

从行业结构来看，2021 年中国企业战略并购数量实现同比 13.5% 的增长，主要是因为国内高端制造业与科技升级相关领域，以及疫情影响下的医疗服务领域并购活动的大幅增加。2021 年工业领域战略并购数量为 1251宗，在各行业中数量最多，占比达到 24.3%，较 2020 年的 948 宗同比增长32.0%；2021 年医疗服务领域战略并购数量为 577 宗，较 2020 年的 364 宗同比增长 58.5%。从并购金额看，消费领域 2021 年战略并购金额为 209 亿美元，较 2020 年的 976 亿美元大幅下降 767 亿美元，是各行业战略并购金额下降幅度最大者。战略并购金额权重较高的行业，集中在制造业升级、传统能源转型升级、金融与科技投资等领域。

### （三）2021年中国 PE/ VC 等财务投资者并购概况

PE/VC 投资者作为并购市场的重要参与者，主要以财务投资为主，通过各种渠道筹集资金，并在适当时机以适当方式选择退出投资标的。

根据普华永道统计分析数据，2021 年中国并购市场的 PE/VC 融资方面，以人民币资金为融资来源的融资规模达到 302 亿美元，以非人民币资金（以美元为主）为融资来源的融资规模达到 481 亿美元，人民币资金融资占比为 38.6%，较 2020 年的 46.8% 下降 8.2 个百分点，这是因为在新冠肺炎疫情期间，海外发达经济体央行实行的天量货币宽松政策导致以美元为代表的市场流动性相对泛滥。人民币在融资市场的绝对规模持续扩大，但幅度不及美元等货币。

在充足融资流动性的支持下，PE/VC 参与中国并购市场的投资总额在2020 年创历史新高，达到 3553 亿美元，2021 年 PE/VC 参与中国并购市场的投资总额为 3324 亿美元，同比小幅下滑 6.4%。2021 年 PE/VC 参与中国并购市场的投资数量为2269宗，同比2020年的2077宗增长9.2%。2021年PE/VC参与中国并购市场的平均单笔投资金额为1.46亿美元，同比2020年的1.71亿美元下降14.6%。PE/VC在中国并购市场的表现与中国并购市场整体表现基本同步，单笔投资金额是市场整体平均水平的近3倍，大额并购案更多地由PE/VC参与推动的特征显著。

从行业结构来看，PE/VC参与中国并购市场主要聚焦于高科技、工业制造升级、消费品等领域。电子商务、物流、ESG等领域的大额并购案，多有PE/VC的参与。疫情期间网上零售等电子商务以及与之配套的物流领域迎来更多发展机遇，PE/VC在这些市场化程度高且属于阶段热点的领域的深度参与，从一定程度上反映了PE/VC投资决策的高度市场化，是并购市场不可或缺的重要参与力量。

从退出方式来看，2021年有PE/VC参与的并购市场退出案例总数量达到1590宗，同比2020年的930宗大幅增长71.0%。其中，2021年PE/VC直接交易出售的并购案例数量为1094宗，同比2020年的546宗增长1倍多；2021年PE/VC通过IPO退出的并购案例数量为414宗，同比2020年的370宗增长11.9%。整体看，在全球货币宽松政策导致的权益市场估值上升期间，PE/VC选择加速退出各类并购项目的趋势明显。

从IPO目的地选择来看，上海证券交易所与深圳证券交易所仍然是PE/VC通过IPO退出并购项目的主要选择，2021年PE/VC选择A股IPO退出的并购项目总计351宗，同比2020年的295宗增长19.0%，其中，选择深圳证券交易所IPO退出的并购项目有159宗，选择上海科创板IPO退出的并购项目有137宗，选择上海主板IPO退出的并购项目有55宗。2021年PE/VC选择香港IPO退出的并购项目有41宗，同比2020年的47宗下滑12.8%。2021年PE/VC选择从美国纽约证券交易所和纳斯达克证券交易所退出的IPO项目达21宗，同比2020年的28宗下滑25.0%。受美国对中概股监管政策影响，PE/VC选择赴美IPO退出并购项目的热潮在2021年下半年迅速消退，中国香港成为海外IPO的替代地，但整体同样呈下降趋势。中国企业回归本土上市是2021年IPO市场的显著特征。未来随着美国监管

机构对中概股的政策回归正常化，中国企业海外 IPO 也将同步恢复，中国经济拥抱全球、对外开放的步伐不会改变。

### （四）2021年中国企业海外并购投资概况

根据普华永道统计分析数据，2021 年中国内地企业海外并购整体成交金额为 500 亿美元，同比 2020 年的 451 亿美元增长 10.9%，但仍低于 2019 年的 619 亿美元的规模。2021 年中国内地企业海外并购数量为 502 宗，同比 2020 年的 403 宗增长 24.6%，同样低于 2019 年的 667 宗的规模。除去疫情冲击及海外地缘政治局势不稳定等外部因素的影响，国内政策方面对海外投资的限制收紧，也是影响中国企业海外并购活跃度的主要因素之一。

从投资者结构来看，2021 年财务投资者首次成为中国企业海外并购的最大参与者。2021 年中国企业出海进行财务并购的数量为 272 宗，民企出海并购的数量为 211 宗，国企出海并购的数量为 19 宗，财务并购的数量占全部出海并购数量的 54.2%。

从行业结构来看，中国企业 2021 年海外并购主要集中在消费品与高科技行业。2020~2021 年疫情期间，中国企业海外大额并购案，例如，高瓴资本以 52 亿美元收购飞利浦家电案，腾讯以 22 亿美元投资日本最大电商乐天案，华润资本联合 KKR 以 54 亿美元收购英国领先垃圾处理公司 Viridor 案等，均集中在消费行业领域。中国企业背靠 14 亿人口的全球最大消费市场，若能充分利用资本市场资金优势，在通过海外并购实现技术互补的同时，打开海外市场销售渠道，就不失为中国企业国际化的有益尝试。随着中国经济在全球经济的权重持续提升，中国企业出海并购的活动长期来看将持续繁荣。

从并购目的地角度来看，中国企业 2021 年第一大目的地是亚洲，中国企业在亚洲地区的海外并购总金额为 170 亿美元，较 2020 年的 88 亿美元同比增长 93.2%，一定程度上反映了疫情期间供应链本地化的阶段性倾向。中国企业 2021 年在北美地区海外并购总金额为 119 亿美元，较 2020 年的 71 亿美元同比增长 67.6%。中国企业 2021 年在欧洲地区海外并购总金额为

146 亿美元，较 2020 年的 225 亿美元同比下滑 35.1%。欧洲地区在 2017~2020 年均为中国企业海外并购第一目的地，预计未来随着欧洲地缘政治危机的结束，中国企业对欧洲企业的并购活动将逐步恢复到正常水平。

### （五）2021年中国主要行业并购概况

与 2020 年类似，主要行业的并购活动受行业自身发展周期及疫情冲击等影响呈现不同特征。制造业作为中国国民经济的重要支柱，在中国工业化及经济结构转型过程中起到了重要的作用，因此，制造业在 2021 年仍是中国并购活动较为活跃的行业板块之一。2021 年，在产业升级政策引导以及市场自身需求拉动下，新能源汽车、新材料、高端制造等领域并购活动较为活跃。受新冠肺炎疫情对全球供应链扰动的持续影响，相关供应链国产化、本地化等领域持续受到并购投资者的关注。

电力能源领域方面，自新冠肺炎疫情突袭而至以来，中国传统能源行业并购活动并不活跃，进入 2021 年以后，石油天然气领域的并购活动有所增加，随着天然气行业市场化改革的推进，下游并购交易活动开始活跃。在新能源领域，在"碳中和"国家政策引导下，传统能源向可再生能源转型升级的趋势愈发明显，ESG 主题投资逐渐成为主流，中国能源领域并购市场迎来巨大发展机遇。以新能源汽车、光伏发电、储能、氢能源、特高压输电等为代表的电力能源市场成为并购市场关注的焦点。

高科技领域方面，2021 年相关并购活动持续活跃，科技领域的景气度与国家支持科技自立、摆脱对外依赖的长期战略保持一致，半导体芯片、5G、云计算等领域成为新一轮基础设施建设浪潮的重要组成部分。以互联网信息技术业为代表的高科技领域，是少数不但没有受到疫情冲击，反而因疫情而受益的行业。因为防疫抗疫需要，全球不同国家均采取了一定程度的社交隔离措施，线下消费娱乐活动出现不同程度的停摆，经济活动呈现线下向线上转移的趋势，这种趋势可能深刻地改变了人们的消费娱乐方式。因此，在互联网信息技术行业内的并购活动也趋于活跃，行业龙头趁机进行扩张。2021 年国家反垄断政策对互联网的阶段性影响也逐渐告一段

落，未来该行业仍将蓬勃发展，相关领域并购机会将持续受到投资者关注。

消费品领域方面，进入 2021 年，数字化转型与线上线下消费场景的深度融合将持续加速，社区团购等新型业态在疫情的持续催化下迎来高速发展。餐饮、酒店、旅游等线下实体消费场景受疫情冲击较大，相关并购活动将有所增加，在补偿性消费反弹的预期下，投资者将逐步布局疫情结束后的实体消费领域。文体及娱乐业方面，国家从制度改革、政策引导、市场体系完善等方面大力推进"文化+"产业持续健康发展。受新冠肺炎疫情冲击，2019~2020 年文体及娱乐业投资热度明显下滑。但随着疫情防控取得显著成效，进入 2021 年后，文体及娱乐业复工复产扎实推进，行业仍具有较大的韧劲和发展潜力。

房地产领域方面，2021 年下半年开始，随着各地逐步放松房地产调控政策，加之疫情在动态清零政策下的基本有效控制，中国房地产市场略有回暖，销售降幅不断缩小。信贷政策方面，国家鼓励银行对房地产头部优质龙头企业发放并购贷款，将进一步促进行业的整合浪潮，相关并购活动将持续活跃。

金融领域方面，受疫情影响，2020 年金融业的并购活动较 2019 年出现较大幅度的下降。受疫情影响，小微企业生存压力骤然增大，中国人民银行全力支持稳企业保就业，金融机构承担着向实体经济让利的社会责任，非市场化定价的信贷向中小微企业倾斜。进入 2021 年以后，随着美联储加息缩表周期的到来，中美利差持续收窄，人民币汇率面临阶段性贬值压力，国内货币政策被动收紧的压力逐渐增加。在这样的背景下，疫情期间金融体系在行政指导下向中小微企业释放的非市场化定价的信贷资源，将面临不良率提升与暴露的压力，部分区域性城商行与农商行，被行业头部企业并购整合的概率将持续提升。

医疗健康领域方面，在对科技创新以及新冠疫苗及创新药研发的国家政策支持下，2021 年生物科技板块并购交易活动活跃。医疗服务行业在并购活动的支持下，呈现头部企业份额持续增加、行业集中度持续提高的趋势。

医疗服务领域的上市公司呈现"集团化""连锁化"趋势，医美、辅助生殖等领域在 2021 年成为热点领域，相关领域并购活跃度也将得到同步提升。

## 参考文献

［1］Trade and Development Report 2021：From Recovery to Resilience，UNCTAD，2021.

［2］World Investment Report 2021：Investing in Sustainable Recovery，UNCTAD，2021.

［3］M&A Review 2021，The Institute for Mergers，Acquisitions and Alliances，2021，https：//imaa-institute. org/m-and-a-statistics-countries/.

［4］M&A 2021 Review and 2022 Outlook，Price Waterhouse Coopers，2021，https：//www. pwc. com/gx/en/services/deals/trends. html.

［5］Global M&A Industry Trends：2022 Outlook，Price Waterhouse Coopers，2021.

［6］Will COVID - 19 Turbo-Charge M&A and Transformation，Ernst & Young，February 2021.

［7］《世界经济展望：战争拖累经济复苏》，国际货币基金组织，2022 年 4 月。

［8］蔡庆丰、田霖：《产业政策与企业跨行业并购：市场导向还是政策套利》，《中国工业经济》2019 年第 1 期。

［9］张金杰：《中国企业海外并购的新特征及对策》，《经济纵横》2016 年第 9 期。

［10］包婷婷：《中国并购市场发展现状、原因及未来发展趋势分析》，《现代管理科学》2017 年第 10 期。

［11］何兴强等：《FDI 技术溢出与中国吸收能力门槛研究》，《世界经济》2014 年第 10 期。

# 政策法规篇
Policy and Regulation

# B.2
## 并购法律法规与政策评价

张晓森　万艺娇　张　惟　章松涛*

**摘　要：** 本报告通过对2020~2021年中国立法与行政机关新颁布的与并购重组直接或间接相关的法律、法规、规范性文件的回顾与分析，完整呈现了其间中国有关并购重组的法律体系建设的全貌。通过对主要法律、法规和规范性文件的分析与评价，本报告进一步呈现了2020~2021年中国现有并购重组规则的完善情况或新规则的建立情况，并对这些进一步完善的规则和新规则进行了简要解读。

---

\* 张晓森，全联并购公会常务理事，中华全国律师协会公司法专业委员会副主任，北京仲裁委员会/北京国际仲裁中心仲裁员，中国人民大学法学院、律师学院硕士研究生兼职导师，北京市中咨律师事务所高级合伙人；万艺娇，江西求正沃德律师事务所（全国优秀律师事务所）高级合伙人，中华全国律师协会公司法专业委员会委员，南昌市人民代表大会常务委员会立法咨询专家、南昌大学法学院法律硕士研究生兼职导师、南昌市仲裁委员会仲裁员；张惟，天津华盛理律师事务所律师，专业从事商业交易、并购重组、资本市场领域的法律服务和争议解决；章松涛，江西求正沃德律师事务所专职律师，中南财经政法大学法学硕士。

**关键词：** 并购重组 营商环境 资本市场

# 一 2020~2021年并购重组法律法规与政策回顾

## （一）2020~2021年涉及并购重组的法律、法规的修订

2020~2021年中国立法与行政机关在涉及并购重组领域没有出台新的法律、法规，但对《中华人民共和国反垄断法》进行了修订，对《中华人民共和国公司法》启动了修改程序，并发布了该法的修订草案，向全社会征求意见。相关内容回顾如下。

2021年10月23日，《中华人民共和国反垄断法（修正草案）》（以下简称"《修正草案》"）正式发布。这是该法颁布十余年后的第一次大修订。此次修订在总结反垄断审查与司法实践经验及智慧的基础上，顺应了中国市场经济发展和变化的客观要求，弥补了该法内容的不足，构建了友好的市场竞争环境，保证了市场经营环境的公平稳健。对并购所涉及的经营者集中事项的申报、认定、处置等规则具有重大意义，其制度设计和规则完善对经营者集中相关事宜具有规范引导作用。

2021年12月24日，《中华人民共和国公司法（修订草案）》公开向社会征求意见。该修订草案共15章260条，在现行公司法的基础上，新增或修改相应条款70条左右，这是该法自颁布以来的又一次重大修订，在公司登记制度、公司治理、资本制度、董监高（即董事、监事高级管理人员）的主体责任等方面进行了较大幅度的修改，对重大资产重组、并购等方面业务具有深远意义。

## （二）2020~2021年中国证监会涉及并购重组的规范性文件的修订

2020年3月1日，证券市场基石之一的新《证券法》正式生效施行，新《证券法》作为一部调整证券市场法律关系的基础性的法律制度，属于

顶层设计，新增了两章和修改了 160 多个法律条款。其生效实施后，无疑为深化证券市场改革、防范市场风险提供了坚实的法治保障，也必将进一步对完善中国证券市场基础法律制度提出要求。相应地，依托原《证券法》所制定的相关部门规章、规范性文件等也必然需要做出相应的调整和修改。2020 年 3 月 20 日，中国证监会为做好新《证券法》的贯彻落实工作，发布了《关于修改部分证券期货规章的决定》和《关于修改部分证券期货规范性文件的决定》，要求对 13 部规章、29 部规范性文件的部分条款予以修改，其中对《上市公司收购管理办法》的修订（修订后的《上市公司收购管理办法》以下简称"新《收购办法》"）便是其中最重要的修订之一。

新《收购办法》取消了要约收购豁免的行政许可审批程序，加强了对持股 5% 以上股东持股发生变动的监管、增加并完善了相关权益变动报告书的披露内容、增加了上市公司发行不同种类股份时收购人可以提出不同的收购条件、延长了收购人股份锁定期、强化了中介服务机构的法律职责和违法的监管措施。

此外，中国证监会对《上市公司重大资产重组管理办法》中相关条款的适用进行了进一步明晰，有针对性地对重大资产重组在信息披露及监管方面给予详细的规范。中国证监会先后发布了《公开发行证券的公司信息披露内容与格式准则第 56 号——北京证券交易所上市公司重大资产重组》《〈上市公司重大资产重组管理办法〉第三条有关标的资产存在资金占用问题的适用意见——证券期货法律适用意见第 10 号》《〈上市公司重大资产重组管理办法〉第十四条、第四十四条的适用意见——证券期货法律适用意见第 12 号（2022 年修订）》《上市公司监管指引第 7 号——上市公司重大资产重组相关股票异常交易监管》《公开发行证券的公司信息披露内容与格式准则第 26 号——上市公司重大资产重组（2022 年修订）》。

### （三）2020~2021年其他部委涉及并购重组的规章和规范性文件

2020~2021 年，其他部委并未出台专门针对并购重组的部门规章和其他规范性文件。在涉及并购重组的法律、行政法规和国务院其他规范性文件方面，新颁布了《中华人民共和国印花税法》《证券期货行政执法当事人承诺制度实施办法》《中华人民共和国反外国制裁法》《中华人民共和国数据安全法》《中华人民共和国个人信息保护法》《证券期货行政执法当事人承诺制度实施办法》《关于进一步贯彻实施〈中华人民共和国行政处罚法〉的通知》等相关法律法规及规范性文件。

针对 2020 年 3 月 1 日起施行的新《证券法》，中国证监会、中国银保监会等部门就新《证券法》进一步进行了配套文件的调整，相关政府部门也就海南自由贸易港的开发建设所涉及的相关配套内容进行了规定。

涉及并购重组的部门规章和部门其他规范性文件详见附录 1。

### （四）2020~2021年最高人民法院和最高人民检察院涉及并购重组的相关文件

2020~2021 年，最高人民法院针对 2021 年 1 月 1 日起施行的《民法典》出台了相应的司法解释。最高人民法院、最高人民检察院、公安部、中国证监会共同出台关于人民法院冻结上市公司质押股票工作的相应规范。2022 年 1 月，最高人民法院出台关于审理证券市场虚假陈述侵权民事赔偿案件的相关规定，并与中国证监会就相关规定的实施进行了细化。

最高人民法院和最高人民检察院涉及并购重组的相关文件详见附录 2。

### （五）证券交易所等涉及并购重组的相关规范文件

上海证券交易所、深圳证券交易所、北京证券交易所以及全国中小企业股份转让系统有限责任公司、中国证券业协会、中国证券登记结算有限责任公司等具有监管和指引性质的机构在 2020~2021 年还出台了一系列具体的规定和细则，对并购重组的实践做出指引规范。

深圳证券交易所发布了《深圳证券交易所创业板上市公司重大资产重组审核规则》《深圳证券交易所上市公司自律监管指引第 8 号——重大资产重组》。上海证券交易所发布了《上海证券交易所科创板上市公司重大资产重组审核规则》。2021 年新成立的北京证券交易所发布了《北京证券交易所

上市公司重大资产重组审核规则（试行）》《北京证券交易所上市公司重大资产重组业务指引》。全国中小企业股份转让系统有限责任公司发布了《挂牌公司重大资产重组审查要点》《挂牌公司发行股份购买资产构成重大资产重组且发行后股东累计超过 200 人申请出具自律监管意见文件的受理检查要点》《全国中小企业股份转让系统并购重组业务规则适用指引第 1 号——重大资产重组》《全国中小企业股份转让系统并购重组业务规则适用指引第 2 号——权益变动与收购》《全国中小企业股份转让系统重大资产重组业务指南第 2 号：非上市公众公司发行股份购买资产构成重大资产重组文件报送指南》等。

证券交易所等涉及并购重组的相关规范文件详见附录 3。

## 二 2020~2021 年并购重组重要法律法规及政策的内容与评析

### （一）《中华人民共和国公司法（修订草案）》

2021 年 12 月 24 日，《中华人民共和国公司法（修订草案）》（以下简称"《修订草案》"）向社会公布，并启动征求意见程序，该《修订草案》的内容共计 15 章 260 条，与现行《公司法》相比，其在章节和条款数量上进行了大幅度的新增和修改。主要修改要点如下。

1. 贯彻落实党中央要求深化国有企业改革决策的要求

（1）确立党对国有企业的领导的正确方向。《修订草案》第一百四十五条明确规定："国家出资公司中中国共产党的组织，按照中国共产党章程的规定发挥领导作用，研究讨论公司重大经营管理事项，支持股东会、董事会、监事会、高级管理人员依法行使职权"。该规定将相关政策要求以立法的形式予以确定，使相关政策转换为稳定的法律规定，对公司治理和公司经营有重大影响。

（2）扩大国有独资公司的适用范围。《修订草案》第一百四十三条将现行《公司法》关于国有独资公司的适用范围仅限于"国有独资有限责任公司"扩大到"国有独资、国有资本控股的有限责任公司、股份有限公司"。

（3）强化国有资产监督管理机构的相关职责。《修订草案》第一百四十四条明确规定了国家出资公司由国有资产监督管理机构等根据授权代表本级政府履行出资人职责。

（4）进一步提高国有独资公司董事会的功能及地位。《修订草案》第一百四十九条、第一百五十三条规定，要求落实党中央有关部署，加强国有独资公司董事会建设，要求国有独资公司董事会成员中外部董事应当超过半数，并在董事会中设置审计委员会等专门委员会，同时不再设监事会或监事。这有助于积极发挥董事会在国有独资公司中的作用，提高董事会的法律地位。

**2. 进一步完善公司登记制度，激活市场创新活力**

《修订草案》立足现实，总结实践经验及智慧，对中国公司的设立和退出进行了更简便、更明确的规定，具体修改内容如下。

（1）《修订草案》以"公司登记"为专章，进一步明确了公司设立登记、公司变更登记、注销登记的登记事项及程序，登记程序更加清晰明确；同时，要求公司登记机关简化、优化公司登记办理流程，进一步提高登记效率，积极推行网上办理等便捷方式，高效便民。

（2）加强公司登记的"信息化及电子化建设"。例如，《修订草案》第二章第二十六条第二款明确规定公司登记机关可以按照规定发放电子营业执照，电子营业执照与纸质营业执照具有同等法律效力。例如，《修订草案》第七十六条明确了采用电子通信方式做出决议的法律效力。

（3）增加可用做出资的财产范围。如首次明确了"股权、债权"可以作价出资，赋予其"法律身份"。

（4）允许成立一人股份有限公司。《修订草案》第九十三条规定，放宽一人有限责任公司设立等限制，允许一个自然人或者一个法人设立一人股份有限公司。

（5）优化公司组织机构。例如：不再区分"股东会"和"股东大会"，

统称为"股东会";明确一人股份有限公司可以不设"股东会";监事会或监事不再成为公司成立的必设部门;董事会的职权得到强化,使得董事会和股东会有效地衔接,且董事会议事的合规性与程序性须更加严格等。

（6）公司清算程序更加清晰、便民。例如,对于简易程序注销登记程序做出明确的规定;明确公司董事作为清算义务人的情形和责任。

**3. 完善公司资本制度,切实保障公司安全参与市场经营活动**

（1）引入授权资本制。《修订草案》第九十七条规定:"公司章程或者股东会可以授权董事会决定发行公司股份总数中设立时应发行股份数之外的部分,并可以对授权发行股份的期限和比例作出限制。"该规定表明授权资本制在中国《公司法》中得到正式确立,不仅优化了股份有限公司的设立程序,还有利于股份有限公司拓展融资渠道,通过发行新股筹集资本,更有助于避免公司注册资本虚化、侵害债权人利益的情况发生。

（2）取消了无记名股。《修订草案》取消了现行《公司法》规定的股份有限公司可以发行无记名股份的规定,既符合商事实际情况,又符合国家反洗钱制度发展的需要。

（3）确立股东双重代表诉讼制度。《修订草案》规定,在董监高损害子公司利益的情况下,母公司的股东有权代表子公司起诉子公司的董监高。与此同时,为限制小股东滥用诉讼权利,根据《修订草案》第一百八十八条的规定,股东双重代表诉讼制度的适用范围仅限于全资子公司,并不包括控股公司和参股公司。

（4）确立股东欠缴出资的除名制度。《修订草案》规定,股东未按期足额缴纳出资,经公司催缴后在规定期限内仍未缴纳出资的,该股东丧失其未缴纳出资的股权。该项规定明确了股东欠缴出资的法律后果,体现了立法的科学性,弥补了司法实践中的不足。

（5）确立股东出资加速到期制度。《修订草案》第四十八条规定:"公司不能清偿到期债务,且明显缺乏清偿能力的,公司或债权人有权要求已认缴出资但未届缴资期限的股东提前缴纳出资。"该制度的确立,回应了实践中经常出现的问题和争议,以基本法的形式确立有限责任公司股东认缴出资的加速到期制度，且该规定将股东出资加速到期条件与公司不能清偿到期债务且明显缺乏清偿能力的破产原因相统一，至于公司资产是否足以清偿全部债务不在债权人考虑之列，从而减轻了公司债权人的举证责任，有助于进一步保障公司债权人的切实利益。

（6）确立简易减资制度。《修订草案》第二百二十一条规定："公司按照规定弥补亏损后仍有亏损的，可以进行简易减资，但不得向股东进行分配。"简易减资制度的确立保障了交易安全。

**4. 法定代表人职责更加明确，董监高的主体责任进一步加强**

（1）明确了法定代表人的职权。现行《公司法》中并未明确规定公司法定代表人的具体权责，不利于优化公司治理。而《修订草案》第十一条顺应潮流，明确了法定代表人的三点权责：法定代表人以公司名义从事的民事活动，其法律后果由公司承担；公司章程或者股东会对法定代表人职权的限制，不得对抗善意相对人；法定代表人因执行职务造成他人损害的，由公司承担民事责任，公司承担民事责任后，依照法律或公司章程规定，可以向有过错的法定代表人追偿。

（2）完善董监高的忠实义务和勤勉义务，内容包括以下五个方面。第一，明确监事违反忠实义务取得的收入归公司所有，将监事纳入归入权的义务主体中。第二，扩大豁免董监高竞业限制的条件。第三，强化董监高维护公司资本充实的责任，包括：股东欠缴出资和抽逃出资，违反本法规定分配利润和减少注册资本，以及违反本法规定为他人取得本公司股份提供财务资助时，上述人员的赔偿责任。第四，查漏补缺，完善董事、高管的连带责任。如《修订草案》第一百九十条增加规定："董事、高级管理人员执行职务，因故意或者重大过失，给他人造成损害的，应当与公司承担连带责任。"第五，明确公司的控股股东、实际控制人利用其对公司的影响损害公司或股东利益时的连带责任。《修订草案》第一百九十一条规定："公司的控股股东、实际控制人利用其对公司的影响，指使董事、高级管理人员从事损害公司利益或者股东利益的行为，给公司或者股东造成损失的，与该董事、高级管理人员承担连带责任。"

### 5. 公司的社会责任法律化

现行《公司法》要求公司承担社会责任只是一种倡导，没有法律强制力，只是一种道德义务，而本次《修订草案》将其上升至立法层面，赋予其法律强制性，《修订草案》第十九条明确规定："公司从事经营活动，应当在遵守法律法规规定义务的基础上，充分考虑公司职工、消费者等利益相关者的利益以及生态环境保护等社会公共利益，承担社会责任。"这表明公司在发展过程中必须意识到自身的发展与市场经济的发展和社会公共利益的保障紧密相关，公司在发展过程中应自觉履行承担社会责任的义务，否则可能要承担相应的法律责任。

综上，《修订草案》坚持问题导向，立足中国实际情况，总结司法实践经验，深化国有企业改革部署，有助于建立健全中国特色现代企业制度，有利于规范公司设立、运营、治理、责任、清算、解散等法律制度，为司法实践中处理公司纠纷提供了更明确的法律依据。为公司的合规经营、健康发展保驾护航，从而营造良好的营商环境，促进市场经济健康稳定发展。

## （二）《中华人民共和国反垄断法（修正草案）》

2021 年 10 月 23 日，《中华人民共和国反垄断法（修正草案）》（以下简称"《修正草案》"）正式发布实施。本次修改后的《中华人民共和国反垄断法》，将进一步净化市场竞争环境，保证市场经营环境的公平稳健。且《中华人民共和国反垄断法》对并购所涉及的经营者集中事项的申报、认定、处置等规则做了必要修订，其制度设计和规则完善对经营者集中相关事宜具有规范引导作用。综观《修正草案》，有以下几个亮点。

1. 进一步明确和强化竞争政策和公平竞争审查制度，并将其法律化。《修正草案》第一章第四条增加了"国家强化竞争政策基础地位"的规定；第五条增加了"国家建立健全公平竞争审查制度"的规定。据此，中国在法律制度上对竞争政策和公平审查制度予以确认。而"竞争政策"的确立无疑将进一步激活市场活力，防止出现垄断经济，从而有效地构建与社会主义市场经济相适应的竞争秩序。此外，"公平竞争审查制度"首次在立法层面得到确立,将全面规范政府行为对市场竞争的影响,也将有效打击行政垄断,保证市场准入的规范有序,进而营造良好的市场经济公平竞争环境。

2. "安全港制度"在法律上予以确认。《修正草案》第十六条、十七条、十八条分别确立了横向垄断协议、纵向垄断协议、轴辐协议的情形,并对相应垄断协议的表现形式做出了具体的规定。同时,为指导企业完善反垄断合规工作及机制,为企业经营行为的可预测性提供法律依据,《修正草案》第十九条明确规定:经营者能够证明其在相关市场的市场份额低于国务院反垄断执法机构规定的标准的,不适用本法第十六条、第十七条、第十八条的规定,但有证据证明经营者达成的协议排除、限制竞争的除外。该规定从法律层面上确认了垄断协议的"安全港制度",采取的是"原则豁免+例外规定"的模式,该制度的确立是《修正草案》的一大创新及亮点,也是科学立法的体现,将进一步促进企业优化内部治理结构、完善公司管理制度。

3. 顺应新的数字经济发展,为反垄断执法保驾护航。针对互联网企业如淘宝、美团等平台在经济领域的"二选一"行为被认定为滥用市场支配地位行为而被反垄断执法机构调查处理的事件,《修正草案》也有所回应,其中第十条第二款明确规定:经营者不得滥用数据和算法、技术、资本优势以及平台规定等排除、限制竞争。该规定针对新的经济形态的出现和发展,针对互联网企业的特点制定相关法律规定,填补了法律空白,是《修正草案》与时俱进的具体表现。

4. 经营者集中的"停钟"制度法律化。《修正草案》第三十二条规定了三种"停钟"情形,即经营者未按规定提交文件、资料,导致审查工作无法进行;出现对经营者集中审查具有重大影响的新情况、新事实,需要进行核实;对经营者集中附加的限制性条件需要进一步评估,且经营者同意。在现行《中华人民共和国反垄断法》规定的审查期限制度的基础上规定这三种停止计算审查期限的情形,具有重要的现实意义,优化了审查机制,可以有效避免一些程序性操作带来的现实不便,特别是对于一些复杂交易,将进一步保障审查期限满足具体审查的实际需要。

5. 突出审查重点，加强对民生、金融、科技、媒体等领域经营者集中审查。《修正草案》第三十七条明确提出国务院反垄断执法机构应当依法加强民生、金融、科技、媒体等领域经营者集中的审查。这表明《修正草案》已向市场释放出强有力的信号，对上述领域的经营者集中案件起到警示作用，同时表明这些领域的企业将迎来反垄断执法机构的重点监管与审查，将进一步规范上述领域企业的经营，保证市场公平健康发展。

6. 加大处罚力度，提高违法成本。《修正草案》显著加大了涉嫌垄断的违法处罚力度。例如：罚款金额的提高，将"不具有排除、限制竞争效果的"违法实施集中行为的处罚金额上限降至五百万元；处罚形式的多样化，严重违法失信行为将受到信用惩戒，侵害公共利益的垄断行为将面临检察院提起的公益诉讼；个人责任显著加强，引入个人的刑事责任。这些处罚措施和处罚力度的完善无疑将进一步提高《中华人民共和国反垄断法》的震慑力，从而维护市场公平竞争。

## （三）《上市公司收购管理办法》

2020 年 3 月 20 日，为做好新《证券法》的贯彻落实工作，中国证监会发布了《关于修改部分证券期货规章的决定》和《关于修改部分证券期货规范性文件的决定》，要求对 13 部规章、29 部规范性文件的部分条款予以修改，而对《上市公司收购管理办法》的修订（修订后的《上市公司收购管理办法》以下简称"新《收购办法》"）便是其中最重要的修订之一。

新《收购办法》调整的重点在于贯彻落实新《证券法》第四章"上市公司的收购"的相关规定，并就相关规定做了进一步的细化，具体核心修订内容包括如下几个方面。

### 1. 取消要约收购豁免的行政许可审批程序

因新《证券法》第七十三条的规定取消了要约收购义务豁免的行政许可审批程序，并在上位法的指导下，新《收购办法》调整了相关规定的内容表述，将"豁免申请"修改为"免除发出要约"，如新《收购办法》第六十一条规定，对符合本办法第六十二条、六十三条规定情形的，投资者及其一致行动人无须再向中国证监会申请豁免，即取消了事前审批程序。但该规定不等于国家放松了对要约收购的监管，根据新《收购办法》第六十四条规定"收购人按照本章规定的情形免于发出要约的，应当聘请符合《证券法》规定的律师事务所等专业机构出具专业意见"，并于新《收购办法》第七十八条规定"不符合本办法规定的免除发出要约情形，拒不履行相关义务、相关程序"的收购人的法律责任，如包括"责令改正、采取监管谈话、出具警示函、责令暂停或者停止收购等监管措施"。这表明国家对要约收购依然实施强有力的监督的态度。

**2. 进一步加强对持股5%以上股东持股发生变动的监管**

（1）将持股5%以上股东每增加或者减少5%股份的"限制买卖期"从"2日内"变更为"3日内"。

新《证券法》第六十三条第二款规定："投资者持有或者通过协议、其他安排与他人共同持有一个上市公司已发行的有表决权股份达到百分之五后，其所持该上市公司已发行的有表决权股份比例每增加或者减少百分之五，应当依照前款规定进行报告和公告，在该事实发生之日起至公告后三日内，不得再行买卖该上市公司的股票，但国务院证券监督管理机构规定的情形除外。"据此，新《收购办法》第十三条第二款为衔接该规定，将原来规定的"在报告期限内和作出报告、公告后2日内，不得再行买卖该上市公司的股票"调整为"在事实发生之日起至公告后3日内，不得再行买卖该上市公司的股票，但中国证监会规定的情形除外"。

（2）股东权益达5%后发生变动应履行信息披露义务。新《收购办法》第十三条规定，投资者及其一致行动人拥有权益的股份达到5%后，如股份变动1%，应履行通知和公告的信息披露义务。该规定有利于更好地规避违反信息披露义务情况的发生，从而保护中小投资者的合法权益。

（3）明确了违反第十三条规定的相关义务（公告和信息披露）要承担的法律后果（限制表决权），即在买入后36个月内，对该超过规定比例部分的股份不得行使表决权。

### 3. 增加并完善相关权益变动报告书的披露内容

对于简式权益变动报告书，根据新《收购办法》第十六条规定，要求将"增持股份的资金来源"和"在上市公司中拥有权益的股份变动的时间和方式"增加至在编制简式权益变动报告书的内容中去，同时，对于详式权益变动报告书，第十七条规定在股东持股达到或超过 20% 但未超过 30% 的，应当编制详式权益变动报告书的时候，增加"取得相关股份的价格、所需资金额，或者其他支付安排"的披露内容，该规定有利于防止出现"空手套白狼式"的违法、违规收购现象。

### 4. 明确收购人可以对不同种类股份提出不同收购条件

如新《收购办法》第三十九条系依据新《证券法》的相关规定，明确提出上市公司发行不同种类股份的，收购人可以针对持有不同种类股份的股东提出不同的收购条件，且明确变更收购要约中不得变更的内容（包括降低收购价格、减少预定收购股份数额、缩短收购期限等）。

### 5. 延长收购人股份锁定期

为衔接落实新《证券法》的相关规定，新《收购办法》第七十四条将原《收购办法》中规定的上市公司收购人所持有的被收购公司的股份的锁定期由原来的 12 个月变更为 18 个月，延长了 6 个月。

### 6. 强化中介服务机构"看门人"的法律职责，完善其违法的监管措施

如新《收购办法》第八十一条第一款规定："为上市公司收购出具资产评估报告、审计报告、法律意见书和财务顾问报告的证券服务机构或者证券公司及其专业人员，未依法履行职责的，或者违反中国证监会的有关规定或者行业规范、业务规则的，中国证监会责令改正，采取监管谈话、出具警示函、责令公开说明、责令定期报告等监管措施。"其中在"未依法履行职责的"之后增加"或者违反中国证监会的有关规定或者行业规范、业务规则的"的规定，要求证券服务机构及其从业人员应遵守法律、行政法规以及证券交易所的相关规则，遵循本行业公认的业务标准和道德规范，诚实守信，勤勉尽责，并且增加"责令公开说明、责令定期报告等"的监管措施，该规定将进一步促进中介机构依法履行相关职责。

### （四）《上市公司信息披露管理办法》

2020 年 3 月 1 日，新《证券法》正式生效实施，并设专章规定"信息披露"相关内容，信息披露监管是上市公司监管工作的重中之重，作为其配套性规章的《上市公司信息披露管理办法》（以下简称"新《信息披露办法》"），也需要进行修改与完善，以便与新《证券法》的立法精神及修改内容相配合，并构建紧密衔接的证券市场监管体系。新《信息披露办法》经 2021 年 3 月 4 日中国证券监督管理委员会审议通过，自 2021 年 5 月 1 日起施行，其进一步贯彻落实了新《证券法》的相关内容，加强了对上市公司信息披露的监管，其修改内容有以下几个方面。

1. 增加并确立了"简明清晰、通俗易懂"的基本原则。新《信息披露办法》第三条规定，信息披露义务人履行披露义务时，对披露的信息增加了"简明清晰、通俗易懂"的基本要求。证券市场纷繁复杂、专业性强，为进一步保障普通投资者的合法权益，要求所披露的信息简明清晰、通俗易懂，表明了立法为民的法律精神。

2. 增加信息披露文件的范围。新《信息披露办法》第七条将"收购报告书"列入"信息披露文件"中。

3. 将"季度报告"排除在"定期报告"外。新《信息披露办法》第十二条规定的"定期报告"仅包括"年度报告和中期报告"，不再包括"季度报告"，而"季度报告"的披露要求可由证券交易所在其业务规则中予以明确。

4. 进一步夯实董监高的法律责任。

（1）进一步强化董事会的职权。如新《信息披露办法》第十六条增加了定期报告的披露程序的规定，"定期报告内容应当经上市公司董事会审议通过。未经董事会审议通过的定期报告不得披露"，进一步明确了董事会的此项职权。

（2）对定期报告有异议，应书面陈述理由。新《信息披露办法》第十六条增加规定："董事、监事和高级管理人员无法保证定期报告内容的真实

性、准确性、完整性或者有异议的，应当在书面确认意见中发表意见并陈述理由，上市公司应当披露。上市公司不予披露的，董事、监事和高级管理人员可以直接申请披露。"

（3）董监高发表相关意见，应遵循审慎原则。新《信息披露办法》第十六条增加规定："董事、监事和高级管理人员按照前款规定发表意见，应当遵循审慎原则，其保证定期报告内容的真实性、准确性、完整性的责任不仅因发表意见而当然免除。"

5. 加强对并购重组过程中违规信息披露的法律监管。如并购重组过程中出现违规信息披露行为的，中国证监会有权要求"责令暂停或者终止并购重组活动"。根据新《信息披露办法》第五十二条规定，信息披露义务人及其董事、监事、高级管理人员违反本办法的，中国证监会为防范市场风险，维护市场秩序，可以采取"责令暂停或者终止并购重组活动"的监管措施。

6. 增加并完善临时公告披露的重大事项情形。相比原《信息披露办法》，新《信息披露办法》第二十二条针对重大事件的情形进行了大量补充，如"（二）公司发生大额赔偿责任；（三）公司计提大额资产减值准备；（四）公司出现股东权益为负值；（五）公司主要债务人出现资不抵债或者进入破产程序，公司对相应债权未提取足额坏账准备……（十八）除董事长或者经理外的公司其他董事、监事、高级管理人员因身体、工作安排等原因无法正常履行职责达到或者预计达到三个月以上"等，进一步完善了临时报告事项。

7. 加强对证券服务机构的监管。如新《信息披露办法》第四十五条增加规定："证券服务机构应当妥善保存客户委托文件、核查和验证资料、工作底稿以及与质量控制、内部管理、业务经营有关的信息和资料。证券服务机构应当配合中国证监会的监督管理，在规定的期限内提供、报送或者披露相关资料、信息，保证其提供、报送或者披露的资料、信息真实、准确、完整，不得有虚假记载、误导性陈述或者重大遗漏。"

8. 进一步明确信息披露义务人的主体范围。新《信息披露办法》的

"附则"第二十六条第（二）款，对信息披露义务人的范围做了明确定义，"信息披露义务人，是指上市公司及其董事、监事、高级管理人员、股东、实际控制人，收购人，重大资产重组、再融资、重大交易有关各方等自然人、单位及其相关人员，破产管理人及其成员，以及法律、行政法规和中国证监会规定的其他承担信息披露义务的主体"，进一步明确了承担违法信息披露的主体范围。

综上，新《信息披露办法》深入贯彻执行并进一步细化了新《证券法》的修法精神及要求，完善了上市公司信息披露制度，将进一步促进上市公司优化公司合规治理模式，也将进一步保障投资者充分获取上市公司的相关信息以做出谨慎、正确的投资决策，从而优化证券市场环境。

### （五）《上海证券交易所科创板上市公司重大资产重组审核规则（2021年修订）》

2020年，证券市场中科创板上市公司迎来了一系列的上位法的调整完善，如新《证券法》及《国务院关于进一步提高上市公司质量的意见》（国发〔2020〕14号）的相继颁布实施，这些规定为优化完善并购重组制度，促进上市公司做优做强提供了基本法律依据。同时，为进一步优化科创板并购重组审核机制，上海证券交易所（以下简称"上交所"）增设了"科创板上市公司并购重组委员会"，负责科创板上市公司发行股份购买资产及重组上市申请的审议。在此背景下，上交所于2021年6月22日发布《上海证券交易所科创板上市公司重大资产重组审核规则（2021年修订）》（以下简称"《科创板审核规则（2021年修订）》"），其主要修改内容如下。

1. 增设科创板上市公司并购重组委员会并同步调整相关条款。如《科创板审核规则（2021年修订）》第二十六条、第四十四条、第四十六条、第四十八条，将原《科创板审核规则》的"科创板股票上市委员会"均调整为"科创板上市公司并购重组委员会"。

2. 贯彻落实新《证券法》的相关规定。

（1）贯彻执行股票发行"注册制"。如《科创板审核规则（2021年修

订）》第一条新增"《中华人民共和国证券法》"作为该规则的法律依据；第十三条将"《公开发行证券的公司信息披露编报规则第 24 号——科创板创新试点红筹企业财务报告信息特别规定》"调整为"《公开发行证券的公司信息披露编报规则第 24 号——注册制下创新试点红筹企业财务报告信息特别规定》"，进一步贯彻了注册制，激活了资本市场的活力。

（2）确立了"不适当人员"的概念。《科创板审核规则（2021 年修订）》第三十一条第（二）项将"证券服务机构不具备相关资质"这一表述予以删除；将"或者因证券违法违规被采取限制资格"的表述修改为"证券服务机构及其相关人员因证券违法违规被采取认定为不适当人选"，明确了不适当人员的概念及外延。

（3）修改重组交易申请的审核时限并与新《证券法》保持一致。《科创板审核规则（2021 年修订）》第四十一条中规定："申请重组上市的，本所自受理申请文件之日起在规定时间内出具同意重组上市的审核意见或者作出同意重组上市的决定，或者作出终止审核的决定，自受理申请文件之日起，本所审核和中国证监会注册的时间总计不超过 3 个月。"该规定贯彻执行了新《证券法》的相关要求，保证重组交易申请的审核时限与新《证券法》相衔接。

3. 明确了科创板重组审核机构的审查程序。根据《科创板审核规则（2021 年修订）》第二十六条规定："本所科创板重组审核机构（以下简称重组审核机构），按照规定对申请文件进行审核，出具审核报告，提出初步审核意见后，提交科创板上市公司并购重组委员会（以下简称并购重组委员会）审议，提出审议意见。本所结合并购重组委员会审议意见，出具同意发行股份购买资产或者重组上市的审核意见，或者作出终止审核的决定；对科创公司不涉及股份发行的重组上市申请，本所结合并购重组委员会的审议意见，作出同意重组上市或者终止审核的决定。"该规定进一步明确了审核机构的审查程序，使其更加清晰且方便操作。

4. 调整申请发行股份购买资产的审核时间。将原规定的"45 天"调整为"60 天"。

5. 完善审核问询的时间及中止审核的规则。如《科创板审核规则（2021年修订）》第四十一条规定："科创公司、交易对方、独立财务顾问、证券服务机构回复本所审核问询的时间，以及本规则规定的中止审核、请示有权机关、实施现场检查、落实并购重组委员会意见、暂缓审议、处理会后事项、要求进行专项核查等情形的时间，不计算在前款规定的时限内。"同时，第四十七条规定了暂缓审议的时间及次数，即"并购重组委员会可以对该公司的发行股份购买资产或者重组上市申请暂缓审议，暂缓审议时间不超过2个月。对科创公司的同一次申请，只能暂缓审议一次"。

6. 新增了向市场公开重组审核的公示内容。《科创板审核规则（2021年修订）》第五十七条新增了向市场公开重组审核、接受社会监督的两项公示信息，即"参会委员名单、现场问询问题"。

### （六）《最高人民法院关于审理证券市场虚假陈述侵权民事赔偿案件的若干规定》（法释〔2022〕2号）

2003年2月1日，最高人民法院发布《最高人民法院关于审理证券市场因虚假陈述引发的民事赔偿案件的若干规定》（以下简称"原《若干规定》"），该规定是人民法院履行证券商事审判工作职责、保护投资者合法权益、打击欺诈发行、财务造假等资本市场的"痼疾"的重要依据。但随着中国证券资本市场的快速发展，新类型证券不断涌现，资本市场交易的复杂性、专业性不断加强，完善证券市场的法治建设也应与时俱进，以及时应对新形势和新挑战。于是，在总结司法实践经验的基础上，最高人民法院于2022年1月21日发布了《最高人民法院关于审理证券市场虚假陈述侵权民事赔偿案件的若干规定》（以下简称"《若干规定》"），《若干规定》自2022年1月22日起施行。该规定以司法解释的形式贯彻落实了中央关于对资本市场财务造假"零容忍"的要求，对进一步推动证券市场法治环境的完善和保护投资者权益将产生重大影响，也进一步完善了证券资本市场基础法律制度。

该《若干规定》共分为8个章节，分别为一般规定、虚假陈述的认定、

重大性及交易因果关系、过错认定、责任主体、损失认定、诉讼时效、附则。共新增 15 条规定，全文共 35 条，详细规定了人民法院审理证券市场虚假陈述侵权民事赔偿案件中的法律适用问题。相比原《若干规定》，《若干规定》主要修改的内容如下。

1. 进一步扩大了《若干规定》的适用范围

根据《若干规定》第一条规定："信息披露义务人在证券交易场所发行、交易证券过程中实施虚假陈述引发的侵权民事赔偿案件，适用本规定。按照国务院规定设立的区域性股权市场中发生的虚假陈述侵权民事赔偿案件，可以参照适用本规定。"该规定除了适用于上海、深圳、北京三个证券交易所之外，在依法设立的区域性股权市场中发生的虚假陈述行为，也可参照适用本规定，表明国家对证券市场虚假陈述行为进行全面打击的强烈决心。

2. 案件受理取消了以行政或刑事处理为前提条件的前置程序

根据原《若干规定》，投资人在提起虚假陈述证券民事赔偿诉讼之前需要提交行政处罚决定或公告，或者提交人民法院的刑事裁判文书作为前置程序，该规定在当时的资本市场中有利于投资者举证和限制、防止滥用诉讼权利，但随着证券市场的不断发展，各种情况层出不穷，为进一步保障投资者的合法权益，降低投资者起诉门槛，《若干规定》第二条的规定便废除了前述要求的前置程序，即人民法院受理虚假陈述民事赔偿案件不再以行政或刑事处理为前提条件，原告提起证券虚假陈述侵权民事赔偿诉讼的，符合《中华人民共和国民事诉讼法》第一百二十二条规定，并提供相关证据，人民法院应当受理。该规定极大地保障了投资者提起诉讼的权利。

3. 创设"预测性信息安全港"制度

《若干规定》第六条规定："原告以信息披露文件中的盈利预测、发展规划等预测性信息与实际经营情况存在重大差异为由主张发行人实施虚假陈述的，人民法院不予支持，但有下列情形之一的除外：（一）信息披露文件未对影响该预测实现的重要因素进行充分风险提示的；（二）预测性信息所依据的基本假设、选用的会计政策等编制基础明显不合理的；（三）预测性信息所依据的前提发生重大变化时，未及时履行更正义务的。前款所称的重大差异，可以参照监管部门和证券交易场所的有关规定认定。"该规定表明"预测性信息安全港"制度正式以立法的形式被确立，通过"原则+例外"的模式，将进一步规范对预测性信息导致的虚假陈述民事赔偿责任的认定，也有助于发行人自愿及适当披露前瞻性信息等信息内容。

4. 进一步明确虚假陈述行为的含义与虚假陈述实施日、揭露日和更正日的认定规则

《若干规定》第五条在界定虚假记载、误导性陈述和重大遗漏这三种典型虚假陈述行为的基础上，将未按规定披露信息进一步区分为虚假陈述、内幕交易和单纯损害股东利益的侵权行为三种类型，延伸并界定了证券市场各种违法违规行为的含义。同时，《若干规定》第七条至第九条则结合实践对虚假陈述实施日、揭露日和更正日的认定标准做出了更具操作性的规定，如第九条规定"虚假陈述更正日，是指信息披露义务人在证券交易场所网站或者符合监管部门规定条件的媒体上，自行更正虚假陈述之日"。

5. 严格区分交易因果关系和损失因果关系

《若干规定》第十一条和第十二条对交易因果关系成立与否进行了明确的规定，并分别规定了抗辩事由，将有利于明确对交易因果关系和损失因果关系的司法认定。而且，将归责事由和免责抗辩分类进行规定，也体现了立法的科学性。如《若干规定》第四章分别规定了发行人的董监高、独立董事、承销保荐机构、证券服务机构、会计师事务所的过错认定及免责抗辩事由，进一步夯实了证券市场主体责任，也体现了各负其责的法治精神。

6. "追首恶"与"打帮凶"模式并进，明确责任主体

为落实中央对证券市场违法违规"零容忍"的态度，《若干规定》第二十条规定对违法违规行为需"追首恶"，即追究组织、策划、指使虚假陈述的行为人的法律责任，《若干规定》将"首恶"界定为"发行人的控股股东、实际控制人"。同时，为加强打击力度，对"首恶"的打击不仅包括要求赔偿原告"在证券交易中遭受损失的"，还包括"发行人享有追偿权"，即"发行人实际支付的赔偿款、合理的律师费、诉讼费用等损失"。此外，

对于"帮凶",《若干规定》第二十二条规定："有证据证明发行人的供应商、客户,以及为发行人提供服务的金融机构等明知发行人实施财务造假活动,仍然为其提供相关交易合同、发票、存款证明等予以配合,或者故意隐瞒重要事实致使发行人的信息披露文件存在虚假陈述,原告起诉请求判令其与发行人等责任主体赔偿由此导致的损失的,人民法院应当予以支持。"因为在实践中,存在大量的影响恶劣的上市公司财务造假案件均是由其控股股东、实际控制人指使所为。"首恶"之外还有"帮凶"与其合谋、互相串通,如出具虚假的银行询证函回函、虚假银行回单等,《若干规定》明确规定对证券市场财务造假行为的各种"帮凶"予以打击,为保护投资者的合法权益提供了更加充实的保护。

7. 新增"诱空型"虚假陈述的处理

《若干规定》第二十四条至第三十条在原解释规定的基础上,增补了诱空型虚假陈述的损失赔偿计算方法,即以揭露日之后的价格变化作为确定投资者实际损失的依据。

8. 完善诉讼时效的相关规定

《若干规定》第三十二条规定："当事人主张以揭露日或更正日起算诉讼时效的,人民法院应当予以支持。揭露日与更正日不一致的,以在先的为准。对于虚假陈述责任人中的一人发生诉讼时效中断效力的事由,应当认定对其他连带责任人也发生诉讼时效中断的效力。"在废除前置程序的前提下,继续以行政处罚决定或生效刑事判决做出之日起算诉讼时效的做法,已经不符合实际情况及相关规定。该规定将诉讼时效与揭露日或更正日相连,并明确规定若揭露日与更正日不相同,则以在先的为准,进一步完善了有关虚假陈述诉讼时效的制度,为司法实践提供了更加科学和具体可操作的法律指引。

(七)《最高人民法院、中国证券监督管理委员会关于适用〈最高人民法院关于审理证券市场虚假陈述侵权民事赔偿案件的若干规定〉有关问题的通知》(法〔2022〕23号)

《最高人民法院关于审理证券市场虚假陈述侵权民事赔偿案件的若干规

定》（以下简称"《若干规定》"）于 2021 年 12 月 30 日经最高人民法院审判委员会第 1860 次会议通过后，为贯彻执行该《若干规定》，最高人民法院与中国证券监督管理委员会（以下简称"中国证监会"）于 2022 年 1 月 21 日联合发布《最高人民法院、中国证券监督管理委员会关于适用〈最高人民法院关于审理证券市场虚假陈述侵权民事赔偿案件的若干规定〉有关问题的通知》（以下简称"《通知》"），对《若干规定》实施中的有关问题做出相关通知，该《通知》的主要内容有以下几个方面。

1. 建立案件通报机制。《通知》第一条要求人民法院在受理案件后，应在 10 个工作日内将案件基本情况向发行人、上市或者挂牌公司所在辖区的中国证监会派出机构通报，相关派出机构接到通报后应当及时向中国证监会报告。《通知》明确了通报时限、主体和对象，具有很强的操作性，有助于进一步发挥案件的警示教育作用。

2. 明确"谁主张、谁举证"的举证责任，且在人民法院取证时相关部门有配合义务。《通知》第二条明确规定证券市场虚假陈述侵权民事赔偿案件的举证责任为"谁主张、谁举证"，且在人民法院依职权调查取证时，中国证监会有关部门或者派出机构依法依规有义务予以协助配合。举证责任的明确使得人民法院在审理证券市场虚假陈述侵权民事赔偿案件过程中具有明确性和可操作性的指引。

3. 明确中国证监会相关部门的立案调查与人民法院审理工作不冲突。《通知》第三条规定："人民法院经审查，认为中国证监会有关部门或者派出机构对涉诉虚假陈述的立案调查不影响民事案件审理的，应当继续审理。"该条规定与取消《若干规定》中前置程序的相关规定相呼应，避免实践中出现争议。

4. 鼓励完善证券案件审理体制机制。为更好地提升案件审理的专业化水平，《通知》第四条鼓励各地法院积极开展专家咨询和专业人士担任人民陪审员的探索，中国证监会派出机构和有关部门做好相关专家、专业人士担任人民陪审员的推荐等配合工作。这些举措有助于提高办案质量，进一步完善了人民法院审理证券案件制度。

5. 确立"一遵守，二不得"的协调沟通原则。《通知》第六条规定："在协调沟通过程中，相关人员要严格遵守保密纪律和工作纪律，不得泄露国家秘密、工作秘密、商业秘密和个人隐私，不得对民事诉讼案件的审理和行政案件的调查施加不正当影响。"该协调沟通原则的确立有助于创建公平、公正的办案环境。

6. 对于《若干规定》在适用中存在的问题，确立按隶属关系及时层报的程序。《通知》第七条要求"地方各级人民法院、中国证监会各派出机构和相关单位要积极组织学习培训，拓宽培训形式，尽快准确掌握《若干规定》的内容与精神，切实提高案件审理和监管执法水平。对于适用中存在的问题，请按隶属关系及时层报最高人民法院和中国证监会"。

综上，《通知》对人民法院的案件审理和中国证监会的专业支持、案件调查等方面做出了具体可操作性的制度安排，有利于保护投资者的合法权益，更有利于保障从严打击证券市场财务造假等违法违规活动的有序进行，从而保障证券市场平稳快速发展。

## 三 2020～2021年并购重组相关法律法规及政策的内容与评析

### （一）《公司债券发行与交易管理办法》

为贯彻落实新《证券法》和《国务院办公厅关于贯彻实施修订后的证券法有关工作的通知》，规范公司债券的发行、交易或转让行为，保护投资者的合法权益和社会公共利益，中国证券监督管理委员会于 2021 年 2 月 26 日修订了《公司债券发行与交易管理办法》（以下简称"新《管理办法》"），其主要修改内容如下。

1. 贯彻落实公司债券注册制。因新《证券法》已将"核准制"改为"注册制"，即在立法层面确立了公司债券公开发行实施注册制的基本框架。为贯彻执行该基本要求，新《管理办法》取消了公开发行公司债券需经

"中国证监会核准"的要求。新《管理办法》第十四条明确规定，只要符合"具备健全且运行良好的组织机构""最近三年平均可分配利润足以支付公司债券一年的利息""具有合理的资产负债结构和正常的现金流量"这三项条件便可以公开发行公司债券。

2. 新增公开发行公司债券的注册程序。新《管理办法》第十七条至二十四条，分别就公开发行公司债券的注册程序，发行人及其控股股东、实际控制人、董监高及服务机构的责任，更新后的信息披露责任，证券交易所审核程序和审核机制等事项做出相关规定，进一步完善了公司公开发行债券的程序。

3. 新增对证券交易所审核工作的监督机制。如新《管理办法》第六十六条要求"证券交易场所应当建立定期报告制度"，否则，根据新《管理办法》第六十七条规定，证券交易场所将承担一定的法律责任，即证券交易场所上市审核工作违反本办法规定的，由中国证监会责令改正；情节严重的，追究直接责任人员相关责任。

4. 取消了相关证券服务机构应当具有从事证券服务业务资格的要求。因新《证券法》将证券服务机构从事证券服务业务的行政许可调整为备案管理，新《管理办法》为衔接新《证券法》的相关规定，取消了对相关证券服务机构应当具有从事证券服务业务资格的要求，如第五十一条将原《管理办法》规定的出具的年度报告由"经具有从事证券服务业务资格的会计师事务所审计"修改为"符合《证券法》规定的会计师事务所审计"。

5. 取消强制评级要求。为响应市场呼声，减少对外部信用评级的过度依赖，新《管理办法》第十六条删除了公开发行公司债券须具备"债券信用评级达到 AAA 级"的标准要求，取消了债券评价的强制性要求。同时，其调整了普通投资者可以参与认购交易的公募债券标准，新增"发行人最近一期末净资产规模不少于 250 亿元"和"发行人最近 36 个月内累计公开发行债券不少于 3 期，发行规模不少于 100 亿元"这两项标准。

6. 新增禁止结构化发债。新《管理办法》第四十五条在规定"发行人

和承销机构不得操纵发行定价、暗箱操作；不得以代持、信托等方式谋取不正当利益或向其他相关利益主体输送利益"等基础上，新增"发行人不得在发行环节直接或间接认购其发行的公司债券。发行人的董事、监事、高级管理人员、持股比例超过百分之五的股东及其他关联方认购或交易、转让其发行的公司债券的，应当披露相关情况"的规定，表明国家对结构化发债行为的禁止。

7. 进一步明确发行人、控股股东、实控人和董监高的法律责任，避免逃废债行为。除了设专章就信息披露义务进行进一步拓展深化外，新《管理办法》为强化发行人、董监高的义务做了进一步的安排。

（1）明确禁止逃废债券。新《管理办法》第五条第二款规定："发行人及其控股股东、实际控制人、董事、监事、高级管理人员不得怠于履行偿债义务或者通过财产转移、关联交易等方式逃废债务，蓄意损害债券持有人权益。"否则，根据第七十四条规定，中国证监会可以依法限制其市场融资等活动，并将其有关信息纳入证券期货市场诚信档案数据库。

（2）强调发行人及其控股股东、实际控制人应当配合中介机构工作。新《办法》第六条第二款规定："发行人及其控股股东、实际控制人应当全面配合承销机构、受托管理人、证券服务机构的相关工作。"

8. 进一步确定中介机构的责任。例如，确立债券承销机构尽职调查标准。新《管理办法》第四十一条第一款规定："主承销商应当遵守业务规则和行业规范，诚实守信、勤勉尽责、保持合理怀疑，按照合理性、必要性和重要性原则，对公司债券发行文件的真实性、准确性和完整性进行审慎核查，并有合理谨慎的理由确信发行文件披露的信息不存在虚假记载、误导性陈述或者重大遗漏。"该规定确立了主承销商审核核查的基本标准为"合理性、必要性和重要性"。又如，确立债券服务机构权责范围。新《管理办法》第四十九条第三款规定："证券服务机构及其相关执业人员应当对与本专业相关的业务事项履行特别注意义务，对其他业务事项履行普通注意义务，并承担相应法律责任。"这项规定对不同业务事项的注意义务进行了区分，进一步体现了"过错与责任相匹配"的法律理念。

### （二）境内企业境外发行证券和上市新规

为进一步完善境内企业境外上市监管制度，支持境内企业依法合规开展境外上市活动，帮助企业利用境外资本促进自身发展，2021年12月24日，中国证监会发布了《国务院关于境内企业境外发行证券和上市的管理规定（草案征求意见稿）》（以下简称"《管理规定》"）以及与之配套的《境内企业境外发行证券和上市备案管理办法（征求意见稿）》（以下简称"《备案管理办法》"）。

从《管理规定》和《备案管理办法》的内容来看，二者规定将共同建立健全完善的境内企业境外上市监管体系，主要修改亮点如下。

1. 将"间接发行上市"纳入监管并明确其发行上市的认定标准。《管理规定》第二条将境内企业境外间接发行上市与企业境外直接发行统一纳入中国证监会监管；对境内企业境外间接发行上市的认定，《备案管理办法》第三条采取的是遵循实质重于形式的原则，具体需满足"境内企业最近一个会计年度的营业收入、利润总额、总资产或净资产，占发行人同期经审计合并财务报表相关数据的比例超过50%；负责业务经营管理的高级管理人员多数为中国公民或经常居住地位于境内，业务经营活动的主要场所位于境内或主要在境内开展"这两种情形，为"间接发行上市"提供了法律依据。

2. 取消了行政许可制，采用备案制。如《备案管理办法》第四条至第九条规定，境内企业在境外首次上市的、上市后在发行境外上市证券及持有其境内未上市股份的股东申请将所持有的境内未上市股份转换为境外上市股份并到境外交易场所上市流通（直接发行）的，只需要备案，取消了行政许可程序，确立了对境外发行上市行为一体适用制度，且进一步明确了备案主体及相关流程，有助于提高境内企业参与境外上市活动的主动性及积极性，有助于境内企业境外发行证券和上市活动的蓬勃发展。

3. 加强境外发行上市的监管，明确禁止发行上市的情形。《管理规定》第七条规定了不得境外发行上市的具体情形，例如：依法禁止的；危害国家安全的；存在重大权属纠纷的；境内企业及其控股股东、实际控制人最近三

年涉及经济类犯罪或因涉嫌犯罪被立案调查的；董监高最近三年存在严重的行政处罚或涉嫌犯罪正被立案调查的；等等。如果发行上市过程中已存在这些情形，将被要求暂缓或终止境外发行上市，已经备案的，将被撤销，表明国家虽然鼓励境外发行上市并积极提供便利条件，但不放松监管，有助于保障境内企业依法依规的参与境外发行上市活动。

4. 明确将安全审查作为前置程序。《管理规定》第八条规定："境内企业境外发行上市的，应当严格遵守外商投资、网络安全、数据安全等国家安全法律法规和有关规定，切实履行国家安全保护义务。涉及安全审查的，应当依法履行相关安全审查程序。国务院有关主管部门可以要求剥离境内企业业务、资产或采取其他有效措施，消除或避免境外发行上市对国家安全的影响。"该规定列举了三大类国家安全审查事项，即在进行备案前，首先应依法申报安全审查。

5. 加强保密和档案管理。根据《管理规定》第十六条规定："境内企业境外发行上市的，应当严格遵守国家法律法规和有关规定，建立健全保密制度，采取必要措施落实保密责任，不得泄露国家秘密，不得损害国家安全和公共利益。境内企业境外发行上市涉及向境外提供个人信息和重要数据的，应当符合国家法律法规和有关规定。"该规定明确要求建立健全保密制度。其第十九条第二款规定："境内单位和个人按照境外证券监督管理机构调查取证要求提供相关文件和资料的，应当向国务院证券监督管理机构报告，经国务院证券监督管理机构和国务院有关主管部门同意后方可提供。"这表明所有的境内企业境外上市项目中涉及的文件及资料都被纳入监管的范畴，只有经过境内监管部门的事先批准后方可向境外提供。

## （三）《最高人民法院关于人民法院强制执行股权若干问题的规定》

股权强制执行一直以来都是司法实践中的难点，如股权价格无法确定时应冻结股权的数量、冻结顺位认定规则、拍卖后股权变更程序等。为解决实践中存在的疑难问题，2022 年 1 月 1 日起施行的《最高人民法院关于人民法院强制执行股权若干问题的规定》（以下简称"规定"），为人民法院强制执行股权提供了具体、可操作性的指导意见，进一步规范人民法院强制执行股权的程序，有助于维护当事人、利害关系人的合法权益。

《规定》共19条，有创新有借鉴，其主要内容如下。

1. 明确可执行股权的主体范围。《规定》第一条明确人民法院可执行的股权为有限责任公司股权、股份有限公司股份，不包括在依法设立的证券交易所上市交易以及在国务院批准的其他全国性证券交易场所交易的股份有限公司股份，也就是说在上海证券交易所、北京证券交易所、深圳证券交易所交易的股份不得被强制执行。

2. 明确股权与公司财产相互独立。《规定》第二条明确被执行人是公司股东的，人民法院可以强制执行其在公司持有的股权，不得直接执行公司的财产。同时，明确管辖法院为股权所在公司的住所地。

3. 明确股权线索来源。《规定》第四条规定："人民法院可以冻结下列资料或者信息之一载明的属于被执行人的股权：（一）股权所在公司的章程、股东名册等资料；（二）公司登记机关的登记、备案信息；（三）国家企业信用信息公示系统的公示信息。"上述规定进一步明确了股权线索来源。

4. 明确冻结股权的限额并赋予当事人异议权。《规定》第五条规定，冻结股权，原则上不得明显超过标的额，并赋予被执行人提出书面异议的权利。

5. 明确冻结股权须进行公示。《规定》第六条明确：法院冻结股权，当向公司登记机关送达裁定书和协助执行通知书，并要求其在国家企业信用信息公示系统进行公示。

6. 确立申请执行的优先保护权。《规定》第七条规定："被执行人就被冻结股权所作的转让、出质或者其他有碍执行的行为，不得对抗申请执行人。"

7. 明确公司的报告义务和加强对董监高的责任监管。《规定》第八条要求公司在实施增资、减资、合并、分立等对被冻结股权所占比例、股权价值产生重大影响的行为前向人民法院书面报告有关情况；公司的董监高故意通过增资、减资、合并、分立、转让重大资产、对外提供担保等行为导致被冻

结股权价值严重贬损，影响申请执行人债权实现的，申请执行人可以依法提起诉讼。

8. 明确可以冻结股权享有的股息、红利等收益。同时，赋予被冻结股权所在公司对股息、红利等收益的协助执行义务。

9. 对被执行人等主张不得强制拍卖股权的四种抗辩理由不予支持。《规定》第十四条规定："被执行人、利害关系人以具有下列情形之一为由请求不得强制拍卖股权的，人民法院不予支持：（一）被执行人未依法履行或者未依法全面履行出资义务；（二）被执行人认缴的出资未届履行期限；（三）法律、行政法规、部门规章等对该股权自行转让有限制；（四）公司章程、股东协议等对该股权自行转让有限制。"同时规定，"人民法院对具有第一、二项情形的股权进行拍卖时，应当在拍卖公告中载明被执行人认缴出资额、实缴出资额、出资期限等信息。股权处置后，相关主体依照有关规定履行出资义务"。

10. 明确交付股权类案件执行的相关规则。《规定》第十七条明确当事人可以持该生效法律文书自行向股权所在公司、公司登记机关申请办理股权变更手续。该规定解决了司法实践中出现的难题，明确相关登记机构的义务，提高了司法效率。

### （四）《上市公司监管指引第8号——上市公司资金往来、对外担保的监管要求》

为加强对上市公司资金往来、对外担保的法律监管，中国证监会颁布了多个规范性文件，如：《关于规范上市公司对外担保行为的通知》（证监发〔2005〕120号）、《关于集中解决上市公司资金被占用和违规担保问题的通知》（证监公司字〔2005〕37号）、《关于规范上市公司与关联方资金往来及上市公司对外担保若干问题的通知》（证监会公告〔2017〕16号，以下简称"《16号文》"）等，但随着证券市场的不断发展与完善，新问题、新情况的不断出现，上述这些规范性文件中有些规定存在相互冲突的问题，给执行和监管带来困难，进而无法满足当前对上市公司监管的需要，亟待进行整合与完善。鉴于此，2022年1月28日，中国证监会、公安部、国资委、中国银保监会联合发布《上市公司监管指引第 8 号——上市公司资金往来、对外担保的监管要求》（以下简称"《8 号指引》"），《8 号指引》是在总结司法实践经验和智慧的基础上，对中国证监会以往发布的调整上市公司资金往来、对外担保的相关规范性文件的整合与完善。

《8 号指引》的内容共七章二十九条，其主要亮点有以下几个方面。

1. 明确禁止经营性资金往来占用上市公司资金。对于上市公司与控股股东及其他关联方发生经营性资金往来的，《16 号文》规定对占用上市公司资金的标准为"严格限制"。而《8 号指引》的标准更为严格，为"不得"，即《8 号指引》第四条规定："控股股东、实际控制人及其他关联方与上市公司发生的经营性资金往来中，不得占用上市公司资金。"

2. 上市公司对外担保，要求被担保方提供反担保的对象限定为控股股东、实际控制人及其关联方。《8 号指引》第十一条规定："上市公司为控股股东、实际控制人及其关联方提供担保的，控股股东、实际控制人及其关联方应当提供反担保。"

3. 明确非经营性资金占用的豁免情形。《8 号指引》第五条第（二）项规定："有偿或者无偿地拆借公司的资金（含委托贷款）给控股股东、实际控制人及其他关联方使用，但上市公司参股公司的其他股东同比例提供资金的除外。前述所称'参股公司'，不包括由控股股东、实际控制人控制的公司。"将"上市公司参股公司的其他股东同比例提供资金"作为上市公司不得将资金直接或者间接地提供给控股股东、实际控制人及其他关联方使用的除外情形，更加科学地区分了上市公司资金往来事项。

4. 将上市公司控股子公司对合并报表外的主体提供担保，视同上市公司提供担保。《8 号指引》第十五条规定："上市公司控股子公司对于向上市公司合并报表范围之外的主体提供担保的，应视同上市公司提供担保，上市公司应按照本章规定执行。"该规定针对实践中上市公司控股子公司对外担保是否需要经上市公司审议做出了回应，完善了相关规则，加强了对上市公司的监管。

5. 增加上市公司占用担保的内容，强化对占用担保的监管。《8 号指引》第五章以专章的形式规定了"资金占用和违规担保的整改"规则，要

求上市公司应对其与控股股东、实际控制人及其他关联方已经发生的资金往来、对外担保情况进行自查、及时整改，维护上市公司和中小股东的利益。如控股股东、实际控制人及其他关联方拟用非现金资产清偿占用的上市公司资金，应当遵守相关规定。

6. 进一步增加相关主体的违法成本。一是对上市公司及其董监高、控股股东、实际控制人及其他关联方的刑责引入。《8号指引》第二十三条规定："上市公司及其董事、监事、高级管理人员，控股股东、实际控制人及其他关联方违反本指引的，中国证监会根据违规行为性质、情节轻重依法给予行政处罚或者采取行政监管措施。涉嫌犯罪的移交公安机关查处，依法追究刑事责任。"这进一步明确了相关主体的责任。二是落实中央"统筹协调"的要求，加强与公安部门的协调合作。公安部作为《8号指引》联合发文机构之一，贯彻落实中央对证券违法行为坚持"零容忍"态度的要求，与中国证监会、中国银保监会等部门统筹协调，完善工作机制，形成有效的打击证券违法活动的合力。《8号指引》第二十六条规定："公安机关对中国证监会移交的上市公司资金占用和违规担保涉嫌犯罪案件或者工作中发现的相关线索，要及时按照有关规定进行审查，符合立案条件的，应尽快立案侦查。"

综上，《8号指引》的实施，将进一步完善上市公司的监管体系，为上市公司资金往来、对外担保提供具体的可操作的指导规则，维护上市公司和中小投资者的合法权益，促进证券市场的平稳发展。

### （五）《证券期货行政执法当事人承诺制度实施办法》及相关规定

中国证券行政和解制度的探索始于2013年的《国务院办公厅关于进一步加强资本市场中小投资者合法权益保护工作的意见》，该意见明确提出"探索建立证券期货领域行政和解制度，开展行政和解试点"的要求，后来随着证券市场的不断改革发展，中国证监会发布了《行政和解试点实施办法》和《行政和解金管理暂行办法》，为中国正式建立证券行政和解制度进行了积极的实践探索及经验积累。

2020年3月正式实施的新《证券法》第一百七十一条规定："国务院证

券监督管理机构对涉嫌证券违法的单位或者个人进行调查期间，被调查的当事人书面申请，承诺在国务院证券监督管理机构认可的期限内纠正涉嫌违法行为，赔偿有关投资者损失，消除损害或者不良影响的，国务院证券监督管理机构可以决定中止调查。被调查的当事人履行承诺的，国务院证券监督管理机构可以决定终止调查；被调查的当事人未履行承诺或者有国务院规定的其他情形的，应当恢复调查。具体办法由国务院规定。"该规定为从立法上确立了"行政执法当事人承诺制度"，为"行政和解制度"在中国正式建立奠定了立法基础。

2021年，国务院发布《证券期货行政执法当事人承诺制度实施办法》（以下简称"《实施办法》"）及两部配套规范性文件——《证券期货行政执法当事人承诺制度实施规定（征求意见稿）》（以下简称"《实施规定》"）和《证券期货行政执法当事人承诺金管理办法（征求意见稿）》（以下简称"《承诺金管理办法》"），引发市场热议，2022年1月1日起，《实施办法》《实施规定》《承诺金管理办法》正式实施，而《行政和解试点实施办法》和《行政和解金管理暂行办法》同时废止。

《实施办法》和《实施规定》的颁布标志着中国正式建立了行政执法当事人承诺制度，为打击违法行为人、维护投资者的合法性权益提供了法律依据。而《承诺金管理办法》对承诺金的交纳、管理和监督提供了具体、可操作的规则，进一步细化和完善了行政执法当事人的承诺制度。《实施办法》、《实施规定》和《承诺金管理办法》中明确规定了以下主要内容。

1. 行政执法当事人承诺制度全面铺开并适用于所有的涉嫌证券期货违法的单位或者个人。《实施办法》第二条规定"本办法所称行政执法当事人承诺，是指国务院证券监督管理机构对涉嫌证券期货违法的单位或者个人进行调查期间……"，表明行政执法当事人承诺制度适用于各类证券违法行为，无案件类型限制，有助于全面推进落实行政执法当事人承诺制度。

2. 明确国务院证券监督管理机构不予受理适用行政执法当事人承诺的申请的情形。《实施办法》第七条规定："有下列情形之一的，国务院证券监督管理机构对适用行政执法当事人承诺的申请不予受理：（一）当事人因

证券期货犯罪被判处刑罚，自刑罚执行完毕之日起未逾 3 年，或者因证券期货违法行为受到行政处罚，自行政处罚执行完毕之日起未逾 1 年；（二）当事人涉嫌证券期货犯罪，依法应当移送司法机关处理；（三）当事人涉嫌证券期货违法行为情节严重、社会影响恶劣；（四）当事人已提出适用行政执法当事人承诺的申请但未被受理，或者其申请已被受理但其作出的承诺未获得国务院证券监督管理机构认可，没有新事实、新理由，就同一案件再次提出申请；（五）当事人因自身原因未履行或者未完全履行经国务院证券监督管理机构认可的承诺，就同一案件再次提出申请；（六）国务院证券监督管理机构基于审慎监管原则认为不适用行政执法当事人承诺的其他情形。"这表明《实施办法》以负面清单的形式将当事人承诺制度做出适用限定，更加具有可操作性。

3. 当事人承诺制度的流程清晰、规则明确。《实施办法》明确将行政执法当事人承诺作为行政执法方式之一；《实施规定》重在细化对办理程序、承诺金的管理使用等内容的规定，如明确承诺金测算机制、完善承诺金确定的程序机制；《承诺金管理办法》特别注重保障投资者利益，及时赔偿投资者损失，通过细化承诺金的交纳、管理、监督等内容来实现。三者共同构建了中国行政执法当事人承诺制度。

4. 以程序正当来推进"当事人承诺制度"。《实施办法》对适用当事人承诺制度规定了申请及受理、沟通协商、签署协议、中止调查、履行协议、终止调查这六大程序，环环相扣，如果没有完成前一个阶段，便无法进行下一个阶段，例如，终止调查的前提是当事人切实履行了协议，而在沟通协商阶段继续调查违法行为，对其不放纵，程序正当、规则明确，以对违法行为的"零容忍"态度来维护投资者的合法权益。

5. 明确当事人的承诺不构成当事人的自认违法。《实施办法》第十条第二款规定："当事人提交的材料以及在沟通协商时所作的陈述，只能用于实施行政执法当事人承诺。"第十五条规定："国务院证券监督管理机构出具终止调查决定书后，对当事人涉嫌实施的同一个违法行为不再重新调查。"这些表明，当事人承诺不是对违法行为的自认，相关部门不得以同一行为再次调查，打消了当事人的疑虑，有助于当事人承诺制度的顺序开展。

6. 当事人承诺制度注重对当事人的信息保密。《实施办法》第十三条第（六）项规定："保障当事人商业秘密、个人隐私等权利的措施。"该规定表明在落实当事人信息披露义务的同时，《实施办法》也特别注重对当事人商业秘密、个人隐私的保护，切实打消当事人顾虑，将进一步推动当事人承诺制度的执行。

7. 完善投资者的救济渠道。《实施办法》第十八条规定："投资者因当事人涉嫌违法行为遭受损失的，可以向承诺金管理机构申请合理赔偿，也可以通过依法对当事人提起民事赔偿诉讼等其他途径获得赔偿。承诺金管理机构向投资者支付的赔偿总额不得超过涉及案件当事人实际交纳并用于赔偿的承诺金总额。投资者已通过其他途径获得赔偿的，不得就已获得赔偿的部分向承诺金管理机构申请赔偿。"这表明投资者不仅可以向承诺金管理机构申请合理赔偿，也可以通过诉讼等程序来实现权利，赋予投资者自我选择救济渠道的权利。

综上，证券行政执法当事人承诺制度的建立是中国立法进行的一项有益的探索，对打击证券违法行为，及时赔偿投资者损失，维护投资者的合法权益具有重大意义，必将进一步保障证券市场稳健运行。

### （六）《北京证券交易所上市公司证券发行注册管理办法（试行）》

为进一步支持中小企业创新稳定发展，深化新三板改革，中国于2021年正式设立北京证券交易所（以下简称"北交所"），努力将其打造成服务创新型中小企业主阵地。同时，为帮助创新型中小企业运用北交所平台促进自身的发展，中国证监会发布《北京证券交易所上市公司证券发行注册管理办法（试行）》（以下简称"《证券发行注册办法》"），2021年10月28日经中国证监会2021年第6次委务会议审议通过，于2021年11月15日起正式施行。

《证券发行注册办法》共六章七十七条，分别为总则、发行条件、发行程序、信息披露、监督管理与法律责任以及附则，具体内容有借鉴有创新，比如，积极借鉴沪深交易所的成熟举措，明确北交所再融资基本要求。同

时，结合创新型中小企业的自身特点，其构建了多元化、可持续的融资制度，具体核心内容有以下几个方面。

1. 构建北交所再融资制度的总体要求。《证券发行注册办法》第一章"总则"部分第一条至第八条，分别就立法目的及依据，适用范围，融资品种，审核注册安排，信息披露，股东、实际控制人、董监高的配合义务，保荐人、证券服务机构的法律责任以及证券申请的法律效力等予以明确。例如，第六条规定："对上市公司是否符合发行条件独立作出专业判断，审慎作出保荐决定，并对募集说明书、发行情况报告书或者其他信息披露文件及其所出具的相关文件的真实性、准确性、完整性负责。"

2. 明确上市公司定向发行股票、公开发行股票以及发行可转债的条件。《证券发行注册办法》第二章就上市公司定向发行股票、公开发行股票以及发行可转换为股票的公司债券依法分类设置发行条件，第九条以正向规定明确"向特定对象发行股票"的条件，第十条以"负面清单"的形式规定"不得向特定对象发行股票"的情形；第十一条明确如公开发行股票，除应当符合本办法第九条和第十条规定的条件外，还应当符合《北京证券交易所向不特定合格投资者公开发行股票注册管理办法（试行）》规定的其他条件；第十二条和第十三条分别规定发行可转换为股票的公司债券的条件及禁止情形。此外，第十四条和第十五条分别明确禁止保底承诺和规范金额较大的财务投资行为。

3. 规范发行程序，推进再融资的顺利开展。《证券发行注册办法》第三章明确了再融资应当履行的"发行人审议""审核与注册""定价、发售与认购"程序，以构建清晰明确的发行程序，其中，在"发行人审议"这一节中，董事会、股东大会、监事会各司其职，董事会就再融资做出决议，股东大会负责审批，监事会进行审核并提出书面意见，并就股东大会决议事项、信息披露事项、表决程序、单独审议情形、授权发行有效期等内容做出相应的规定。同时，在"审核与注册"这一节中，积极建立北交所审核与中国证监会注册的程序，明确各环节时限要求，提升审核透明度。在"定价、发售与认购"这一节中，明确发行定价、限售要求。例如，第四十四条规定："上市公司向特定对象发行股票的，发行价格应当不低于定价基准日前二十个交易日公司股票均价的 80%。"

4. 完善信息披露制度。如《证券发行注册办法》第四章中明确要求上市公司应当按照中国证监会制定的信息披露规则，编制并披露信息披露文件；信息披露应以投资者需求为导向；影响投资者做出价值判断和投资决策所必需的信息，应做到充分披露；应当充分披露募集资金的必要性和合理性。同时，北交所有权在中国证监会确定的信息披露内容范围内，对信息披露提出细化和补充要求。

5. 明确规定了各方主体法律责任。例如：（1）积极发挥中国证监会的监督机制，发挥北交所和中国证券业协会自律管理措施，多措并举，加强对违法违规行为的监管；（2）强化上市公司及控股股东、实际控制人、董监高的责任；（3）强化中介服务机构的法律责任。

### （七）最高人民法院发布2021年度全国法院十大商事案件

2022 年 1 月 29 日，最高人民法院评选出 2021 年度全国各级人民法院已判决生效的具有重大社会影响和标志性意义的十大商事案件。

这十大商事案例中涉及公司、证券、并购重组的有："487 名自然人投资者诉五洋建设集团股份有限公司等证券虚假陈述责任纠纷案；顾华骏、刘淑君等 11 名投资者诉康美药业股份有限公司证券虚假陈述责任纠纷特别代表人诉讼案；梁某某个人破产重整案；海航集团有限公司等 321 家公司实质合并重整案；北大方正集团有限公司等五家公司实质合并重整案。"[1]

---

[1] 《最高法发布 2021 年度全国法院十大商事案件》，最高人民法院官网，2022 年 1 月 29 日，https：//www.court.gov.cn/zixun-xiangqing-344521.html。其他案件为：招商银行股份有限公司与光大资本投资有限公司其他合同纠纷案；吕科诉彭萍、彭琮林、王万英、重庆渝嘉建筑安装工程有限公司、重庆旺聚贸易有限公司、重庆品尊投资咨询有限公司、重庆首成房地产开发有限公司及一审第三人重庆竣尊房地产开发有限公司损害公司利益纠纷案；成都九正科技实业有限公司与璧合科技股份有限公司、天津和合科技有限公司买卖合同纠纷案；河南省中原小额贷款有限公司、雏鹰农牧集团股份有限公司与河南新郑农村商业银行股份有限公司、郑州正通联合会计师事务所、西藏吉腾实业有限公司、河南泰元投资担保有限公司损害公司债权人利益责任案；中国平安财产保险股份有限公司大庆支公司与七台河市天宇选煤有限责任公司财产损失保险合同纠纷案。

　　纵观这十大商事案例，主要有以下几个方面特点。

　　1. 案件类型广泛、新颖。十大案例涉及证券虚假陈述、个人破产重整、企业合并重整、股东损害公司利益纠纷、股东损害公司债权人利益责任纠纷、合同纠纷（如买卖合同纠纷、财产损失保险合同纠纷及其他合同纠纷）等，案件类型多样，覆盖面广，基本上包括了商事活动领域常见的法律问题，为司法裁判和企业经营活动提供了指导且具有借鉴意义。同时，十大案例新颖，具有标志性意义。例如：顾华骏、刘淑君等11名投资者诉康美药业股份有限公司证券虚假陈述责任纠纷特别代表人诉讼案，首次采用特别代表人诉讼方式，是一种开创性的中国特色式诉讼模式，极大地维护了投资者的合法权益；梁某某个人破产重整案，作为全国首例个人破产案件，首次全面、完整地向社会展示了个人破产的程序与规则，完善了破产制度，为债务人经济重生提供了法律支持，为法院审理个人破产案件积累了经验；方正集团实质合并重整案，作为全国首例真正意义上的多元化"企业集团"重整案，对中国大型企业集团重整具有重要参考价值。

　　2. 表明证券市场将迎来新一轮的"强监管"。十大商事案例中，前两大案例为证券市场虚假陈述责任纠纷案，与国家这两年对资本市场领域的法律法规进行大幅度修改完善相关。从宏观上来说，这表明国家打击证券市场犯罪的信心和决心，增强了资本市场各类主体和投资者的法治意识，对预防证券市场违法犯罪具有警示教育作用。具体而言，这明确了债券欺诈发行中侵权责任的认定标准及董监高、中介服务机构秉承权责一致、罚过相当的法律原则，表明了司法机关"让破坏者付出破坏的代价，让装睡的'看门人'不敢装睡"的法律态度。

　　3. 表明商事领域刑民交叉问题突出。商事经营活动在充满活力的同时，也伴随着在法律边缘行走的风险。无论是证券虚假陈述还是股东损害公司利益、侵害个人信息，涉刑率都不断攀升。在十大商事案例中的吕科诉重庆渝嘉建筑安装工程有限公司等损害公司利益纠纷案裁判理由明确："公司在其利益受损后虽然未提起诉讼，但已经积极采取刑事报案等措施以维护公司利益，公司拒绝提起诉讼有正当理由的，已无赋予股东提起股东代表诉讼的权利之必要。"这表明当刑事程序已经被提起，为防止诉累，浪费司法资源，民事措施的采取如没有必要性则法院有权对此做出否定性评价。

综上，这十大商事案例表明法院在商事审判实践活动中坚持服务大局、公平公正司法的法律精神，通过惩戒违法违规行为、创新完善司法裁判规则，为优化市场营商环境，保护商事参与人的合法权益，为经济高质量快速发展提供有力的法治保障。

**附录1　涉及并购重组的部门规章和部门其他规范性文件**

| 序号 | 文件名称 | 颁布/修改机构 | 发布时间 | 实施时间 |
|---|---|---|---|---|
| 1 | 《中国人民银行关于规范商业承兑汇票信息披露的公告》 | 中国人民银行 | 2020.12.18 | 2021.08.01 |
| 2 | 《责任保险业务监管办法》 | 中国银行保险监督管理委员会 | 2020.12.22 | 2021.01.01 |
| 3 | 《可转换公司债券管理办法》 | 中国证券监督管理委员会 | 2020.12.31 | 2021.01.31 |
| 4 | 《海南自由贸易港鼓励类产业目录（2020年本）》 | 国家发展和改革委员会、财政部、国家税务总局 | 2021.01.27 | 2021.01.27 |
| 5 | 《首发企业现场检查规定》 | 中国证券监督管理委员会 | 2021.01.29 | 2021.01.29 |
| 6 | 《关于上市公司内幕信息知情人登记管理制度的规定》 | 中国证券监督管理委员会 | 2021.02.03 | 2021.02.03 |
| 7 | 《监管规则适用指引—关于申请首发上市企业股东信息披露》 | 中国证券监督管理委员会 | 2021.02.05 | 2021.02.05 |
| 8 | 《国家技术创新中心建设运行管理办法（暂行）》 | 科学技术部、财政部 | 2021.02.10 | 2021.02.10 |
| 9 | 《中国银保监会办公厅关于进一步规范商业银行互联网贷款业务的通知》 | 中国银保监会办公厅 | 2021.02.19 | 2021.02.19 |

续表

| 序号 | 文件名称 | 颁布/修改机构 | 发布时间 | 实施时间 |
|---|---|---|---|---|
| 10 | 《关于建立健全招标投标领域优化营商环境长效机制的通知》 | 国家发展和改革委员会、工业和信息化部、住房和城乡建设部、交通运输部、水利部、农业农村部、商务部、国家广播电视总局、国家能源局、国家铁路局、中国民用航空局 | 2021.02.20 | 2021.02.20 |
| 11 | 《公司债券发行与交易管理办法》 | 中国证券监督管理委员会 | 2021.02.26 | 2021.02.26 |
| 12 | 《证券市场资信评级业务管理办法》 | 中国证券监督管理委员会 | 2021.02.26 | 2021.02.26 |
| 13 | 《关于海南自由贸易港自用生产设备"零关税"政策的通知》 | 财政部、海关总署、国家税务总局 | 2021.03.04 | 2021.03.04 |
| 14 | 《关于规范申请专利行为的办法》 | 国家知识产权局 | 2021.03.11 | 2021.03.11 |
| 15 | 《证券公司股权管理规定》 | 中国证券监督管理委员会 | 2021.03.18 | 2021.04.18 |
| 16 | 《上市公司信息披露管理办法》 | 中国证券监督管理委员会 | 2021.03.18 | 2021.05.01 |
| 17 | 《科创属性评价指引(试行)》 | 中国证券监督管理委员会 | 2021.04.16 | 2021.04.16 |
| 18 | 《关于推进海南自由贸易港贸易自由化便利化若干措施的通知》 | 商务部等20部门 | 2021.04.19 | 2021.04.19 |
| 19 | 《理财公司理财产品销售管理暂行办法》 | 中国银行保险监督管理委员会 | 2021.05.11 | 2021.06.27 |
| 20 | 《中国(北京)自由贸易试验区外汇管理改革试点实施细则》 | 国家外汇管理局北京外汇管理部 | 2021.05.14 | 2021.05.14 |
| 21 | 《银行业金融机构绿色金融评价方案》 | 中国人民银行 | 2021.05.27 | 2021.07.01 |

续表

| 序号 | 文件名称 | 颁布/修改机构 | 发布时间 | 实施时间 |
|---|---|---|---|---|
| 22 | 《关于完善全国中小企业股份转让系统终止挂牌制度的指导意见》 | 中国证券监督管理委员会 | 2021.05.28 | 2021.05.28 |
| 23 | 《关于推行证明事项告知承诺制的实施方案》 | 中国证券监督管理委员会 | 2021.06.02 | 2021.06.02 |
| 24 | 《证券市场禁入规定》 | 中国证券监督管理委员会 | 2021.06.15 | 2021.07.19 |
| 25 | 《公开发行证券的公司信息披露内容与格式准则第2号——年度报告的内容与格式》 | 中国证券监督管理委员会 | 2021.06.28 | 2021.06.28 |
| 26 | 《公开发行证券的公司信息披露内容与格式准则第3号——半年度报告的内容与格式》 | 中国证券监督管理委员会 | 2021.06.28 | 2021.06.28 |
| 27 | 《关于进一步做好基础设施领域不动产投资信托基金（REITs）试点工作的通知》 | 国家发展和改革委员会 | 2021.06.29 | 2021.06.29 |
| 28 | 《市场监督管理行政处罚程序暂行规定》 | 国家市场监督管理总局 | 2021.07.02 | 2021.07.15 |
| 29 | 《证券期货违法行为行政处罚办法》 | 中国证券监督管理委员会 | 2021.07.14 | 2021.07.14 |
| 30 | 《证券公司短期融资券管理办法》 | 中国人民银行 | 2021.07.20 | 2021.09.01 |
| 31 | 《国家发展改革委关于推广借鉴深圳经济特区创新举措和经验做法的通知》 | 国家发展和改革委员会 | 2021.07.21 | 2021.07.21 |
| 32 | 《再保险业务管理规定》 | 中国银行保险监督管理委员会 | 2021.07.21 | 2021.12.01 |
| 33 | 《"大众创业 万众创新"税费优惠政策指引》 | 国家税务总局 | 2021.07.26 | 2021.07.26 |
| 34 | 《小微企业、个体工商户税费优惠政策指引》 | 国家税务总局 | 2021.07.26 | 2021.07.26 |
| 35 | 《软件企业和集成电路企业税费优惠政策指引》 | 国家税务总局 | 2021.07.26 | 2021.07.26 |
| 36 | 《市场监督管理严重违法失信名单管理办法》 | 国家市场监督管理总局 | 2021.07.30 | 2021.09.01 |

续表

| 序号 | 文件名称 | 颁布/修改机构 | 发布时间 | 实施时间 |
|---|---|---|---|---|
| 37 | 《市场监督管理行政处罚信息公示规定》 | 国家市场监督管理总局 | 2021.07.30 | 2021.09.01 |
| 38 | 《市场监督管理信用修复管理办法》 | 国家市场监督管理总局 | 2021.07.30 | 2021.09.01 |
| 39 | 《关于推动公司信用类债券市场改革开放高质量发展的指导意见》 | 中国人民银行、国家发展和改革委员会、财政部、中国银行保险监督管理委员会、中国证券监督管理委员会、国家外汇管理局 | 2021.08.17 | 2021.08.17 |
| 40 | 《商务部关于加强"十四五"时期商务领域标准化建设的指导意见》 | 商务部 | 2021.08.17 | 2021.08.17 |
| 41 | 《关于建立破产信息共享与状态公示机制的实施意见》 | 深圳市中级人民法院、深圳市市场监督管理局、深圳市破产事务管理署 | 2021.08.18 | 2021.08.18 |
| 42 | 《关于进一步完善建设项目环境保护"三同时"及竣工环境保护自主验收监管工作机制的意见》 | 生态环境部 | 2021.08.20 | 2021.08.20 |
| 43 | 《海南自由贸易港跨境服务贸易负面清单管理办法(试行)》 | 海南省人民政府 | 2021.08.25 | 2021.08.26 |
| 44 | 《关于推进国家生态工业示范园区碳达峰碳中和相关工作的通知》 | 生态环境部 | 2021.08.27 | 2021.08.27 |
| 45 | 《中华人民共和国海上海事行政处罚规定》 | 交通运输部 | 2021.09.01 | 2021.09.01 |
| 46 | 《国家人权行动计划(2021—2025年)》 | 国务院新闻办公室 | 2021.09.09 | 2021.09.09 |
| 47 | 《创业板首次公开发行证券发行与承销特别规定(2021年修订)》 | 中国证券监督管理委员会 | 2021.09.18 | 2021.09.18 |
| 48 | 《中国银保监会办公厅关于资产支持计划和保险私募基金登记有关事项的通知》 | 中国银保监会办公厅 | 2021.09.18 | 2021.10.01 |
| 49 | 《中华人民共和国监察法实施条例》 | 国家监察委员会 | 2021.09.20 | 2021.09.20 |
| 50 | 《海南自由贸易港创业投资工作指引(2021年版)》 | 海南省发展和改革委员会 | 2021.09.22 | 2021.09.22 |
| 51 | 《中央行政事业单位国有资产处置管理办法》 | 财政部 | 2021.09.28 | 2021.09.28 |

| 序号 | 文件名称 | 颁布/修改机构 | 发布时间 | 实施时间 |
|---|---|---|---|---|
| 52 | 《征信业务管理办法》 | 中国人民银行 | 2021.09.28 | 2022.01.01 |
| 53 | 《电网公平开放监管办法》 | 国家能源局 | 2021.09.29 | 2021.09.29 |
| 54 | 《首次公开发行股票并上市辅导监管规定》 | 中国证券监督管理委员会 | 2021.09.30 | 2021.09.30 |
| 55 | 《海南自由贸易港优化营商环境条例》 | 海南省人民代表大会常务委员会 | 2021.09.30 | 2021.11.01 |
| 56 | 《关于依法开展证券期货行业仲裁试点的意见》 | 司法部、中国证券监督管理委员会 | 2021.10.15 | 2021.10.15 |
| 57 | 《证券交易所管理办法(2021年修订)》 | 中国证券监督管理委员会 | 2021.10.30 | 2021.10.30 |
| 58 | 《公开发行证券的公司信息披露内容与格式准则第46号——北京证券交易所公司招股说明书》 | 中国证券监督管理委员会 | 2021.10.30 | 2021.11.15 |
| 59 | 《公开发行证券的公司信息披露内容与格式准则第47号——向不特定合格投资者公开发行股票并在北京证券交易所上市申请文件》 | 中国证券监督管理委员会 | 2021.10.30 | 2021.11.15 |
| 60 | 《公开发行证券的公司信息披露内容与格式准则第48号——北京证券交易所上市公司向不特定合格投资者公开发行股票募集说明书》 | 中国证券监督管理委员会 | 2021.10.30 | 2021.11.15 |
| 61 | 《公开发行证券的公司信息披露内容与格式准则第49号——北京证券交易所上市公司向特定对象发行股票募集说明书和发行情况报告书》 | 中国证券监督管理委员会 | 2021.10.30 | 2021.11.15 |
| 62 | 《公开发行证券的公司信息披露内容与格式准则第50号——北京证券交易所上市公司向特定对象发行可转换公司债券募集说明书和发行情况报告书》 | 中国证券监督管理委员会 | 2021.10.30 | 2021.11.15 |
| 63 | 《公开发行证券的公司信息披露内容与格式准则第51号——北京证券交易所上市公司向特定对象发行优先股募集说明书和发行情况报告书》 | 中国证券监督管理委员会 | 2021.10.30 | 2021.11.15 |

续表

| 序号 | 文件名称 | 颁布/修改机构 | 发布时间 | 实施时间 |
|---|---|---|---|---|
| 64 | 《公开发行证券的公司信息披露内容与格式准则第 52 号——北京证券交易所上市公司发行证券申请文件》 | 中国证券监督管理委员会 | 2021.10.30 | 2021.11.15 |
| 65 | 《公开发行证券的公司信息披露内容与格式准则第 53 号——北京证券交易所上市公司年度报告》 | 中国证券监督管理委员会 | 2021.10.30 | 2021.11.15 |
| 66 | 《公开发行证券的公司信息披露内容与格式准则第 54 号——北京证券交易所上市公司中期报告》 | 中国证券监督管理委员会 | 2021.10.30 | 2021.11.15 |
| 67 | 《公开发行证券的公司信息披露内容与格式准则第 55 号——北京证券交易所上市公司权益变动报告书、上市公司收购报告书、要约收购报告书、被收购公司董事会报告书》 | 中国证券监督管理委员会 | 2021.10.30 | 2021.11.15 |
| 68 | 《非上市公众公司信息披露内容与格式准则第 18 号——定向发行可转换公司债券说明书和发行情况报告书》 | 中国证券监督管理委员会 | 2021.10.30 | 2021.11.15 |
| 69 | 《非上市公众公司信息披露内容与格式准则第 19 号——定向发行可转换公司债券发行申请文件》 | 中国证券监督管理委员会 | 2021.10.30 | 2021.11.15 |
| 70 | 《非上市公众公司监督管理办法（2021 年修正）》 | 中国证券监督管理委员会 | 2021.10.30 | 2021.11.15 |
| 71 | 《非上市公众公司信息披露管理办法（2021 年 10 月修正）》 | 中国证券监督管理委员会 | 2021.10.30 | 2021.11.15 |
| 72 | 《北京证券交易所上市公司持续监管办法（试行）》 | 中国证券监督管理委员会 | 2021.10.30 | 2021.11.15 |
| 73 | 《北京证券交易所向不特定合格投资者公开发行股票注册管理办法（试行）》 | 中国证券监督管理委员会 | 2021.10.30 | 2021.11.15 |
| 74 | 《北京证券交易所上市公司证券发行注册管理办法（试行）》 | 中国证券监督管理委员会 | 2021.10.30 | 2021.11.15 |
| 75 | 《关于健全完善侦查监督与协作配合机制的意见》 | 中华人民共和国最高人民检察院、中华人民共和国公安部 | 2021.10.31 | 2021.10.31 |

| 序号 | 文件名称 | 颁布/修改机构 | 发布时间 | 实施时间 |
|---|---|---|---|---|
| 76 | 《关于保险资金参与证券出借业务有关事项的通知》 | 中国银行保险监督管理委员会 | 2021.11.11 | 2021.11.11 |
| 77 | 《关于北京证券交易所税收政策适用问题的公告》 | 中华人民共和国财政部、中华人民共和国国家税务总局 | 2021.11.14 | 2021.11.14 |
| 78 | 《公开发行证券的公司信息披露内容与格式准则第24号——公开发行公司债券申请文件（2021年修订）》 | 中国证券监督管理委员会 | 2021.12.23 | 2021.12.23 |
| 79 | 《国务院关于境内企业境外发行证券和上市的管理规定（草案征求意见稿）》 | 中国证券监督管理委员会 | 2021.12.24 | N/A |
| 80 | 《境内企业境外发行证券和上市备案管理办法（征求意见稿）》 | 中国证券监督管理委员会 | 2021.12.24 | N/A |
| 81 | 《证券期货业移动互联网应用程序安全检测规范》 | 中国证券监督管理委员会 | 2021.12.29 | 2021.12.29 |
| 82 | 《证券期货行政执法当事人承诺金管理办法》 | 中华人民共和国财政部、中国证券监督管理委员会 | 2022.01.01 | 2022.01.01 |
| 83 | 《证券期货行政执法当事人承诺制度实施规定》 | 中国证券监督管理委员会 | 2022.01.01 | 2022.01.01 |
| 84 | 《公开发行证券的公司信息披露内容与格式准则第5号——公司股份变动报告的内容与格式（2022年修订）》 | 中国证券监督管理委员会 | 2022.01.05 | 2022.01.05 |
| 85 | 《证券期货法律适用意见第7号——〈上市公司收购管理办法〉第六十二条有关上市公司严重财务困难的适用意见（2022年修订）》 | 中国证券监督管理委员会 | 2022.01.05 | 2022.01.05 |
| 86 | 《关于废止4部证券期货制度文件的决定》 | 中国证券监督管理委员会 | 2022.01.05 | 2022.01.05 |
| 87 | 《上市公司监管指引第2号——上市公司募集资金管理和使用的监管要求（2022年修订）》 | 中国证券监督管理委员会 | 2022.01.05 | 2022.01.05 |
| 88 | 《上市公司监管指引第3号——上市公司现金分红（2022年修订）》 | 中国证券监督管理委员会 | 2022.01.05 | 2022.01.05 |

续表

| 序号 | 文件名称 | 颁布/修改机构 | 发布时间 | 实施时间 |
|---|---|---|---|---|
| 89 | 《上市公司监管指引第 4 号——上市公司及其相关方承诺》 | 中国证券监督管理委员会 | 2022.01.05 | 2022.01.05 |
| 90 | 《上市公司监管指引第 5 号——上市公司内幕信息知情人登记管理制度》 | 中国证券监督管理委员会 | 2022.01.05 | 2022.01.05 |
| 91 | 《上市公司监管指引第 6 号——上市公司董事长谈话制度实施办法》 | 中国证券监督管理委员会 | 2022.01.05 | 2022.01.05 |
| 92 | 《公开发行证券的公司信息披露编报规则第 4 号——保险公司信息披露特别规定（2022 年修订）》 | 中国证券监督管理委员会 | 2022.01.05 | 2022.01.05 |
| 93 | 《公开发行证券的公司信息披露内容与格式准则第 17 号——要约收购报告书（2022 年修订）》 | 中国证券监督管理委员会 | 2022.01.05 | 2022.01.05 |
| 94 | 《公开发行证券的公司信息披露编报规则第 26 号——商业银行信息披露特别规定（2022 年修订）》 | 中国证券监督管理委员会 | 2022.01.05 | 2022.01.05 |
| 95 | 《上市公司股票停复牌规则》 | 中国证券监督管理委员会 | 2022.01.05 | 2022.01.05 |
| 96 | 《上市公司股东大会规则（2022 年修订）》 | 中国证券监督管理委员会 | 2022.01.05 | 2022.01.05 |
| 97 | 《上市公司分拆规则（试行）》 | 中国证券监督管理委员会 | 2022.01.05 | 2022.01.05 |
| 98 | 《上市公司董事、监事和高级管理人员所持本公司股份及其变动管理规则（2022 年修订）》 | 中国证券监督管理委员会 | 2022.01.05 | 2022.01.05 |
| 99 | 《上市公司股份回购规则》 | 中国证券监督管理委员会 | 2022.01.05 | 2022.01.05 |
| 100 | 《上市公司现场检查规则》 | 中国证券监督管理委员会 | 2022.01.05 | 2022.01.05 |
| 101 | 《上市公司独立董事规则》 | 中国证券监督管理委员会 | 2022.01.05 | 2022.01.05 |
| 102 | 《上市公司章程指引（2022 年修订）》 | 中国证券监督管理委员会 | 2022.01.05 | 2022.01.07 |
| 103 | 《中国证监会关于北京证券交易所上市公司转板的指导意见》 | 中国证券监督管理委员会 | 2022.01.07 | 2022.01.07 |

续表

| 序号 | 文件名称 | 颁布/修改机构 | 发布时间 | 实施时间 |
|---|---|---|---|---|
| 104 | 《关于全面实行行政许可事项清单管理的通知》 | 中华人民共和国国务院办公厅 | 2022.01.10 | 2022.01.10 |
| 105 | 《金融机构客户尽职调查和客户身份资料及交易记录保存管理办法》 | 中国银行保险监督管理委员会、中国人民银行、中国证券监督管理委员会 | 2022.01.19 | 2022.03.01 |
| 106 | 《上市公司监管指引第 8 号——上市公司资金往来、对外担保的监管要求》 | 中国银行保险监督管理委员会、国务院国有资产监督管理委员会、中华人民共和国公安部、中国证券监督管理委员会 | 2022.01.28 | 2022.01.28 |
| 107 | 《关于注册制下提高招股说明书信息披露质量的指导意见》 | 中国证券监督管理委员会 | 2022.01.28 | 2022.01.28 |

### 附录 2　最高人民法院和最高人民检察院涉及并购重组的相关文件

| 序号 | 文件名称 | 颁布/修改机构 | 发布时间 | 实施时间 |
|---|---|---|---|---|
| 1 | 《关于修改〈最高人民法院关于在民事审判工作中适用〈中华人民共和国工会法〉若干问题的解释〉等二十七件民事类司法解释的决定》 | 最高人民法院 | 2020.12.29 | 2021.01.01 |
| 2 | 《关于修改〈最高人民法院关于破产企业国有划拨土地使用权应否列入破产财产等问题的批复〉等二十九件商事类司法解释的决定》 | 最高人民法院 | 2020.12.29 | 2021.01.01 |
| 3 | 《关于修改〈最高人民法院关于人民法院民事调解工作若干问题的规定〉等十九件民事诉讼类司法解释的决定》 | 最高人民法院 | 2020.12.29 | 2021.01.01 |
| 4 | 《关于修改〈最高人民法院关于人民法院扣押铁路运输货物若干问题的规定〉等十八件执行类司法解释的决定》 | 最高人民法院 | 2020.12.29 | 2021.01.01 |
| 5 | 《关于适用〈中华人民共和国民法典〉物权编的解释（一）》 | 最高人民法院 | 2020.12.29 | 2021.01.01 |

| 序号 | 文件名称 | 颁布/修改机构 | 发布时间 | 实施时间 |
|---|---|---|---|---|
| 6 | 《关于适用〈中华人民共和国民法典〉继承编的解释(一)》 | 最高人民法院 | 2020.12.29 | 2021.01.01 |
| 7 | 《关于审理建设工程施工合同纠纷案件适用法律问题的解释(一)》 | 最高人民法院 | 2020.12.29 | 2021.01.01 |
| 8 | 《关于适用〈中华人民共和国民法典〉婚姻家庭编的解释(一)》 | 最高人民法院 | 2020.12.29 | 2021.01.01 |
| 9 | 《关于适用〈中华人民共和国民法典〉时间效力的若干规定》 | 最高人民法院 | 2020.12.29 | 2021.01.01 |
| 10 | 《关于审理劳动争议案件适用法律问题的解释(一)》 | 最高人民法院 | 2020.12.29 | 2021.01.01 |
| 11 | 《关于修改〈最高人民法院关于审理侵犯专利权纠纷案件应用法律若干问题的解释(二)〉等十八件知识产权类司法解释的决定》 | 最高人民法院 | 2020.12.29 | 2021.01.01 |
| 12 | 《关于适用〈中华人民共和国民法典〉有关担保制度的解释》 | 最高人民法院 | 2020.12.31 | 2021.01.01 |
| 13 | 《关于深入推进社会主义核心价值观融入裁判文书释法说理的指导意见》 | 最高人民法院 | 2021.02.18 | 2021.03.01 |
| 14 | 《关于进一步规范人民法院冻结上市公司质押股票工作的意见》 | 最高人民法院、最高人民检察院、公安部、中国证券监督管理委员会 | 2021.03.01 | 2021.07.01 |
| 15 | 《关于审理侵害知识产权民事案件适用惩罚性赔偿的解释》 | 最高人民法院 | 2021.03.02 | 2021.03.03 |
| 16 | 《关于北京金融法院案件管辖的规定》 | 最高人民法院 | 2021.03.16 | 2021.03.16 |
| 17 | 《关于调整中级人民法院管辖第一审民事案件标准的通知》 | 最高人民法院 | 2021.09.17 | 2021.10.01 |
| 18 | 《〈最高人民法院统一法律适用工作实施办法〉理解与适用》 | 最高人民法院 | 2021.11.30 | 2021.11.30 |
| 19 | 《关于人民法院强制执行股权若干问题的规定》 | 最高人民法院 | 2021.12.20 | 2022.01.01 |
| 20 | 《关于进一步推进行政争议多元化解工作的意见》 | 最高人民法院 | 2021.12.22 | 2021.12.22 |
| 21 | 《关于审理证券市场虚假陈述侵权民事赔偿案件的若干规定》 | 最高人民法院 | 2022.01.21 | 2022.01.21 |

| 序号 | 文件名称 | 颁布/修改机构 | 发布时间 | 实施时间 |
|---|---|---|---|---|
| 22 | 《关于适用〈最高人民法院关于审理证券市场虚假陈述侵权民事赔偿案件的若干规定〉有关问题的通知》 | 中华人民共和国最高人民法院、中国证券监督管理委员会 | 2022.01.21 | 2022.01.21 |

## 附录 3  证券交易所等涉及并购重组的相关规范文件

| 序号 | 文件名称 | 颁布/修改机构 | 发布时间 | 实施时间 |
|---|---|---|---|---|
| 1 | 《全国中小企业股份转让系统公开转让说明书信息披露指引——广告公司》 | 全国中小企业股份转让系统有限责任公司 | 2020.11.13 | 2020.11.13 |
| 2 | 《关于进一步加强债务融资工具发行业务规范有关事项的通知》 | 中国银行间市场交易商协会 | 2020.11.13 | 2020.11.13 |
| 3 | 《挂牌公司优先股发行审查要点》 | 全国中小企业股份转让系统有限责任公司 | 2020.11.20 | 2020.11.20 |
| 4 | 《挂牌公司股票定向发行申请文件受理检查要点》 | 全国中小企业股份转让系统有限责任公司 | 2020.11.20 | 2020.11.20 |
| 5 | 《挂牌公司优先股定向发行申请文件受理检查要点》 | 全国中小企业股份转让系统有限责任公司 | 2020.11.20 | 2020.11.20 |
| 6 | 《上海证券交易所上市公司自律监管规则适用指引第3号——信息披露分类监管》 | 上海证券交易所 | 2020.11.24 | 2020.11.24 |
| 7 | 《深圳证券交易所公司债券持有人会议规则编制指南(参考文本)》 | 深圳证券交易所 | 2020.11.27 | 2020.11.27 |
| 8 | 《上海证券交易所公司债券存续期业务指南第1号——公司债券持有人会议规则(参考文本)》 | 上海证券交易所 | 2020.11.27 | 2020.11.27 |
| 9 | 《上海证券交易所公司债券发行上市审核规则适用指引第1号——申请文件及编制》 | 上海证券交易所 | 2021.04.29 | 2021.05.01 |
| 10 | 《上海证券交易所公司债券发行上市审核规则适用指引第2号——特定品种公司债券》 | 上海证券交易所 | 2021.07.13 | 2021.07.13 |
| 11 | 《深圳证券交易所证券投资基金交易和申购赎回实施细则》 | 深圳证券交易所 | 2020.12.04 | 2020.12.04 |
| 12 | 《上海证券交易所交易型开放式指数基金业务实施细则》 | 上海证券交易所 | 2020.12.04 | 2020.12.04 |
| 13 | 《上海证券交易所科创板股票发行上市审核规则》 | 上海证券交易所 | 2020.12.04 | 2020.12.04 |
| 14 | 《上海证券交易所科创板上市委员会管理办法》 | 上海证券交易所 | 2020.12.04 | 2020.12.04 |

续表

| 序号 | 文件名称 | 颁布/修改机构 | 发布时间 | 实施时间 |
|---|---|---|---|---|
| 15 | 《上海证券交易所证券交易业务指南第 2 号——股票质押式回购交易业务》 | 上海证券交易所 | 2020.12.07 | 2020.12.07 |
| 16 | 《上海证券交易所证券交易业务指南第 3 号——约定购回式证券交易业务》 | 上海证券交易所 | 2020.12.07 | 2020.12.07 |
| 17 | 《全国中小企业股份转让系统主办券商持续督导工作指引》 | 全国中小企业股份转让系统有限责任公司 | 2020.12.11 | 2020.12.11 |
| 18 | 《中国金融期货交易所结算细则》 | 中国金融期货交易所 | 2020.12.11 | 2020.12.14 |
| 19 | 《上海证券交易所上市公司自律监管规则适用指引第 4 号——向特定对象发行可转换公司债券》 | 上海证券交易所 | 2020.12.18 | 2020.12.18 |
| 20 | 《深圳证券交易所债券交易业务指南第 1 号——账户信息报备》 | 深圳证券交易所 | 2020.12.18 | 2020.12.21 |
| 21 | 《全国中小企业股份转让系统自律监管措施和纪律处分实施细则》 | 全国中小企业股份转让系统有限责任公司 | 2021.01.08 | 2021.01.08 |
| 22 | 《上海证券交易所上市公司自律监管规则适用指引第 5 号——行业信息披露》 | 上海证券交易所 | 2021.01.11 | 2021.01.11 |
| 23 | 《上海证券交易所会员管理业务指南第 1 号——投资者适当性管理》 | 上海证券交易所 | 2022.06.24 | 2022.06.24 |
| 24 | 《上海证券交易所科创板发行上市审核业务指南第 2 号——常见问题的信息披露和核查要求自查表》 | 上海证券交易所 | 2021.02.01 | 2021.02.01 |
| 25 | 《关于可转换公司债券程序化交易报告工作有关事项的通知》 | 上海证券交易所 | 2021.02.05 | 2021.03.29 |
| 26 | 《关于可转换公司债券程序化交易报告工作有关事项的通知》 | 深圳证券交易所 | 2021.02.05 | 2021.03.29 |
| 27 | 《上海证券交易所证券发行与承销业务指南第 1 号——科创板上市公司证券发行与承销备案》 | 上海证券交易所 | 2021.02.10 | 2021.02.10 |
| 28 | 《上海证券交易所证券发行与承销业务指南第 2 号——上市公司证券发行与上市业务办理》 | 上海证券交易所 | 2021.02.10 | 2021.02.10 |
| 29 | 《全国中小企业股份转让系统挂牌公司向上海证券交易所科创板转板上市办法（试行）》 | 上海证券交易所 | 2021.02.26 | 2021.02.26 |
| 30 | 《深圳证券交易所关于全国中小企业股份转让系统挂牌公司向创业板转板上市办法（试行）》 | 深圳证券交易所 | 2021.02.26 | 2021.02.26 |

续表

| 序号 | 文件名称 | 颁布/修改机构 | 发布时间 | 实施时间 |
|---|---|---|---|---|
| 31 | 《全国中小企业股份转让系统挂牌公司转板上市监管指引》 | 全国中小企业股份转让系统有限责任公司 | 2021.02.26 | 2021.02.26 |
| 32 | 《银行间市场清算所股份有限公司债券违约及风险处置操作指引(试行)》 | 银行间市场清算所股份有限公司 | 2021.03.01 | 2021.03.01 |
| 33 | 《债券质押式协议回购交易业务办法》 | 深圳证券交易所 | 2021.03.02 | 2021.05.17 |
| 34 | 《全国中小企业股份转让系统挂牌公司持续信息披露指南第1号——信息披露业务办理》 | 全国中小企业股份转让系统有限责任公司 | 2021.03.05 | 2021.03.05 |
| 35 | 《全国中小企业股份转让系统挂牌公司持续信息披露指南第2号——定期报告相关事项》 | 全国中小企业股份转让系统有限责任公司 | 2021.03.05 | 2021.03.05 |
| 36 | 《上海证券交易所证券上市审核实施细则》 | 上海证券交易所 | 2021.03.18 | 2021.03.18 |
| 37 | 《上海证券交易所基金业务指南第2号——上市基金做市业务》 | 上海证券交易所 | 2021.03.23 | 2021.03.23 |
| 38 | 《上海证券交易所基金自律监管规则适用指引第2号——上市基金做市业务》 | 上海证券交易所 | 2021.03.23 | 2021.03.23 |
| 39 | 《深圳证券交易所债券交易业务指南第1号——账户信息报备》 | 深圳证券交易所 | 2021.03.23 | 2021.03.23 |
| 40 | 《全国中小企业股份转让系统挂牌公司回购股份实施细则》 | 全国中小企业股份转让系统有限责任公司 | 2021.03.26 | 2021.03.26 |
| 41 | 《公司债券承销报价内部约束指引》 | 中国证券业协会 | 2021.04.07 | 2021.04.07 |
| 42 | 《上海证券交易所科创板企业发行上市申报及推荐暂行规定》 | 上海证券交易所 | 2021.04.16 | 2021.04.16 |
| 43 | 《深圳证券交易所股票期权试点做市商业务指南(2021年修订)》 | 深圳证券交易所 | 2021.04.16 | 2021.05.01 |
| 44 | 《上海证券交易所公司债券发行上市审核规则适用指引第3号——审核重点关注事项》 | 上海证券交易所 | 2021.04.22 | 2021.04.22 |
| 45 | 《深圳证券交易所公司债券发行上市审核业务指引第1号——公司债券审核重点关注事项》 | 深圳证券交易所 | 2021.04.22 | 2021.04.22 |
| 46 | 《深圳证券交易所创业板发行上市审核业务指引第1号——保荐业务现场督导》 | 深圳证券交易所 | 2021.04.29 | 2021.04.29 |
| 47 | 《上海证券交易所投资者风险揭示书必备条款指南第4号——公开募集基础设施证券投资基金(REITs)》 | 上海证券交易所 | 2021.04.30 | 2021.04.30 |

续表

| 序号 | 文件名称 | 颁布/修改机构 | 发布时间 | 实施时间 |
|---|---|---|---|---|
| 48 | 《上海证券交易所公开募集基础设施证券投资基金（REITs）业务指南第 1 号——发售上市业务办理》 | 上海证券交易所 | 2021.04.30 | 2021.04.30 |
| 49 | 《深圳证券交易所公开募集基础设施证券投资基金业务指南第 1 号——发售上市业务办理》 | 深圳证券交易所 | 2021.04.30 | 2021.04.30 |
| 50 | 《深圳证券交易所公开募集基础设施证券投资基金业务指南第 2 号——网下发行电子平台用户手册》 | 深圳证券交易所 | 2021.04.30 | 2021.04.30 |
| 51 | 《深圳证券交易所债券交易业务指南第 2 号——债券质押式协议回购》 | 深圳证券交易所 | 2021.05.07 | 2021.05.07 |
| 52 | 《证券公司投资者权益保护工作规范》 | 中国证券业协会 | 2021.05.15 | 2021.05.15 |
| 53 | 《证券基金期货经营机构投资者投诉处理工作指引（试行）》 | 中国证券业协会 | 2021.05.15 | 2021.05.15 |
| 54 | 《全国中小企业股份转让系统挂牌公司股票终止挂牌实施细则》 | 全国中小企业股份转让系统有限责任公司 | 2021.05.28 | 2021.05.28 |
| 55 | 《全国中小企业股份转让系统挂牌公司申请股票终止挂牌及撤回终止挂牌业务指南》 | 全国中小企业股份转让系统有限责任公司 | 2021.05.28 | 2021.05.28 |
| 56 | 《上海证券交易所科创板上市公司自律监管规则适用指引第 3 号——科创属性持续披露及相关事项》 | 上海证券交易所 | 2021.06.11 | 2021.06.11 |
| 57 | 《上海证券交易所公开募集基础设施证券投资基金（REITs）业务指南第 2 号——存续业务》 | 上海证券交易所 | 2021.06.17 | 2021.06.17 |
| 58 | 《上海证券交易所科创板上市委员会管理办法》 | 上海证券交易所 | 2021.06.22 | 2021.06.22 |
| 59 | 《深圳证券交易所创业板上市委员会管理办法》 | 深圳证券交易所 | 2021.06.22 | 2021.06.22 |
| 60 | 《关于全国碳排放权交易相关事项的公告》 | 上海环境能源交易所股份有限公司 | 2021.06.22 | 2021.06.22 |
| 61 | 《上海证券交易所公司债券发行上市审核规则适用指引第 2 号——特定品种公司债券》 | 上海证券交易所 | 2021.07.13 | 2021.07.13 |

续表

| 序号 | 文件名称 | 颁布/修改机构 | 发布时间 | 实施时间 |
|---|---|---|---|---|
| 62 | 《深圳证券交易所公司债券创新品种业务指引第 1 号——绿色公司债券》 | 深圳证券交易所 | 2021.07.13 | 2021.07.13 |
| 63 | 《深圳证券交易所公司债券创新品种业务指引第 3 号——乡村振兴专项公司债券》 | 深圳证券交易所 | 2021.07.13 | 2021.07.13 |
| 64 | 《科创板发行上市审核业务指南第 3 号——业务咨询沟通》 | 上海证券交易所 | 2021.07.16 | 2021.07.16 |
| 65 | 《上海证券交易所信用保护工具交易业务指南》 | 上海证券交易所 | 2021.07.19 | 2021.07.19 |
| 66 | 《创业板发行上市审核业务指引第 3 号——全国中小企业股份转让系统挂牌公司向创业板转板上市报告书内容与格式》 | 深圳证券交易所 | 2021.07.23 | 2021.07.23 |
| 67 | 《上海证券交易所科创板发行上市审核规则适用指引第 3 号——转板上市申请文件》 | 上海证券交易所 | 2021.07.23 | 2021.07.23 |
| 68 | 《上海证券交易所科创板发行上市审核规则适用指引第 4 号——转板上市报告书内容与格式》 | 上海证券交易所 | 2021.07.23 | 2021.07.23 |
| 69 | 《上海证券交易所科创板发行上市审核规则适用指引第 5 号——转板上市保荐书》 | 上海证券交易所 | 2021.07.23 | 2021.07.23 |
| 70 | 《创业板发行上市审核业务指引第 4 号——全国中小企业股份转让系统挂牌公司向创业板转板上市申请文件》 | 深圳证券交易所 | 2021.07.23 | 2021.07.23 |
| 71 | 《深圳证券交易所创业板上市保荐书内容与格式指引（2021 年修订）》 | 深圳证券交易所 | 2021.07.23 | 2021.07.23 |
| 72 | 《深圳证券交易所创业板发行上市申请文件受理指引（2021 年修订）》 | 深圳证券交易所 | 2021.07.23 | 2021.07.23 |
| 73 | 《全国中小企业股份转让系统分层管理办法》 | 全国中小企业股份转让系统有限责任公司 | 2021.07.30 | 2021.07.30 |
| 74 | 《全国中小企业股份转让系统挂牌公司治理规则》 | 全国中小企业股份转让系统有限责任公司 | 2021.07.30 | 2021.07.30 |
| 75 | 《全国中小企业股份转让系统挂牌公司治理指引第 1 号——董事会秘书》 | 全国中小企业股份转让系统有限责任公司 | 2021.07.30 | 2021.07.30 |

续表

| 序号 | 文件名称 | 颁布/修改机构 | 发布时间 | 实施时间 |
|---|---|---|---|---|
| 76 | 《全国中小企业股份转让系统挂牌公司治理指引第 2 号——独立董事》 | 全国中小企业股份转让系统有限责任公司 | 2021.07.30 | 2021.07.30 |
| 77 | 《上海证券交易所证券交易业务指南第 5 号——证券交易资金前端风险控制业务》 | 上海证券交易所 | 2021.08.04 | 2021.08.04 |
| 78 | 《证券交易业务指南第 4 号——证券代码段分配指南》 | 上海证券交易所 | 2021.08.04 | 2021.08.04 |
| 79 | 《上海证券交易所公司债券发行上市审核业务指南第 1 号——公开发行公司债券募集说明书编制(参考文本)》 | 上海证券交易所 | 2021.08.13 | 2021.08.13 |
| 80 | 《上海证券交易所公司债券发行上市审核业务指南第 2 号——投资者权益保护(参考文本)》 | 上海证券交易所 | 2021.08.13 | 2021.08.13 |
| 81 | 《深圳证券交易所公司债券发行上市审核业务指南第 2 号——投资者权益保护(参考文本)》 | 深圳证券交易所 | 2021.08.13 | 2021.08.13 |
| 82 | 《关于上海证券交易所取消第二批业务办理材料的通知》 | 上海证券交易所 | 2021.08.20 | 2021.08.20 |
| 83 | 《上海证券交易所会员管理业务指南第 2 号——风险揭示书必备条款》 | 上海证券交易所 | 2021.08.20 | 2021.08.20 |
| 84 | 《上海证券交易所上市公司股份协议转让业务办理指引(2021 年修订)》 | 上海证券交易所 | 2021.08.20 | 2021.08.20 |
| 85 | 《上海证券交易所上市公司股份协议转让业务办理指南(2021 年修订)》 | 上海证券交易所 | 2021.08.20 | 2021.08.20 |
| 86 | 《深圳证券交易所会员管理业务指引第 2 号——会员违规行为监管》 | 深圳证券交易所 | 2021.08.27 | 2021.08.27 |
| 87 | 《上海证券交易所股票质押式回购交易业务指引第 1 号——风险管理》 | 上海证券交易所 | 2021.08.27 | 2022.01.01 |
| 88 | 《上海证券交易所债券自律监管规则适用指引第 2 号——公司债券和资产支持证券信息披露直通车业务》 | 上海证券交易所 | 2021.09.06 | 2021.09.06 |
| 89 | 《上海证券交易所债券存续期业务指南第 2 号——公司债券和资产支持证券信息披露直通车业务》 | 上海证券交易所 | 2021.09.06 | 2021.09.06 |

续表

| 序号 | 文件名称 | 颁布/修改机构 | 发布时间 | 实施时间 |
|---|---|---|---|---|
| 90 | 《深圳证券交易所创业板发行上市审核业务指南第7号——业务咨询沟通》 | 深圳证券交易所 | 2021.09.16 | 2021.09.16 |
| 91 | 《北京证券交易所投资者适当性管理办法(试行)》 | 北京证券交易所 | 2021.09.17 | 2021.09.17 |
| 92 | 《北京证券交易所投资者适当性管理业务指南》 | 北京证券交易所 | 2021.09.17 | 2021.09.17 |
| 93 | 《全国中小企业股份转让系统投资者适当性管理办法》 | 全国中小企业股份转让系统有限责任公司 | 2021.09.17 | 2021.09.17 |
| 94 | 《全国中小企业股份转让系统投资者适当性管理业务指南》 | 全国中小企业股份转让系统有限责任公司 | 2021.09.17 | 2021.09.17 |
| 95 | 《北京证券交易所投资者适当性管理办法(试行)》 | 北京证券交易所 | 2021.09.17 | N/A |
| 96 | 《北京证券交易所投资者适当性管理业务指南》 | 北京证券交易所 | 2021.09.17 | N/A |
| 97 | 《深圳证券交易所创业板首次公开发行证券发行与承销业务实施细则(2021年修订)》 | 深圳证券交易所 | 2021.09.18 | 2021.09.18 |
| 98 | 《证券公司公司债券业务执业能力评价办法(试行)》 | 中国证券业协会 | 2021.09.23 | 2021.09.23 |
| 99 | 《上海证券交易所上市公司自律监管指南第1号——公告格式》 | 上海证券交易所 | 2021.09.28 | 2021.09.28 |
| 100 | 《科创板上市公司信息披露业务指南第3号——日常信息披露》 | 上海证券交易所 | 2021.09.28 | 2021.09.28 |
| 101 | 《自律规则适用意见第2号——关于〈公司债券承销报价内部约束指引〉有关规定的适用意见》 | 中国证券业协会 | 2021.09.28 | 2021.09.28 |
| 102 | 《上海证券交易所证券发行与承销业务指南第4号——主板首次公开发行股票》 | 上海证券交易所 | 2021.09.30 | 2021.10.01 |
| 103 | 《上海证券交易所证券发行与承销业务指南第5号——科创板首次公开发行股票》 | 上海证券交易所 | 2021.09.30 | 2021.10.01 |
| 104 | 《深圳证券交易所股票发行与承销业务指引第1号——主板上市公告书内容与格式》 | 深圳证券交易所 | 2021.09.30 | 2021.10.01 |

| 序号 | 文件名称 | 颁布/修改机构 | 发布时间 | 实施时间 |
|---|---|---|---|---|
| 105 | 《深圳证券交易所股票发行与承销业务指南第 2 号——主板首发并上市业务办理(2021 年 9 月修订)》 | 深圳证券交易所 | 2021.09.30 | 2021.10.01 |
| 106 | 《深圳证券交易所股票发行与承销业务指南第 4 号——创业板首发并上市业务办理》 | 深圳证券交易所 | 2021.09.30 | 2021.10.01 |
| 107 | 《全国中小企业股份转让系统挂牌公司股份特定事项协议转让业务办理指南》 | 全国中小企业股份转让系统有限责任公司 | 2021.10.08 | 2021.10.08 |
| 108 | 《证券公司声誉风险管理指引》 | 中国证券业协会 | 2021.10.15 | 2021.10.15 |
| 109 | 《深圳证券交易所上市公司股份协议转让业务办理指引(2021 年修订)》 | 深圳证券交易所 | 2021.10.22 | 2021.10.22 |
| 110 | 《自律规则适用意见第 3 号——关于〈注册制下首次公开发行股票网下投资者分类评价和管理指引〉有关规定的适用意见(试行)》 | 中国证券业协会 | 2021.10.23 | 2021.11.01 |
| 111 | 《北京证券交易所上市委员会管理细则》 | 北京证券交易所 | 2021.10.30 | 2021.11.15 |
| 112 | 《北京证券交易所证券发行上市保荐业务管理细则》 | 北京证券交易所 | 2021.10.30 | 2021.11.15 |
| 113 | 《北京证券交易所证券发行与承销管理细则》 | 北京证券交易所 | 2021.10.30 | 2021.11.15 |
| 114 | 《北京证券交易所上市公司证券发行上市审核规则(试行)》 | 北京证券交易所 | 2021.10.30 | 2021.11.15 |
| 115 | 《北京证券交易所上市公司向特定对象发行优先股业务细则》 | 北京证券交易所 | 2021.10.30 | 2021.11.15 |
| 116 | 《北京证券交易所上市公司向特定对象发行可转换公司债券业务细则》 | 北京证券交易所 | 2021.10.30 | 2021.11.15 |
| 117 | 《北京证券交易所向不特定合格投资者公开发行股票并上市审核规则(试行)》 | 北京证券交易所 | 2021.10.30 | 2021.11.15 |
| 118 | 《北京证券交易所股票向不特定合格投资者公开发行与承销业务实施细则》 | 北京证券交易所 | 2021.10.30 | 2021.11.15 |
| 119 | 《北京证券交易所股票上市规则(试行)》 | 北京证券交易所 | 2021.10.30 | 2021.11.15 |
| 120 | 《北京证券交易所上市公司持续监管指引第 1 号——独立董事》 | 北京证券交易所 | 2021.10.30 | 2021.11.15 |

续表

| 序号 | 文件名称 | 颁布/修改机构 | 发布时间 | 实施时间 |
|---|---|---|---|---|
| 121 | 《北京证券交易所向不特定合格投资者公开发行股票并上市业务办理指南第 1 号——申报与审核》 | 北京证券交易所 | 2021.11.02 | 2021.11.15 |
| 122 | 《北京证券交易所向不特定合格投资者公开发行股票并上市业务办理指南第 2 号——发行与上市》 | 北京证券交易所 | 2021.11.02 | 2021.11.15 |
| 123 | 《北京证券交易所上市公司证券发行与承销业务指引》 | 北京证券交易所 | 2021.11.02 | 2021.11.15 |
| 124 | 《北京证券交易所上市公司证券发行业务办理指南第 1 号——向不特定合格投资者公开发行股票》 | 北京证券交易所 | 2021.11.02 | 2021.11.15 |
| 125 | 《北京证券交易所上市公司证券发行业务办理指南第 2 号——向特定对象发行股票》 | 北京证券交易所 | 2021.11.02 | 2021.11.15 |
| 126 | 《北京证券交易所上市公司证券发行业务办理指南第 3 号——向原股东配售股份》 | 北京证券交易所 | 2021.11.02 | 2021.11.15 |
| 127 | 《北京证券交易所上市公司向特定对象发行可转换公司债券业务办理指南第 1 号——发行与挂牌》 | 北京证券交易所 | 2021.11.02 | 2021.11.15 |
| 128 | 《北京证券交易所上市公司向特定对象发行可转换公司债券业务办理指南第 2 号——存续期业务办理》 | 北京证券交易所 | 2021.11.02 | 2021.11.15 |
| 129 | 《北京证券交易所上市公司持续监管指引第 2 号——季度报告》 | 北京证券交易所 | 2021.11.02 | 2021.11.15 |
| 130 | 《北京证券交易所上市公司持续监管指引第 3 号——股权激励和员工持股计划》 | 北京证券交易所 | 2021.11.02 | 2021.11.15 |
| 131 | 《北京证券交易所上市公司持续监管指引第 4 号——股份回购》 | 北京证券交易所 | 2021.11.02 | 2021.11.15 |
| 132 | 《北京证券交易所上市公司持续监管指引第 5 号——要约收购》 | 北京证券交易所 | 2021.11.02 | 2021.11.15 |
| 133 | 《北京证券交易所上市公司持续监管指引第 6 号——内幕信息知情人管理及报送》 | 北京证券交易所 | 2021.11.02 | 2021.11.15 |
| 134 | 《北京证券交易所上市公司业务办理指南第 1 号——股票停复牌》 | 北京证券交易所 | 2021.11.02 | 2021.11.15 |

续表

| 序号 | 文件名称 | 颁布/修改机构 | 发布时间 | 实施时间 |
|---|---|---|---|---|
| 135 | 《北京证券交易所上市公司业务办理指南第 2 号——股票限售及解除限售》 | 北京证券交易所 | 2021.11.02 | 2021.11.15 |
| 136 | 《北京证券交易所上市公司业务办理指南第 3 号——权益分派》 | 北京证券交易所 | 2021.11.02 | 2021.11.15 |
| 137 | 《北京证券交易所上市公司业务办理指南第 4 号——证券简称或公司全称变更》 | 北京证券交易所 | 2021.11.02 | 2021.11.15 |
| 138 | 《北京证券交易所上市公司业务办理指南第 5 号——表决权差异安排》 | 北京证券交易所 | 2021.11.02 | 2021.11.15 |
| 139 | 《北京证券交易所上市公司业务办理指南第 6 号——定期报告相关事项》 | 北京证券交易所 | 2021.11.02 | 2021.11.15 |
| 140 | 《北京证券交易所上市公司业务办理指南第 7 号——信息披露业务办理》 | 北京证券交易所 | 2021.11.02 | 2021.11.15 |
| 141 | 《北京证券交易所 全国中小企业股份转让系统交易单元业务办理指南》 | 北京证券交易所、全国中小企业股份转让系统有限责任公司 | 2021.11.02 | 2021.11.15 |
| 142 | 《北京证券交易所 全国中小企业股份转让系统交易单元管理细则》 | 北京证券交易所、全国中小企业股份转让系统有限责任公司 | 2021.11.02 | 2021.11.15 |
| 143 | 《北京证券交易所交易异常情况处理细则》 | 北京证券交易所 | 2021.11.02 | 2021.11.15 |
| 144 | 《北京证券交易所上市公司股份协议转让业务办理指南》 | 北京证券交易所 | 2021.11.02 | 2021.11.15 |
| 145 | 《北京证券交易所上市公司股份协议转让业务办理指引》 | 北京证券交易所 | 2021.11.02 | 2021.11.15 |
| 146 | 《北京证券交易所上市公司股份协议转让细则》 | 北京证券交易所、中国证券登记结算有限责任公司 | 2021.11.02 | 2021.11.15 |
| 147 | 《北京证券交易所交易规则(试行)》 | 北京证券交易所 | 2021.11.02 | 2021.11.15 |
| 148 | 《北京证券交易所会员管理规则(试行)》 | 北京证券交易所 | 2021.11.02 | 2021.11.15 |
| 149 | 《北京证券交易所自律监管措施和纪律处分实施细则》 | 北京证券交易所 | 2021.11.02 | 2021.11.15 |
| 150 | 《北京证券交易所复核实施细则》 | 北京证券交易所 | 2021.11.02 | 2021.11.15 |
| 151 | 《北京证券交易所自律管理听证实施细则》 | 北京证券交易所 | 2021.11.02 | 2021.11.15 |
| 152 | 《北京证券交易所向不特定合格投资者公开发行股票并上市业务规则适用指引第 1 号》 | 北京证券交易所 | 2021.11.12 | 2021.11.15 |

| 序号 | 文件名称 | 颁布/修改机构 | 发布时间 | 实施时间 |
|---|---|---|---|---|
| 153 | 《北京证券交易所合格境外机构投资者和人民币合格境外机构投资者证券交易实施细则》 | 北京证券交易所 | 2021.11.12 | 2021.11.15 |
| 154 | 《北京证券交易所合格境外机构投资者和人民币合格境外机构投资者信息报备指南》 | 北京证券交易所 | 2021.11.12 | 2021.11.12 |
| 155 | 《北京证券交易所 全国中小企业股份转让系统证券代码、证券简称编制指引》 | 北京证券交易所、全国中小企业股份转让系统有限责任公司 | 2021.11.12 | 2021.11.15 |
| 156 | 《北京证券交易所业务收费管理办法》 | 北京证券交易所 | 2021.11.12 | 2021.11.15 |
| 157 | 《北京证券交易所 全国中小企业股份转让系统证券公司执业质量评价细则》 | 北京证券交易所、全国中小企业股份转让系统有限责任公司 | 2021.11.12 | 2021.11.15 |
| 158 | 《全国中小企业股份转让系统股票定向发行业务规则适用指引第1号》 | 全国中小企业股份转让系统有限责任公司 | 2021.11.12 | 2021.11.15 |
| 159 | 《全国中小企业股份转让系统可转换公司债券定向发行业务指南第1号——发行和挂牌》 | 全国中小企业股份转让系统有限责任公司 | 2021.11.12 | 2021.11.15 |
| 160 | 《全国中小企业股份转让系统挂牌公司证券简称或公司全称变更业务指南》 | 全国中小企业股份转让系统有限责任公司 | 2021.11.12 | 2021.11.15 |
| 161 | 《全国中小企业股份转让系统挂牌公司持续信息披露指南第2号——定期报告相关事项》 | 全国中小企业股份转让系统有限责任公司 | 2021.11.12 | 2021.11.15 |
| 162 | 《全国中小企业股份转让系统股票定向发行业务指南》 | 全国中小企业股份转让系统有限责任公司 | 2021.11.12 | 2021.11.15 |
| 163 | 《全国中小企业股份转让系统股票交易方式确定及变更业务办理指南》 | 全国中小企业股份转让系统有限责任公司 | 2021.11.12 | 2021.11.15 |
| 164 | 《全国中小企业股份转让系统挂牌公司持续信息披露公告分类指南》 | 全国中小企业股份转让系统有限责任公司 | 2021.11.12 | 2021.11.15 |
| 165 | 《全国中小企业股份转让系统股权激励和员工持股计划业务办理指南》 | 全国中小企业股份转让系统有限责任公司 | 2021.11.12 | 2021.11.15 |
| 166 | 《全国中小企业股份转让系统挂牌公司股票停复牌业务指南》 | 全国中小企业股份转让系统有限责任公司 | 2021.11.12 | 2021.11.15 |

续表

| 序号 | 文件名称 | 颁布/修改机构 | 发布时间 | 实施时间 |
|---|---|---|---|---|
| 167 | 《全国中小企业股份转让系统自律监管措施和纪律处分实施细则》 | 全国中小企业股份转让系统有限责任公司 | 2021. 11. 12 | 2021. 11. 15 |
| 168 | 《全国中小企业股份转让系统诚信监督管理指引》 | 全国中小企业股份转让系统有限责任公司 | 2021. 11. 12 | 2021. 11. 15 |
| 169 | 《全国中小企业股份转让系统挂牌公司股票停复牌业务实施细则》 | 全国中小企业股份转让系统有限责任公司 | 2021. 11. 12 | 2021. 11. 15 |
| 170 | 《全国中小企业股份转让系统股票交易方式确定及变更指引》 | 全国中小企业股份转让系统有限责任公司 | 2021. 11. 12 | 2021. 11. 15 |
| 171 | 《全国中小企业股份转让系统表决权差异安排业务指南》 | 全国中小企业股份转让系统有限责任公司 | 2021. 11. 12 | 2021. 11. 15 |
| 172 | 《全国中小企业股份转让系统股票交易规则》 | 全国中小企业股份转让系统有限责任公司 | 2021. 11. 12 | 2021. 11. 15 |
| 173 | 《全国中小企业股份转让系统挂牌委员会管理细则》 | 全国中小企业股份转让系统有限责任公司 | 2021. 11. 12 | 2021. 11. 15 |
| 174 | 《全国中小企业股份转让系统复核实施细则》 | 全国中小企业股份转让系统有限责任公司 | 2021. 11. 12 | 2021. 11. 15 |
| 175 | 《全国中小企业股份转让系统主办券商持续督导工作指引》 | 全国中小企业股份转让系统有限责任公司 | 2021. 11. 12 | 2021. 11. 15 |
| 176 | 《全国中小企业股份转让系统股票异常交易监控细则》 | 全国中小企业股份转让系统有限责任公司 | 2021. 11. 12 | 2021. 11. 15 |
| 177 | 《全国中小企业股份转让系统挂牌公司股票终止挂牌实施细则》 | 全国中小企业股份转让系统有限责任公司 | 2021. 11. 12 | 2021. 11. 15 |
| 178 | 《全国中小企业股份转让系统挂牌公司治理指引第1号——董事会秘书》 | 全国中小企业股份转让系统有限责任公司 | 2021. 11. 12 | 2021. 11. 15 |
| 179 | 《全国中小企业股份转让系统挂牌公司治理规则》 | 全国中小企业股份转让系统有限责任公司 | 2021. 11. 12 | 2021. 11. 15 |
| 180 | 《全国中小企业股份转让系统挂牌公司信息披露规则》 | 全国中小企业股份转让系统有限责任公司 | 2021. 11. 12 | 2021. 11. 15 |
| 181 | 《全国中小企业股份转让系统可转换公司债券定向发行与转让业务细则》 | 全国中小企业股份转让系统有限责任公司 | 2021. 11. 12 | 2021. 11. 15 |
| 182 | 《全国中小企业股份转让系统挂牌公司回购股份实施细则》 | 全国中小企业股份转让系统有限责任公司 | 2021. 11. 12 | 2021. 11. 15 |
| 183 | 《深圳证券交易所上市公司业务办理指南第12号——营业收入扣除相关事项》 | 深圳证券交易所 | 2021. 11. 19 | 2021. 11. 19 |

续表

| 序号 | 文件名称 | 颁布/修改机构 | 发布时间 | 实施时间 |
|---|---|---|---|---|
| 184 | 《期货经营机构资产管理业务信用报告工作规则》 | 中国期货业协会 | 2021. 11. 26 | 2021. 11. 26 |
| 185 | 《期货经营机构资产管理业务备案管理规则》 | 中国期货业协会 | 2021. 11. 26 | 2021. 11. 26 |
| 186 | 《证券公司收益互换业务管理办法》 | 中国证券业协会 | 2021. 12. 03 | 2021. 12. 03 |
| 187 | 《风险管理公司会员信用信息报告工作规则》 | 中国期货业协会 | 2021. 12. 05 | 2021. 12. 05 |
| 188 | 《深圳证券交易所证券交易业务指引第1号——股票质押式回购交易风险管理》 | 深圳证券交易所 | 2021. 12. 10 | 2022. 01. 01 |
| 189 | 《中国证券登记结算有限责任公司上海证券交易所B转H业务实施细则》 | 上海证券交易所 | 2021. 12. 14 | 2021. 12. 14 |
| 190 | 《上海证券交易所债券发行上市审核业务指南第3号——信用债融资业务咨询》 | 上海证券交易所 | 2021. 12. 15 | 2021. 12. 15 |
| 191 | 《北京证券交易所股票向不特定合格投资者公开发行与承销特别条款》 | 中国证券业协会 | 2021. 12. 16 | 2021. 12. 16 |
| 192 | 《北京证券交易所股票向不特定合格投资者公开发行并上市网下投资者管理特别条款》 | 中国证券业协会 | 2021. 12. 16 | 2021. 12. 16 |
| 193 | 《证券公司履行社会责任专项评价办法》 | 中国证券业协会 | 2021. 12. 23 | 2021. 12. 23 |
| 194 | 《期货风险管理公司风险控制指标管理办法(试行)》 | 中国期货业协会 | 2021. 12. 24 | 2021. 12. 24 |
| 195 | 《上海证券交易所收费管理规则适用指引第1号——收费项目及标准》 | 上海证券交易所 | 2021. 12. 31 | 2021. 12. 31 |
| 196 | 《深圳证券交易所上市公司自律监管指引第1号——主板上市公司规范运作》 | 深圳证券交易所 | 2022. 01. 07 | 2022. 01. 07 |
| 197 | 《深圳证券交易所上市公司自律监管指引第2号——创业板上市公司规范运作》 | 深圳证券交易所 | 2022. 01. 07 | 2022. 01. 07 |
| 198 | 《深圳证券交易所上市公司自律监管指引第3号——行业信息披露》 | 深圳证券交易所 | 2022. 01. 07 | 2022. 01. 07 |
| 199 | 《深圳证券交易所上市公司自律监管指引第4号——创业板行业信息披露》 | 深圳证券交易所 | 2022. 01. 07 | 2022. 01. 07 |
| 200 | 《深圳证券交易所上市公司自律监管指引第5号——信息披露事务管理》 | 深圳证券交易所 | 2022. 01. 07 | 2022. 01. 07 |

续表

| 序号 | 文件名称 | 颁布/修改机构 | 发布时间 | 实施时间 |
|---|---|---|---|---|
| 201 | 《深圳证券交易所上市公司自律监管指引第6号——停复牌》 | 深圳证券交易所 | 2022.01.07 | 2022.01.07 |
| 202 | 《深圳证券交易所上市公司自律监管指引第7号——交易与关联交易》 | 深圳证券交易所 | 2022.01.07 | 2022.01.07 |
| 203 | 《深圳证券交易所上市公司自律监管指引第9号——回购股份》 | 深圳证券交易所 | 2022.01.07 | 2022.01.07 |
| 204 | 《深圳证券交易所上市公司自律监管指引第10号——股份变动管理》 | 深圳证券交易所 | 2022.01.07 | 2022.01.07 |
| 205 | 《深圳证券交易所上市公司自律监管指引第11号——信息披露工作考核》 | 深圳证券交易所 | 2022.01.07 | 2022.01.07 |
| 206 | 《深圳证券交易所上市公司自律监管指引第12号——纪律处分实施标准》 | 深圳证券交易所 | 2022.01.07 | 2022.01.07 |
| 207 | 《深圳证券交易所股票上市规则(2022年修订)》 | 深圳证券交易所 | 2022.01.07 | 2022.01.07 |
| 208 | 《深圳证券交易所上市公司自律监管指引第13号——保荐业务》 | 深圳证券交易所 | 2022.01.07 | 2022.01.07 |
| 209 | 《深圳证券交易所债券交易规则》 | 深圳证券交易所 | 2022.01.27 | 2022.04.25 |
| 210 | 《深圳证券交易所债券交易业务指引第1号——债券交易参与人管理》 | 深圳证券交易所 | 2022.01.27 | 2022.04.25 |
| 211 | 《深圳证券交易所债券交易业务指引第2号——债券通用质押式回购》 | 深圳证券交易所 | 2022.01.27 | 2022.04.25 |
| 212 | 《深圳证券交易所债券交易业务指引第3号——债券做市》 | 深圳证券交易所 | 2022.01.27 | 2022.04.25 |

# 行 业 篇
## Industry Reports

# B.3
# 2021年制造业并购分析

周　经*

**摘　要：** 在疫情持续蔓延以及投资保护主义、逆全球化暗流涌动等不确定因素日益增加的背景下，中国制造业发展却呈现逆势增长、趋稳向好的态势。中国将继续发挥制造业大国优势，更多企业也将探索通过并购深入参与国际产业链供应链重构，企业加快数字化转型将成为推动经济高质量发展的新引擎。同时，我们也要看到中国制造业实现高质量发展所面临的严峻挑战，必须认识到创新驱动、制度创新、企业治理领域存在的突出问题，中国制造业企业在数字化转型的浪潮中亟待加快构建国内价值链与全球价值链相互促进的新发展格局。

**关键词：** PMI 指数　全球价值链　并购　制造业

---

* 周经，博士，安徽财经大学国际经济与贸易系主任，教授，硕士生导师，主要研究方向为对外直接投资理论与实践。

# 一 制造业总体情况分析

## （一）制造业 PMI 指数分析

综观 2021 年，中国制造业采购经理指数（即 PMI 指数）基本处于扩张区间，只有 9 月和 10 月低于 50% 的荣枯线（见图 1）。从图 1 展示的 2021 年中国制造业 PMI 指数可知，中国制造业发展势头稳中向好，总体上呈现以下特点。

一是进出口景气度呈现年初波动、年中持续下降、年末回升的特点。具体来看，在第一季度中，1 月、3 月的新出口订单指数分别为 50.2% 和 51.2%，2 月为 48.8%，1 月、2 月的出口订单指数分别为 49.8% 和 49.6%，3 月为 51.1%，分别在荣枯线上下波动。在第二季度中，新出口订单指数位于荣枯线以下并持续下降，进口指数在荣枯线上下波动，其中 4 月、5 月的进口订单指数分别为 50.6% 和 50.9%，6 月回落至 49.7%。在第三季度中，进口指数在荣枯线以下并持续下降。第四季度由于海外圣诞季来临，海外需求大幅增加，进出口景气度水平稳步回升。

二是大型企业景气水平保持稳定。第一季度 PMI 指数均保持在 52.1% 以上，高于第二季度 PMI 指数的平均水平 51.7%，第二季度又高于第三、第四季度；中型企业的 PMI 指数在荣枯线上下波动，仅有 3 月、10 月和 11 月的 PMI 指数位于 50% 以下；小型企业 2021 年景气度水平依然偏弱，由于企业生产经营压力较大，部分小型企业生产经营面临多重困难，仅有 3 月和 4 月的 PMI 指数高于荣枯线。

三是生产端相对稳定，需求端呈现上半年扩张、下半年收缩的局面。生产指数在 2021 年 10 月、11 月位于收缩区间，其余各月份均在荣枯线以上波动。新订单指数在 2021 年 1～7 月均保持在荣枯线以上，8～12 月均位于收缩区间。

四是价格指数持续高位运行。1～10 月主要原材料购进价格指数始终维持在60%以上，5月和10月甚至分别达到了72.8%和72.1%，11月大幅回落至52.9%，12月继续回落至48.1%。出厂价格指数在2021年1~10月持续在50%以上的高位运行，其中5月和10月甚至分别达到了60.6%和61.1%，而11月和12月都低于50%，这说明保供稳价政策力度不断加大。

五是企业生产经营预期持续向好发展。2021年，生产经营活动预期指数最高水平在2月，达到了59.2%，最低的10月也到达了53.6%，始终保持在景气区间。第一季度、第二季度和第三季度生产经营活动预期指数显著高于第四季度。第一季度、第二季度和第三季度的生产经营活动预期指数均保持在56%以上，第四季度生产经营活动预期指数最高值出现在12月，为54.3%。

六是部分高端制造业发展态势良好。2021年，重点行业的PMI指数值持续高于总体制造业。高端技术水平制造业和装备制造业发展形势良好，高端制造业发展速度持续加快。消费品制造业PMI保持在临界线以上，行业景气水平高位波动。

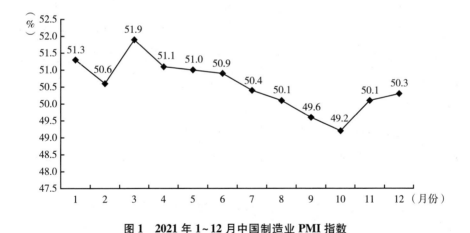

**图1 2021年1~12月中国制造业PMI指数**

资料来源：国家统计局官网2021年1~12月采购经理指数运行情况。

## （二）制造业发展趋势分析

国家统计局数据显示，2021年，中国制造业总利润为87092.1亿元，

同比增速为 34.3%，其中，各细分行业的利润总额与增幅有差异。由于受到全球"芯片荒"冲击，汽车产量有所下降，2021 年，汽车制造业实现利润总额 5305.7 亿元，相较于 2020 年同比增长 1.9%。2021 年，运输设备制造业利润总额为 538.1 亿元，同比下降 15.9%。在医疗保健需求不断增加和政府政策相继落地的背景下，2021 年，医药制造业实现利润总额 6271.4 亿元，同比增长 77.9%。在电子产品的市场需求拉动下和智能制造应用场景的不断开拓下，2021 年电子设备制造业实现利润总额 8283.0 亿元，同比增长 38.9%。随着中国疫情防控措施的有效进行，国家复产复工、减税降费等关键举措落地见效，2021 年，木材加工、纺织服装以及木、竹、藤、棕、草制品等相关企业呈现逐步修复态势，其利润总额均实现小幅上涨。与此同时，由于中国在电气机械和器材制造业方面具有先发技术优势，2021 年电气机械和器材制造业实现利润总额 4555.5 亿元，增速为 12.2%。

从国家统计局公布的 2021 年的工业利润情况可以看出，汽车制造业收入为 86706.2 亿元，营业收入同比增长 6.7%，此外，汽车制造业利润总额为 5305.7 亿元，同比增长 1.9%。从中国汽车工业协会公布的数据可知，2021 年，汽车产销总量分别为 2608.2 万辆和 2627.5 万辆，同比分别增长 3.4% 和 3.8%。目前，在全球车规级芯片供应短缺的严峻环境下，中国汽车行业努力克服原材料成本高的困境，同时在政府对新能源汽车产业政策的不断支持下，汽车行业继续保持高速发展态势，加速构建汽车市场国内国外相互促进的双循环新发展格局。

随着制造业加快转型升级已经进入高质量发展阶段，中国制造业应通过商品结构持续优化和多元化布局国内国外市场，持续增强制造业内生发展动力，将发展先进制造业作为核心目标，从而助推经济高质量发展；通过大力推进智能制造的技术体系建设、强化智能制造的数字基础、突破技术瓶颈、科学布局规划制造强国的成长路径，实现制造大国向制造强国的飞跃。

# 二 制造业并购分析

## （一）制造业并购数据

### 1. 制造业并购地区分布

2020年12月至2021年11月制造业并购地区分布如图2、图3所示。

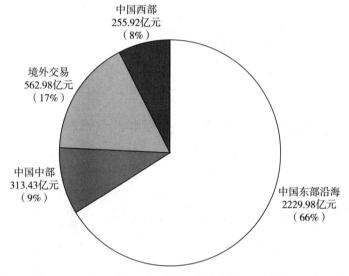

**图2 2020年12月至2021年11月制造业并购金额（已披露）总体区位分布**

资料来源：Wind数据库。

从制造业并购金额的区位分布来看，制造业并购集中于境内，境外交易比重较低；从国内地区分布看，制造业并购集中于广东、江苏、浙江等省份。

### 2. 制造业并购交易时间分布

2021年1~11月制造业并购交易时间分布如图4所示。

### 3. 制造业并购交易事件数量

2021年制造业并购交易事件数量如图5所示。

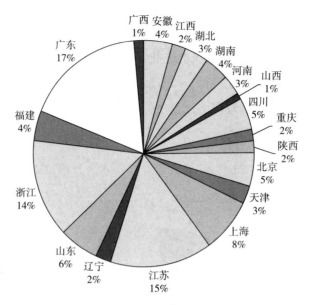

**图 3　2020 年 12 月至 2021 年 11 月制造业并购国内地区分布**

资料来源：CVSource 数据库。

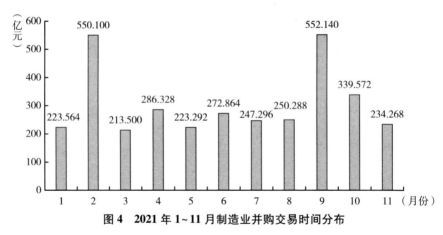

**图 4　2021 年 1~11 月制造业并购交易时间分布**

资料来源：CVSource 数据库。

　　从交易金额来看，除 2 月和 9 月的额度明显高于其他月份外，各月间波动不太明显；从交易笔数来看，制造业并购交易事件数量在上半年呈现下降趋势，在下半年呈现上升趋势。

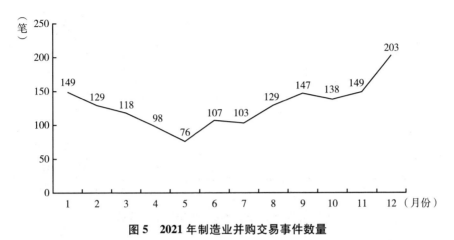

**图5　2021年制造业并购交易事件数量**

资料来源：CVSource 数据库。

### 4. 机械设备制造业并购时间分布

2021 年机械设备制造业并购时间分布如图 6 所示。

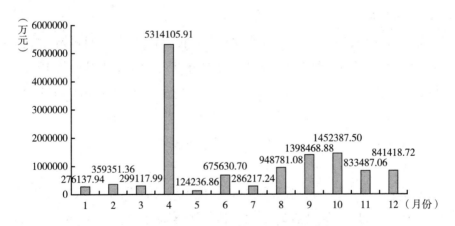

**图6　2021年机械设备制造业并购时间分布**

资料来源：Wind 数据库。

### 5. 汽车制造业并购交易事件数量

2021 年汽车制造业并购交易事件数量如图 7 所示。

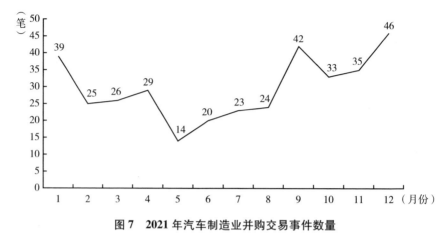

图 7　2021 年汽车制造业并购交易事件数量

资料来源：Wind 数据库。

## （二）制造业并购时间 TOP5

**1. 光明乳业收购青海小西牛生物乳业股份有限公司（以下简称"小西牛乳业"）60% 股权**

2021 年 10 月 21 日，光明乳业发布公告称公司拟通过协议转让的方式以 6.12 亿元人民币收购小西牛乳业 8 名股东持有的小西牛乳业的 1954.47 万股股份，相当于其公司股份总数的 60%。股份认购程序于 2021 年 12 月 6 日完成。通过对小西牛乳业进行收购，光明乳业占其全部股份的 60%，成为其主要股东，其余 40% 的股份由湖州启瑞商务合伙企业持有。

光明乳业通过对小西牛乳业的收购，不仅大幅提升了优质奶源的自给能力，而且进一步完善了其在西部地区的产能布局、奶源布局以及市场布局等战略。这场收购为光明乳业扩大规模打下了坚实的基础。小西牛乳业曾尝试过闯关 IPO，但未能成功。对于小西牛乳业而言，被光明乳业收购是公司曲线上市的机会。

**2. 春华资本集团收购美赞臣营养品（中国）有限公司92% 股权**

2021 年 6 月 8 日，春华资本集团与利洁时集团达成协议，春华资本集团收购利洁时集团旗下的全资子公司美赞臣营养品（中国）有限公司 92%

的股权，收购价格为140亿元。2021年9月9日，春华资本集团与利洁时集团完成收购交割，交易完成后，利洁时集团仅保留美赞臣大中华区8%的股权，同时春华资本集团宣布将对美赞臣中国进行集团业务的独立运营。

本次交易是中国企业首次在婴幼儿营养品业务方面完成对百年国际品牌的收购。春华资本集团拥有雄厚的资金实力和丰富的市场资源，可以在未来对美赞臣中国整个价值链加以扶持，美赞臣在未来的发展中可以充分借助春华资本集团广阔的市场资源抓住发展机遇，开拓电商发展的同时进一步在三四线城市扩展业务。

**3. 老百姓大药房连锁股份有限公司收购河北华佗药房医药连锁有限公司51%股权**

2021年8月24日，老百姓大药房连锁股份有限公司（以下简称"老百姓药房"）以14.28亿元收购河北华佗药房医药连锁有限公司（以下简称"华佗药房"）四位股东共51%的股权。收购完成后，华佗药房创始人张维军持有的股权由98.7%变为48%，华佗药房的其他高层管理人员共持有1%的股权。

本次收购是医药零售行业的标志性事件，此次14.28亿元的收购价格位居医药行业并购案第二。华佗药房在华北地区具有极大的影响力，收购完成以后，老百姓药房可以填补其营销中相对空白的区域，完善其在华北区域的战略布局，这将对公司未来发展产生更多积极的影响，使得营销网络覆盖更加全面，能够有效地提升其公司的市场占有率，提高其在医药零售行业的竞争力。

**4. 中化国际（控股）股份有限公司（以下简称"中化国际"）收购江苏扬农化工集团有限公司（以下简称"扬农化工"）39.88%股权**

2021年7月12日，中化国际出资现金102.22亿元收购扬农化工39.88%的股权，同时扬农化工也更换了新的营业执照。经此交易，中化国际对扬农化工的股份持有比例由原来的40%增加到79.88%，成为该公司的第一大股东。随后，中化国际与扬农化工的股权工商变更登记办理手续于2021年7月12日完成。

目前，由于中化国际占据领导地位，掌握了扬农化工的话语权，收购资金将持续被用于扬农化工发展化工新材料产业，并进行产业结构优化。扬农

化工将通过规范市场运作、提高科技产品创新、增加融资渠道、提高市场评价与声誉、聚焦人才引进，提升公司的竞争力和创新能力，保持其在市场中的稳健发展。基于两化协同以及先行启动农业板块整合的总体安排，扬农化工将作为主要农化业务平台，中化国际将作为重要的材料科学产业平台。中化国际通过增持扬农化工股权，剥离农化业务，进一步理顺了农化业务和新材料业务的资产关系，符合其"既做加法、又做减法"的发展策略，聚焦以化工新材料为核心的精细化工业务，持续拓展化工新材料业务，提高综合竞争力。同时，"两化"通过资产重组，进一步深化国企改革，优化资源配置，有助于形成协同效应，利于专业化发展，提高经营质量。

**5. 珠海格力电器股份有限公司收购银隆新能源股份有限公司30.47%股权**

2021年8月31日，珠海格力电器股份有限公司在司法拍卖公开竞拍中出资18.28亿元收购银隆新能源股份有限公司30.47%的股权。在此次收购完成之后，董明珠将个人持有的17.46%股权对应的表决权交于珠海格力电器股份有限公司使用。同时，珠海格力电器股份有限公司拥有银隆新能源股份有限公司47.93%的表决权。交易结束后，银隆新能源股份有限公司成为珠海格力电器股份有限公司的控股子公司，同时，珠海格力电器股份有限公司将进一步扩大其占股权。

本次交易为珠海格力电器股份有限公司带来诸多机遇：一方面，通过贯彻落实国家"双碳"目标和相关产业政策，进一步搭建绿色可持续发展道路；另一方面，充分吸收利用银隆新能源股份有限公司关于锂电池技术的科技成果，全面推进珠海格力电器股份有限公司多元化业务的发展。未来珠海格力电器股份有限公司和银隆新能源股份有限公司将实现优势互补从而形成显著的"1+1>2"的协同效应，为珠海格力电器股份有限公司下一阶段的战略布局奠定了基础。

### （三）制造业典型并购案例分析：天山股份定增收购

#### 1. 交易概况

根据新疆天山水泥股份有限公司（以下简称"天山股份"）2021年3月26

日发布的并购交易修订稿的相关内容，天山股份拟通过发行股份的方式购买中材水泥有限责任公司（以下简称"中材水泥"）以及中国联合水泥集团有限公司（以下简称"中联水泥"）100%的股份，其中，中材水泥和中联水泥的标的资产价格分别为113.19亿元、219.65亿元。另外，天山股份拟通过发行股份以及支付现金的方式购买中国建材股份有限公司等7名主体所持有的西南水泥有限公司（以下简称"西南水泥"）95.72%的股权以及南方水泥有限公司（以下简称"南方水泥"）99.93%的股权，其中，西南水泥和南方水泥的标的资产价格分别为160.89亿元、487.69亿元。天山股份此次并购交易价格合计981.42亿元，其中39.71亿元交易以现金形式支付，剩余941.71亿元交易以发行股份的形式支付，当日天山股份收盘价为15.82元/股，而发行价格为12.90元/股，收购活动于2021年10月29日完成。

本次并购重组属于中国建材集团旗下水泥企业的横向整合。在本次交易发生前，国务院国资委是天山股份以及中国建材股份有限公司的实际控制人，中国建材集团是中国建材股份有限公司的控股股东，而中国建材股份有限公司又是天山股份、西南水泥、中材水泥、中联水泥以及南方水泥的控股股东。本次交易完成后，西南水泥、中联水泥以及南方水泥的控股股东变更为天山股份，但是天山股份的实际控制人没有发生改变，依旧是国务院国资委。

## 2. 并购背景

天山股份位于新疆乌鲁木齐市，成立于1998年，次年在深圳证券交易所上市。天山股份的主营业务包括水泥和商品混凝土的生产销售、石灰岩和砂岩的开采加工销售以及建材产品进出口业务等，是西北地区最大的水泥生产厂家、最大的油井水泥生产基地。同时该公司不仅在新疆拥有30多家分支企业，也在江苏省积极布局商品混凝土和水泥企业。目前，天山股份已成为以水泥、商品混凝土为主体，积极参与国内大循环的跨地区企业集团。

天山股份是国家级技术创新示范企业，高学历人才占比逐年提升，有健全的研发体系。在全国水泥行业发展低迷的背景下，2020年该公司营业收入86.92亿元，同比下降10.28%，归母净利润为15.16亿元，同比下降

7.31%，总资产为149.83亿元。从销售收入来看，2020年该公司水泥销售收入较上年同期下降2.46%，熟料销售收入同比下降21.76%，商混销售收入同比下降8.72%。

南方水泥是由中国建材集团有限公司控股的水泥企业，其市场区域覆盖南方七省一市。南方水泥自成立以来，坚持正确的发展方针，公司的规模和市场占有率迅速提高，已经成为中国东南地区规模最大的水泥企业之一，公司的主营业务包括商混及其制品、水泥熟料、水泥及制品的研发以及销售。2020年年报显示，公司总资产为915.34亿元，营业收入为692.35亿元，归母净利润为91.13亿元。

西南水泥位于成都市。2011年，西南水泥通过大规模的联合重组，成为西南地区首屈一指的水泥企业，充分发挥了中央企业在行业整合、经济结构调整方面的作用，通过做好行业进而实现做好企业的目标，改变行业亏损运行的状态。自2013年12月31日开始，西南水泥已经成为西南地区最大的水泥企业，并且在重庆、贵州、云南、四川等地组建区域公司。西南水泥2020年年报显示，公司总资产为626.82亿元，归母净利润为8.65亿元，营业收入为269.09亿元。

中材水泥位于北京市。目前，中国建材集团有限公司已经将天津水泥研究院划归中材水泥，天津研究院是混凝土标准制定单位，同时拥有较强的水泥添加剂研发技术。中国建材集团有限公司所有生产线都已经实现了余热发电，这极大地降低了能耗。中材水泥作为央企下属子公司，资金投入及融资拥有极大保障。中材水泥在生产线周围拥有丰富的矿产资源，可用于生产水泥，拥有充足且可持续发展的原料供应条件。而且，随着国家对资源的管控力度趋严，中材水泥所拥有的资源优势将更加突出。中材水泥2020年总资产为116.80亿元，营业收入为93.56亿元，归母净利润为16.63亿元。

中联水泥位于北京市，成立于1999年。中联水泥由国务院国资委控股，是国家重点扶持的特大型水泥集团。中联水泥2020年实现资产总额为801.58亿元，营业收入为481.04亿元，归母净利润为14.12亿元。

3. 并购动因

随着中国环保政策愈发严格，加上市场劳动力和原材料成本不断上升，中国的水泥产能难以扩大，需要对水泥行业进行行业内的横向整合，淘汰落后产能，重新释放增长潜力。

中材水泥、南方水泥、中联水泥以及西南水泥在安徽、湖南、浙江、广西、江苏、内蒙古、河北、四川以及云南等地区均有分布，而天山股份原本的主要市场集中在新疆和江苏两地，并购完成后，可以形成全国性的布局，总资产规模将直追行业龙头海螺水泥。在水泥行业供给侧改革持续深化的背景下，天山股份的此次并购可以在水泥业务上形成合力，充分发挥协同效应，同时，进行行业内横向整合可以解决同业竞争问题，避免陷入低效的价格战中。

4. 并购评述

经过此次并购活动，天山股份 2021 年三季报显示，天山股份实现总资产 2930.21 亿元，营业收入 1184.63 亿元，归母净利润 98.82 亿元。与此同时，作为行业龙头的海螺水泥同期总资产为 2119.73 亿元，实现营业收入 412.78 亿元，归母净利润为 74.39 亿元。可以看出，天山股份的生产销售以及盈利能力均超过海螺水泥同期水平，这进一步推动了未来水泥行业双寡头格局的形成，大大巩固和增强了天山股份在水泥行业内的竞争优势。

此次重组之后将会有部分低效产能企业退出行业生产链，这可以减轻产能过剩带来的问题，提高水泥行业的集中度，使资源得到更好的优化配置。并购成功后的其他水泥企业可以充分利用天山股份积累的技术和人才优势，同时发挥对国内水泥行业产生的知识溢出效应，从而实现水泥行业高质量发展。

# 三 制造业 PE 投资分析

## （一）2021年制造业 PE 投资分析

截至 2021 年底，制造业 PE 仅有 1 项，为医疗保健设备领域，投资金

额为 1500 万元，投资方为金慧丰投资、青岛水木紫荆等企业。机构投资更加谨慎，更看好优质的项目。

新冠肺炎疫情突袭而至以来，人们日益关注医药研发等领域的发展，医药研发成为重中之重。2021 年国家为了控制疫情，制定了一系列的防控措施，对医疗器械领域的投资也随之加大。

1. 制造业投资规模分析

Wind 数据库数据显示，2021 年 PE 投资共有两项：一项属于服务业，具体行业是互联网软件与服务业，其融资金额未被披露；另一项是针对医疗保健设备行业的融资，规模为 1500 万元。投资资金多向医疗保健设备行业集中。若包含 VC 的融资方式（VC 投资生物科技行业，其融资金额为 1.5 亿元），则披露的数据共有三项。

2. 制造业 PE 投资区域分布

Wind 数据库数据显示，2021 年两项 PE 投资都分布于江苏省，而制造业 VC 融资则位于上海市。2020 年制造业 PE 投资也集中于江苏省和上海市。由此可见，江苏省的制造业发展优势较为明显。同时，江苏省和上海市经济发展较快，相较于其他省市也更能吸引投资。

3. 制造业 PE 投资时间分布

Wind 数据库数据显示，2021 年的制造业 PE 投资发生在 5 月，另一项服务业的 PE 投资发生在 11 月，与 2020 年不同，2020 年的 PE 投资主要分布在上半年的 1 月、2 月和 3 月。由此看来，PE 投资一般在年初开展。

4. 制造业各类 PE 投资情况

根据公布的投资案例中的投资性质来看，人民币基金占据投资主导地位。无论是制造业 PE、非制造业 PE 还是制造业 VC 都使用人民币作为融资币种。

### （二）2021 年制造业 PE 投资与 2020 年制造业 PE 投资比较研究

2021 年制造业 PE 投资数据截至 2021 年 12 月 31 日，所以我们选取了 2020 年 1 月 1 日至 2021 年 12 月 31 日的制造业 PE 投资数据，并将从投资规模、投资区域、投资时间和投资基金的不同类型等方面进行比研究。

### 1. 投资规模的比较

如表 1 所示，2020 年 1 月 1 日至 2020 年 12 月 31 日，公布的 2020 年制造业 PE 投资有 8 个案例；2021 年 1 月 1 日至 12 月 31 日，公布的 2021 年制造业 PE 投资案例只有 1 个。2021 年制造业投资案例数量少于 2020 年，其中投资规模在 5000 万元以下的有 1 个，比 2020 年多 1 个；5000 万~1 亿元的有 0 个，比 2020 年少 1 个；1 亿~5 亿元的和 5 亿元及以上的有 0 个，和 2020 年一样。2020 年制造业 PE 投资总额度约为 1.69 亿元，而 2021 年总额度约为 1500 万元，2021 年制造业 PE 投资总额度低于 2020 年。

**表 1　2020~2021 年投资额规模**

单位：个

| 投资规模 | 2020 年 | 2021 年 |
|---|---|---|
| 5000 万元以下 | 0 | 1 |
| 5000 万~1 亿元 | 1 | 0 |
| 1 亿~5 亿元 | 0 | 0 |
| 5 亿元及以上 | 0 | 0 |
| 未披露 | 7 | 0 |

资料来源：Wind 数据库。

### 2. 投资区域分布的比较

如表 2 所示，从投资区域分布来看，2021 年制造业 PE 投资案例仅有 1 个，位于东部地区，而中部地区以及西部地区均未发生制造业 PE 投资案例。2020 年投资区域分布在东部地区的有 4 个，中部地区有 3 个，西部地区有 1 个。可以看出，2021 年的投资案例明显减少。

### 3. 投资时间分布的比较

如表 3 所示，2021 年制造业 PE 投资时间分布与 2020 年相比，在 1 月和 2 月存在较大差异。2021 年制造业投资案例发生在 5 月，而 2020 年 PE 投资案例发生最多的月份是 1 月。

表 2　2020~2021 年制造业 PE 投资区域分布

单位：个

| 投资区域分布 | 2021 年 | 2020 年 |
| --- | --- | --- |
| 东部地区 | 1 | 4 |
| 中部地区 | 0 | 3 |
| 西部地区 | 0 | 1 |

资料来源：Wind 数据库。

表 3　2020~2021 年制造业 PE 投资时间分布

单位：个

| 投资月份 | 2021 年 | 2020 年 |
| --- | --- | --- |
| 1 月 | 0 | 5 |
| 2 月 | 0 | 3 |
| 3 月 | 0 | 1 |
| 4 月 | 0 | 0 |
| 5 月 | 1 | 0 |
| 6 月 | 0 | 0 |
| 7 月 | 0 | 0 |

资料来源：Wind 数据库。

### 4. 投资基金的不同类型

在公布的投资基金类型的制造业 PE 案例中，如表 4 所示，2021 年人民币投资基金案例个数和 2020 年相似，其中，2021 年美元投资基金案例个数少于 2020 年。

**表 4　2020~2021 年不同类型的投资基金对比**

单位：个

| 基金类型 | 2021 年 | 2020 年 |
|---|---|---|
| 人民币 | 1 | 1 |
| 美元 | 0 | 1 |
| 未披露 | 0 | 10 |

资料来源：Wind 数据库。

# B.4
# 2021年能源矿产业并购分析

胡 伟 蒋贻宏 高 琛*

**摘 要：** 2021年，受新冠肺炎疫情影响，传统能源行业并购并不活跃，但收购兼并意愿较2020年稳中有增，在交易完成数量下降的同时总交易金额有所上升。从规模来看，2021年，中国能源矿产业的并购交易为38笔，披露的交易金额为601.52亿元。其中，国有企业在能源领域的并购占比较高，国有企业作为买方参与的能源矿产业并购交易笔数占比为47.37%，但交易金额占比为93.78%。昆仑能源出售北京管道公司60%股权等资产、中国石化收购中国石油化工集团有限公司下属公司股权及相关非股权类资产、延长石油增资陕西燃气集团、国电科环出售国电联合动力40%股权、山西天然气收购气化投资100%股权是2021年能源矿产业的主要并购事件。

**关键词：** 能源矿产业 并购 股权收购

## 一 能源矿产业并购趋势分析

2021年以来，新冠肺炎疫情对全球经济的影响仍未消除，但中国经济复苏较快，传统能源行业的收购兼并意愿较2020度稳中有增，在交易数量下降的同时总交易金额有所上升。据Wind数据库统计，2021年1~12月，中国能源矿产业已完成38笔并购交易，披露的交易金额为601.52亿元，有交易金额的并购交

---

* 胡伟，中国并购公会注册交易师，国元证券股份有限公司副总裁、保荐代表人；蒋贻宏，国元证券投资银行总部高级项目经理、保荐代表人；高琛，国元证券投资银行总部项目经理。

易中，平均每笔交易金额为 21.48 亿元。其中，比较典型的能源矿产业并购事件包括昆仑能源出售北京管道公司 60%股权和大连液化天然气 75%股权等。

根据国家统计局发布的《中华人民共和国 2021 年国民经济和社会发展统计公报》，2021 年全国能源消费总量为 52.4 亿吨标准煤，比上年增长 5.2%。其中：天然气消费量增长 12.5%，电力消费量增长 10.3%，原油消费量增长 4.1%，煤炭消费量增长 4.6%。煤炭消费量占能源消费总量的 56.0%，比上年下降 0.9 个百分点；天然气、水电、核电、风电、太阳能发电等清洁能源消费量占能源消费总量的 25.5%，上升 1.2 个百分点。《中华人民共和国国民经济和社会发展第十四个五年规划和 2035 年远景目标纲要》指出："加快发展非化石能源，坚持集中式和分布式并举，大力提升风电、光伏发电规模，加快发展东中部分布式能源，有序发展海上风电，加快西南水电基地建设，安全稳妥推动沿海核电建设，建设一批多能互补的清洁能源基地，非化石能源占能源消费总量比重提高到 20%左右。"

《BP 世界能源统计年鉴（2021）》显示，2020 年全球一次能源消费减少 4.5%，为 20 世纪中期以来的最大降幅。石油是能源消费减少的主要因素，约占净减少量的 3/4；天然气和煤炭消费也明显减少。尽管总体能源需求下降，风电、太阳能和水力发电量均有所增加。从世界不同国家来看，美国、印度和俄罗斯的能源消费降幅较大，而中国为增幅最大的国家。中国连续 19 年成为全球能源增长的最主要来源。目前中国是全球最大的能源消费国，且仍处于工业化升级、城镇化进程加快发展的阶段，能源需求在未来一段时间还有望持续增加，但增速放缓。因此，中国在能源领域的并购活动仍将维持在一定水平。

## 二　能源矿产业并购分析

### （一）能源矿产业并购数据

#### 1.能源矿产业并购趋势

2021 年，中国能源矿产业完成的并购交易共计 38 笔，披露的交易金额

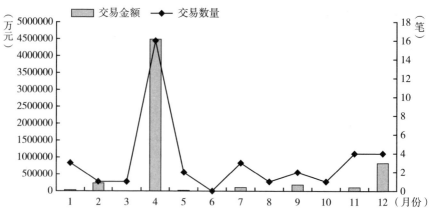

**图1　2021年1~12月能源矿产业并购趋势：交易金额与交易数量**

资料来源：Wind数据库。

为601.52亿元，有交易金额的并购交易中，平均每笔交易金额为21.48亿元。从交易金额和交易数量来看，2021年上半年均大于下半年。其中，并购交易发生最多的月份为2021年4月，为16笔；并购交易发生最少的月份为2020年6月，当月无完成的并购交易。并购交易金额发生最多的月份为2021年4月，为448.88亿元；并购交易金额发生最少的月份为2021年3月、6月和10月，当月交易均为无偿交易或无交易（见图1）。

2. 能源矿产业不同类型的并购交易笔数

2021年，中国能源矿产业不同类型的并购交易笔数如图2所示。

2021年，中国能源矿产业完成的并购交易笔数为38笔，其中境内并购和出境并购分别为37笔和1笔，交易笔数占比分别97.37%和2.63%。2021年，中国能源矿产业的并购交易绝大多数发生在境内。

3. 能源矿产业不同类型的并购交易金额

2021年，中国能源矿产业不同类型的并购交易金额如图3所示。

2021年，中国能源矿产业完成的并购交易金额为601.52亿元，其中境内并购和出境并购分别为601.50亿元和0.02亿元，交易金额占比分别为99.997%和0.003%。中国能源矿产业在境内交易的金额构成了此类并购交易的主要部分。

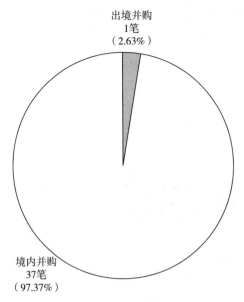

**图2　2021年中国能源矿产业不同类型的并购交易笔数**

资料来源：Wind 数据库。

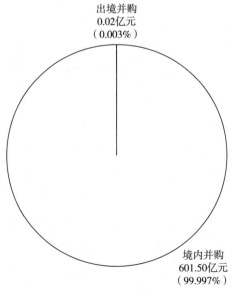

**图3　2021年中国能源矿产业不同类型的并购交易金额**

资料来源：Wind 数据库。

4. 能源矿产业上市公司与非上市公司的并购交易笔数

2021 年，中国能源矿产业上市公司与非上市公司的并购交易笔数如图 4 所示。

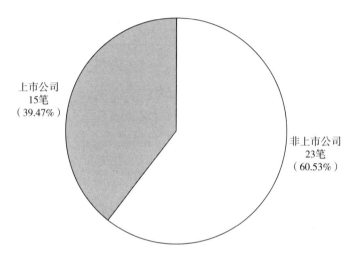

**图 4 2021 年中国能源矿产业上市公司与非上市公司的并购交易笔数**

资料来源：Wind 数据库。

2021 年，中国能源矿产业完成的并购交易笔数为 38 笔，其中上市公司与非上市公司作为买方参与的能源矿产业并购交易笔数分别为 15 笔和 23 笔，交易笔数占比分别为 39.47% 和 60.53%。中国能源矿产业非上市公司作为买方的并购数量高于上市公司。

5. 能源矿产业上市公司与非上市公司的并购交易金额

2021 年，中国能源矿产业上市公司与非上市公司的并购交易金额如图 5 所示。

2021 年，中国能源矿产业完成的并购交易金额为 601.52 亿元，其中上市公司与非上市公司作为买方参与的能源矿产业并购交易金额分别为 124.67 亿元和 476.85 亿元，交易金额占比分别为 20.73% 和 79.27%。中国能源矿产业非上市公司作为买方的并购交易金额高于上市公司。

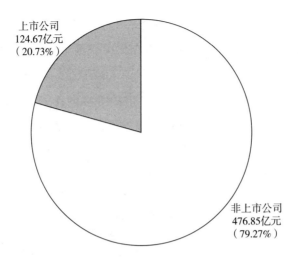

**图5  2021年中国能源矿产业上市公司与非上市公司并购交易金额**

资料来源：Wind 数据库。

### 6. 能源矿产业并购中的国有企业与非国有企业的并购交易笔数

2021 年，中国能源矿产业并购中的国有企业与非国有企业的并购交易笔数如图 6 所示。

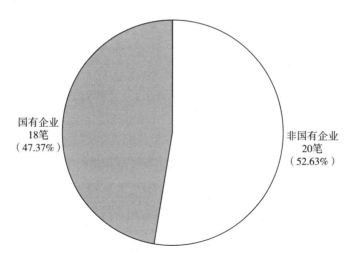

**图6  2021年中国能源矿产业并购中的国有企业与非国有企业的并购交易笔数**

资料来源：Wind 数据库。

2021 年，中国能源矿产业完成的并购交易笔数为 38 笔，其中国有企业
与非国有企业作为买方参与的并购交易笔数分别为 18 笔和 20 笔，交易笔数
占比分别为 47. 37% 和 52. 63%。非国有企业并购数量占比较高。

**7. 能源矿产业并购中的国有企业与非国有企业的并购交易金额**

2021 年，中国能源矿产业并购中的国有企业与非国有企业的并购交易
金额如图 7 所示。

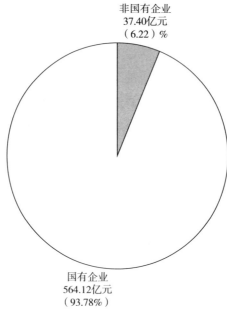

**图 7    2021 年中国能源矿产业并购中的国有企业与非国有企业的并购交易金额**

资料来源：Wind 数据库。

2021 年，中国能源矿产业完成的并购交易金额为 601. 52 亿元，其中国有企
业与非国有企业作为买方参与的并购交易金额分别为 564. 12 亿元和 37. 40 亿元，
交易金额占比分别为 93. 78% 和 6. 22%。国有企业并购交易金额占比较高。

## （二）能源矿产业重要并购重组事件 TOP5

**1. 昆仑能源出售北京管道公司60%股权、大连液化天然气75%股权**

2020 年 12 月，中国石油发布公告，其子公司昆仑能源有限公司将出售

持有的中石油北京天然气管道有限公司（以下简称"北京管道公司"）60%股权和中石油大连液化天然气有限公司（以下简称"大连液化天然气"）75%股权给中国石油另一下属公司国家石油天然气管网集团有限公司，基础交易对价约为人民币408.86亿元。截至2021年3月末，上述股权转让协议约定的交割先决条件已获得满足，标的股权对应的所有权利、义务、责任和风险自2021年4月起从昆仑能源转移至国家管网集团。

2. 中国石油化工股份收购（以下简称"中国石化"）中国石油化工集团有限公司下属公司股权及相关非股权类资产

2021年11月29日，中国石化发布公告，中国石化于当日与中国石化集团资产经营管理有限公司（以下简称"资产公司"）签署《关于购买生产经营性业务相关资产的协议》，中国石化以443225.70万元的价格购买资产公司持有的热电、水务等非股权类资产及负债，以及资产公司持有的5家公司的股权；中国石化仪征化纤有限责任公司（以下简称"仪征化纤"）于当日与资产公司签署《关于购买生产经营性业务相关资产的协议》，仪征化纤以114299.52万元的价格购买资产公司持有的仪征化纤分公司PBT树脂业务等非股权类资产及负债，以及资产公司持有的2家公司的股权；中国石化于当日与中国石化集团北京燕山石油化工有限公司（以下简称"集团燕山"）签署《关于购买生产经营性业务相关资产的协议》，中国石化以147369.77万元的价格购买集团燕山持有的热电业务等非股权类资产及负债。

本次交易有利于进一步提升中国石化一体化运营水平，实现资源优化配置和业务协同效应，增强中国石油化工在业务所在地的综合竞争力，同时整体上减少关联交易。

3. 延长石油增资陕西燃气集团获其52.45%股权

2019年9月20日，陕天然气发布公告，陕西延长石油（集团）有限责任公司（以下简称"延长石油"）以资产置入方式向陕西燃气集团有限公司（以下简称"陕西燃气集团"）增资并获得陕西燃气集团52.45%股权，成为其控股股东。延长石油进而间接取得陕天然气

615650588 股股份（持股比例 55.36%），从而实现对陕天然气的间接收购。

陕西省国资系统推进石油资产和天然气资产的深化改革、协同发展，完善业务链条，做大做强天然气产业，保障陕西省用气安全。为落实陕西省国资委要求，延长石油以管道运输资产作为对价对陕西燃气集团进行增资，并成为其控股股东，从而实现对陕天然气的间接收购。

本次收购的完成将促进延长石油与陕西燃气集团及陕天然气在天然气开采与管道运输、销售业务领域实现优势互补和协同发展，实现工业用气供应、加工与燃气居民用气销售的优势互补，完善陕西燃气集团和陕天然气的管网布局，提高市场占有率，提升企业效率，为企业高质量发展奠定坚实基础。同时，本次收购可在一定程度上提升陕西省天然气开采、管道运输、销售环节的资源配置效率，提升陕西省天然气供应的平稳性和可靠性，对于陕西省经济发展和满足居民生活需要具有积极意义。

**4. 国电科环出售国电联合动力40%股权**

2021 年 6 月 16 日，国电科技环保集团股份有限公司（以下简称"国电科环"）与国家能源投资集团有限责任公司（以下简称"国家能源集团"）、龙源电力集团股份有限公司（以下简称"龙源电力"）及国电联合动力技术有限公司（以下简称"国电联合动力"）签订股权转让及注资协议。根据该协议，国电科环有条件同意通过股权转让及注资的方式出售国电联合动力 40% 的股权给国家能源集团、龙源电力。本次交易前，国电科环持有国电联合动力 70% 的股权，龙源电力持有国电联合动力 30% 的股权。

本次股权转让价格为人民币 4.077 亿元。国家能源集团及龙源电力将分别注资人民币 14.75 亿元及人民币 6.32 亿元。

国电科环主要从事风力发电机的研发、生产及销售业务。由于风电设备制造行业的市场集中度不断提高，国电科环需要持续投入大量资金，以维持其行业地位。此外，国电联合动力长期处于亏损状态，国电科环与国电联合动力的资产负债率持续处于较高水平，国电联合动力的运营将增加集团的经营及财务风险。

出售事项完成后，国电联合动力将不再系国电科环的附属公司，其有利于余下集团实现转亏为盈。与此同时，出售事项将有助降低余下集团的资产负债率及财务风险，以及改善其流动资金及偿付能力及抵御未来财务风险的能力。

**5. 山西天然气收购气化投资100%股权**

2021年10月8日，国新能源发布公告，为进一步推进山西省长输管网资产整合，提升公司盈利能力，打造省内"一张网"，其全资子公司山西天然气有限公司（以下简称"山西天然气"）拟受让格盟国际能源有限公司（以下简称"格盟国际"）所持山西国际能源集团气化投资管理有限公司（以下简称"气化投资"）的100%股权。

经评估，气化投资的资产总额为11.176亿元，负债总额为1514.30万元，股东全部权益评估值为11.025亿元。此次收购完成后，气化投资成为山西天然气全资子公司，将纳入公司合并报表范围。

本次收购可进一步推进山西省长输管网资产整合，打造省内"一张网"，提升国新能源盈利能力。

# B.5
# 2021年金融业并购分析

张智珑[*]

**摘　要：** 2021年中国经济延续了复苏态势，上半年GDP实现较快增长，但下半年以来受疫情反复、部分地区汛情及能源紧张限产限电的影响，经济增速面临一定的下行压力。但是，资本市场深化改革的步伐仍在加快，注册制改革稳步推进，资本市场持续扩容，推动金融行业繁荣发展。从并购情况看，2021年金融业的并购数量和交易金额较2020年明显增加，并购方式以协议收购为主，并购标的主要分布在多元金融行业中，银行业和保险业相对较少。其中，证券行业完成并购金额最大的两个案例是泛海控股转让民生证券股权、陕投集团受让西部证券股权。而银行业和保险业正在通过并购加快业务布局，例如，恒大集团转让盛京银行股权、宁波银行收购华融消金、友邦保险入股中邮人寿，这些均是行业内较为典型的并购案例。

**关键词：** 证券业　银行业　保险业　并购

## 一　金融行业趋势分析

2021年全球宏观经济在新冠肺炎疫情反复的背景下艰难复苏，疫情对于经济的冲击逐渐减弱，但影响尚未完全消散。中国经济在2021年延续了复苏态势，叠加低基数的影响，2021年GDP同比增速达到8.1%，其中第

---

* 张智珑，湘财证券研究所金融行业分析师，主要从事非银金融、房地产行业研究。

一季度至第四季度当季同比增速分别录得 18.3%、7.9%、4.9% 和 4.0%。尽管在疫情反复、部分地区汛情及能源紧张限产限电的影响下，三季度以来经济增速面临一定下行压力，但是资本市场深化改革的步伐仍在加快，尤其是习近平主席于 2021 年 9 月 2 日在中国国际服务贸易交易会全球服务贸易峰会上宣布设立北京证券交易所，并于 11 月 15 日正式开市。北京证券交易所的设立一方面标志着中国多层次资本市场体系进一步完善，服务实体经济能力得到提升；另一方面也意味着股票发行注册制改革在加快推进，资本市场将持续扩容，金融行业长期发展向好。

根据 Wind 数据库统计，截至 2021 年末，A 股市场上市公司家数达 4697 家、总市值达 91.88 万亿元，较 2020 年分别增加 502 家、12.1 万亿元。其中，上市公司数量增加最多的是创业板和科创板，同比分别增加 198 家和 162 家，注册制改革红利持续得到释放，中小创新型企业融资需求进一步得到满足。此外，居民财富加速向资本市场转移，特别是以公募基金为代表的财富管理行业保持快速发展。中国证券投资基金业协会公布的数据显示，2021 年末公募基金管理规模达到 25.5 万亿元，较 2020 年末的 19.9 万亿元大幅增长。居民资金通过机构入市不仅带动财富管理业务实现较快增长，而且改善了市场投资者结构，进一步提升资本市场机构化程度，为资本市场高质量发展夯实基础。中国证券业协会公布的数据显示，受益于资本市场繁荣发展，证券行业 2021 年实现营业收入和净利润分别达 5024 亿元和 1911 亿元，同比分别增长 12% 和 21%。

从银行业来看，2021 年政策利率维持不变，结构性货币政策占主导地位，货币政策总体保持稳健中性。但 2021 年下半年以来，房地产行业去杠杆及实体经济有效需求转弱对经济的冲击逐步显现，社会融资规模增速下降至历史低位。央行于 7 月、12 月进行全面降准，尤其是 12 月的降准释放出稳增长的积极信号，全年人民币贷款余额实现 11.6% 的增长，流动性环境呈现"价稳量增"的特征。此外，随着存款利率市场化改革稳步推进，银行业的净息差逐渐企稳回升。中国银保监会数据显示，2021 年第四季度末，商业银行净息差达 2.08%，为年内最高点。资产质量方面，随着 2021 年以来资产质量的改

善，商业银行不良贷款率下降至四季度末的 1.73%，较年初下降 0.11 个百分点，处于历史较低水平。2021 年末，商业银行的拨备覆盖率达 196.91%，较年初的 184.47% 显著提高，抗风险能力进一步增强。

从 2021 年金融业的并购情况来看，根据 Wind 数据库的数据，2021 年金融业公告并购事件 306 起①，较 2020 年增加 87 起。其中，已完成并购的有 82 起，并购失败 11 起，正在进行及其他状态的有 213 起。交易金额方面，2021 年金融业已完成的并购交易金额共计 423 亿元②，较 2020 年减少 52%，主要因 2020 年公告并完成的并购交易金额较大，特别是光大集团受让光大银行股权及百联集团增资上海证券事件，交易涉及金额均在百亿元以上，而金融业目前已完成的并购金额较小。

## 二 金融业并购分析

### （一）金融业并购数据

#### 1. 金融业并购交易数量及并购方式

2021 年中国经济延续复苏态势，金融业全年公告的并购交易数量达 306 起，较 2020 年明显增加。其中，2021 下半年发起并购 188 起，显著高于上半年的 118 起。此外，2021 年已完成的并购共计 82 起，较 2020 年增加 2 起（见图 1）。

从并购方式看，如图 2 所示，协议收购是并购的主流方式，共有 161 起（占比为 52.6%）交易采用协议收购方式。通过增资、二级市场收购进行并购的数量分别为 106 起、32 起，占比分别为 34.6%、10.5%。较少采取资产置换、吸收合并的方式。

---

① 按首次公告日统计，金融业为 Wind 一级行业中的金融行业，并且剔除了交易金额缺失、境外并购事件、产业资本通过股权投资基金进行投融资的非金融行业并购事件。
② 涉及外币的交易金额按并购当年的人民币平均汇率进行转换。

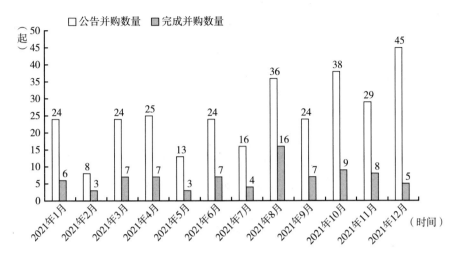

**图1　2021年1~12月金融业并购交易数量**

资料来源：Wind数据库、湘财证券研究所。

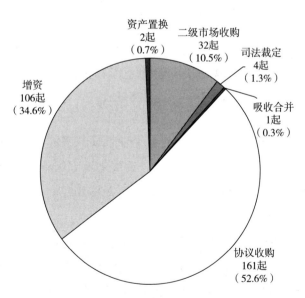

**图2　2021年金融业并购交易方式**

资料来源：Wind数据库、湘财证券研究所。

**2. 金融业并购交易标的行业分布及企业性质**

根据 Wind 行业分类，2021 年金融业公告并购的 306 家标的企业中，有 82.7%的企业来自多元金融行业①，其次为银行业（38 家，占比 12.4%），而保险业仅有 15 家，占比为 4.9%（见图 3）。

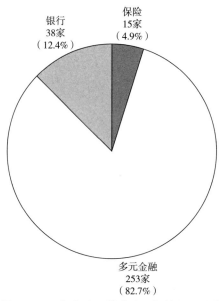

银行
38家
（12.4%）

保险
15家
（4.9%）

多元金融
253家
（82.7%）

**图 3　2021 年金融业并购交易标的行业分布**

资料来源：Wind 数据库、湘财证券研究所。

从并购交易标的企业性质看，剔除企业性质缺失的 38 家企业后，占比最高的是民营企业（53.7%，144 家），其次是地方国有企业（22.4%，60 家），中外合资企业占比最低，仅为 1.1%（见图 4）。

**3. 金融业并购交易金额**

根据 Wind 数据库的数据，2021 年金融业公告的并购事件交易金额共计 2559 亿元，单笔并购金额约为 8.4 亿元，较 2020 年分别增长 65%、18%。此外，可以看到 2021 年交易金额较大的并购事件主要集中在 9 月和 12 月，而 2020 年主要集中在 5 月（见图 5）。

———————————

① 根据 Wind 行业分类，多元金融行业主要包括券商、期货、信托、融资租赁、小额贷款公司等。

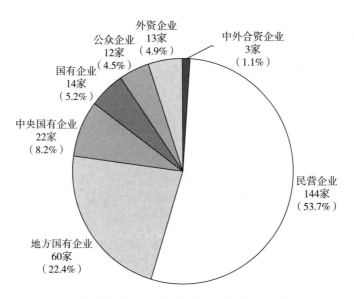

**图4　2021年金融业并购交易标的企业性质**

资料来源：Wind数据库、湘财证券研究所。

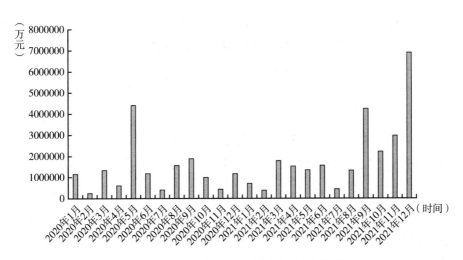

**图5　2020~2021年金融业并购交易金额趋势**

资料来源：Wind数据库、湘财证券研究所。

从交易金额分布看，2021年金融业并购交易规模主要集中在10亿元以下。其中，1亿~10亿元的并购事件占比最多（33.0%，101起），交易规模在2000万~1亿元（29.1%，89起）和2000万元以下（23.2%，71起）的并购事件占比均超20%（见图6）。

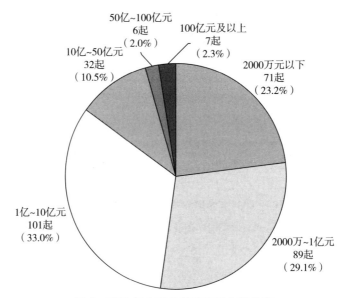

**图6 2021年金融业并购交易金额分布**

资料来源：Wind数据库、湘财证券研究所。

4.金融业并购标的区域分布

2021年金融业并购以境内并购为主，占比达94.4%，而入境并购和出境并购分别仅占到4.6%和1.0%（见图7）。分省份来看，2021年金融业并购标的主要分布在经济发达的沿海地区，并购标的数量排在前五的省份为：广东（53起）、上海（43起）、北京（37起）、浙江（31起）和江苏（28起），占到并购标的总数的62.7%（见图8）。

## 三 金融业典型并购案例分析

总体而言，2021年金融业公告的并购事件数量和交易金额均高于2020

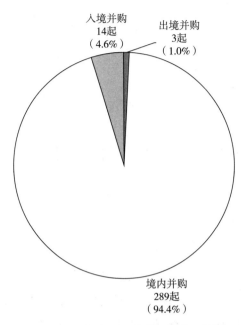

**图7 2021年金融业并购标的地区类型**

资料来源：Wind 数据库、湘财证券研究所。

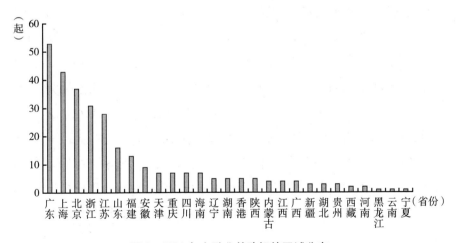

**图8 2021年金融业并购标的区域分布**

资料来源：Wind 数据库、湘财证券研究所。

年，不过当年实际已经完成的并购中尚未出现类似 2020 年的百亿元规模的并购项目，但 2021 年仍有代表行业发展趋势的并购事件值得关注。

在证券行业已完成的并购中，民生证券、西部证券的股权转让交易金额位居前二。此外，在并购失败的案例中，西部证券、东兴证券先后拟收购新时代证券的百亿级并购案例也值得关注。2021 年银行业有两个已完成的典型案例：一是交易金额最大的恒大集团转让盛京银行案例；二是宁波银行收购华融消费金融公司的案例。在保险行业的并购中，友邦保险耗资百亿增资中邮保险的案例颇具代表性。

### （一）证券行业并购案例

#### 1. 泛海控股转让民生证券股权

2021 年 1 月 21 日，泛海控股发布公告，为进一步优化公司控股子公司民生证券的股权结构，公司拟以 1.53 元/股的价格，向上海沣泉峪企业管理有限公司转让公司持有的民生证券 15.45 亿股股份（约占民生证券总股本的 13.49%），转让总价为 23.64 亿元。2021 年 7 月份交割已完成，泛海控股对民生证券的持股比例由 44.52% 降至 31.03%，不再将民生证券纳入并表范围。这也是 2021 年证券行业已完成的并购中，交易金额最大的案例。

实际上，2020 年 9 月 1 日，泛海控股就开始转让民生证券股份，并引进战略投资者。彼时泛海控股公告称向上海张江（集团）有限公司、上海张江高科技园区开发股份有限公司等 22 家投资者转让民生证券股份，持股比例由 71.64% 缩减至 44.52%，但尚未失去对民生证券的控制权。

此外，2021 年 7 月，泛海控股拟向武汉金控转让民生证券至少 20% 的股份，但 9 月 13 日发布公告宣布该交易终止。不过，泛海控股在公告中表示将继续与其他投资者就民生证券引进战略投资者事宜进行积极接洽，争取尽快引入实力较为雄厚、与民生证券发展战略较为匹配、符合公司相关需求的战略投资者。

#### 2. 陕投集团受让西部证券股权

2021 年 9 月 29 日，陕投集团拟受让西部信托持有的西部证券 2.57 亿股股份（占比 5.74%），交易价格为 8.32 元/股，合计为 21.36 亿元。此次股份转让后，公司控股股东、实际控制人均没有发生变化，但西部信托将不再是公司持股 5%以上的股东，陕投集团和西部信托将分别持有西部证券 35.31%、1.93%的股份。虽然此案例属于关联方之间的股权转让，但交易金额仅次于民生证券的股权转让事件。

**3.西部证券、东兴证券拟收购新时代证券，但均以失败告终**

西部证券、东兴证券先后于 2021 年 9 月、10 月发布公告拟收购新时代证券 98.24%股权，交易价格约为 131.35 亿元，这也是 2021 年证券行业金额最大的并购事件，但最终均以失败告终。

具体来看，2021 年 9 月，西部证券发布公告称拟与北京金控组成联合体参与收购公开挂牌出售的新时代证券 98.24%的股权，但 10 月 19 日公司公告终止参与该收购。东兴证券于 10 月 7 日发布公告称将与中国诚通联合参与收购，其中东兴证券拟取得新时代证券 34.385%的股权，中国诚通受让其余的股权。但东兴证券最终退出此次收购，中国诚通将继续受让新时代证券股权。随后，中国证监会于 2022 年 3 月发布公告，核准中国诚通成为新时代证券主要股东和融通基金管理有限公司实际控制人，新时代证券正式成为央企子公司。

西部证券和东兴证券是规模相差不大的两家中型券商，2021 年归属于母公司股东净利润规模分别为 14.1 亿元和 16.5 亿元，各拥有营业部 101 家和 76 家。而新时代证券于 2020 年 7 月因公司治理问题被中国证监会接管，2021 年实现净利润 3.4 亿元，拥有营业部 63 家。可见此次收购对于两家券商来说是进一步扩张规模的机会，尽管收购以失败告终，但券商业务同质化的问题依然突出，预计行业并购整合的趋势仍将持续。

**（二）银行业并购案例**

**1.恒大集团转让盛京银行股权**

2021 年银行业完成的金额最大的并购事件是恒大集团转让盛京银行股权。2021 年 9 月 29 日，恒大集团发布公告称，公司的全资子公司恒大集团

（南昌）有限公司向沈阳市国资委控股的盛京金控转让其持有的盛京银行17.53亿股非流通内资股，占盛京银行已发行股份的19.93%，交易对价为每股5.7元，合计约99.93亿元。交易完成后，恒大集团持有盛京银行的股份比例降至14.57%，从控股股东变为第二大股东，盛京金控成为第一大股东。关于转让原因，恒大集团在公告中表示因流动性问题对盛京银行造成巨大负面影响，引入国企受让方作为大股东，有助于稳定盛京银行的经营，同时有助于恒大集团持有的盛京银行14.57%股权的增值保值。此外，盛京银行要求出售事项全部所得款项需用作偿还恒大集团对盛京银行的相关债务。

实际上，恒大集团在此前已经向沈阳市国资委附属公司转让过盛京银行的股权。根据盛京银行2021年8月17日的公告，恒大集团向沈阳市国资委控股的东北制药集团和盛京金控转让了其持有的盛京银行1.9%股份，转让对价为每股6元，合计约10亿元。因此，恒大集团通过8月和9月两次出售盛京银行股权，共计变现约110亿元，这也是2021年银行业已完成的金额最大的并购事件。

**2. 宁波银行收购华融消金**

2021年12月22日，宁波银行以10.91亿元的价格竞得中国华融持有的华融消金70%股权。其实在2018年，宁波银行就拟设立永赢消费金融有限公司，但由于宁波城市广场开发经营有限公司的参股意向未获得中国银保监会批准而暂停。

此次10.91亿元的收购价较评估价溢价50%，一方面，体现了宁波银行获得消费金融公司牌照的决心；另一方面，由于消费金融公司为全国牌照，因此对于区域性银行来说，可以不受地域限制而实现全国范围展业，助力宁波银行打开消费贷业务展业的空间，同时也为其他业务带来发展机遇。

**（三）保险行业并购案例**

友邦保险控股有限公司于2021年6月29日发布公告称，将通过其全资子公司友邦保险有限公司（以下简称"友邦保险"）投资120.32亿元认购中邮人寿24.99%的股权，并且将成为中邮人寿的第二大股东。这也是2021

年保险行业已公告的并购金额最大的案例。

2022 年 1 月 12 日，中国银保监会发布关于中邮人寿变更注册资本及股东的批复，批准中邮人寿注册资本从 215 亿元增加至 286.63 亿元，并由友邦保险认购新增注册资本 71.63 亿元。此次增加注册资本和股东后，友邦保险正式成为中邮人寿的第二大股东。中邮人寿的股权结构变为：中国邮政集团持股 38.20%，友邦保险持股 24.99%，北京中邮资产管理有限公司持股 15.00%，中国集邮有限公司持股 12.19%，邮政科学研究规划院有限公司持股 9.62%。此外，中邮人寿注册资本将升至寿险业第三位，仅次于平安人寿和大家人寿。

值得注意的是，中邮人寿背靠中国邮政集团，主要通过与邮储银行的分销合作关系进行产品销售，可触达中国最大的零售金融分销网络。此次入股中邮人寿将有利于友邦保险拓宽中国寿险市场。

# B.6
# 2021年互联网信息技术业并购分析

蒋 弘 孙芳城*

**摘 要:** 互联网信息技术业的并购交易数量在2021年前4个月具有上涨趋势,4月达到全年最高。之后,交易量开始回落,从5月一直到12月都呈现一种相对稳定且月均交易数量较高的活跃状态。2月的并购交易数量处于全年最低水平,但抛开假期因素,该月的日均交易数量并不低,交易依然很活跃。整体来看,在2021年,互联网信息技术业的并购活动表现出交易活跃度高、软件与服务业占比最大、单笔并购交易金额较小、以行业内并购为主的特点。立讯精密巨资控股日铠电脑、*ST大唐定增收购大唐联诚、大富科技纵向并购配天智造等是行业重要并购案例。

**关键词:** 互联网 信息技术 并购 股权投资

## 一 互联网信息技术业并购概况

2021年,互联网信息技术业共发起并购交易1245笔,涉及交易金额28870.93亿元。

---

* 蒋弘,博士,加拿大劳里埃大学Lazaridis商学院访问学者,重庆工商大学会计学院会计系主任、硕士研究生导师,主要研究方向为并购活动中涉及的技术创新、公司治理、资金融通等;孙芳城,博士,重庆工商大学校长,教授,博士研究生导师,主要研究方向为会计理实务、环境审计、并购重组。

（一）互联网信息技术业发起的并购交易数量和金额

互联网信息技术业发起的并购交易数量如图1所示。2021年互联网信息技术业发起的并购交易数量较2020年同期有所增加，由1205笔增加至1245笔，上涨了3.32%。从当年的季度情况来看，该行业各个季度发起的并购交易数量都为300笔左右，最高是第二季度的325笔，季度环比波动幅度较小，各季度在交易数量上比较接近。当年前三个季度发起的并购交易数量同比都有所增加，特别是第一季度的交易数量上涨幅度最大，同比超过60%。

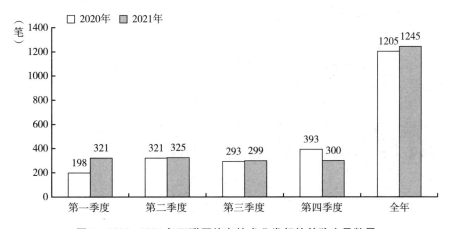

**图1 2020~2021年互联网信息技术业发起的并购交易数量**

资料来源：Wind数据库。

互联网信息技术业发起的并购交易金额如图2所示。尽管2021年互联网信息技术业发起的并购交易数量比2020年多，但并购交易金额却较2020年低了12.27%，从2020年的32909.13亿元下降为2021年的28870.93亿元。这一差距的产生主要根源于2021年第一季度，因为该季度的并购交易金额同比大跌70.99%，而当年其他季度的并购交易金额同比都是上升的。

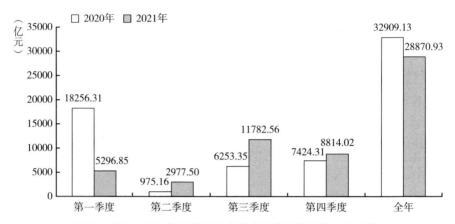

**图 2  2020~2021 年互联网信息技术业发起的并购交易金额**

资料来源：Wind 数据库。

## （二）互联网信息技术业发起的并购交易进度

互联网信息技术业发起的并购交易进度如图 3 所示。2021 年 1~10 月，互联网信息技术业发起的并购交易中，成功了 447 笔，占比 35.90%，失败了 28 笔，占比 2.25%，其余交易尚在进行当中。

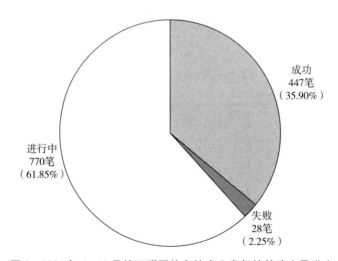

**图 3  2021 年 1~10 月的互联网信息技术业发起的并购交易进度**

资料来源：Wind 数据库。

## 二 互联网信息技术业并购特点

2021 年，互联网信息技术业的并购活动表现出交易活跃度高、软件与服务业占比最大、单笔并购交易金额较小、以行业内并购为主的特点。

### （一）互联网信息技术业发起并购交易的时间分布

互联网信息技术业发起并购交易的时间分布如图 4 所示。整体而言，在 2021 年前 4 个月中，互联网信息技术业的并购交易数量具有上涨的趋势，4 月达到全年最高的 139 笔。然后，交易量开始回落，从 5 月一直到 12 月都呈现一种相对稳定的状态。尽管如此，这 8 个月的月均交易数量仍然达到了 98 笔，交易很活跃。容易看到的是，2 月的并购交易数量处于全年最低水平，只有 77 笔。但是，这并不能说明 2 月的交易很低迷，因为这个月存在假期多和天数短的特点。抛开假期因素，2 月的日均交易数量达到 4.5 笔，交易依然很活跃。

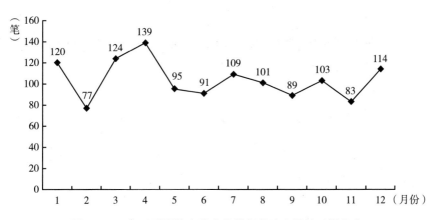

**图 4　2021 年互联网信息技术业发起并购交易的时间分布**

资料来源：Wind 数据库。

## （二）互联网信息技术业发起并购交易的细分行业分布

互联网信息技术业发起并购交易的细分行业分布如图5所示。在2021年由互联网信息技术业发起的并购交易中，归属于软件与服务业这一细分行业的并购交易数量最多，数量为772笔，占比超过60%。

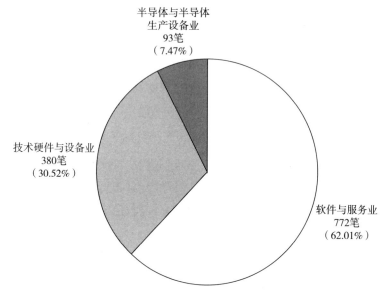

**图5  2021年互联网信息技术业发起并购交易的细分行业分布**

资料来源：Wind数据库。

## （三）互联网信息技术业单笔并购交易金额分布

互联网信息技术业单笔并购交易金额分布如图6所示。在2021年由互联网信息技术业发起的并购交易中，单笔金额低于1亿元的并购交易占多数，比例达到46.51%。

## （四）互联网信息技术业发起的并购交易类型分布

互联网信息技术业发起的并购交易类型分布如图7所示。在2021年由互联网信息技术业发起的并购交易中，行业内并购无论从交易数量还是交易

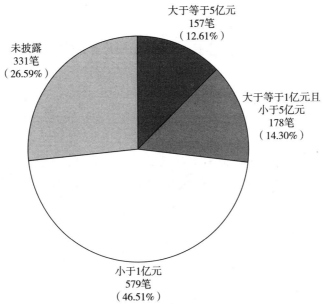

**图6 2021年互联网信息技术业单笔并购交易金额分布**

资料来源：Wind 数据库。

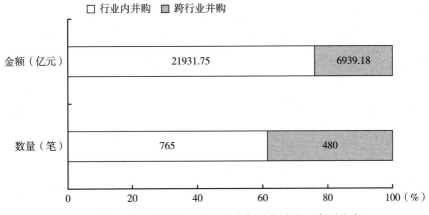

**图7 2021年互联网信息技术业发起的并购交易类型分布**

资料来源：Wind 数据库。

金额上都大幅超越跨行业并购，行业内资源整合是 2021 年互联网信息技术
业并购的主旋律。

# 三 互联网信息技术业重大并购事件 TOP5

## （一）立讯精密巨资控股日铠电脑

2021 年 1 月 28 日，立讯精密工业股份有限公司（以下简称"立讯精密"）分别召开董事会和监事会会议，审议通过了《关于对外投资的议案》，同意公司及全资子公司立讯精密有限公司以 60 亿元自有资金认缴日铠电脑配件有限公司（以下简称"日铠电脑"）新增的注册资本。增资扩股后，立讯精密将直接和间接累计持有日铠电脑 50.013% 股权。该项投资进展迅速，仅仅一周时间，在同年的 2 月 3 日，日铠电脑完成交割，顺利成为立讯精密的控股子公司。

立讯精密主营面向 3C（计算机、通讯、消费电子）、汽车、医疗等领域的产品研发、生产和销售，业务涵盖连接器、连接线、马达、无线充电、FPC（柔性电路板）、天线、声学和电子模块等。这家上市公司更为人熟知的身份是苹果的代工厂。作为苹果产业链中的重要配件供应商之一，具有3000 多亿元市值的立讯精密对第一大客户苹果公司具有较严重的依赖性，其超过六成的销售额由苹果公司贡献，这让立讯精密的经营面临一定的风险。而就在 2021 年，立讯精密因被美国竞争对手指控侵犯专利权，遭受美国国际贸易委员会发起的 337 调查。尽管立讯精密一再强调这一调查对公司生产和经营不会造成实质性影响，但复杂多变的外部环境以及新冠肺炎疫情带来的材料、运输等方面的供应紧张和成本上行，给公司维持良好业绩带来了不小压力。降低风险、提振业绩是当前和今后一段时间资本市场留给这家公司的紧要问题。巨资控股从事电脑配件科技领域技术开发、咨询、服务的日铠电脑，无疑是被外界称为 A 股"并购之王"的立讯精密开始答题的重要一步。此举有助于进一步完善立讯精密在电脑及消费电子精密结构件模组领域的战略布局，并提升在电脑及消费电子产品的垂直整合与同步开发的协同效益。

## （二）＊ST大唐定增收购大唐联诚

大唐电信科技股份有限公司（以下简称"＊ST大唐"）于2021年向大唐联诚信息系统技术有限公司（以下简称"大唐联诚"）股东发行股份购买其持有的大唐联诚95.001%股权，股权的交易作价超过14亿元。交易完成后，大唐联诚成为＊ST大唐的控股子公司，由此，＊ST大唐的重点业务在安全芯片和信息通信安全的基础上，新增专用移动通信、专用宽带电台和宽带移动安全应用等内容，能够助力其拓展特种通信市场，优化收入结构，开拓新的业务增长点。

由于从2018年起连续三年归属于上市公司股东的扣除非经常性损益的净利润均为负值，且2020年度立信会计师事务所出具了带有"与持续经营相关的重大不确定性"事项段的无保留意见审计报告，2021年4月30日＊ST大唐被上海证券交易所实施退市风险警示。面对未弥补亏损超过实收股本总额1/3的严峻事实以及"摘星脱帽"的强烈需求，＊ST大唐的希望之一就是借助对大唐联诚的收购，调整战略方向，在巩固原有安全芯片产业阵地的同时，大力发展特种通信业务，形成"安全芯片+特种通信"的整体产业布局，实现业绩的重大改观。大唐联诚所处的特种通信行业属于技术密集型行业，研发活动的长周期、大投入以及保持核心技术人才稳定性的高要求，使得大唐联诚面临一定的技术风险。而且，近年来国家出台了一系列鼓励性政策，支持优势民企进入国防信息化相关产业链条，未来的特种通信行业将迎来日趋激烈的市场竞争。

## （三）大富科技纵向并购配天智造

2021年11月17日，创业板上市公司大富科技（安徽）股份有限公司（以下简称"大富科技"）发布公告，公司计划变更USB3.1 Type-C连接器扩产项目募集资金用途，用于收购深圳市配天智造装备股份有限公司（以下简称"配天智造"）90.49%股权，收购价款达到6亿多元。2021年12月3日，变更募集资金用途以及对外投资的两项议案都得到大富科技临

时股东大会通过，大富科技收购配天智造的工作进展顺利。2022 年 2 月 10 日，配天智造的股权完成过户，正式成为大富科技控股子公司。

大富科技曾于 2016 年 9 月通过非公开发行股票的方式募集资金 34.5 亿元，其中 8.4 亿元拟用于 USB3.1 Type-C 连接器扩产项目。然而，截至 2021 年 10 月底，该项目在 5 年时间里只投入了 0.3 亿元。主要原因是这几年连接器产品的市场环境和行业竞争格局相对于募集资金的时候发生了变化。首先，高端 USB3.1 Type-C 连接器未能得到市场的广泛应用，大富科技掌握的高端加工工艺缺乏用武之地；其次，大富科技的核心客户未大规模推广 USB3.1 Type-C 产品，导致该类产品的销售存在不确定性；最后，由于大富科技错失发展窗口期，USB3.1 Type-C 连接器和线材行业的垄断格局已经形成，其在这一领域已不再具有规模化优势和竞争力。鉴于此，大富科技放缓了对该项目的投资。为了提高募集资金的使用效率，到了 2021 年 11 月，大富科技决定将上述项目的剩余募集资金改变用途，"下叉"新三板公司配天智造。配天智造是一家工业自动化设备及系统集成整体解决方案提供商，为市场提供数控机床、控制系统、智能制造设备等产品，而大富科技主营移动通信基站射频产品、智能终端产品、汽车零部件产品。此次纵向并购，大富科技实现了对产业链上游的垂直整合，成功进入技术、人才和品牌壁垒较高的数控机床行业中，不仅增加了新的盈利增长点，还保证了数控机床及相关服务对射频产品、智能终端结构件、汽车零配件等下游生产端的稳定供应，其在工业智能制造领域的综合实力将因此得到有效提升。

（四）欧菲光出售全资子公司及资产

2021 年 2 月 7 日，欧菲光集团股份有限公司（以下简称"欧菲光"）与闻泰科技股份有限公司（以下简称"闻泰科技"）签署《收购意向协议》，欧菲光拟将其拥有的向境外特定客户供应摄像头的相关业务和资产出售给闻泰科技。这些业务和资产包括广州得尔塔影像技术有限公司（以下简称"广州得尔塔"）100% 的股权以及其他向境外特定客户供应摄像头的相关经营性资产。同年 6 月 1 日，也就是闻泰科技结束对 24.2 亿元收购款最后一次分期支付的第二天，广州得尔塔 100% 股权及相关经营性资产完成交割。

广州得尔塔主要从事摄像头模组及相关产品的开发、制造和销售，前身是索尼公司在广州的生产基地。广州得尔塔的主要客户是苹果公司，前者为后者供应摄像头模组。欧菲光在 2016 年 11 月以 2.34 亿美元购得广州得尔塔全部股权后，成功进入苹果的供应链。然而，在收购之后，广州得尔塔的业绩并不算亮眼。更为沉重的打击来自 2020 年 7 月，美国将欧菲光列入了实体清单。消息一出，欧菲光将被剔除出苹果供应链名单的传言四起。尽管欧菲光极力否认，但公司的一个举动却证明传言并非无中生有。因为在其 2021 年 1 月 26 日发布的公告中，广州得尔塔被欧菲光划入计划出售的子公司范围中。如果失去苹果这个大客户，广州得尔塔就将丢掉"长期饭票"，那么它对于欧菲光来说就成了资源"鸡肋"，考虑到其经营表现，甚至可能变身业绩"毒药"。最终，"友谊的小船"还是被打翻了。2021 年 3 月，欧菲光收到苹果的通知，即苹果计划终止与欧菲光及其子公司的采购关系，欧菲光后续将不再从苹果取得现有业务订单。可以说，2 月与闻泰科技签署《收购意向协议》，就是欧菲光在为这一刻的到来未雨绸缪。欧菲光表示，此次收购有助于公司更加聚焦消费电子、车载等多领域的光学及微电子等核心业务，持续优化公司内部资源配置和业务结构。而闻泰科技对此次收购也抱有乐观预期，认为通过收购可以进一步向产业链上游延伸，跻身摄像头模组业务的主流供应商阵营，促进公司业绩长期可持续增长。

### （五）运达科技并购计划再次"流产"

2021 年 11 月 10 日，成都运达科技股份有限公司（以下简称"运达科技"）启动并购计划，准备以 5.9 亿元现金收购上市公司实际控制人何鸿云旗下资产——成都交大运达电气有限公司（以下简称"运达电气"）100% 股权。运达科技指出，此次收购，有助于公司在铁路牵引供电系统领域延伸业务，进一步完善公司轨道交通产业链布局，增强公司整体业务在轨道交通领域的核心竞争力和盈利能力。然而，到了 12 月 31 日，这一看似雄

心勃勃的收购活动在运达科技发布终止公告后戛然而止。

运达科技是一家轨道交通智能系统供应商，主要产品包括轨道交通运营仿真培训系统、机车车辆车载监测与控制设备、牵引与网络控制系统等。而运达电气自创立以来一直专注于干线铁路及城市轨道交通电气保护与控制领域，主要从事该领域的重大装备研制、生产、销售、培训及系统集成、技术咨询等服务。运达科技此次收购运达电气属于产业链并购。而早在 2020 年，运达科技就开始"垂涎"运达电气，试图以发行股份支付和现金支付相结合的方式收购后者的全部股权。收购活动从当年 5 月一直折腾到 12 月，在这期间，其收到深圳证券交易所 12 页的重组问询函并 3 次延期回复。最后，运达科技用一纸终止公告让收购活动草草收场。不到一年时间，在 2021 年 11 月，运达科技重整旗鼓再次发起收购，总价款较前次降低了 2700 万元。不过，这次的坚持更加短暂。仅仅过了一个多月，在经历深圳证券交易所再一次问询和再一次选择延期回复后，其又一次宣告收购失败。在此次并购计划披露的第二天，即 2021 年 11 月 11 日，运达科技的股价就遭遇 12.13% 的下挫。

# 四 互联网信息技术业典型并购案例：大富科技纵向并购配天智造

## （一）交易概述

大富科技于 2010 年 10 月 26 日在深圳证券交易所创业板上市。2021 年 11 月 16 日，公司召开董事会会议和监事会会议，分别审议并通过了《关于对外投资暨关联交易的议案》，同意公司变更 USB3.1 Type-C 连接器扩产项目募集资金用途，用于收购配天智造 90.49% 股权，其中收购安徽省配天重工装备技术有限公司持有的配天智造 56.32% 股权，收购北京配天技术有限公司持有的配天智造 7.04% 股权，收购深圳市恒泰华盛资产管理有限公司-华盛国海创赢 6 号基金等其他股东合计持有的配天智造 27.13% 股权。本次收购的配天智造股权共计 2956.45 万股，评估价为 20.32 元/股，对应的收购价款为 60075.064 万元。2021 年 12 月 3 日，大富科技召开 2021 年第四次临时股东大会，会议审议并通过了《关于变更募集资金用途的议案》和《关于对外投资暨关联交易的议案》。2022 年 1 月 6 日，大富科技收到全国中小企业股份转让系统有限责任公司出具的《关于配天智造特定事项协议转让申请的确认函》，对本次转让申请完成了审核并予以确认。2022 年 2 月 10 日，上述特定事项协议转让的相关过户手续在中国证券登记结算有限责任公司办理完成，配天智造成为大富科技的控股子公司。

## （二）并购背景

第一，机床行业的市场环境有利。首先，从整体来看，随着国内装备制造业的快速发展及进口替代加速，作为"工业母机"的中高端数控机床的市场需求不断增加；其次，国内制造业逐渐走出新冠肺炎疫情的阴霾，呈现持续回暖态势。制造业的复苏有力地推动了机床需求的不断释放，机床行业延续了 2020 年下半年以来的恢复性增长态势，运行稳中向好；最后，随着汽车、3C（信息家电）、航空等领域的产业升级，加工材料和加工工艺都对机床提出了新的要求，加速存量机床的升级换代，机床行业将在 2022 年左右迎来十年更新周期，从而释放大量的更新需求。

第二，配天智造的竞争优势突出。配天智造主营业务为定制化数控机床及配套产品的研发、设计、生产和销售，目前拥有实用新型专利和发明专利 30 余项，所涉及的技术涵盖机床设计与数控系统开发两大数控机床的核心技术工艺，为国内较少具有中高端数控系统自主知识产权的数控机床生产企业之一。该公司定位于通信、消费类电子产品生产加工领域的定制化中高端数控机床供应商，致力于成为行业具备自主知识产权的龙头企业，其产品在运行效率、加工精度、配套服务等方面均具备较强的竞争优势。

## （三）并购动因

第一，完善大富科技共享智造平台，提升公司在工业智能制造领域的综

合实力。大富科技致力于打造"从硬件到软件,从部件到系统"的具备垂直整合能力的三大平台:共享智造平台、装备技术平台、网络设计平台。其中,装备技术平台是智能智造的核心基础,是衔接共享智造平台和网络设计平台必不可少的关键环节。无论从改进产品加工工艺的角度,从摆脱人工依赖的角度,还是从提高自动化和智能化制造水平进而提高效率、降低成本、改善品质的角度来看,大富科技都需要进一步提升装备技术平台能力,从而与共享智造平台无缝结合,打造出满足下游客户需求的智能化装备产品,保障公司共享智造平台的持续竞争力。因此,大富科技也就越来越依赖于智能化的工业装备。通过收购配天智造,大富科技就能将其作为公司装备技术平台的载体,为公司提供高端定制化设备,为公司的智能化升级提供源源不断的技术支持,为公司三大平台战略的日趋完善打下坚实基础。

第二,实现优势资源联合,增强大富科技的盈利能力。配天智造所处的机床行业是典型的技术密集型行业,经过长期的发展,行业已形成一定的基础和格局,在技术、人才、品牌等方面形成市场进入壁垒和障碍。通过收购配天智造,大富科技能迅速避开进入壁垒,快速进入市场。伴随大富科技产业链的延伸以及现有业务协同效应的释放,不仅能够为公司培养新的盈利增长点,还能提升公司的市场拓展能力、资源控制能力、抗风险能力和后续发展能力,进一步完善大富科技的共享智造平台,助力公司为客户提供高品质、快响应、高弹性的产品制造服务,增强核心客户黏性,从而提升公司盈利能力。

第三,为大富科技业务的可持续发展提供自主可控的装备保障。中高端数控机床及其核心零部件是西方国家对中国采取限制出口的重要工业装备。近年来,中国面临的国际形势错综复杂,西方国家动辄以各种借口对中国实施各类技术、产品、装备的限制措施,且有愈演愈烈的趋势。数控机床作为大富科技生产环节必要的关键装备,若在后续设备引进、更新换代、技术升级时受到限制,将不利于公司的可持续健康发展。通过收购配天智造,大富科技就掌握了具备整套自主可控技术和核心软硬件自主化的装备能力,能够确保公司在中国工业从制造向智造演进过程中的核心竞争力。

### （四）并购评述

2021 年 8 月 19 日，国资委召开扩大会议，强调了科技创新的重要性、紧迫性，并提出要在"工业母机"等领域加强关键核心技术攻关。作为"工业母机"的数控机床，其技术水平和产品质量是衡量一个国家装备制造业发展水平的重要标志，是工业化的命门。而配天智造经过多年的技术积累，在机床设计和数控系统开发领域均具备了一定的技术实力，可以根据客户生产工艺的实际需求，对机床本体、数控系统、相关核心零部件进行定制化、专业化的开发。大富科技作为移动通信基站射频产品、智能终端产品、汽车零部件产品的开发和制造企业，通过收购配天智造，向产业链上游扩张，提升了公司纵向机电一体化的共享精密制造和研发能力，符合国家科技创新的战略定位和公司的战略发展方向。在这一过程中，大富科技通过放弃 USB3.1 Type-C 连接器扩产项目，将募集资金用于购买配天智造的股权，不仅以较小的代价及时止损，也提高了募集资金的使用效率，有利于股东价值的创造。

# B.7
# 2021年半导体行业的并购分析

陈 超*

**摘　要：** 依据中国半导体行业协会的统计，2021年中国集成电路产业销售额高达10458.3亿元人民币，较2020年增长了18.2%，在全球总销售额中占比约为30%。中国半导体行业在2021年的并购活动也相当活跃，但是符合重大资产重组且金额庞大的并购则很有限。半导体行业的产业链条很长，应用性很广，其产业链包括上游（IP、EDA软件工具、集成电路设计）、中游（集成电路制造包括集成电路设备、矽或硅晶圆加工、化学材料及光罩等）与下游（封装设备、封装测试、基板、导线架等），市场分割性较大，给予半导体企业通过并购做大做强的成长机会，同时也给予传统产业及其他企业试图通过并购半导体企业实现转型升级和未来上市的契机。本报告发现2021年中国半导体行业的并购中，有55.30%的并购交易为关联并购交易，这些关联交易方很少聘请中介机构参与；有44.70%的非关联交易披露有中介机构参与的依然很有限。2021年并购交易中通常都只有一方为上市公司，依据其上市的证券市场分布统计，78.79%在主板上市，18.18%在新三板上市，其余的3.03%在香港上市。如按交易的买卖方是否为上市公司并按其上市的证券市场区分，则竞买方在主板上市占主板半导体上市公司并购交易的56.06%，而卖方在新三板挂牌上市的占所有新三板半导体上市公司并购交易的70.83%。2021年半导体行业发生并购交易数量排名前五的

---

* 陈超，博士，复旦大学管理学院特聘教授、香港大学商学院荣誉教授、美国加州州立大学荣誉教授，主要研究方向为企业融资、信用评级、并购与重组、公司治理与金融市场。

省份依次是上海市与广东省（各有 23 例并购事件，占比均为
17.42%）、江苏省（16 例，占比为 12.12%）、浙江省（13 例，
占比为 9.85%）、北京市（9 例，占比为 6.82%）。根据 2021
年首次宣告并购事件的半导体行业数据，并购数目的高峰出现
在下半年，尤其是 9 月、11 月及 12 月的并购家数最多，这三
个月的占比超过 40%。

**关键词：** 半导体行业　并购　产业链　关联方并购

# 一　半导体行业趋势分析

从 2018 年开始的中美贸易摩擦与冲突至 2021 年仍在延续，全球经济在
各主要工业国家的央行竞相推行量化宽松政策及大幅降息刺激经济的情况
下，2021 年全球经济复苏加速，许多国家的就业与消费支出均大为改善，
而对于电子产品及原物料的需求也大幅上升。由于疫情及缺工，美国西海岸
码头堵塞，货柜运输与卸货延误，亚洲的主要生产国包括中国、日本、韩国
及印度等均受到疫情的影响。2021 年全年的供应链短缺问题严峻，通货膨
胀的压力加剧，使得美联储不得不改变从 2020 年 3 月 23 日以来推出无上限
量化宽松的货币政策，市场利率也开始上升。2021 年美国 GDP 增长率高达
5.7%，总量超过 23 万亿美元，国际货币基金组织（IMF）预估 2022 年全
球 GDP 增速约为 3.6%。2021 年中国 GDP 同比增长 8.1%。同期，中国的
资本市场仍不断成长，尤其是 2019 年 7 月 22 日推出的科创板至 2021 年底
已有超过 50 家集成电路相关领域的上市公司，加上创业板与主板的半导体
公司与一批正在苗壮成长但仍未上市的生力军如长江存储、紫光展锐等为中
国半导体产业的自主创新与进口替代奠定了基石。

2021 年，政府大力推动半导体产业的发展，这些产业政策包括财政补
贴、集成电路产业大基金、产官学研发创新的合作以及税收优惠等，鼓励更

多的半导体创新企业的加入与海内外人才的大汇集。2021 年 3 月发布的《中华人民共和国国民经济和社会发展第十四个五年规划和 2023 年远景目标纲要》指出，要集中优势资源攻关关键核心技术，明确集成电路领域的发展方向，包括集成电路设计工具、重点装备和高纯靶材的开发，集成电路先进工艺和绝缘栅双极型晶体管等特色工艺的突破以及碳化硅、氮化镓等宽禁带半导体的发展。

本报告主要依据 Wind 数据库有关半导体的行业二级分类"半导体与半导体设备"的并购数据，删除行业分类错误，并购日期信息缺失，交易的竞买方、出让方与交易标的企业信息缺失以及已经确认并购失败的样本后，最终得到 132 例并购案例。对于这 132 例并购样本，本报告整理了每一例并购案例交易方的行业三级分类及其在产业链的细分行业，同时补齐每一个并购交易的竞买方、交易标的、出让方是否上市、上市的市场、公司总部省份或区域城市、是否关联并购交易、交易的金额、并购最初宣告日期、最新进展与日期以及参与交易的中介等信息，逐一阅读并购样本的并购公告，然后再进行统计分析。2021 年并购交易方披露聘请了中介机构参与并购过程如寻找并购标的、进行尽职调查、提供资产评估股、收购估值与后续整合策略的信息很有限。以下数据与统计分析主要依据 2021 年全年完成和还在进行中的 132 个并购案例。

## 二 2021年半导体行业的并购分析

### （一）半导体行业并购数据

1. 2021年半导体行业的并购按产业链的上、中、下游的功能进行细分的情况

Wind 数据库中的半导体行业并购数据较粗糙，其将并购案例按照行业的二级分类分为集成电路与集成电路设备，而未能体现其三级分类，或更进一步按其在半导体行业的上、中、下游的功能进行细分。本报告通过大量收

集整理并购案例并按其产业链的上、中、下游的功能进行细分后，如图1所示，2021年半导体行业的132例并购案例中，属于半导体材料的并购有28例，占比为21.21%；属于其他如被动元件、通信设备5G的IC与半导体检测系统等半导体相关产业的并购有28例，占比为21.21%；属于集成电路设计的并购有23例，占比为17.42%；属于集成电路设备的并购有15例，占比为11.36%；属于发光芯片LED、MiniLED、显示器、太阳能或光伏芯片的研发生产的并购有11例，占比为8.33%；属于太阳能或光伏设备、光电器件的并购有9例，占比为6.82%；属于新能源车及车用显示器芯片、集成电路制造的并购各有5例，占比均为3.79%；属于集成电路封测、晶圆加工与硅片制造的并购各有3例，占比均为2.27%；属于半导体分立器件（功率半导体器件、传感器、敏感器件）的并购有2例，占比为1.52%。

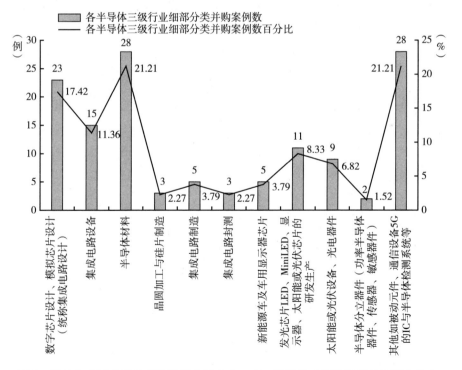

**图1　2021年半导体行业并购按产业链的上、中、下游的功能进行细分的行业分布**

资料来源：根据 Wind 数据库及相关公司信息整理。

### 2.2021年半导体行业并购交易规模

依据 Wind 数据库数据，2021 年半导体行业的 132 例并购案例中，有17 例缺少交易金额，有 5 例交易金额为 0 元，排除这 22 例并购交易后，其他的 110 例有交易金额的并购案例中，并购交易规模为 1000 万~4999万元的并购案例有 27 例，占比为 24.55%；并购交易规模为 5000 万~9999 万元的并购案例有 14 例，占比为 12.73%；并购交易规模为 65000万~99999 万元与 100000 万~499999 万元的并购案例各有 11 例，占比均为 10.00%；并购交易规模为低于 1000 万元与 10000 万~14999 万元的并购案例各有 10 例，占比均为 9.09%；并购交易规模为 15000 万~24999万元与 35000 万~64999 万元的并购案例各有 9 例，占比均为 8.18%；并购交易规模为 25000 万~34999 万元的并购案例有 6 例，占比为 5.45%；并购交易规模为 500000 万元~1584142 万元的并购案例有 3 例，占比为2.73%（见图2）。

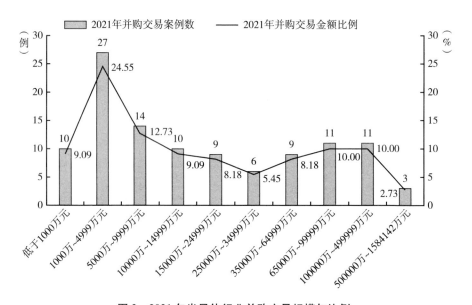

**图 2 2021年半导体行业并购交易规模与比例**

注：本图不含 17 例缺少交易金额及 5 例并购交易金额为 0 的并购样本。
资料来源：Wind 数据库。

3. 半导体行业并购交易的地区分布

依据 Wind 数据库,如图 3 所示,2021 年半导体行业发生并购交易的地区分布为:上海市与广东省各有 23 例,占比均为 17.42%;江苏省有 16 例,占比为 12.12%;浙江省有 13 例,占比为 9.85%;北京市有 9 例,占比为 6.82%;江西省与安徽省各有 7 例,占比均为 5.30%;湖北省有 6 例,占比为 4.55%;辽宁省与新疆维吾尔自治区各有 4 例,占比均为 3.03%;陕西省、湖南省及福建省各有 3 例,占比均为 2.27%;重庆市与河南省各有 2 例,占比均为 1.52%;山东省、四川省、天津市、河北省、宁夏回族自治区、贵州省及香港特别行政区各有 1 例,占比均为 0.76%。云南省、广西壮族自治区、西藏自治区、内蒙古自治区、甘肃省、山西省、青海省、黑龙江省及吉林省在 2021 年没有半导体行业并购的案例。从图 3 可以看出,2021 年半导体行业并购交易的地区分布与该地区的经济发达程度高度相关,大多数并购交易集中在东部沿海发达地区。

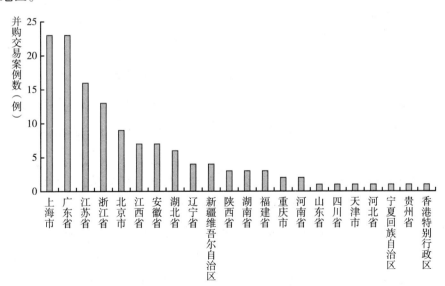

**图 3  2021 年半导体行业并购交易的地区分布**

资料来源:Wind 数据库。

### 4.2021年半导体行业首次公告并购事件的月份分布

图 4 显示半导体行业并购案例数的高峰出现在下半年（占比为 61.82%），尤其是 9 月（12 家）、11 月（12 家）及 12 月（20 家），这三个月的占比超过 40%。

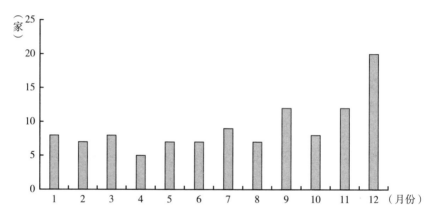

**图 4　2021 年半导体行业并购公告月份的并购家数分布**

注：本图不含 2019 年 3 家与 2020 年 27 家首次发布并购公告，但于 2021 年完成或仍在进行的并购交易。

资料来源：Wind 数据库。

### 5.2021年半导体行业并购公告月份的并购总金额分布

如图 5 所示，2021 年下半年的并购金额主要集中在 12 月，单月总金额高达 307.53 亿元，占比达 45.49%。2021 年下半年 7 月~12 月的占比达 72.03%。

### 6.2021年半导体行业并购主要交易参与方与雇佣中介机构细分统计

关于 2021 年中国半导体行业参与并购的竞买方、出让方和标的方有雇佣中介机构的案例，由于 Wind 数据库对中介机构的统计非常粗糙，本报告只好通过手工搜集每一个并购交易披露的并购公告，最终显示有中介机构参与的并购数量很有限。如图 6 所示，中介机构参与的并购家数依序为竞买方聘请了资产评估机构参与并购的有 14 家、标的方聘请主办券商参与并购的有 6 家、竞买方聘请了会计师事务所参与并购的有 5 家、竞买方聘请了财务

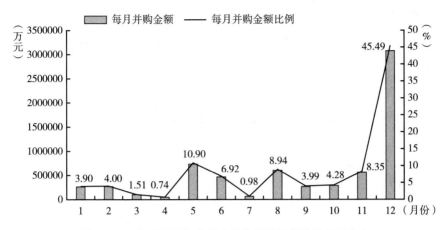

**图5　2021年半导体行业并购公告月份的并购总金额分布**

注：本图不含2019年3家与2020年27家首次发布并购公告，但于2021年完成或仍在进行的并购交易。

资料来源：Wind数据库。

顾问参与并购的有4家、竞买方聘请了律师事务所参与并购的有3家、标的方的律师事务所参与并购的有2家。

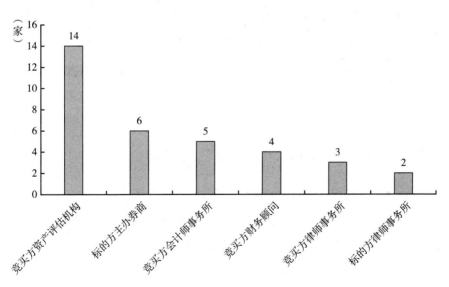

**图6　2021年半导体行业并购主要交易参与方与雇佣中介机构统计**

资料来源：Wind数据库、作者根据并购事件公告收集整理。

更详细的 2021 年中国半导体行业的并购案例中有中介机构参与的统计如图 7 所示,大多数并购交易参与方除了竞买方外,雇佣中介机构参与的很有限,2021 年半导体行业并购交易中,关联并购交易的占比高达 55.30%,而这部分的并购交易大多数没有披露任何中介机构参与的信息。所以,非关联交易的参与方较有可能更愿意雇佣中介机构。

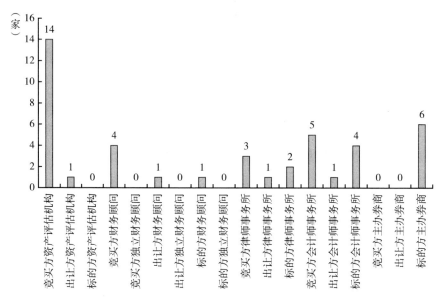

图 7　2021 年半导体行业并购交易参与方与雇佣中介机构细分统计

资料来源:Wind 数据库、作者根据并购事件公告收集整理。

## (二)2021 年半导体行业国内并购的主要案例

2021 年半导体行业并购金额排名前六的并购案例内容如下。

1. 2021 年半导体行业并购金额位居第一的并购案例是隆基绿能科技股份有限公司(即之前的隆基股份,A 股代码为 601012,以下简称"隆基绿能")于 2020 年 12 月 21 日宣布以 158.41 亿元出售约 5.85% 的股权给战略投资者高瓴资本(即 HHLR 管理有限公司 - 中国价值基金)。于 2021 年 2 月 5 日交易完成后,高瓴资本一举成为隆基绿能的第二大股东。隆基绿能是全球最大的单晶硅片及组件制造生产商,其经营范围包括半导体材料、半导体设备的开发、太阳能电池与组件、电子元器件等。股权出售后,实际控制人仍然是李振国与李喜燕,实控股东的持股比例为19.10%。

2. 2021年半导体行业并购金额位居第二的并购案例是TCL科技集团股份有限公司(股票代码为000100)于2021年12月3日宣布以75亿万元对TCL科技子公司TCL华星光电技术有限公司增资武汉华星光电技术有限公司,获其4.4756%股权,2021年12月21日获得股东大会的投票通过。此外,2021年半导体行业并购金额位居第三的并购案例仍然是TCL科技集团股份有限公司于2021年5月经过董事会预案,继续增资TCL华星光电技术有限公司,获其2%股权,交易金额为500000万元。TCL科技集团股份有限公司的主营业务是半导体、电子产品和通信设备、液晶显示器等。其子公司TCL华星光电技术有限公司的主营业务是半导体显示技术的科技公司,其董事长与母公司TCL科技集团股份有限公司的法定代表人都是李东生。这两笔股权交易均属于关联方股权并购交易。

3. 2021年半导体行业并购金额位居第四的并购案例是江苏协鑫建设管理有限公司于2021年6月30日公告投资297180万元取得上市公司协鑫集成科技股份有限公司(股票代码为002506)8.8%的股权,此交易属于关联交易,不构成重大资产重组,并于2021年7月30日完成并购交易。协鑫集成科技股份有限公司的主营业务为光伏设备及元器件制造。

4. 2021年半导体行业并购金额位居第五的并购案例是A股上市公司特变电工股份有限公司(股票代码为600089)于2021年8月5日发布公告称,董事会预案通过以22.97亿元人民币收购其控股的在香港上市的子公司新特能源股份有限公司(股票代码为H01799)的1.67亿股,约1.17%的股权。这笔资金中,87.22%将用于新建10万吨多晶硅项目,12.78%将用于补充风电及光伏项目的营运资金。

5. 2021年半导体行业并购金额位居第六的并购案例是立昂微电子股份有限公司(股票代码为605358)于2021年11月6日增资22.88亿元于其控股子公司金瑞泓微电子有限公司,获得其45.4148%的股权。此交易已经于

2021 年 12 月 2 日完成。立昂微电子股份有限公司的主营业务包括半导体硅片、半导体功率器件和化合物半导体射频芯片的研发、生产及销售。金瑞泓微电子有限公司的主营业务包括化合物半导体材料、硅材料、人工晶体材料及半导体器件的研发和生产以及集成电路设计等。通过各种渠道立昂微电子股份有限公司合计持有金瑞泓微电子有限公司 89.1216% 的股权。

### 参考文献

1. 《国家集成电路产业发展推进纲要》，中国半导体行业协会官网，2017 年 2 月 8 日，http：//www.csia.net.cn/Article/ShowInfo.asp？InfoID＝63769。

2. 《2021 年半导体行业发展与趋势分析报告》，产业在线网，2022 年 1 月 14 日，http：//www.chinaiol.com/News/Content/202201/42_ 35528.html。

# 2021年文体及娱乐业并购分析

胡 伟 蒋贻宏 高 琛*

**摘 要:** 文体及娱乐业覆盖人群范围广,市场规模大,需求呈增长趋势。由于文体及娱乐业市场需求旺盛,供需情况短期内难以达到平衡,"互联网+"为行业带来了新的发展空间。同时,新冠肺炎疫情的全球蔓延,给全球经济造成了前所未有的冲击。虽然按照保持社交距离、不接触或少接触的防疫要求,文旅、会展、商超、演艺、体育赛事、影视制作等人群密集的行业受到较大程度的影响,但是这也促使各类经济社会活动向远程化、虚拟化加速演进,对应的信息产业及相关商业模式及业态面临前所未有的发展机遇和拓展空间。

**关键词:** 文化体育 娱乐业 股权投资

## 一 文体及娱乐业趋势分析

文体及娱乐业已经渗入人们生活的方方面面,对人们的生活产生了较为深刻的影响。文体及娱乐业覆盖人群范围广,市场规模大,需求呈增长趋势。由于文体及娱乐业市场需求旺盛,供需情况短期内难以达到平衡,"互联网+"为行业带来了新的发展空间。同时,新冠肺炎疫情的全球蔓延,给全球经济造成了前所未有的冲击。虽然按照保持社交距离、不接触或少接触的防疫要求,文旅、会展、商超、演艺、体育赛事、影视制作等人群密集的

---

* 胡伟,中国并购公会注册交易师,国元证券股份有限公司副总裁、保荐代表人;蒋贻宏,国元证券投资银行总部高级项目经理、保荐代表人;高琛,国元证券投资银行总部项目经理。

行业受到较大程度的影响，但是这也促使各类经济社会活动向远程化、虚拟化加速演进，对应的信息产业及相关商业模式及业态面临前所未有的发展机遇和拓展空间。

"十四五"规划指出，实施文化产业数字化战略，加快发展新型文化企业、文化业态、文化消费模式，壮大数字创意、网络视听、数字出版、数字娱乐、线上演播等产业。积极发展对外文化贸易，开拓海外文化市场，鼓励优秀传统文化产品和影视剧、游戏等数字文化产品"走出去"，加强国家文化出口基地建设；深入发展大众旅游、智慧旅游，创新旅游产品体系，改善旅游消费体验；加强区域旅游品牌和服务整合，建设一批富有文化底蕴的世界级旅游景区和度假区，打造一批文化特色鲜明的国家级旅游休闲城市和街区；坚持文化教育和专业训练并重，加强竞技体育后备人才培养，提升重点项目竞技水平，巩固传统项目优势，探索中国特色足球篮球排球发展路径，持续推进冰雪运动发展，发展具有世界影响力的职业体育赛事。扩大体育消费，发展健身休闲、户外运动等体育产业。在国家政策的推动下，文化体育和娱乐业未来市场需求快速反弹可期。

## 二 文体及娱乐业并购分析

通过分析中国文体及娱乐业上市公司 2021 年完成的并购交易，我们发现该行业并购交易特点涉及以下几个方面。

### 1. 文体及娱乐业并购趋势

2021 年，中国文体及娱乐业上市公司共完成并购交易 10 笔，披露的交易金额为 53409.57 万元，披露交易金额的并购交易中平均每笔交易金额为 5340.96 万元。从交易笔数来看，发生交易最多的月份为 2021 年 4 月，达到 5 笔；从交易金额看，交易金额最多的月份也为 2021 年 4 月，达到 32132.58 万元（见图 1）。2021 年最大的一笔并购交易是横店影视收购影视制作 100% 股权和横店影业 100% 股权，交易金额为 12227.39 万元。

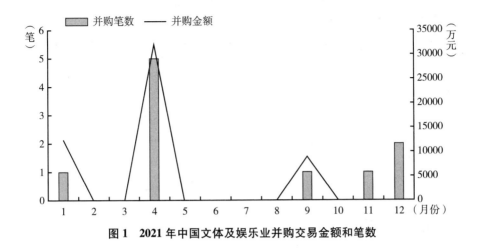

图1　2021年中国文体及娱乐业并购交易金额和笔数

**2. 文体及娱乐业并购规模**

文体及娱乐业上市公司的并购交易金额普遍偏小，单笔交易金额主要集中在1亿元以下，共有8笔交易，占比为80%。交易金额为1亿~5亿元的交易有2笔，占比为20%（见图2）。2021年共有3笔交易的交易金额为0元，即捷成股份收购中喜合力6%股权，＊ST当代受赠漳州南太35%股权，＊ST当代子公司转让威丽斯100%股权、当代华晖100%股权、泰和鑫影100%股权及当代浪讯63.58%股权。

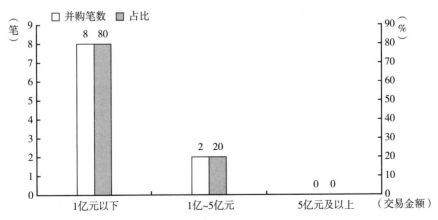

图2　2021年文体及娱乐业单笔并购规模情况

### 3. 文体及娱乐业并购标的行业分布

从并购标的所属行业来看，出版业并购交易笔数最多，达到4笔；商业印刷、广告、电影与娱乐、房地产开发、建筑与工程、海港与服务行业均为1笔（见图3）。

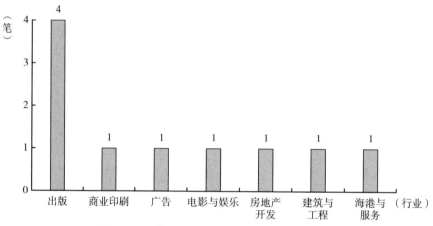

**图3 2021年文体及娱乐业并购标的行业分布**

### 4. 文体及娱乐业并购地区分布

从中国文体及娱乐业上市公司的地区分布来看，河南完成3笔并购交易，山西完成2笔并购交易，安徽、四川、海南、浙江、北京各完成1笔并购交易；其余地区的上市公司2021年无并购交易完成（见图4）。

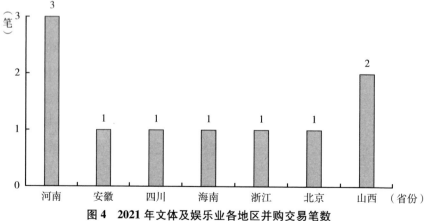

**图4 2021年文体及娱乐业各地区并购交易笔数**

从并购交易金额看，河南居首，达到 16604.40 万元；其次是浙江，达到 12227.39 万元；其余地区的上市公司 2021 年并购交易金额均未过亿元（见图 5）。

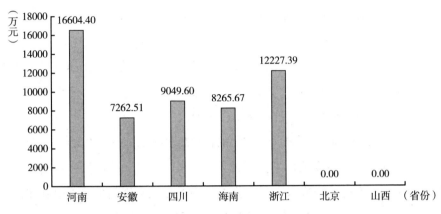

图5  2021 年文体及娱乐业各地区并购交易总金额

## 三　文体及娱乐业并购事件 TOP5

1. 横店影视（603103）收购影视制作100%股权和横店影业100%股权

横店影视股份有限公司（以下简称"横店影视"）拟以现金方式收购横店集团控股有限公司持有的横店影视制作有限公司（以下简称"影视制作"）100%股权及浙江横店影业有限公司（以下简称"横店影业"）100%股权，收购价格分别为 2054.37 万元、10173.02 万元，共计 12227.39 万元。

标的公司影视制作和横店影业主要从事影视投资、制作及发行等业务。本次交易完成后，影视制作及横店影业将成为横店影视全资子公司，横店影视将整合优化各方资源，充分发挥产业链上下游之间的协同作用，为公司带来新的经济增长点。

影视制作及横店影业的主营业务与横店影视的主营业务具有较高的协同性，横店影视通过外延式并购的方式拓宽公司业务范围，向产业链上游进

军,实现纵向一体化,整合业务资源,以"内容+渠道"的融合发展方式扩大公司经营规模,打造电影全产业链生态圈,提高市场竞争力,充分发挥横店影视品牌势能。

**2. 中原传媒（000719）收购河南文投11.765%股权**

中原大地传媒股份有限公司（以下简称"中原传媒"）下属全资子公司河南中阅国际投资有限公司以现金方式收购河南能源化工集团有限公司所持有的河南省文化产业投资有限责任公司（以下简称"河南文投"）11.765%的国有股权,交易价格为10023.18万元人民币。

河南文投的主业是围绕文化旅游的投融资业务;主责是引领、支持、扶持河南省内文化旅游企业的发展,做大做优做强河南文化旅游产业;主攻方向是站位全省文化旅游发展大局,把引领市场化投融资与承接河南省文化旅游精品项目相结合,促进文旅产业转型升级和高质量发展。

当前,中部崛起、河南自贸区建设、黄河流域生态保护和高质量发展等国家战略在河南省叠加推进,推动文化产业大发展进而带动河南省经济结构优化,成为河南经济发展的重要战略。河南文投与中原传媒文化产业布局有较强关联性,未来对中原传媒在内容资源聚集、市场营销、产业拓展等诸多方面产生积极的协同效应。中原传媒通过参股河南文投,将进一步优化其在文化旅游产业方向的布局,开辟新的产业发展空间,创新商业模式,优化中原传媒收入结构并提升盈利能力,有利于提升中原传媒综合竞争能力,促进其持续健康发展。

**3. 博瑞传播（600880）与其他方向成都文交所增资获其90%股权**

成都传媒集团旗下成都文化产权交易所有限公司（以下简称"成都文交所"）于2020年12月29日通过西南联合产权交易所公开挂牌招募2名投资方进行增资,认购其增资后的9000万元注册资本,并持有其90%股份。

成都博瑞传播股份有限公司（以下简称"博瑞传播"）与中国数字图书馆有限责任公司（以下简称"中数图"）通过公开摘牌方式共同出资参与成都文交所增资扩股项目,获得成都文交所增资扩股后90%股权。其中,博瑞传播将出资人民币4524.80万元,占45%股权。

成都文交所是四川省唯一获批具有文化交易场所牌照的企业。本次博瑞传播携手中数图通过摘牌方式成功对成都文交所增资扩股，将有助于弥补博瑞传播在文创新经济上的短板，助力博瑞传播向全市文创新经济重要的资本平台迈进，符合博瑞传播战略发展方向。同时，博瑞传播及战略合作伙伴中数图将汇聚资金优势、资源优势、渠道优势，深度介入数字文化资源和文化产权交易及文创金融服务，助推其发展。

4. 华闻集团（000793）购买三亚辉途24.00%股权

华闻传媒投资集团股份有限公司（以下简称"华闻集团"）与拉萨金屹晟企业管理有限公司（以下简称"金屹晟"）、三亚辉途文化旅游投资发展有限公司（以下简称"三亚辉途"）于2021年3月19日在海口市签署了《三亚辉途文化旅游投资发展有限公司股权转让协议》，华闻集团以8265.67万元现金购买金屹晟持有的三亚辉途6000.00万元的实缴资本。

三亚辉途位于海南省三亚市，主要从事旅游景区开发、建设、经营等业务，三亚辉途的全资子公司三亚凤凰岭文化旅游有限公司拥有三亚凤凰岭景区（以下简称"凤凰岭景区"）的所有权并负责经营管理。

股权交割完成后，华闻集团即为三亚辉途持股94.00%的股东，金屹晟不再是三亚辉途的股东。自2019年以来，华闻集团一面内部挖潜，一面寻求转型，希望参与文化旅游等新领域，替代传统媒体在公司的重要地位，成为公司未来主要的利润增长点之一，获得资本市场的认可，回报投资者。目前，华闻集团正在积极推进三亚凤凰岭填平补齐、升级改造工程，并启动项目开发建设、对外合作事项，打造三亚观光制高点、三亚旅游新目的地。本次交易有利于加强华闻集团对三亚辉途的控制权，符合华闻集团战略发展的需要，有利于提高华闻集团的影响力和未来的盈利能力，符合华闻集团及全体股东的利益。

5. 时代出版（600551）购买江淮印务100%股权、安徽瑞务100%股权、安徽财印100%股权及时代智金100%股权

时代出版传媒股份有限公司（以下简称"时代出版"）以自有资金收购公司控股股东安徽出版集团有限责任公司（以下简称"安徽出版集团"）

持有的安徽江淮印务有限责任公司（以下简称"江淮印务"）、安徽瑞务印刷有限责任公司（以下简称"安徽瑞务"）、安徽财印有限责任公司（以下简称"安徽财印"）和北京时代智金文化传播有限责任公司（以下简称"时代智金"）4家公司100%股权，本次关联交易金额合计为7262.51万元人民币。

江淮印务主要从事出版物、包装装潢、其他印刷品印刷等业务；安徽瑞务主要从事防伪票证、发票、凭证、书刊等印刷业务；安徽财印主要从事纸张、出版物、包装装潢等业务；时代智金主要从事组织文化艺术交流活动、企业策划、会议服务、承办展览展示活动等业务。

时代出版的控股股东安徽出版集团主营业务系：①根据国家有关规定，从事资产管理、资本运营和投资业务以及对所属全资及控股子公司依法实行资产或股权管理，融资咨询服务；②对所属企业国（境）内外图书、期刊、报纸、电子出版物、音像制品、网络出版物的出版及销售、物流配送、连锁经营进行管理，图书租型造货咨询服务。时代出版此次收购控股股东安徽出版集团持有的江淮印务、安徽瑞务、安徽财印和时代智金4家公司100%股权，有利于避免与控股股东之间存在的同业竞争，增强公司印刷等业务板块整体规模实力。

## 四 文体及娱乐业典型案例：横店影视（603103）收购影视制作100%股权和横店影业100%股权

### （一）交易概述

2020年12月8日，横店影视股份有限公司（以下简称"横店影视"）第二届董事会第十三次会议审议通过了《关于现金收购资产暨关联交易的议案》。横店影视与横店集团控股有限公司签署了股权转让协议。横店影视拟以现金方式收购横店集团控股有限公司持有的横店影视制作有限公司（以下简称"影视制作"）100%股权及浙江横店影业有限公司（以下简称

"横店影业")100%股权。

本次交易价格以具有从事证券、期货业务资格的独立第三方资产评估机构的评估值为定价基础，并经交易双方协商一致确定。横店影视聘请了具有证券、期货相关业务资格的资产评估机构以 2020 年 8 月 31 日为评估基准日开展相关资产评估工作，根据中联国际评估咨询有限公司出具的《资产评估报告》（中联国际评字〔2020〕第 VYMQD0735 号、中联国际评字〔2020〕第 VYMQD0627 号）中的股权全部权益的评估值为定价依据，经交易双方友好协商，确定本次购买影视制作 100%股权及横店影业 100%股权的交易价格分别为 2054.37 万元、10173.02 万元，共计 12227.39 万元，均以现金方式支付。

### （二）并购背景及动因

本次交易前，上市公司主要从事院线电影发行、影院电影放映及相关衍生业务，其主营业务集中于影视行业产业链下游。标的公司业务资源丰富，具有良好的发展前景和盈利潜力，近年来共出品了《西游记之大圣归来》《抗倭英雄戚继光》《遥远的婚约》《追梦》《红海行动》《我和我的祖国》《少年的你》《比悲伤更悲伤的故事》等优秀作品，取得了较好的社会效益和经济效益。

本次交易完成后，影视制作及横店影业将成为上市公司横店影视的全资子公司，横店影视将整合优化各方资源，充分发挥产业链上下游之间的协同作用，为上市公司带来新的经济增长点。影视制作及横店影业的主营业务与横店影视的主营业务具有较高的协同性，横店影视通过外延式并购的方式拓宽公司业务范围，向产业链上游进军，实现纵向一体化，整合业务资源，以"内容+渠道"的融合发展方式扩大公司经营规模，打造电影全产业链生态圈，提高市场竞争力，充分发挥横店影视品牌势能。本次交易符合横店影视的战略发展方向，符合公司及其股东的利益。

此外，本次交易有助于控股股东推进履行减少和规范关联交易的承诺。本次股权转让完成后，影视制作及横店影业成为横店影视的全资子公司，纳

入上市公司合并范围，有利于规范上市公司治理，保护公司及中小股东利益。

### （三）交易评述

本次交易完成后，横店影视拥有的终端渠道优势和完善的会员体系，将与影视制作及横店影业所积累的 IP 资源和业务资源形成良性互动，有助于调动产业链各环节的联动作用。依托横店影视平台优势，优化各方资源配置，加强业务板块协同效应，推动横店影视产业延伸进而实现全产业链战略布局，提升横店影视的综合实力，进一步增强横店影视的盈利能力和持续经营能力。通过此次并购，横店影视进一步拓展上市公司经营链，驱动盈利模式创新，深入挖掘创收潜力，完善现有收入结构，打破业绩增长瓶颈，从而有效规避经营风险。

# B.9
# 2021年建筑业并购分析

姚元嘉 舒 宁 辛韫哲*

**摘 要：** 建筑业一直是国民经济的支柱产业。近年来，建筑业逐步走向绿色化、低碳化和智能化。首先，本报告回顾了近年来建筑业的发展趋势，分析了2021年国家聚焦"两新一重"项目后，一批重大工程的开工建设，为建筑业高质量发展注入新动能。其次，本报告归纳了建筑业在2021年的并购概况，2021年，建筑业发生的并购交易笔数为138笔；从细分行业看，以建筑与工程行业为主，建筑机械与重型卡车占比最小。最后，本报告介绍了建筑业五大并购事件，并对其中的典型案例天山股份发行股份及支付现金并购四家水泥公司进行了分析解读。

**关键词：** 建筑业 低碳 并购

## 一 建筑业趋势分析

据国家统计局统计，2021年，建筑业总产值为293079.31亿元，同比上升11.04%；建筑业竣工产值累计值为134522.95亿元，同比上升10.12%；房屋施工面积累计1575495.26万平方米，同比上升5.40%；房屋建筑竣工面积累计408257.10万平方米，同比上升6.09%。2021年建筑业企业有128746家，同比上升10.30%。由此看出，在"两新一重"

---

\* 姚元嘉，经济学硕士，国元证券投资银行总部业务经理；舒宁，管理学硕士，华安证券投资顾问部业务经理；辛韫哲，管理学硕士，华安证券固定收益部客需业务产品经理。

带动下，2021年中国建筑行业全面复苏。据国家统计局统计，2021年中国国内生产总值为1143669.7亿元，同比增长8.1%。2021年建筑业总产值增速为11.04%，较国内生产总值增速高2.94个百分点。建筑业总产值占国内生产总值的比重为25.63%，建筑业依然是中国国民经济的支柱产业之一。

2021年国家积极推进新型基础设施建设发展，具体措施为：聚焦"两新一重"和短板弱项，扩大有效投资；加强系统性布局，加快工业互联网、5G、大数据中心等建设；推进城镇老旧小区改造，支持保障性租赁住房建设；加强城市防洪排涝设施建设。这一系列举措为建筑业高质量发展提供了新动能。

建筑业企业为更好更全面参与"两新一重"项目以及其他新型基础设施建设，需对企业技术、人才和战略等方面进行调整创新，对自身的转型发展提出更高的要求。

绿色发展是建筑业改革发展的重点方向。2021年10月，中共中央办公厅、国务院办公厅印发了《关于推动城乡建设绿色发展的意见》（以下简称"《意见》"），标志着建筑业从粗放型发展模式向绿色发展模式的转变。与此同时，在"双碳"目标下，建筑设计、施工及运营全过程的产业链将加强绿色化改造和工业化改造，在逐步改造、节能减排的过程中，会催生对新型装备、先进技术的需求，为整个行业带来新的发展机遇。智能化、数字化也是建筑业发展的新方向，工程建造工业化、服务化和平台化变革将以智能化为基础，实现建造过程一体化、协同化。

在建筑业"两新一重"及城乡建设绿色化、低碳化和智能化的发展趋势下，大型建筑业企业打造全产业链综合性工程建设集团。行业部分龙头企业，为更好地适应市场竞争、加速企业发展，成立子公司。在政府和社会资本合作模式、EPC等模式的带领下，龙头企业走上新的发展道路。而相当数量的中小建筑业企业在自身资源及体量有限的背景下为求生存和发展也主动寻求整合重组。

综上所述，建筑业在中国国民经济中占有重要地位。建筑业作为绿色经济的先导产业，在"两新一重"及《意见》的指导下所属企业从节能减排、产业协同、规模效益及资源重复利用等角度展开并购重组活动并引导其他国民经济产业的低碳化、现代化发展。

## 二 建筑业并购分析

### （一）建筑业并购数据

#### 1. 建筑业并购交易数量

如图1所示，2021年，建筑业完成并购数量138起。其中，第一季度完成并购33起，第二季度完成并购8起，第三季度完成并购41起，第四季度并购交易完成数量最多，为56起。

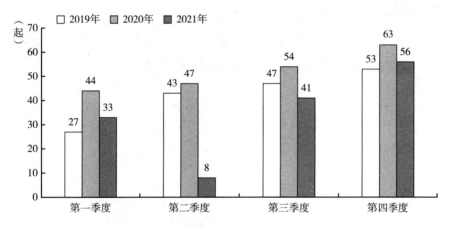

**图1　2019~2021年各季度建筑业并购数量**

资料来源：CVsource投中数据、Wind数据库。

#### 2. 建筑业并购交易金额

就建筑业各季度披露交易规模来看，2021年第一季度并购规模为111.07亿元，第二季度规模为24.17亿元，第三季度并购规模最大，为1397.90亿元，第四季度规模为277.80亿元（见图2）。

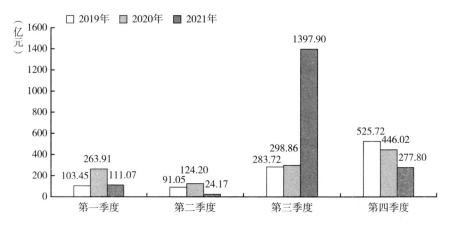

**图 2　2019~2021 年各季度建筑业并购规模**

资料来源：CVsource 投中数据、Wind 数据库。

### 3. 建筑业并购交易标的细分行业并购情况

如图 3 所示，2021 年建筑业并购数量占比最大的是建筑与工程行业，为 57.19%，其次为建材行业，占比为 22.66%，建筑产品行业并购数量占比 15.11%，建筑机械与重型卡车占比最小，为 5.04%。

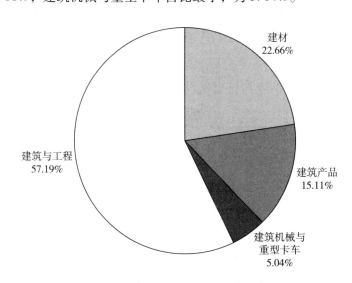

**图 3　2021 年建筑业细分行业并购情况**

资料来源：CVsource 投中数据、Wind 数据库。

### （二）建筑业重要并购事件 TOP5

整体来看，2021 年境内完成的大型并购案例中，建筑业占比最大。

#### 1. 天山股份发行股份及支付现金收购四家水泥公司

2021 年 9 月 9 日，天山股份（000877.SZ）收到中国证监会出具的《关于核准新疆天山水泥股份有限公司向中国建材股份有限公司等发行股份购买资产并募集配套资金的批复》（证监许可〔2021〕2921 号），即同意天山股份分别以 487.69 亿元收购南方水泥有限公司（以下简称"南方水泥"）99.93% 股权，以 219.65 亿元收购中国联合水泥集团有限公司（以下简称"中联水泥"）100.00% 股权，以 160.89 亿元收购西南水泥有限公司（以下简称"西南水泥"）95.72% 股权，以 113.19 亿元收购中材水泥有限责任公司（以下简称"中林水泥"）100.00% 股权，总金额高达 981.42 亿元。并购重组实施前，这家位于新疆的上市公司天山股份，主业为水泥等建筑材料的生产和销售，总市值不足 200 亿元。2021 年 3 月 2 日，天山股份发布公告称，拟采用发行股份及支付现金的方式，向上述四家标的企业的 26 名股东购买其所持有标的公司的股权，天山股份以不足 40 亿元现金及发行差额股份的方式支付。

天山股份以发行股份的方式成功购买四家水泥公司股权，是 2021 年并购重组市场最重要的案例，不仅在于其规模近千亿元，且并购重组完成后，天山股份水泥及水泥熟料年产能将分别达到 4 亿吨及 3 亿吨规模，超越海螺水泥成为行业龙头企业，成为新的"水泥一哥"，具有十分显著的意义。天山股份通过陆续淘汰产能落后的企业以及优势企业不断地收购兼并优质小企业等多种方式，减少自身碳排放量，缩减行业产能。公司业务通过全国性布局，主营业务及核心竞争力将得到进一步提升，业务规模亦将显著增加，由不同地区之间的水泥供需变化导致的经营波动风险也将得到有效降低。同时，随着收购标的公司被整合纳入天山股份核心业务体系中，两者可实现资源共享、互相促进，进而协同发展。

#### 2. 冀东水泥吸收合并金隅冀东水泥

2021 年水泥行业并购重组热潮已明显提速，冀东水泥（000401.SZ）通

过向金隅集团（601992.SH）发行股份同时募集配套资金的方式购买其所持双方合资公司金隅冀东水泥47.09%股权并吸收合并该合资公司。2021年11月15日，金隅冀东水泥本次工商变更登记完成后，金隅冀东水泥成为冀东水泥全资子公司。2022年1月13日，冀东水泥发布本次收购的《上市公告书》，披露新增股份于2022年1月14日上市，为历时5年的金隅冀东战略重组画上圆满句号。

冀东水泥作为国家重点支持水泥结构调整的12家大型水泥企业集团之一，是中国北方最大的水泥生产厂商，水泥产能位列国内行业第三，产品在京津冀地区市占率超过50%。通过本次水泥资产重新整合，金隅集团在华北地区的业务覆盖能力显著提升。此次重组完成后，冀东水泥在河北省乃至华北地区的产能都有明显的规模优势。金隅冀东自2016年制定战略重组计划后，执行了股权重组、资产重组及成立金隅冀东水泥并吸收重组。如今，本次吸收重组子公司，不仅是金隅冀东历时5年的资产重组计划的延续，而且是金隅冀东在发展过程中的里程碑。重组完成后，将进一步提升冀东水泥在辖区内的市场集中度，促进水泥协同业务开展，进而增强市场话语权。同时，这次并购使得冀东水泥产能规模优势更加明显、收入及净利润大幅增加。此次重组对于金隅集团、冀东水泥和金隅冀东水泥而言均具重要意义。金隅集团将水泥业务相关资产全部注入冀东水泥不仅令冀东水泥规模效应提升，而且增强了金隅集团对冀东水泥的控制力；金隅集团、冀东水泥和金隅冀东水泥之间减少了股权层级，有利于提高管理效率，形成发展合力，不仅能够大幅增加冀东水泥业绩，而且是践行"四个发展"战略理念的重要举措。随着"双碳"目标的提出以及煤价的快速上涨，中小企业生存压力增加，加速出清，利于头部企业提升利润、扩大市场。雄安新区工程建设项目规划及施工正在稳步推进，河北省水泥需求巨大，冀东水泥作为华北龙头，受益显著。

**3. 海螺水泥收购海螺新能源100%股权**

2021年8月30日，海螺水泥签订股转协议，收购安徽海螺新能源有限公司（以下简称"海螺新能源"）100%股权，作价4.43亿元。海螺新能源主要经营光伏发电等业务，此次收购完成将为海螺水泥提供19个光伏电站以及3个储能电站，不仅辅助公司主业发展，也是海螺水泥在绿色转型中迈出的重要一步。

在"双碳"目标下，政府出台的电价市场化改革倒逼高耗能企业加大节能力度，水泥企业通过新建生产线的方式加快发展已无法再继续下去，让新能源为生产提供绿色支持成为全行业共同的发展方向。在此次并购中，海螺水泥充分发挥了资金和区位优势，不仅能帮助公司实现可持续和多元化发展，也为整个水泥行业打造产业增长极、实现"碳达峰"和"碳中和"政策目标提供了方向。

4. 中材国际完成对中材矿山等三家公司重组

中材国际的主营业务有着优秀的竞争力，其核心业务工程建设约占营业收入的60%，在全世界的市场占有率近十三年来维持第一。2021年，中材国际持续强化核心业务，通过发行股份和支付现金等方式购买北京凯盛100%股权、南京凯盛98%股权、中材矿山100%股权，分别作价51036.57万元、98880.1万元、217700.72万元，交易总额累计达到367617.39万元。中材国际和三家标的公司均为中国建材集团的下属企业，且主营业务均为工程承包，因此本次重组不仅是关联重组，同时也是统一控制下的集团内部资源整合。根据2021年中材国际年报，其经追溯调整后归属于股东的净利润同比增加18.99%。

在疫情影响下，中材国际面临物流运输以及原材料成本增加等许多挑战。2020年，中材国际的营业收入、净利润以及扣非净利润同比分别下降了7.72%、28.81%和42.38%。但在疫情持续蔓延的2021年，收购的三家标的公司不仅帮助中材国际减少同业竞争，同时还强化其业务能力，完善其业务体系和产业链，扩大其业务规模和影响力，最终助力其业绩实现增长，增强业务竞争力。

5. 中成股份约3.8亿元收购Tialoc30%股份

中成股份拟通过在香港设立的全资子公司裕成国际以支付现金的方式购买中成香港持有的Tialoc30%的股份，对应Tialoc150万股股份数量。本次股

份转让完成后，中成股份将控制 Tialoc51% 股份的表决权，实现对 Tialoc 的控制。以 2021 年 7 月 31 日为评估基准日，Tialoc100% 股份的评估价值为 126300.00 万元。根据上述评估结果，并经交易双方协商，标的资产交易作价 37890.00 万元。

中成股份主营业务为：成套设备出口和国际工程承包、一般贸易和境外实业经营业务。而在外部不断变化的局势下，全球经济因疫情放缓、局部地区冲突和矛盾不断、国际业务的风险增加，对中成股份的国际工程承包业务产生重大冲击。特别是 2020 年疫情在全球蔓延之后，人员、货物流动受到限制，大量国际项目被停滞甚至取消，中成股份出口和一般贸易业务增长动力不足，导致公司亟须培养新的业绩增长点，开拓新业务，提升公司的盈利能力。

2021 年 7 月 7 日，国家发展改革委发布的《"十四五"循环经济发展规划》对工业、社会生活、农业三大领域提出具体达成目标：2025 年基本建立资源循环型产业体系，主要资源产出率比 2020 年提高约 20%，资源循环利用产业产值达到 5 万亿元。这意味着中国环保行业规模将继续扩大，行业发展进入加速阶段。"十四五"时期，中国将深入推进生态文明建设，以生态环境高水平保护促进经济高质量发展。环保行业前景广阔，在实现"碳中和"和"碳达峰"的目标下，国家对环保的重视程度也越来越高。

本次交易完成后，中成股份正式进入环保产业中，环保产业的高盈利能力、高发展潜力，将有助于中成股份经营业务转型，从而改善公司经营状况，增强企业的持续盈利能力，提升企业资产质量。这也意味着，中成股份将向环保行业转型，提高其在环保领域的发展能力，利用标的公司的高盈利带动公司现有业务领域发展，提升企业综合竞争实力和可持续发展能力。

## 三　建筑业典型并购案例分析：天山股份以近千亿元并购四家水泥公司

天山股份拟采用发行股份及支付现金的方式，向中国建材等 26 名交易对象购买中联水泥 100% 股权、南方水泥 99.93% 股权、西南水泥 95.72% 股权及中材水泥 100% 股权的资产。重组完成后，天山股份熟料产能将由目前的 2628 万吨上升至 3.2 亿吨。此前几年，受益于水泥行业供给侧结构性改革的积极影响，市场供需关系改善，结合环保治理力度加大，原燃材料及运费价格上升的因素，水泥产品产销量和价格提升，带动天山股份业绩逐年增长。2017 年至 2019 年，天山股份分别实现营业收入 70.8 亿元、79.32 亿元、96.88 亿元，净利润分别为 2.65 亿元、12.41 亿元、16.36 亿元。但 2020 年受到疫情及超长雨季的影响，实现营业收入 86.92 亿元，同比减少 10.28%；净利润 15.16 亿元，同比减少 7.33%。随着 2021 年重组完成，天山股份资产规模、产能规模显著增加，盈利能力得到飞速提升。2021 年，天山股份实现净利润 125.30 亿元，同比重组前增长 726.52%。根据公司发布的收购交易财务顾问报告，重组后公司实现总资产 2590.2 亿元，同比增长 1628.76%；营业收入 1621.4 亿元，同比增长 1765.39%，从而超过海螺水泥成为 A 股名义产能最大的水泥企业，并成为 A 股第二家全国性水泥企业，而中国建材水泥资产也将迎来价值重估。

本次并购后，天山股份能够通过统一集中采购、增强跨区合作等方式增加产能，在显著提升规模效应的同时提升公司综合竞争力。收购标的公司后，砂石骨料的生产及销售得到提升，交易前公司主营业务涉及水泥、熟料、商品混凝土的生产及销售，因此公司的主营业务规模得到扩大。并购后天山股份水泥产能、水泥熟料产能、商品混凝土产能和砂石骨料产能都将得到显著提高。产能的显著增长，支撑其未来的进一步发展。同时，本次并购能够加强区域协同，增强其市场竞争力。重组后，其主营地区由新疆、江苏向全国扩展，充分利用各标的公司间的区域协同效应，有效减少同业竞争，发挥规模效应，推动其在全国市场全面布局。同时，天山股份进一步加强水泥行业资源整合，在专利技术、创新研发及生产、采购方面开展深度合作，增强企业研发能力，提升公司市场竞争力和可持续经营能力。

天山股份重组的配套募集资金的非公开发行股份获得了水泥同行的大力

支持。参与认购的 16 名特定对象中，同行上市公司海螺水泥、冀东水泥旗下公司、上峰水泥旗下公司认购金额分别为 10 亿元、5 亿元、3 亿元，合计占据本次募集资金的 42.38%。

值得注意的是，水泥行业频频投资同行或者产业链的上下游公司。以参与天山股份本次重组的海螺水泥为例，仅在 2021 年内，海螺水泥举牌同行亚泰集团、认购西部建设定增，成为西部建设第二大股东，并成为新力金融、西部水泥的重要股东。本次天山股份定增完成后，海螺水泥将成为天山股份第三大股东，持股比例为 0.86%。

2021 年水泥行业出演并购大潮。据中国水泥网从公开市场消息统计，2021 年全国共有 7 起跨集团的水泥企业并购案，涉及 7 个省市的 10 余家水泥企业，中国建材、海螺水泥、华润水泥等行业龙头均有参与。除了已经完成的并购交易，华润水泥、海螺创业和鱼峰水泥也在 2021 年挂牌出让旗下水泥企业控股权。相较于简单的一对一买卖，纵观近期并购案，联合收购、资本市场举牌等多种方式穿插其中，目标公司原股东交易完成后也不再仅限于套现离场。从交易目的来看，除了过去买方多存在的扩张市场、巩固原有市场等原因外，产能置换规则调整、"双碳"目标压力等新时期的特点也是卖方考虑的重要因素。

2021 年水泥行业重组明显提速。联合重组对推动行业可持续发展意义重大，不仅解决同业竞争的问题，还可以淘汰行业落后产能，优化产业结构。

未来市场始终是强者愈强的市场，例如，海螺水泥参与天山股份定增。2021 年 7 月新版《水泥玻璃行业产能置换实施办法》出台，水泥企业产能扩张受限。2021 年 12 月《"十四五"原材料工业发展规划》发布，明确提出水泥等重点原材料大宗商品产能只减不增。一系列政策的出台，意味着水泥行业提质增效需求迫切。强强联合，有利于行业资源配置，龙头企业收购兼并其他企业，能提高规模、提升行业话语权；在产能新增受限、减少过剩产能的背景下，有利于企业提升自身的业务水平。

行业碳减排已成必然趋势。2019 年全国总碳排放的 16% 为水泥行业，

2021年全国两会上，"碳中和"首次被列入政府工作报告，被列为2021年重点任务之一。在"碳中和"的目标下，水泥行业为积极贯彻国家相关政策要求，必将实施碳减排措施。而其中，提升行业规范化、规模化水平，提升生产集中度是行业减少碳排放的重要举措。本次重组是龙头企业不断收购兼并小企业、缩减行业产能和淘汰落后产能的举措，进一步减少了碳排放。

# B.10
# 2021年热力、燃气公共服务业并购分析

胡 伟 蒋贻宏 高 琛*

**摘　要：** 2021年，随着国内新冠肺炎疫情得到有效控制，公共服务业复苏势头强劲。对于燃气供应行业，随着中国城镇化过程中居民能源消费结构的变化，以及环保监管日趋严格的背景下燃气替代煤炭供电供热需求的提升，近年来，中国天然气表观消费量呈现快速增长的趋势。对于水务行业，《"十四五"节水型社会建设规划》提出中国将全面推进节水型社会建设，大力发展循环经济，环保行业边界将逐步被淡化，以环境治理绩效为导向的"环保综合服务"是未来产业的发展趋势。2021年，热力、燃气公共服务业发生的并购主要集中在传统发电行业、新能源发电行业、燃气行业、水务行业等领域，而各个细分领域的并购情况又呈现不同的特点。

**关键词：** 热力　燃气　水务行业　并购　公共服务

## 一　热力、燃气公共服务业趋势分析

2021年随着国内新冠肺炎疫情得到有效控制，公共服务业复苏势头强劲。根据国家能源局发布的2021年全国电力工业统计数据，全社会用电量

---

\* 胡伟，中国并购公会注册交易师，国元证券股份有限公司副总裁、保荐代表人，主要研究方向为股权融资、并购重组；蒋贻宏，国元证券投资银行总部高级项目经理、保荐代表人，主要研究方向为股权融资、并购重组；高琛，国元证券投资银行总部项目经理，主要研究方向为股权融资、并购重组。

达 83128 亿千瓦时，同比增长 10.3%；全国发电装机容量达 237692 万千瓦，同比增长 7.9%。

对于燃气供应行业，随着中国城镇化过程中居民能源消费结构的变化，以及环保监管日趋严格的背景下燃气替代煤炭供电供热需求的提升，近年来中国天然气表观消费量呈现快速增长的趋势。根据国家统计局数据，2021年天然气表观消费量为 3726 亿立方米，同比增长 12.7%，同年，中国天然气产量为 2075.8 亿立方米，同比增长 7.8%。由于国内天然气产量增幅有限，消费量却逐年增加，国内天然气供应短缺的形势会长期存在，大量的进口资源成为弥补供应缺口的重要途径，中国天然气进口依存度依旧较高。根据国家统计局、海关总署发布的数据，2021 年中国天然气进口量为 1675 亿立方米（12135.60 万吨），同比增长 19.9%。

对于水务行业，《"十四五"节水型社会建设规划》提出中国将全面推进节水型社会建设，大力发展循环经济，环保行业边界将逐步被淡化，以环境治理绩效为导向的"环保综合服务"是未来产业的发展趋势。同时，中国水务行业市场化成效明显，城镇水务投资已趋于饱和，近年来国内水务市场呈现并购重组加剧、项目趋于中小型化的特点。

## 二 热力、燃气公共服务业并购分析

2021 年公共服务业上市公司宣布完成的并购交易共 26 起，总金额约 175.02 亿元，该行业并购交易呈现以下特点。

电力行业并购主要有传统电力企业重组整合、新能源发电、央企输配电领域大型海外并购等主线。传统电力企业重组整合交易主体集中在央企，在国资委"持续推进兼并重组"的指导方针下，国有能源企业通过上下游整合或横向兼并优质资产的方式，不断降本增效，促进资源优化配置，以求进一步转型升级；在新能源发电领域，国家政策鼓励发展水电、风电、光伏等清洁能源，传统电力企业纷纷开展新能源行业布局，新能源行业的并购保持活跃。综合来看，国内电力供应行业并购主

要为国有资本和民营资本针对地方性热电供应、配电、售电企业的中小型并购。

水务及供暖、燃气供应行业系民生刚需行业，并购交易活动较为稳定。此类行业具有区域性较强、异地业务扩张难度较大等特点，因此，此类行业并购主要以行业内优势企业通过外延式并购打破技术及地域限制、实现快速扩张为主。此类行业以国内投资为主，随着国家面向社会资本扩大市场准入，加快开放天然气、市政公用等行业的竞争性业务，越来越多的社会资本进入供暖供气等基础设施行业中。

## （一）热力、燃气公共服务业并购数据

### 1. 热力、燃气公共服务业并购数量及并购时间分布

如图1所示，2021年公共服务业上市公司宣布完成的并购交易共26起，其中并购交易发生最多的月份为1月、3月及7月，共发生12起，并购交易笔数发生最少的月份为2月，发生0起。

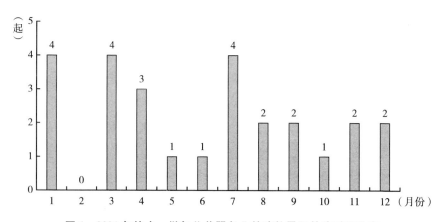

**图1　2021年热力、燃气公共服务业并购数量及并购时间分布**

资料来源：Wind 数据库。

### 2. 热力、燃气公共服务业并购交易标的细分行业分布情况

从并购标的细分行业分布情况看，2021年热力、燃气公共服务业发生

的并购主要集中在传统发电行业、新能源发电行业、燃气行业、水务行业等领域。其中，电力行业的并购交易最为频繁，传统发电行业与新能源发电行业共发生21起并购交易。传统发电行业发生的并购交易量最多，为12起，占比为46%；新能源发电行业发生9起并购交易，占比为35%。此外，2021年燃气行业发生并购交易4起、水务行业发生并购交易1起。（见图2）。

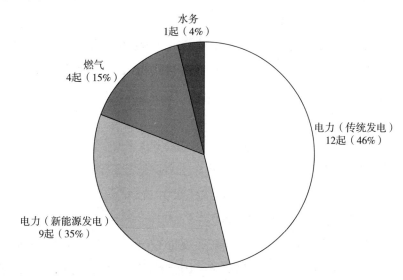

**图2 热力、燃气公共服务业并购标的细分行业分布情况**

资料来源：Wind 数据库。

## （二）2021年公共服务业重大并购事件 TOP5

### 1. 辽宁能源收购呼盛矿业

2021年12月，辽宁能源（600758. SH）发布公告称，子公司沈阳焦煤拟支付现金购买沈煤集团所持有的呼伦贝尔呼盛矿业有限责任公司（以下简称"呼盛矿业"）100%股权。本次收购成交价格约为9.68亿元人民币，并于2021年12月27日办理完毕相关工商过户变更手续。

辽宁能源控股股东辽宁省能源产业控股集团有限责任公司系辽宁省国资

委全资控股，其受辽宁省国资委委托管理沈煤集团，本次收购呼盛矿业系辽宁省国有企业改革的又一典型案例，将进一步提升国有能源企业的核心竞争力，做大做强主营业务，利用自身优势带动区域经济健康发展。

**2. 大有能源收购豫能投资**

2021 年 3 月 30 日，大有能源（600403.SH）于晚间发布公告，公司拟以现金 9.42 亿元收购公司间接控股股东河南能源持有的阿拉尔豫能投资有限责任公司（即豫能投资）100% 股权。

本次交易旨在进一步解决控股股东河南能源与大有能源在煤炭业务上的同业竞争，同时进一步增加大有能源的煤炭资源储量，提高其生产能力与未来盈利能力。

**3. 京能清洁能源收购宁夏恺阳和宁夏博阳**

2021 年 7 月 19 日，京能清洁能源（00579.HK）发布公告，嘉泽新能（601619.SH）与其订立关于宁夏恺阳和宁夏博阳股权转让协议，据此，嘉泽新能同意分别以人民币 3.8 亿元和人民币 10.72 亿元代价向京能清洁能源转让宁夏恺阳和宁夏博阳 100% 股权。

京能清洁能源目前通过自主开发和项目并购的"双轮驱动"战略，积极壮大清洁能源业务，本次并购将进一步加强其主营业务实力，符合企业中长期发展规划。

**4. 台州水务收购黄岩自来水**

2021 年 9 月 1 日，台州水务（01542.HK）公布，公司与台州市黄岩水利发展集团有限公司签订了关于黄岩自来水的股权转让协议，台州水务有条件同意购买黄岩自来水的 45% 股权，作价最高约为人民币 1.274 亿元。

黄岩自来水主要在台州黄岩区从事集中式供水服务业务，本次收购后，台州水务将进一步扩大其在台州黄岩区的供水网络及供水设施建设，整合台州各区的城乡供水系统，惠及更多用户，亦可巩固其作为台州地区领先供水服务供应商的地位。

**5. 国新能源收购气化投资**

2021 年 10 月 8 日，国新能源（600617.SH）公告，全资子公司山西天然气有限公司拟受让格盟国际能源有限公司所持山西国际能源集团气化投资管理有限公司（以下简称"气化投资"）100%股权。本次交易作价约11.03亿元。

气化投资资产总额为36.28亿元，净资产为12.3亿元，2021年上半年实现营业收入13.06亿元，归母净利润为0.52亿元，此次收购完成后国新能源业绩将得到进一步提升。此外，此次收购可以加快推进山西省省属燃气重组的落地，推进山西省长输管网资产整合，同时有利于加快省属燃气企业资产证券化进程。

### （三）2021年公共服务行业典型并购案例

#### 1. 深圳燃气（601139.SH）收购斯威克50%股权

（1）交易概述

2021年8月2日，深圳燃气披露对外收购方案，公司拟通过设立项目投资公司，作价18亿元收购创业板上市公司东方日升（300118.SZ）所持有的江苏斯威克新材料股份有限公司（以下简称"斯威克"）1.4亿股股份，交易价格18亿元。交易完成后，深圳燃气将持有斯威克50%股权，成为后者的控股股东。

根据收购方案，深圳燃气将通过设立项目投资公司收购斯威克控股股权。具体而言，深圳燃气以及下属子公司深圳市深燃鲲鹏私募基金股权投资管理有限公司（以下简称"深燃鲲鹏"）合计出资17.84亿元，设立项目投资公司（注册资本18亿元）深圳深燃新能源产业投资有限公司（暂定名）。其中，深圳燃气及深燃鲲鹏分别出资17.82亿元、0.02亿元，持股比例分别为99%、0.11%，由深圳市国资委实控的深圳远致富海及其员工持股平台深圳佳合投资分别出资0.14亿元、0.02亿元，持股比例分别为0.78%、0.11%。

项目投资公司成立后，将以18亿元的价格收购东方日升持有的斯威克1.4亿股股份。交易完成后，项目投资公司将持有斯威克50%股份，深圳燃气将成为斯威克的控股股东。

（2）交易分析

斯威克主要向光伏组件厂商供应光伏封装胶膜，该产品是光伏电池的核心非硅辅料，包括透明 EVA 胶膜、白色 EVA 胶膜、POE 胶膜等高性能光伏封装胶膜及反光贴膜。斯威克目前是全球领先的光伏胶膜供应商，有效产能为 3.6 亿平方米/年。2020 年斯威克在全球光伏胶膜市场销量占比为 17.81%，位居全球第二，产品销往全球 20 多个国家和地区。

作为深圳市国资委控制的上市公司，深圳燃气目前主要业务包括城市燃气、上游资源、综合能源及智慧服务。为了加快向清洁能源综合运营转型，深圳燃气在 2020 年通过控股深燃热电，首次进军热电联产领域，通过气电协同发展，有力提升了天然气销售量，促进了发电和供热业务的发展，实现了气电双赢。深圳燃气年报显示，2020 年深燃热电全年天然气用气量 3.2 亿立方米，同比增长 96.2%；电量 14.16 亿千瓦时，同比增长 96.94%；供热量 13.17 万吨，同比增长 62.04%。

此次对于斯威克的收购同样也是深圳燃气推动转型的重要举措。深圳燃气表示，公司收购斯威克，一是有利于抓住国家能源格局重构带来的发展机遇，符合国家能源转型战略发展方向；二是有利于做大做强深圳燃气战略性新兴业务，斯威克的光伏胶膜主业是光伏各细分行业中的优质赛道，符合深圳燃气未来发展战略；三是有利于深圳燃气产业转型升级，推动深圳燃气由单一燃气供应向清洁能源综合运营转型。

**2. 钱江生化（600796. SH）定增收购海云环保100%股权、首创水务40%股权、实康水务40%股权以及绿动海云40%股权**

（1）交易概述

2021 年 6 月 6 日，钱江生化公告拟发行股份购买海云环保 100% 股权、首创水务 40% 股权、实康水务 40% 股权以及绿动海云 40% 股权。本次交易构成关联交易，本次交易构成上市公司重大资产重组。另外，钱江生化拟向海宁水务集团非公开发行股份募集配套资金不超过 3.56 亿元。

具体来看，钱江生化拟向海宁水务集团、云南水务发行股份购买其持有的海云环保 100% 股权，向海宁水务集团发行股份购买其持有的首创水务

40%股权、实康水务40%股权及绿动海云40%股权。本次交易完成后，海云环保将成为钱江生化的全资子公司，首创水务、实康水务和绿动海云将成为钱江生化的参股子公司。

本次交易前，钱江生化的控股股东为海宁市资产经营公司，实际控制人为海宁市国资办。本次交易后，海宁水务集团成为钱江生化的直接控股股东，由于海宁水务集团为海宁市资产经营公司的全资子公司，因此，本次交易后海宁市资产经营公司为钱江生化的间接控股股东，实际控制人仍为海宁市国资办。本次交易不会导致钱江生化实际控制人的变更。

（2）交易分析

近年来，受到原材料价格上升、生产成本提高、主要产品销售竞争加剧等因素的影响，钱江生化营业收入规模及主要业务的盈利能力呈下降趋势。2018年度、2019年度以及2020年度，钱江生化合并报表层面分别实现营业收入4.43亿元、3.8亿元以及4.3亿元，分别实现净利润-4464.53万元、1918.03万元以及513.65万元。正是由于经营状况不佳，钱江生化亟须通过转型升级，以提升自身盈利能力及对股东的回报能力。

本次交易是钱江生化转型升级的重要举措。本次交易拟注入的标的资产具有较强的盈利能力，通过本次交易钱江生化的资产质量将得到提升。本次交易后钱江生化将聚焦水务、固废处置及环保工程业务，充分发挥自身专业的技术、运营和资源整合优势，致力于成为环保领域的综合服务商。通过本次交易，钱江生化的可持续发展能力、盈利能力等将得到提升。

通过本次交易，钱江生化拟转型成为综合环保服务提供商，其现有的资金规模和资金实力尚难以满足公司上述转型后的经营和业务开拓需求，因此，钱江生化在进行本次发行股份购买资产交易的同时拟募集部分配套资金，以补充未来作为综合环保服务提供商在日常经营和业务开拓方面的资金需求缺口。

# B.11
# 2021年交通运输与仓储物流业并购分析

胡 伟 蒋贻宏 高 琛*

**摘 要：** 2021年，交通运输经济运行总体平稳，在疫情等多重因素叠加影响下，指标存在一定波动，但与疫情前相比仍保持在合理区间。交通运输与仓储物流业是支撑国民经济发展的基础战略性产业，发展机遇诸多。2021年，虽受新冠肺炎疫情持续影响，中国物流业在稳中求进工作总基调下，全国社会物流总额稳中有升。2021年，中国交通运输与仓储物流业的并购交易共发生136笔，披露的交易金额为755.66亿元人民币；民营企业并购交易量为91笔，占比较高；公路运输相关的并购交易量为119笔，水路运输相关的并购交易量为14笔，航空运输相关并购交易量较少。辽港股份（601880.SH）换股吸收合并营口港、德新交运（603032.SH）收购致宏精密100%股权、山西路桥（000755.SZ）定增收购平榆公司100%股权、强生控股资产置换及定增收购上海外服（600662.SH）100%股权、恒业国际（872698.NQ）收购恒业物流100%股权为2021年中国交通运输与仓储物流业发生的主要并购事件。

**关键词：** 交通运输 仓储物流业 并购 股权收购

---

* 胡伟，中国并购公会注册交易师，国元证券股份有限公司副总裁、保荐代表人，主要研究方向为股权融资、并购重组；蒋贻宏，国元证券投资银行总部高级项目经理、保荐代表人，主要研究方向为股权融资、并购重组；高琛，国元证券投资银行总部项目经理，主要研究方向为股权融资、并购重组。

# 一 交通运输与仓储物流业趋势分析

2021年，交通运输经济总体稳定，投资规模继续保持高位运行，货运量和港口货物吞吐量实现快速增长，客运结构继续调整。尽管自2020年下半年以来，在多点疫情散发和极端天气等多重因素的综合影响下，一些指标出现了波动，但与疫情突袭而至前相比，仍处于合理范围内。

2021年，交通固定资产投资规模继续处于高位。全年交通固定资产投资为36220亿元，较2020年增长4.1%。客流量结构不断调整。全年运营客运量83亿人次，同比下降14.1%，两年平均下降31.3%，其中第四季度两年平均下降34.3%。从方式上看，铁路、民航客运量占运营客运量的比重较2020年提高9.6个百分点。中国36个中心城市完成公共交通客运量529.5亿人次，同比增长19.9%，两年平均下降11.3%，其中第四季度两年平均下降12.4%。从方式上看，铁路、民航客运量占运营客运量的比重较2020年提高9.6个百分点。中国36个中心城市完成公共交通客运量529.5亿人次，同比增长19.9%，两年平均下降11.3%，其中第四季度两年平均下降12.4%。在方式上，轨道交通客运量占公共交通客运量的比例较2020年提高4.7个百分点。商业货运量迅速增长。全年企业货运量521亿吨，同比增长12.4%，两年平均增长5.8%，其中第四季度两年平均增长4.5%。港口货物吞吐量稳步增长。全年港口货物吞吐量155.5亿吨，同比增长6.8%，两年平均增长5.6%，其中第四季度两年平均增长4.6%。集装箱吞吐量超过2.8亿标箱（28272万标箱），同比增长7%，两年平均增长4.1%。[①]

物流业是国民经济的基础产业，物流业的发展与一个国家的经济总量和经济发展水平密切相关。2021年，中国社会物流总额达到335.2亿元，按可比价格计算，同比增长9.2%，两年年均增长6.2%，增速恢复到正常年份平均水平。从构成上看，工业品物流总额299.6万亿元，按可比价格计

---

① 《2021年中国交通运输经济运行总体平稳全年完成交通固定资产投资超3.5万亿元》，人民网，2022年月27日，http://finance.people.com.cn/n1/2022/0127/c1004-32341332.html。

算，同比增长 9.6%；农产品物流总额 5.0 万亿元，增长 7.1%；再生资源物流总额 2.5 万亿元，增长 40.2%；单位和居民物流总额 10.8 万亿元，增长 10.2%；进口货物物流总额 17.4 万亿元，下降 1.0%。① 社会物流总成本是国民经济各部门在一定时期内进行物流活动的总支出，在一定程度上反映了社会对物流的总需求和规模。近年来，中国社会物流总成本一直保持着整体上升的趋势。2016 ~ 2020 年，中国社会物流总成本逐年上升。2020 年，社会物流总费用为 14.9 万亿元，同比增长 2.0%；2021 年，社会物流总费用为 16.7 万亿元，同比增长 12.5%，呈现整体上升趋势，反映了在总体需求持续增长的背景下，中国物流业的成本规模也在不断扩大。2020 年，物流业总收入为 10.5 万亿元，同比增长 2.2%；2021 年，物流业总收入为 11.9 万亿元，同比增长 15.1%。②

2021 年是"十四五"规划的开局之年，更是《"十四五"现代综合交通运输体系发展规划》和《物流业发展中长期规划（2014—2020 年）》实施见效之年。交通运输与仓储物流业作为支撑国民经济发展的基础性、战略性产业，面临着诸多发展机遇。基于对各种因素的初步判断，中国物流业将保持稳中有升的基本态势。

2021 年中国物流业强劲反弹，但由于新冠肺炎疫情的持续和长期供应链挑战以及通货膨胀加剧，全球经济面临巨大的复苏压力。中国经济发展面临需求萎缩、供给冲击和预期减弱的三重压力，经济下行压力不断积聚。然而，中国的经济韧性很强，长期向好形势不会改变。"十四五"规划全面、多角度地勾勒了现代物流体系建设的蓝图。现代物流日益成为支撑实体经济发展的主导性、基础性和战略性产业。在稳中求进的总基调下，中国物流业有望继续保持平稳上升的态势。

---

① 《2021 年全国物流运行情况通报》，中国物流信息中心官网，2022 年 2 月 9 日，http：//www.clic.org.cn/wltjwlyx/307783.jhtml。

② 《2020 年全国物流运行情况》，国家发展改革委官网，2021 年 2 月 26 日，https：//www.ndrc.gov.cn/xwdt/ztzl/shwltj/qgsj/202102/t20210226_ 1268288_ ext.html；《2021 年全国物流运行情况通报》，中国物流信息中心官网，2022 年 2 月 9 日，http：//www.clic.org.cn/wltjwlyx/307783.jhtml。

# 二　交通运输与仓储物流业并购分析

## （一）交通运输与仓储物流业并购数据

### 1.交通运输与仓储物流业并购趋势：交易量与交易金额

如图1所示，2021年，中国交通运输与仓储物流业的并购交易共发生136笔，披露的交易金额为755.66亿元人民币，披露交易金额的并购交易中平均每笔交易金额为5.56亿元。相比2020年，2021年中国交通运输与仓储物流业公开数据查询交易次数为71次，总金额为265.31亿元，有较大幅度的上升。

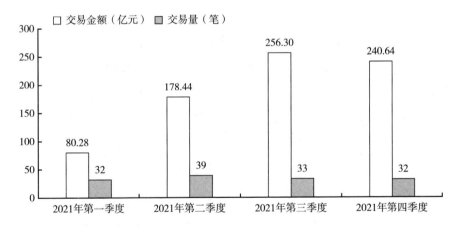

**图1　2021年交通运输与仓储物流业并购交易量与交易金额**

资料来源：Wind数据库，统计时间截至2021年12月31日。

### 2.交通运输与仓储物流业不同企业性质的并购交易笔数

如图2所示，2021年，中国交通运输与仓储物流业发生的并购交易笔数为136笔，其中国有企业并购交易占比为33.1%，共发生并购交易45笔；民营企业并购交易占比为66.9%，并购交易共计91笔。

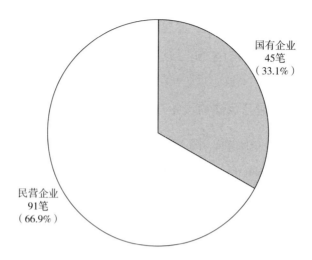

**图2 2021年交通运输与仓储物流业并购交易的企业性质统计**

资料来源：Wind 数据库，统计时间截至 2021 年 12 月 31 日。

3. 交通运输与仓储物流业不同业务类型的并购交易统计

2021 年，交通运输与仓储物流业不同业务类型的并购交易量和交易金额如图 3 所示。

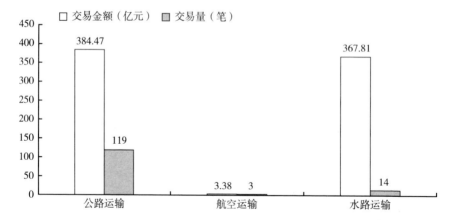

**图3 2021年交通运输与仓储物流业不同业务类型的并购交易量与交易金额**

资料来源：Wind 数据库，统计时间截至 2021 年 12 月 31 日。

2021 年，中国交通运输与仓储物流业发生的航空运输相关并购交易为 3 笔，交易金额为 3.38 亿元。

公路运输相关的并购交易为 119 笔，交易金额为 384.47 亿元，较 2020 年总交易量（20 笔）和交易金额（92.70 亿元）均有较大幅度的提升。

水路运输相关的并购交易为 14 笔，交易金额为 367.81 亿元，交易量与 2020 年基本持平，交易金额较 2020 年的 82.43 亿元有较大幅度上升。

## （二）交通运输与仓储物流业重要并购重组事件 TOP5

### 1. 辽港股份（601880.SH）换股吸收合并营口港

2021 年 1 月 6 日，辽港股份（原股票简称"大连港"）取得中国证监会《关于核准大连港股份有限公司吸收合并营口港务股份有限公司（以下简称"营口港"）并募集配套资金的批复》（证监许〔2020〕3690 号），核准公司本次交易。2021 年 1 月 28 日，公司换股吸收合并事项完成，并完成工商变更手续。

大连港向营口港所有股东发行 A 股，以换取该等股东持有的营口港股份。同时，大连港计划通过非公开发行 A 股，向不超过 35 名特定投资者询价，募集资金不超过 21 亿元。本次证券交易所吸收合并中，大连港拟收购资产的交易价格为营口港的交易金额（交易价格＝营口港证券交易所价格×营口港总股本），共计 164.41 亿元。本次交易在 2020 年已通过并购重组委审核，于 2021 年正式实施完毕。

本次重组完成将实现港口资源的全面整合，业务协同效应将得到充分释放，存续公司的综合港口服务能力将进一步提升。大连港和营口港将通过资产、人员、品牌、管理等要素的深度整合，进一步提升自身的核心竞争力、行业影响力和抗风险能力，有利于中小股东利益的有效保护。

合并前，大连港和营口港是环渤海地区的主要港口运营商。大连港是东北地区最大的集装箱枢纽港，是石油和液体化学品储运基地之一，是重要的矿石集散中心、散货中转中心和最具竞争力的粮食中转中心。营口港是东北地区最大的内贸集装箱枢纽港，是中欧物流海铁联运的重要中转港，是沈阳

经济区和环渤海经济区的重要枢纽港。

合并后，大连港将成为中国东北地区的核心海港。营口港的陆路运输低成本优势和集散条件优势将进一步提高存续公司及其下属集装箱、汽车、煤炭、散粮、矿石等专业码头的运营效率，成品油和液体化学品将被纳入存续公司的统一战略规划和资产体系中，充分发挥协同效应，进一步提升港口整体资产和业务的盈利能力和发展空间。通过整合货源、路线和客户群，换股吸收合并完成后的大连港将进一步降低运营成本，提高其招揽货物的能力，进一步提高业务增长的质量，并在巩固国内市场地位的同时进一步增强国际竞争力。

**2. 德新交运（603032.SH）收购致宏精密100%股权**

2021年3月30日，上市公司德新交运完成以支付现金的方式购买赣州致宏、健和投资、赣州致富和赣州致鑫持有的致宏精密100%股权，该等股权的交易作价为65000.00万元。

德新交运主要业务包括道路旅客运输和客运汽车站业务。近年来，由于新疆道路运输与铁路运输、航空运输之间的竞争日益激烈，尤其是2020年新冠肺炎疫情突袭而至以来，德新交运道路运输业务受铁路运输、航空运输冲击较大，营业收入及毛利率大幅下降。德新交运以寻求新的发展机遇和利润增长点为目的，制定了在做好现有道路旅客运输业务的基础上发展智能制造业务的战略规划，实施道路运输、智能制造双主业发展战略。

致宏精密作为一家技术底蕴深厚的自动化精密零部件生产企业，在业内拥有良好的口碑，在国内锂电池裁切精密模具行业有一定的市场占有率。本次收购致宏精密100%股权的交易将为德新交运智能制造业务板块未来的发展奠定坚实的基础。

本次交易完成后，德新交运将增添新的业绩增长点，增强抗风险能力。同时，致宏精密最近两年业务快速发展，盈利水平逐年提升，主要财务指标处于良好水平，通过本次交易能直接提升德新交运的盈利能力和持续经营能力。

### 3. 山西路桥（000755.SZ）定增收购平榆公司100%股权

山西路桥（000755.SZ）披露其发行股份购买资产并募集配套资金暨关联交易报告书（草案），拟向山西高速集团发行股份购买其持有的平榆公司100%股权。此次交易完成后，平榆公司将成为山西路桥全资子公司。山西路桥拟向招商公路非公开发行股份募集配套资金，募集配套资金总额预计不超过4.8亿元，且不超过此次发行股份购买资产交易价格的100%，发行股份数量不超过此次交易前上市公司总股本的30%，即不超过1.41亿股。此次交易标的作价为29.23亿元。

山西省市场监督管理局已于2021年8月2日核准了平榆公司工商变更登记，本次交易涉及购买资产的过户事宜已办理完毕。本次变更完成后，上市公司直接持有平榆公司100%股权，平榆公司成为上市公司的全资子公司。

平榆公司主要业务是平榆高速的运营管理，与山西路桥现有榆和高速均为山西省"三纵十二横十二环"高速公路网的第八横东营-吕梁高速公路山西段的重要组成部分。本次交易完成后，山西路桥高速公路运营收费里程将由79.188公里提升至162.254公里，运营收费里程大幅提升，从而切实提高其综合实力、核心竞争力和可持续发展能力。平榆公司具有较强的盈利能力和良好的发展前景。

### 4. 强生控股资产置换及定增收购上海外服（600662.SH）100%股权

2021年6月4日，强生控股收到中国证监会《关于核准上海强生控股股份有限公司重大资产重组及向上海东浩实业（集团）有限公司发行股份购买资产并募集配套资金的批复》（证监许可〔2021〕1860号）。

重组方案由四部分组成：上市公司股份划转、资产置换、发行股份购买资产和募集配套资金。久事集团计划将其持有的强生控股40%的股份无偿转让给东浩实业。强生控股计划以东浩实业持有的上海对外服务（集团）有限公司（以下简称"上海外服"）100%股权的同等部分替换其所有资产和负债。强生控股计划通过发行股票从东浩实业购买配售资产交易价格与配售资产交易价格之间的差额。本次交易拟配售资产的交易价格为68.08亿元。

本次交易完成前，强生控股主营业务为出租汽车运营、汽车租赁、汽车服务等。近年来，受到非法营运车辆等冲击，出租车行业市场竞争加剧，企业的营业收入持续承压，但人工费用、车辆成本、保险支出等开支造成企业的固定成本居高不下，综合导致企业整体盈利能力有所下滑。本次交易后，强生控股主营业务变更为综合人力资源服务，包括人事管理服务、人才派遣服务、薪酬福利服务、招聘及灵活用工服务、业务外包服务等。本次交易有利于强生控股探索新业务转型、寻求新利润增长，有利于提升其盈利能力和综合实力。

**5. 恒业国际（872698.NQ）收购恒业物流100%股权**

2021年8月13日，全国股转公司审核通过了恒业国际收购恒业物流100%股权重组的相关信息披露内容。本次重组类型为发行股份购买资产，恒业国际拟向交易对方购买其合计持有的恒业物流100%股权，标的资产作价为5000万元。

恒业物流主要业务包括货物进出口贸易、仓储服务、房屋租赁等，其子公司恒业供应链主要业务为京唐港B型保税仓库仓储服务及相关仓储辅助服务。

恒业国际的主营业务是为客户提供国际货运代理、代理报关报检及货物运输（集装箱）服务。

恒业物流及其子公司恒业供应链与恒业国际主营业务相关。通过本次交易，恒业国际将优化资产配置，并对双方的上下游资源进行梳理，整合双方的客户资源、资质资源、业务内容，可产生显著的协同效应和规模效应，增强公司的综合实力。

**（三）交通运输及仓储物流行业典型并购案例**

**1. 强生控股资产置换及定增收购上海外服（600662.SH）100%股权**

**（1）交易概述**

2021年8月9日，强生控股收到东浩实业《中国证券登记结算有限责任公司过户登记确认书》，久事集团将持有强生控股 421344876 股 A 股股份以无偿划转的方式转让给东浩实业，上述股权过户登记手续已办理完成，过户日期为 2021 年 8 月 5 日。无偿划转完成后，强生控股的控股股东由久事集团变更为东浩实业。

2021 年 8 月 26 日，强生控股与东浩实业及上海外服签署《置入资产交割确认书》，各方约定本次置入资产交割日确定为 2021 年 8 月 26 日，自交割日起，东浩实业已将置入资产的交付义务履行完毕，上海外服 100% 股权已变更登记至强生控股名下，强生控股已合法拥有上海外服 100% 股权。强生控股拟向东浩实业以发行股份的方式购买置入资产与置出资产交易价格的差额部分。本次置入资产交易价格为 68.08 亿元。

本次交易前，久事集团是强生控股的控股股东。本次交易完成后，东浩实业变更为强生控股的控股股东，同时强生控股的控制权由东浩兰生集团获得。

（2）并购背景及动因

①强生控股经营状况存在不确定性，需要寻求业务转型以提高盈利能力

在本次交易之前，强生控股是一家以运输业务为主营业务的上市公司。其主要业务包括出租车运营、汽车租赁、汽车服务、旅游服务、房地产等。

近年来，受专业资质、工作强度、非法经营车辆的不正当竞争、巡游出租车运价等诸多因素的影响，出租车司机的营业收入逐年下降，造成司机大量流失。强生控股主营业务之一的出租车运营业务总营业收入持续下降，但人力资源成本、车辆固定成本等刚性成本逐年增加，出租车运营业务经营业绩逐年下降。2020 年，强生控股扣除非经常性损益后归属于上市公司股东的净利润为负值，扣除非经常性损益后的基本每股收益和扣除非经常性损益后的加权平均净资产收益率同比大幅下降。根据当前行业发展形势，强生控股需要寻求业务转型以提高盈利能力。

②中国人力资源服务市场迎来快速发展机遇

2014 年 12 月，人力资源社会保障部、国家发展改革委、财政部联合发

布了《关于加快发展人力资源服务业的意见》（以下简称"《意见》"），这是国家首次对人力资源服务业的发展做出全面部署，对促进人力资源服务业健康快速发展具有积极影响。《意见》明确提出了建立和完善专业化、信息化、产业化、国际化的人力资源服务体系的发展目标。随着国家重视程度的提高，人力资源服务业的市场活力不断被激发。与此同时，随着人口红利的消退、产业的升级和产业结构的转型，企业对高端人才的需求日益增加，人力资源服务业不断发展演变，人力资源服务机构规模不断扩大。近年来，中国人力资源服务市场规模迅速扩大。未来，企业对专业人力资源服务的需求将不断释放。社会经济全面发展带来的优惠政策支持和人才获取与管理需求的不断增加，给人力资源服务业带来了快速发展的机遇。

③响应深化国企改革号召，全面推进核心业务资产证券化

2014年7月7日，上海市政府印发了《关于推进本市国有企业积极发展混合所有制经济的若干意见（试行）》，明确了上海市国有资产改革的主要目标，即经过3~5年的推进，国有企业公司制改革基本完成，实现股权多元化。2019年9月5日，上海市人民政府发布《上海市开展区域性国资国企综合改革试验的实施方案》，要求着力推进混合所有制改革，明确到2022年，在国有资产和国有企业改革发展的重要领域和关键环节取得一系列成果，形成符合高质量发展要求的国有资产布局，国有企业核心竞争力显著增强。

东兰浩生集团是上海市国有资产和国有企业改革中推进混合所有制改革的重点。作为东兰浩生集团的核心业务资产，实施资产证券化是响应上海市国有资产和国企改革最新要求的重要举措。

（3）并购评述

随着此次重大资产重组交易的完成，标的资产上海外服将被置于上市公司强生控股之下。强生控股的总资产、业务规模、净利润和基本每股收益大幅增长。具体而言，2020年，强生控股归属于母公司所有者的净利润从5839.29万元增加到49300万元，总资产也从68.56亿元增加到102.59亿元，基本每股收益从0.06元增加到0.25元。总体而言，此次重组有利于提

高上市公司盈利能力，增加公司每股收益，为上市公司全体股东创造更多价值。

市场普遍认为，此次重大资产重组对强生控股突破发展困境、实现跨越式发展具有重要意义。在此次重组之前，强生控股受出租车行业因素的影响而面临压力。将盈利能力强、发展潜力大的人力资源服务类业务资产上海外服 100%股权注入上市公司，一方面可以从根本上解决主营业务经营发展的困境，寻求新的利润增长点，探索新的业务转型；另一方面，也可以利用集团整合资源的优势，有效把握人力资源产业跨越式改革的"窗口期"，显著提升人力资源产业升级的竞争力和话语权，有效提升上市公司的发展质量和盈利能力。

# B.12
# 2021年住宿和餐饮业并购分析

胡利军*

**摘 要:** 本报告首先分析了2021年在新冠肺炎疫情反复背景下的住宿和餐饮业的发展现状和趋势,住宿和餐饮业在各种压力下艰难前行,整体上保持着恢复性增长,住宿和餐饮业同比增长14.5%,其中全年餐饮收入46895亿元,餐饮收入的增速高于社会消费零售总额的增速。但受新冠肺炎疫情的持续影响,海底捞、狗不理、茶颜悦色等企业在巨大的压力下,关停了大量门店,全国住宿设施较2020年减少了8.57万家,同比减少19.18%。同时,住宿和餐饮企业也在积极创新求变,预制菜、数智化、住宿+X等也给住宿和餐饮业带来了新的发展机遇。其次,本报告还分析了2021年住宿和餐饮业的并购现状,与2020年相比,2021年住宿和餐饮业并购交易数量呈下降趋势。最后,本报告对典型的住宿和餐饮业并购案例进行了分析。

**关键词:** 住宿行业 餐饮行业 并购

## 一 砥砺前行的住宿和餐饮业

根据国家统计局公布的数据,2021年,住宿和餐饮业增加值同比增长14.5%,保持恢复性增长。2021年,餐饮收入46895亿元,与2020年相比

---

* 胡利军,安徽财经大学工商管理实验中心副主任、商品学实验室主任,主要研究方向为旅游企业管理、创新创业。

由负转正，增长了 18.6%，虽然仍未恢复至疫情之前的 2019 年的水平，但即使受疫情影响，餐饮收入的增速依然高于社会消费品零售总额的增速，且占社会消费品零售总额的比重持续增加，2021 年，餐饮收入占比为 10.6%，高于上一年 0.5 个百分点（见图 1）。[①]

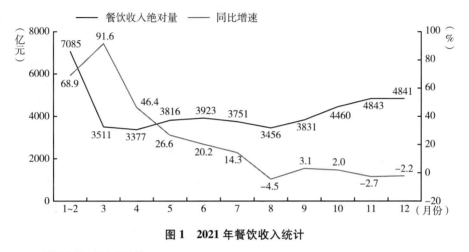

图 1　2021 年餐饮收入统计

资料来源：国家统计局。

在疫情冲击下，全球供应链受到持续影响，行业原材料、人工、能源价格上涨，给餐饮企业经营带来巨大压力，狗不理、海底捞、呷哺呷哺等连锁餐饮企业因门店业绩未达预期开始缩减规模与数量。2021 年 11 月 5 日，海底捞发布公告称，决定在 2021 年 12 月 31 日前逐步关停 300 家左右客流量相对较低及经营业绩不如预期的海底捞门店。2021 年 11 月，茶颜悦色宣布在长沙临时关闭 80 家门店，而这也是 2021 年以来茶颜悦色的第三次集中闭店。2021 年 8 月，呷哺呷哺也在港交所发布公告，宣布关闭 200 家亏损门店。同时，餐饮行业也积极创新求变，努力开拓新机遇。2021 年，餐饮行业迎来了预制菜和食品工业化元年，预制菜以方便、快捷、品类多、味道好的特点快速抓住了不会下厨的年轻人的心，从而打开了蓝海市场的大门。

---

① 《2021 年社会消费品零售总额增长 12.5%》，国家统计局官网，2022 年 1 月 17 日，http：// www. stats. gov. cn/xxgk/sjfb/zxfb2020/202201/t20220117_ 1826441. html。

2021 年 4 月 27 日，"预制菜第一股"味知香的诞生则彻底将预制菜的发展推向了高潮，让预制菜成为市场的"香饽饽"。伴随着味知香"预制菜第一股"的热度，珍味小梅园、眉州东坡旗下王家渡食品等先后获得千万级融资，西贝主打半成品菜的"贾国龙功夫菜"拥有 200 多家店。数智化也推动餐饮行业线上线下双主场发展模式的出现，老字号国潮成为新卖点，大大小小的 PE、VC 甚至是互联网巨头们，都在扎堆涌入餐饮行业。在消费升级的大背景下，新茶饮行业空间不断增长，随着资本不断入局，整个新茶饮行业也迎来并购大时代。但同时也应注意到，餐饮企业同业间的战略投资和并购案例比较少，越来越多的餐饮企业开始借助跨界合作、跨界发展来打破困境。

2021 年，住宿行业也在疫情挣扎中寻求生存和发展之道。2021 年上半年，国内疫情得到有效控制，大众消费意愿和消费信心增强，对消费市场起到了提振作用，短途和周边游逐渐恢复，城市微度假、自然健康、主题社交等新消费趋势开始出现，伴随出境回流的中高端消费需求叠加大众市场品质化需求的逐步释放，住宿行业呈现明显的复苏势头。在需求多样化的驱动下，中国住宿产业的业态也日益多元化，从最核心的住宿及过夜市场延伸到了休闲、娱乐、社交等领域，"住宿+X"逐渐成为最具活力的创新力量，催生了电竞酒店、电影酒店、健身酒店、剧本杀酒店等"新物种"。本地化休闲消费的强势崛起，也给予这些"新物种"更强的生命力。《2021 中国住宿产业发展及消费趋势报告》显示，2021 年 1~6 月，电竞酒店总预订量较 2020 年全年增长了 17%。同样，"剧本杀"酒店或酒店主题房也成为 2021 年国内住宿市场最热门的细分领域之一，收获了大量年轻群体的关注。酒店集团化、品牌化、连锁化、平台化、资本化、数字化之大趋势不可逆转。截至 2021 年 6 月初，住宿行业业绩不仅明显好于 2020 年，甚至基本恢复到疫情突袭而至前的 2019 年的水平。根据《北京首旅酒店（集团）股份有限公司 2021 年半年度报告》，首旅、锦江、华住等龙头企业逆势扩张，纷纷加快酒店拓展及加盟业务步伐。以首旅为例，2021 年上半年新开中高端酒店 115 家，同比增长 28%。通过特许加盟方式新开店比例达 98.2%。首旅如家推出的轻管理模式华驿品牌，满足了疫情下四线、五线城市市场中庞大的单体酒店对迫切加入连锁品牌的需求，扩张快速。另外，华住、锦江的加盟业务也增速明显。整体上来看，住宿行业呈波动回升趋势，在逆境中稳步前行。

## 二　住宿和餐饮业并购数据

从图 2 中可以看出，2020 ~ 2021 年，住宿和餐饮业并购总交易金额波动幅度较大，相比于 2020 年，2021 年住宿和餐饮业并购交易金额整体上有一定的增幅，但 2021 年第二季度交易金额明显低于 2021 年其他季度。从并购数量来看，2021 年整体上呈下降的趋势，每个季度仅有 3~4 起并购事件发生。

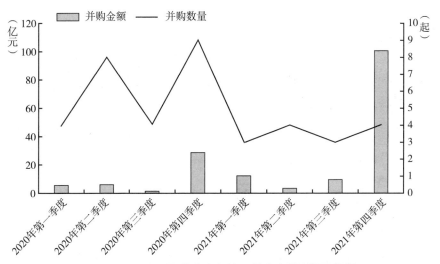

图 2　2020~2021 年住宿和餐饮业并购交易金额及数量

资料来源：Wind 资讯。

## 三　住宿和餐饮业并购案例

### （一）优客工场并购日料餐饮连锁"晓寿司"

2021 年 9 月 27 日，联合办公空间运营商优客工场宣布以亿元级估值并

购北京餐饮品牌"晓寿司",入局新消费赛道。

"晓寿司"成立于 2014 年,是一家日料小店,第一家门店 18 平方米的空间仅能容纳 4 张桌子,是典型的小餐饮。"薄利多销"与"灵活应变"是"晓寿司"最显著的标签,对标同类餐饮品牌,以其 1/2 的价格定价,抢占中端消费市场。其"低价+好吃"的经营模式快速吸引了消费者。其菜品定价低、房租低、人工成本低、翻台率很高。最多的一天,这个小店翻台 17 次。而小餐饮的低人工、低租金能让企业拥有更高的利润。"晓寿司"首家门店轻松做到日营业额 7000 元以上,净利润可达 20%。按照 18 平方米小店的模式,"晓寿司"快速在北京得到推广,陆续在各大写字楼、网红胡同等地开设分店,目前在全国拥有 32 家店面,其中北京为主要市场。虽然"晓寿司"定位小餐饮,却具有较大的投资潜力。

并购后,优客工场将整合提供近 300 个联合办公空间和线下 116 万会员,联合"晓寿司"的用户进一步拓展市场。同时,优客工场也会进一步提升"晓寿司"连锁化企业管理能力,加快"晓寿司"全国连锁布局的步伐。另外,布局中央工厂店将成为"晓寿司"新的发展方向,同时将推出"普通店面+超小型档口+临时售卖点"新模式,推出全场景营销。

## (二)喜茶并购投资"分子果汁"首创品牌野萃山

国内的茶饮、咖啡、果汁饮料,总的市场就那么大,企业想要继续扩大市场,投资并购是最快的方式。2021 年,喜茶加快了投资节奏,在茶饮品牌领域,以"喜小茶"的名义对王柠柠檬茶做了并购,喜茶合计的持股比例为 70%;喜茶还投资了和气桃桃,持股比例为 5.1%;在咖啡领域,喜茶则投资了 Seesaw 咖啡。

11 月 11 日,喜茶宣布完成对野萃山的并购,喜茶持有该公司 60% 股份,为野萃山方面第一大股东。

野萃山于 2019 年在深圳成立,是国内最早的天然高品质现萃果汁品牌。野萃山以新鲜水果为基础,采用"冷萃锁鲜"工艺,坚决不添加 NFC 果汁,不添加香精,创造出最大限度保留水果口感与健康的全新果汁产品。同时,野萃山在门店设计上注重设计感、沉浸感，致力于为消费者传递生活品质感，提供轻松自在、无拘无束的消费体验。目前，野萃山拥有超30家门店，店均月销量超14000杯，其中有三家门店月销售额已达300万元。并购完成后，喜茶将会帮助野萃山在产品研发、门店拓展、供应链建设及品牌塑造等方面进行全面升级。

### （三）贵粮集团收购茶饮品牌"猴子的救兵"

2021年5月30日，张继科担任合伙人创办的茶饮品牌"猴子的救兵"被河南省国有企业贵粮集团出资3000万元收购，张继科被贵粮集团授权为"猴子的救兵"首席品牌战略官，以新身份继续参与品牌成长。

作为河南省大型省属国有企业，贵粮集团专注于投资和并购新兴的消费品牌，此次收购的"猴子的救兵"，是由乒乓球世界冠军、大满贯选手张继科担任合伙人创立于2019年的综合茶饮品牌，"猴子的救兵"锁定中小城市为主要市场，试图通过自建生产、仓储和物流、精准成本核算等方式，以综合性价比优势抢占中端市场，毕竟，不管是北上广还是十八线小镇，物美价廉是消费永恒的主题。"猴子的救兵"成为茶饮界第一个被国资收购的成功案例。

国资背景护航，明星加持，加上"民生创业工程"的项目定位，此次控股式收购之举，必将助力"猴子的救兵"更快达成贵粮集团"3年内将猴子的救兵打造成河南省茶饮品牌新名片"的战略目标。

### （四）百胜中国收购圣农发展5%股权

2021年3月16日，百胜中国控股有限公司（以下简称"百胜中国"）发布公告，宣布其已收购福建圣农发展股份有限公司（以下简称"圣农发展"）5%股权。

福建圣农发展股份有限公司创立于1983年，是中国最大的白羽肉鸡生产商，也是百胜中国最大的禽肉类供应商。圣农发展领先国际水平率先建立了肉鸡养殖加工全产业链，涵盖了饲料加工、原种培育、祖代与父母代种鸡

养殖、种蛋孵化、肉鸡饲养、屠宰加工与销售、熟食加工与销售等多个环节，圣农发展的垂直整合业务模式涵盖了整个生产链。此次投资圣农发展，是百胜中国加强其对上游供应链管理的重要部署之一，有利于加强百胜中国的供应链保障，并深化与圣农发展在产品开发和创新等领域的合作。

百胜中国的餐饮网络包括旗舰品牌肯德基、必胜客，以及小肥羊、黄记煌、COFFii & JOY、东方既白、塔可贝尔及 Lavazza 等新兴品牌。截至 2021年 12 月底，百胜中国拥有 11788 间餐厅，2021 年，百胜中国实现经营利润约 13.9 亿美元，经调整后经营利润为 7.66 亿美元。2022 年，百胜中国将继续加大对供应链、基础设施和数字化的投资，以推动业务长期可持续增长。

### （五）古井贡酒入主茅台镇珍藏酒业

2021 年 9 月 15 日，贵州仁怀茅台镇珍藏酒业有限公司（以下简称"茅台镇珍藏酒业"）发生工商信息变更，新增股东古井贡酒股份有限公司（以下简称"古井贡酒"）持股 60%，成为控股股东，董事、总经理陶容持股 40%。同时，茅台镇珍藏酒业注册资本由 50 万元增加至 125 万元。

古井贡酒近年来不断并购区域优质品牌，并实现产能的区域落地。2016年，古井贡酒收购黄鹤楼酒业 51% 股权；2020 年底，古井贡酒以 2.002 亿元收购安徽明光酒业有限公司 60% 股权，实现对安徽本土老牌酒企明光酒业的控股。此前并购的黄鹤楼为清香型白酒，老明光为明绿香型，而此次古井贡酒将并购矛头直指茅台镇酱酒企业，这也显示了古井贡酒向香型多元化、产品多元化方向发展的战略决心。

并购其他香型来丰富产品体系，更能满足不同消费人群的需求。尤其是在酱酒风靡全国的当下，像古井贡酒这类实力名酒企业并购茅台镇酱酒企业，也是古井贡酒产品和品类布局未来的战略性举措。

### （六）锦江酒店完成铂涛集团100%股权收购

锦江酒店（600754.SH）6 月 29 日公告，公司拟现金收购控股子公司Keystone Lodging Holdings Limited（即铂涛集团）少数股东 Fortune News

International Limited 持有的 3.49825%股权，本次交易价格约为人民币 3.5122 亿元。本次交易完成后，锦江酒店对铂涛集团的持股比例由 96.50175%上升至 100%。

锦江酒店于 2016 年 2 月底完成对铂涛集团 81.0034%股权的交割，2018 年初又进一步完成了对其 12.0001%的股权收购交割，并于 2019 年初再次完成对其 3.49825%股权的交割。锦江酒店通过此次完成铂涛集团 100%的股权收购，调整股权结构，进一步整合公司资源，降低管理成本，有利于公司对铂涛集团进行充分管理，加速推动锦江酒店的内部整合进程，有利于公司组织架构、业务划分的清晰化。

### （七）金科服务收购金科金辰酒店管理

2021 年 12 月 27 日，金科服务发布公告，拟以 3.12 亿元收购金科股份旗下的重庆金科金辰酒店管理有限公司（以下简称"金科金辰酒店管理"）全部股权。此次收购将为金科服务的"第四条增长曲线"——本地生活服务带来强劲的发展动力。

2021 年 8 月，金科服务宣布在原有的空间物业服务、社区增值服务、数智科技服务三条业务曲线基础上，新增"第四条增长曲线"——本地生活服务。金科服务打造的增长曲线主要以团餐服务协同空间物业服务，按照自建团队和区域龙头企业整合的方式进行同步推动，打造本地生活供应链。

此次收购，金科服务正是看中金科金辰酒店管理的高端团餐服务能力以及成熟的管理运营团队。目前，金科金辰酒店管理旗下有 13 个团餐服务项目，主要为政府、银行及企业提供团餐服务，并且具备业内极好的品牌口碑基础。其主品牌"金科大酒店"覆盖高端团餐市场；"圣嘉""瑞晶"等精品酒店品牌覆盖社会中端市场；餐饮品牌粤珍轩中餐厅、尚九龙港式茶餐厅、金科土火锅、金科良品等全面渗透业主及会员生活，将为金科服务的社区增值服务体系打造更多新的内容和消费热点。此次收购也将为金科服务带来长期可持续的发展动力，有助于团餐项目市场外拓，并快速提升本地生活服务运营及管理能力。

### （八）美团收购东呈国际20%股权

2021 年 1 月 5 日，美团收购东呈国际 20% 股权，根据东呈国际 50 亿元人民币左右的估值，此次收购的金额在 10 亿元左右。

东呈国际成立于 2006 年，旗下共有 15 个酒店品牌，包括精途酒店、怡程酒店、吾公馆等。截至目前，东呈国际旗下拥有超过 3000 家酒店（含筹建），客房数超过 24 万间，分布于全球 200 多个城市，管理员工数量约 7 万人，拥有 4200 万会员，位列全球酒店集团 14 强。

奉行无边界扩张的美团一直围绕着人们的衣食住行拓展业务版图。早在 2015 年、2016 年，美团就已对中小酒店及客栈信息化服务商"番茄来了"进行投资。同样是 2016 年，美团战略投资酒店云 PMS 企业服务商"别样红"，打造面向未来的住宿业互联网生态平台。2018 年，美团全资收购"别样红"，从而达到进一步巩固中小酒店市场的目的。入股东呈国际，无疑是美团对酒店市场的又一次渗透。

### （九）同程艺龙收购湖南珀林酒店管理有限公司股权

2021 年伊始，OTA 纷纷开始向酒店企业抛来"橄榄枝"，加速争抢住宿市场。1 月 5 日晚，同程艺龙宣布与珀林酒店集团签署了战略投资协议，投资金额逾亿元。早在 2020 年 8 月，珀林酒店集团就和同程艺龙的控股关联公司（苏州龙悦天程创业投资集团和苏州工业园区天程佳行创业投资合伙企业）共同成立湖南珀林酒店管理有限公司，分别持股 46%、44% 和 10%。

湖南珀林酒店管理有限公司为珀林酒店集团旗下企业，珀林酒店集团成立于 2017 年，是位列中国酒店集团规模 TOP50 排行榜第 44 位的酒店品牌，目前旗下拥有廷泊酒店、君屿酒店、莫林酒店、莫林风尚酒店、麓元酒店五大优质酒店品牌。

同程艺龙作为当前市场上较大的出行平台，目前用户规模已经超过 2 亿。同时，其旗下酒店 PMS 服务商住哲，已为 6 万余家酒店提供了云 PMS

以及微订房等营销工具。同程艺龙将会同珀林酒店集团在会员体系、信息系统、产品研发等多个方面进行协同和打通，充分发挥双方线上线下的产业核心优势，共同推进中高端酒店的高速发展。

## 四　典型并购案例：新乳业并购"一只酸奶牛"

### （一）交易概述

"一只酸奶牛"成立于 2015 年，以 20~30 岁女性白领为主要目标用户，品牌定位时尚健康，主打以酸奶为基底的各类现制茶饮，门店数量已逾千家，主要集中在成都、重庆、西安等地，其微信公众号有百万粉丝，小程序会员达到 80 万，支付宝口碑会员超过 170 万，2019 年营业收入约 2.4 亿元。

2021 年 1 月 5 日晚间，新乳业发布公告，将以 2.31 亿元收购国内酸奶茶饮开创者和细分品类领导者"一只酸奶牛"60% 的股权，布局鲜茶饮赛道。

### （二）并购背景及动因

1. 新茶饮市场规模庞大。2015 年前后，以喜茶、奈雪的茶为代表的新式茶饮品牌走进大众视野，为茶饮市场的发展带来巨大的想象空间。新式茶饮已经走过了"原料迭代"的 1.0 时期、"品类融合多场景"的 2.0 时期，正式迈入"数字化"的 3.0 时期。近年来，随着新式茶饮的诞生，中国茶饮市场发展迅速。从市场规模上来看，现制茶饮市场规模由 2015 年的 422 亿元增长至 2020 年的 1136 亿元，复合年增长率为 21.9%，预计到 2025 年将以 24.5% 的复合年增长率增长至 3400 亿元。

2. 新乳业的"鲜立方"战略。欧瑞数据显示，2020 年，低温奶销量为 154.5 万吨，约占白奶行业（低温白奶+常温白奶）总销量的 17.4%，而 2015 年这一比例约为 13.9%。新乳业于 2016 年提出鲜战略，"24 小时"系

列鲜奶已成为新乳业主推的全国性优质产品之一，2020年，低温产品占其总营收比为60%左右。在5月20日的新乳业股东大会上，新乳业提出2021~2025年战略规划，再次表明了加码低温鲜奶的决心，在"鲜立方"战略的引领下，新乳业未来在品类上将以"鲜"为核心拓展赛道，以"24小时"系列鲜奶为代表做高品质产品，拓展外围市场和下沉市场，对奶粉、奶酪等品类保持关注，探索包括新式乳茶在内的市场机会。

### （三）交易评述

并购交易完成后，"一只酸奶牛"在线下门店中将全面改用新乳业旗下酸奶产品。"一只酸奶牛"的门店体系、会员体系，将成为新乳业的品牌交流窗口。新乳业通过接入"一只酸奶牛"的完备会员体系与一手消费者数据，能够推动公司在终端渠道上的布局，拓宽私域流量入口，实现用户精准运营和服务，推动公司数字化战略转型，拓宽在新零售上的布局，提升公司长期价值。

而作为深耕川渝地区的茶饮品牌，"一只酸奶牛"在获得新乳业的持股后，将从专业团队、品牌建设、业务管理、新品创新及推广、数字化营销、供应链及品控、后台标准化、培训指导等方面得到全方位赋能，极大地帮助"一只酸奶牛"打破人才、数字科技、产品开发、品牌管理等方面的天花板，并且在供应链上保障高效、可控，助推"一只酸奶牛"实现区域突破，有望加速其全国化发展进程，以追赶其他茶饮品牌的脚步。

因此，从战略意义上来看，此次并购对新乳业和"一只酸奶牛"双方来说，具有很强的相互加持价值。

**参考文献**

［1］陈辰：《预制菜开辟餐饮消费新赛道》，《中国商界》2022年第Z1期。

［2］贺阳：《同比增长18.6%去年餐饮业收入止跌回升》，《中国商报》2022年1月

26 日。

[3] 唐唯珂：《餐饮业的蜕变与更新》，《21 世纪经济报道》2021 年 12 月 31 日。

[4] 《2021 餐饮行业研究报告》，知乎，2021 年 8 月 31 日，https：//zhuanlan.zhihu.com/p/405347742。

[5] 《2021 中国餐饮产业生态白皮书》，央广网，2021 年 4 月 1 日，http：//ent.cnr.cn/ylzt/cyfh/jd/20210401/t20210401_ 525451796.shtml。

[6] 空间秘探 & 亚洲旅宿大数据研究院：《2021~2022 亚洲（中国）酒店业发展报告发布》，环球旅讯网，2022 年 1 月 4 日，https：//m.traveldaily.cn/article/149882。

[7] 菁财研究院：《86 起投融资事件，439.1 亿金额，餐饮战投大时代已来》，红餐网，2021 年 9 月 17 日，http：//www.canyin88.com/zixun/2021/09/17/84629.html。

# 专 题 篇
## Special Topics

# B.13
# 2021年中国上市公司并购分析

赵 燕　耿心一*

**摘　要：** 本报告回顾梳理了2021年中国上市公司并购活动开展的整体情况。在注册制改革大幅推进的背景下，IPO审核速度加快，并购重组项目上会数量减少，申请审核通过率提高。资本市场促进资本形成、优化资源配置功能进一步增强。2021年，上市公司并购活动依然集中在制造业领域，主要涉及7个行业门类；并购交易金额集中在1亿元以内；并购方式以协议收购为主，多数选择现金支付方式进行。A股市场中普遍存在市盈率较高的估值风险问题。除此之外，本报告还统计了参与上市公司并购的财务顾问机构、律师事务所、会计师事务所、资产评估机构以及主办券商，更加全面地揭示了上市公司并购重组的分布特点。

---

* 赵燕，博士，安徽财经大学会计学系副主任，副教授，硕士生导师，主要研究方向为财务会计理论与实务、公司战略等；耿心一，安徽财经大学硕士研究生，主要研究方向为上市公司财务会计、公司治理。

**关键词：**　上市公司　并购　发行审核　中介机构

# 一　历年 A 股上市公司并购审核数量

根据中国证监会公布的 2017 ~ 2021 年上市公司并购重组审核委员会（以下简称"并购重组委"）审核结果，最近五年的并购审核数量不断下降，并在 2021 年创下新低（见图 1）。与之相反的是，中国 IPO 市场的企业上会通过率、上市数量呈显著增长的趋势。该现象背后的原因是：一方面，在注册制的推进下，一些公司不再追求通过重组上市而直接选择 IPO，资本市场大部分并购重组项目已经不用中国证监会参与审核；另一方面，监管层近年来严控"忽悠式"重组和跨界并购，限制了投机性并购。但是，中国并购重组市场仍然活跃，坚守主业发展、回归并购本源已成为资本市场共识。

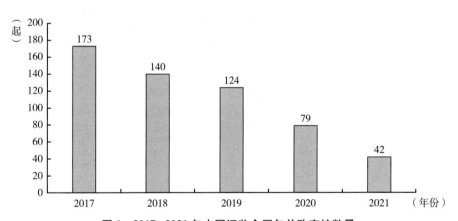

**图 1　2017 ~ 2021 年中国证监会历年并购审核数量**

资料来源：中国证监会。

# 二　历年 A 股上市公司并购审核通过率

通过中国证监会公布的 2017 ~ 2021 年 A 股上市公司并购审核数量以及

并购审核通过率情况来看，近五年的并购审核通过率整体呈现下降趋势。得益于 2021 年中国政府对新冠肺炎疫情的有效控制，企业快速恢复生产建设，市场信心不断增强。加之科创板、创业板注册制的实行，并购重组审核效率明显优化，2021 年并购审核通过率出现回升（见表 1）。

表 1　2017~2021 年 A 股上市公司并购审核数量与通过情况

| 类别 | 2017 年 | 2018 年 | 2019 年 | 2020 年 | 2021 年 |
|---|---|---|---|---|---|
| 审核项目数量(起) | 173 | 140 | 124 | 79 | 42 |
| 通过数量(起) | 161 | 123 | 103 | 64 | 36 |
| 通过率(%) | 93.06 | 87.86 | 83.06 | 81.01 | 85.71 |

资料来源：中国证监会。

# 三　2021年并购重组委关于上市公司的并购重组审核情况

如图 2 所示，2021 年，并购重组委共组织召开工作会议 34 次，审核并购重组方案 42 份（共 41 家公司，其中两份方案涉及同一家公司）。全部方案中未获通过的方案 6 份，占比 14.29%，未通过的原因集中在未来持续盈利能力存在较大不确定性、信息披露不充分、标的资产核心竞争力说明不充分等方面。获得无条件通过的方案 18 份，占比 42.86%；获有条件通过的方案 18 份，占比 42.86%。获得通过的方案中，按并购重组方式划分，发行股份购买资产 30 份，吸收合并 6 份。相较于 2020 年的 4 起和 2019 年的 9 起借壳上市案例，2021 年借壳上市的公司案例数量为 0，这也反映了新退市制度的通畅，取消了暂停上市和恢复上市环节等，封杀了一些垃圾股保壳运作的时间、空间，参与炒壳的风险加大，借壳和炒壳逐渐失去了市场。

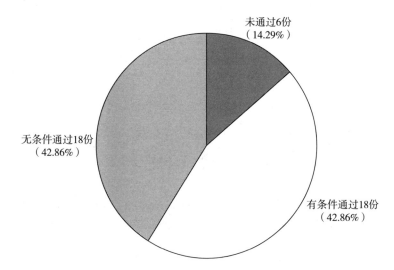

未通过6份
（14.29%）

无条件通过18份
（42.86%）

有条件通过18份
（42.86%）

**图2  2021年并购重组委关于上市公司的并购重组审核情况**

资料来源：中国证监会。

## 四  2021年上市公司并购重组涉及行业情况

根据中国证监会行业分类指引，2021年，上市公司并购共涉及7个门类行业（见图3）。总体上看，并购重组所涉及的行业种类繁多，但制造业占有相当大的比重，高达62.5%。该现象是由中国制造业大国的属性特征和当前完善的制造业产业链、供应链的政策导向共同决定的。此外，电力、热力、燃气及水生产和供应业占比为12.5%。其余行业所涉及并购事件占比均相对较小。

## 五  2021年上市公司公告披露的并购方式统计情况

根据Wind数据库的统计，2021年上市公司公告披露的并购交易中，协议收购是市场首选的并购方式，共有6523起。采取二级市场收购的并购方式位居第二，共有2278起。采取增资的并购方式位居第三，共有1446起

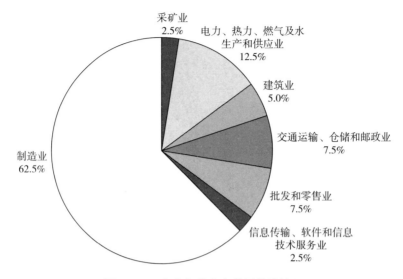

**图3  2021年各行业上市公司并购情况**

资料来源：同花顺iFinD。

（见图4）。目前，2022年国内A股上市公司的并购方式延续了2021年的整体分布情况，仍以协议收购为主。

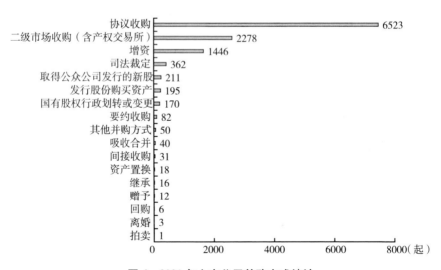

**图4  2021年上市公司并购方式统计**

资料来源：Wind数据库。

## 六 2021年上市公司公告披露的并购支付方式统计

从图5可知，2021年上市公司公告披露的并购方式中现金支付方式占比最高，而选用股权和无偿等方式进行支付的上市公司占比相对较小。很多企业为了缩短审核时间、简化审核程序，均采用现金支付以满足中国证监会"小额快速"审核机制的要求。

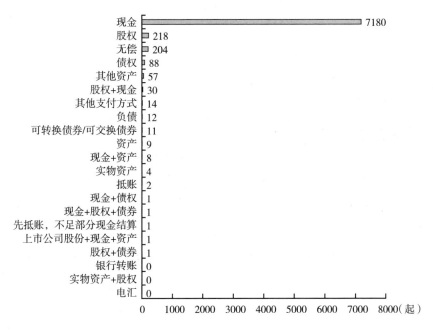

图5 2021年上市公司并购支付情况

资料来源：Wind数据库。

## 七 2021年A股上市公司披露的并购交易统计情况

根据Wind数据库获取的资料来看，2021年上市公司披露的并购重组交易中，并购交易额在0~1亿元、10亿~50亿元两个区间内的交易数量最多，

占比分别为 35.60% 与 25.65%，合计占比超过 60%。另外，1 亿~5 亿元、5 亿~10 亿元以及大于 50 亿元的区间占比相近（见图 6）。

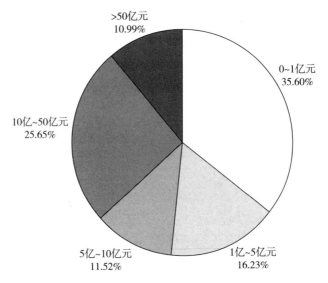

**图 6　2021 年上市公司披露的并购交易额**

资料来源：Wind 数据库。

## 八　2021 年 A 股上市公司并购市盈率统计

根据 Wind 数据库中 2021 年 A 股上市公司并购市盈率的统计，上市公司并购平均市盈率占比排名前三的是：平均市盈率大于等于 40 倍、平均市盈率小于 10 倍和平均市盈率为 10~15 倍，它们的占比分别为 32.09%、21.07% 和 13.07%（见图 7）。这说明 2021 年涉及并购业务的上市公司平均市盈率仍然普遍偏高，存在高估值的风险。

## 九　2021 年上市公司并购的财务顾问机构前十名

根据 Wind 数据库统计，2021 年参与上市公司并购的财务顾问机构排名

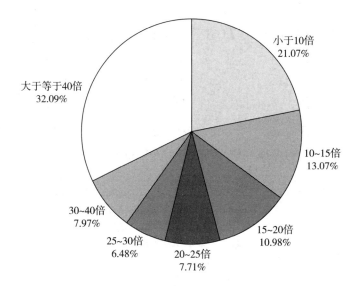

**图7 2021年A股上市公司并购平均市盈率统计**

资料来源：Wind数据库。

前三的是：中国国际金融股份有限公司、申万宏源证券承销保荐有限责任公司和中国国际金融香港证券有限公司（见图8）。这三家公司涉及的总交易金额及占比分别为5082.83亿元（25.70%）、2501.95亿元（12.65%）和1938.56亿元（9.80%）。

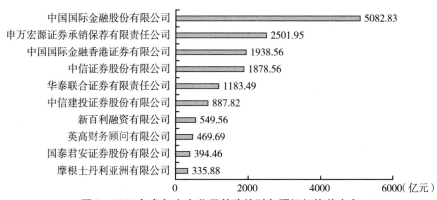

**图8 2021年参与上市公司并购的财务顾问机构前十名**

资料来源：Wind数据库。

## 十　2021年上市公司并购的其他中介机构前十名

根据 Wind 数据库统计，2021 年参与上市公司并购的律师事务所排名前三的是：上海市锦天城律师事务所、北京市中伦律师事务所和北京市金杜律师事务所（见图 7）。这三家公司涉及的交易总金额及占比分别是：750.05 亿元（14.66%）、731.14 亿元（14.29%）、666.90 亿元（13.04%）。

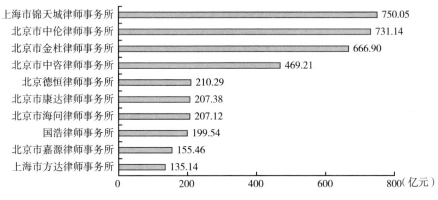

**图 7　2021 年参与上市公司并购的律师事务所前十名**

资料来源：Wind 数据库。

根据 Wind 数据库统计，2021 年参与上市公司并购的会计师事务所排名前三的是：信永中和会计师事务所（特殊普通合伙）、立信会计师事务所（特殊普通合伙）和致同会计师事务所（特殊普通合伙）（见图 10）。这三家公司涉及的交易总金额及占比分别是 1944.49 亿元（14.31%）、1743.21 亿元（12.82%）、981.66 亿元（7.22%）。

根据 Wind 数据库统计，2021 年参与上市公司并购的资产评估机构排名前三的是：北京中企华资产评估有限责任公司、中联资产评估集团有限公司和北京天健兴业资产评估有限公司（见图 11）。这三家公司涉及的交易总金额及占比分别是 1393.22 亿元（11.15%）、1210.90 亿元（9.69%）、1140.93 亿元（9.13%）。

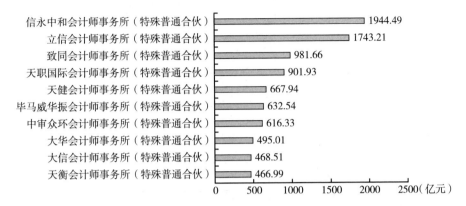

**图10　2021年参与上市公司并购的会计师事务所前十名**

资料来源：Wind 数据库。

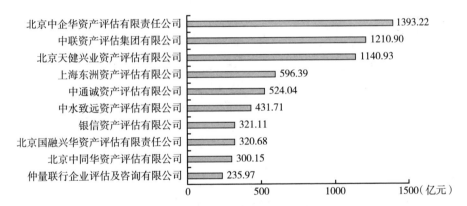

**图11　2021年参与上市公司并购的资产评估机构前十名**

资料来源：Wind 数据库。

根据 Wind 数据库统计，2021 年参与上市公司并购的主办券商排名前三的是：国信证券股份有限公司、申万宏源证券承销保荐有限责任公司和长江证券股份有限公司（见图12）。这三家公司涉及的交易总金额及市场占比分别是 20.72 亿元（7.43%）、19.18 亿元（6.88%）、14.13 亿元（5.07%）。

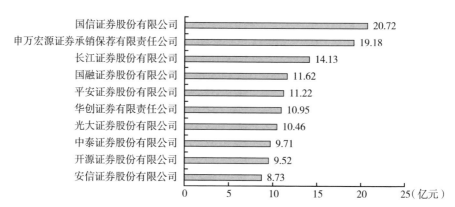

图 12 2021 年参与上市公司并购的主办券商前十名

资料来源：Wind 数据库。

## 参考文献

［1］陈莹、邹晓慧、黄丹霞：《经济政策不确定性对中国企业国内并购的影响研究》，《现代财经》（天津财经大学学报）2021 年第 11 期。

［2］崔文静、夏欣：《A 股面临并购重组新机遇》，《中国经营报》2022 年 4 月 11 日，B03 版。

［3］封文丽、温霞：《全面推进注册制与上市公司质量提升》，《财会通讯》2021 年第 24 期。

［4］胡政、胡凯：《上市公司并购重组问题探究》，《财会通讯》2021 年第 16 期。

［5］黄灵灵、黄一灵：《释放市场活力，科创板创业板优化重组审核机制》，《中国证券报》2021 年 6 月 23 日，A02 版。

［6］彭江：《资本市场枢纽作用日益显现》，《经济日报》2022 年 2 月 27 日，第 2 版。

［7］邵好：《并购重组"降火"，套利狂欢终结》，《上海证券报》2021 年 12 月 28 日，第 1 版。

［8］袁业虎、汤晟：《政策性审核还是实质性审核：产业政策对并购重组委行政审核的影响》，《当代财经》2021 年第 8 期。

［9］赵展慧：《科创板，助创新跑出加速度》，《人民日报》2021 年 8 月 16 日，第 18 版。

［10］曾珠：《注册制背景下企业 IPO 的变化与思考》，《金融与经济》2021 年第 8 期。

# 2021年民营企业并购现状与趋势分析

王大鹏*

**摘　要：** 2021年，民营企业在并购市场中扮演的角色越来越重要，随着全球供应链体系的重构，产业并购成为潮流，围绕产业链上下游的合并整合为诸多民营企业选择。与此同时，国家宏观政策的引导让不同赛道的民营企业感受各异，数字经济、"碳中和"成为时代宠儿，而教培、房地产行业处境艰难。诸多因素也让曾经的一些民企巨无霸遭遇困境。展望2022年，随着注册制全面实施，并购退出将成为IPO之后另一重要选择。"专精特新"作为强链补链的重要抓手，将为并购市场注入新势能。随着全球产业重构，民企将再出海远航。资本的红绿灯也让平台经济的发展和扩张迎来更加规范的指引。

**关键词：** 产业并购　民营企业　专精特新

2021年，新冠肺炎疫情仍在肆虐，世界经济艰难恢复。2021年，中国站在第一个百年奋斗目标实现的节点上，向世人庄严宣示了"共同富裕"这一宏伟蓝图。总体来看，全球产业的重构逻辑仍未清晰，供应链的紊乱和遭受的破坏却显而易见，港口塞船、飞机断航、货价飙升、一芯难求。中国的民营企业面临复杂多变的外部环境，依旧展现出顽强的生命力。2021年，中国市场主体达到1.5亿户，民营企业、中小微企业占比超9成，日均新设

---

* 王大鹏，中国电子工业科学技术交流中心副主任，副研究员，金融学博士后，法学博士，主要研究方向为产业金融、科技创新、并购重组等。

市场主体 7.8 万户，其中 2 万多户是企业。民营企业的"56789"占比和之于经济的重要价值无须赘言，民营企业的并购活动作为民营经济发展的"晴雨表"，其阴晴冷热对整个宏观经济亦同样重要。本报告在回顾 2021 年民营企业并购的基础上，展望未来民企并购发展之路。

# 一　产业并购成为潮流

并购重组是优化资源配置、整合企业资产的重要手段。中国证监会数据显示，2021 年，沪深上市公司并购重组交易为 3335 起，交易金额为 1.78 万亿元，继续保持较高水平，其中仅 1.2% 的交易需要通过中国证监会审核或注册。不过，虽然上会数量减少，但并购市场并不低迷，尤其是基于产业的并购交易日渐活跃。2021 年，并购标的中高端制造业、高新技术产业占比显著提升，战略新兴行业并购重组占全市场并购重组的近四成。与此同时，还存在一个显著现象，同产业背景的上市公司收购上市公司的案例明显增加。2021 年，"A 股上市公司收购上市公司的新披露案例达到 13 起，创下历史新高"①，比过去三年均值增长 44%，交易方式主要为协议转让、定增、换股吸收合并等，而且普遍属于产业并购。

得益于操作规范、透明，市场低估值的水平，注册制带来的壳价值降低等因素，"A 并 A"的案例逐渐增多，这有助于上市公司之间实现优势互补和产业资源的有机结合，提升行业整体的景气度。以物业管理公司为例，"2021 年，物管行业发生的企业并购案涉及金额已超过 400 亿元，这个数值是 2020 年的 4 倍"②。物管行业是从服务于房地产开发业务逐渐独立而走向资本市场。截至 2021 年底，全国上市物管公司达 55 家，随着头部物管企业加快从房企拆分上市进程，行业迎来"大鱼吃小鱼"的新竞争格局。包括

---

① 罗逸姝：《年内 A 股并购超千起 "A 并 A"推动产业整合》，《经济参考报》2022 年 5 月 19 日。

② 王丽新：《头部物企开年加快并购扩规模 去年物管行业并购涉资超 400 亿元》，《证券日报》2022 年 1 月 16 日。

融创服务、万物云、华润万象生活、碧桂园服务等在内的头部物管公司在资本市场的频频出手，加速了物管行业的整合分化。同样的产业并购浪潮还出现在快递物流行业，从顺丰收购嘉里物流，到京东增持达达，控股德邦物流，再到极兔收购百世国内业务，快递物流业的"大鱼吃大鱼"时代也已来临。2021年奶粉行业并购整合提速，伊利入主澳优，创中国乳企间最大并购纪录，成为这个行业的标志性事件。

## 二 "专精特新"助推并购

"专精特新"是国家为精准扶持中小企业发展所做的企业类属划分，目的是通过政策导向引导社会资源流向具有类似特征的中小企业，其具体内涵并未完全固化。不过，从实践来看，"专精特新"的定义通常被广泛理解为"专业化、精细化、特色化和新颖化"。

"专精特新"企业是"专注于细分市场、创新能力强、市场占有率高、掌握关键核心技术、质量效益优的排头兵企业"[1]，虽然市场规模较小，但有着广阔的成长空间，而且其所在的领域往往是制约中国工业发展的"卡脖子"重灾区。发展专精特新"小巨人"企业对于中国工业结构转型和技术创新有着重要的意义。与此同时，专精特新"小巨人"企业的产品或服务对于保障中国产业链和供应链安全也有着重要作用。工信部数据显示，目前，中国已培育国家级专精特新"小巨人"企业4762家，带动省级"专精特新"中小企业4万多家，入库企业11.7万家。[2]

从我们与LP智库联合开展的研究来看，目前获得资本投资的国家级"专精特新"企业占比仅为40%；截至2022年3月15日，国家级"专精特新"企业仅有380家登陆资本市场（不含新三板），另有217家国家级专精特新"小巨人"企业为上市公司的全资子公司，合计占比

---

① 董志勇、李成明：《"专精特新"中小企业高质量发展态势与路径选择》，《改革》2021年第10期。

② 《越是困难，越要走"专精特新"之路》，《人民政协报》2022年7月1日，第9版。

仅为 12.23%。大量的国家级"专精特新"企业还是未上市公司。这为资本的并购留下了充足的空间。此外，按照国家梯度培育的战略规划，"十四五"期间，工信部将打造"百十万千"工程，通过"双创"带动百万家创新型中小企业、10 万家省级"专精特新"中小企业、万家专精特新"小巨人"企业以及 1000 家单项冠军企业。从培育申报条件来看，国家级专精特新"小巨人"企业要求达到细分市场占有率在全国名列前茅或全省前三；单项冠军企业则要求市场份额全球领先，企业申请产品的市场占有率位居全球前 3。从全省前 3 到全球前 3，企业并购整合空间巨大。

2022 年 5 月 16 日，工信部等 11 个部门联合印发《关于开展"携手行动"促进大中小企业融通创新（2022－2025 年）的通知》，提出要促进大中小企业创新链、产业链、供应链、数据链、资金链、服务链、人才链全面融通，这些融通必然少不了并购重组的方式手段。

## 三 行业分化影响明显

2021 年，政策成为市场上最大的变量，教培、房地产等行业面临政策转换，需要更新思维。在此背景下，提高政策的可预期性、科学性，成为普遍共识，2021 年底的中央经济工作会议一锤定音："稳"字当头。与此同时，数字经济、绿色发展享受着政策和市场带来的红利。不同行业因为政策环境的不同，其并购行为也形态迥异。

数字经济、"碳中和"等主题推动 2021 年国内并购交易数量创历史新高。以新能源为例，无论是电池原材料，还是矿产资源，都迎来了资本热捧，"囤矿狂魔"赣锋锂业仅在 2021 年上半年已经进行了 4 次大规模海外锂矿收购。据电池网的不完全统计，2021 年电池新能源行业并购入股案例有 42 起，交易金额总计约 392.98 亿元。而下游的新能源汽车行业，也已经进入了竞争发展与结构调整并重的新时代。

## 四　大型民企遭遇困境

2021 年，一些中大型民营企业经营陷入困境，进入破产重整、债务重组通道。延续了 2020 年的态势，只是在 2021 年，这些名单上多了几个明星企业。例如海航等，如果加上 2020 年已经提到的精功集团、亿阳集团、中南集团、银亿控股等，这串名单还很长。当然，2021 年倒下的"巨无霸"不仅只有中大型民营企业，国有企业如华融、清华紫光、北大方正这些曾经的万亿巨头也接连走向重整。

恒大的困境或许可以归结为地产行业的模式转变，而海航的问题或许现在还扑朔迷离。自 2010 年以来，海航收购了约 40 项海外资产，对自身进行重组，快速扩张全球步伐，交易总额超过 500 亿美元。海航后来也一跃成为国内仅次于华为的第二大民营企业。但是后来由于更严格的控制和流动性问题，它开始面临财务困难，并开始为其资产寻找买家，从"买买买"变成了"卖卖卖"。2021 年 2 月，海航正式被法院受理破产重组申请。2021 年 10 月，海南省高级人民法院裁定批准海航重整计划，此案成为中国目前最大的债务重组案。直至 2022 年 4 月，海航等 321 家实质合并重整计划已经执行完毕并获得法院裁定确认。

## 五　监管发展互相博弈

无论是国内还是国外，2021 年的互联网企业迎来了强力监管，这同样也延续了 2020 年的趋势。高悬的反垄断之剑，使得阿里巴巴被处以中国反垄断史上最高金额的罚款；互联互通要求阿里巴巴、腾讯、字节跳动"拆墙"；滴滴的抢跑直接提升了数据安全、信息合规的审查高度。而在更加宏大的中概股背景下，中国加强对 VIE 架构的规范以及美国对会计底稿的要求，让滴滴的退市又别具意味。显而易见，互联网经济逐渐式微。2021 年 2 月，国务院反垄断委员会发布《国务院反垄断委员会关于平台经济领域的

反垄断指南》；11月，国家反垄断局在北京正式挂牌，这是国家对反垄断体制机制的进一步完善；2021年成为平台经济领域反垄断具有标志性意义的一年。平台经济实体的过往并购行为，不断遭遇事后审查。

在企业主体责任、资本无序扩张、安全等方面的治理成为监管的重要目标。这些问题是由"互联网平台特别是大型互联网平台企业滥用市场支配地位、扰乱市场竞争秩序"①、"二选一"、"大数据杀熟"、App过度索取权限、侵害用户个人隐私、恶意屏蔽网址链接等行为造成的。但与此同时，"平台经济作为数字时代生产力新的组织方式，正在深刻改变人们的生产生活方式，对推动产业升级、优化资源配置、贯通经济循环发挥着愈加重要的作用，特别是为应对疫情冲击、推动经济复苏注入了强大的动能"②。

只是对政策的理解和执行存在一定差异，一时间，曾经风光无限的互联网巨头变得低调，即便是腾讯也自谦为一家小企业。这种悲观的情绪也蔓延到资本市场，从2021年下半年开始，互联网企业美股、港股价格一落千丈。直到2022年3月16日，国务院金融稳定发展委员会会议提出，要为资本设置红绿灯，慎重出台收缩性政策。2022年4月底的中央政治局会议提出要促进平台经济健康发展，出台支持平台经济规范健康发展的具体措施。这意味着，一年多来，中国监管机构对平台经济的专项整改已经取得显著成效，平台经济的监管将进入常态化。

# 六　并购退出地位凸显

随着注册制的全面实施，对一些民营企业，尤其是中小型民营企业而言，寻求并购而非独立IPO将成为其退出的主要方式。主要原因有两个：一是"壳价值"已经大幅缩减；二是低市值企业流动性日渐萎缩。

从"壳价值"来看，借壳成功的案例已经越来越少。按照首次披露日

---

① 杨洁：《监管常态化 促进平台经济规范健康发展》，《中国证券报》2022年5月5日。
② 王春晖：《平台经济将进入在发展中规范新阶段》，《人民邮电报》2022年5月19日。

期口径统计，"2017~2021年，A股上市公司首次披露借壳数量分别为7单、12单、11单、10单和9单，其中成功完成借壳的数量分别为4单、7单、6单、3单和0单，显示自2016年最严重组上市新规以来的5年里A股借壳长期处于低谷，且越来越难以成功"①。因此，交易价值的降低，使得独立上市获取一个"壳"的驱动因素同步降低。

从流动性来看，不同资本市场之间流动性有明显差异，例如，A股和H股之间，整体市场的流动性就具有极大差异，A股长期以来的流动性更好，总体市场日均成交金额和换手率远高于H股，因此，整体上A股的估值要高。而在A股市场内部，流动性也越来越集中于头部上市公司。小市值公司流动性变弱，机构关注度降低，反过来进一步拉低估值。一个明显的例证是，随着新股注册制的持续深入，"新股不败"神话将被终结。

展望未来，随着全面注册制的实施，A股市场的上市公司，其壳价值和流动性溢价都会大幅降低，资本市场定价效率提升将更加体现在对其产业价值的估值方面，而对于中小市值上市公司而言，壳价值和流动性溢价将受到极大影响甚至被抹平。并购尤其是产业并购，必将成为市场退出的主要方式。

# 七　民企出海日渐恢复

2020年，受到新冠肺炎疫情和中美贸易摩擦的影响，中国民营企业在外扩张遇到明显挑战。② 2021年，情况有所好转。普华永道发布的《2021年中国企业并购市场回顾与2022年前瞻》显示，2021年国内企业出海并购数量同比增长25%，金额同比增长11%；安永发布的《2021年中国海外投资概览》称，2021年中企宣布的海外并购总额为570亿美元，同比增长19%。与此同时，在出海并购中，产业布局主要集中在消费、医疗、信

---

① 杨坪：《创业板首例"借壳"过会　　"壳交易"寡淡趋势难改》，《21世纪经济报道》2022年5月14日。
② 王巍主编《中国并购报告（2021）》，社会科学文献出版社，2021。

息科技等新经济行业，而且九成是由民营企业贡献的。

国家之间竞争加剧、地缘局势起伏不定、新冠肺炎疫情对全球供给的冲击长期化等，都给中国企业"走出去"带来了不小的挑战。但"危"中存"机"，中国大、长、全产业链以及工程师红利等也为企业境外拓展带来了相对优势。中国是最近 20 年多边贸易体制最大的受益者，对于中国经济社会发展来说，所谓人口红利、城镇化红利也许会逐渐消退，然而，改革红利、开放红利则是无穷无尽的。

2022 年，俄乌冲突又给世界局势带来了极大的不确定性，美国等发达国家对俄罗斯的金融制裁，一方面让国际资本对新兴国家市场的投资重新定价，另一方面也让世界重估美元价值。人民币国际地位的提升，也给海外投资和海外并购带来新的机遇。

# B.15
# 中国并购基金的发展分析

陈宝胜*

**摘　要：** 近年来，国外并购基金的发展与美国历史上的并购浪潮紧密相关，全球并购基金规模显著增长，而从国外并购基金的投资及退出情况来看，则均有所下降。中国的并购基金经历了著名海外并购基金进入中国、本土并购基金出现、本土并购基金加速发展以及各类型并购基金出现四个阶段。2021 年，中国的私募股权基金总体规模不断扩大，市场前景看好，管理机构的管理和运作更加规范。随着中国并购市场的活动日趋频繁，掀起了第六次并购浪潮。对于中国并购基金而言，未来发展面临的机遇和挑战并存，总体上，中国并购基金相较西方发达国家的并购基金在私募股权投资基金中的占比还处于起步阶段，仍有较大的增长潜力。

**关键词：** 并购基金　投资　私募股权投资

## 一　2021年中国并购基金的发展概况

### （一）美国并购浪潮中并购基金作用

分析国外并购基金发展历程可以看出，其和美国历史上出现的并购浪潮紧密联系，我们首先回顾美国历史上 5 次并购浪潮的过程和特点（见图 1）。

---

* 陈宝胜，博士后，中国投资协会股权和创业投资专业委员会副会长，复旦大学兼职硕士研究生导师，主要研究方向为产业整合、并购重组、资本运作、基金投资等。

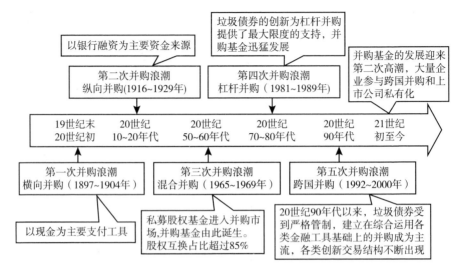

**图1 美国历史上5次并购浪潮的过程和特点**

资料来源：陈宝胜、毛世辉、周欣：《并购基金实务运作与精要解析》，中国法制出版社，2018。

并购基金是美国并购活动中最重要的推动者之一，其发展与杠杆并购模式及债务融资工具创新密切相关。并购基金本身不为相应的债务融资提供担保，而是以并购标的资产和未来现金流作为融资担保。

并购基金是专业化的金融机构投资者。资金规模相对较小，充分利用外部资金和金融创新是其最大优势。伴随着市场风险和宏观经济变动及投资者风险偏好调整，并购基金所利用的外部资金主体也相应发生了变化：初期以银行贷款为主，之后保险资金和银团贷款以低成本优势及合作契约优势对银行贷款形成竞争。20世纪80年代，垃圾债券以较低的成本和较大的规模成为并购基金最重要的资金来源。美国多家知名的大型并购基金都是在这个时期先后设立并蓬勃发展起来的。

美国主流并购基金除了实施大规模的杠杆并购交易之外，也会帮助目标公司实施管理层收购。自从20世纪70年代以来，已经有较多的企业集团前期因为业务多元化，发展不佳，从而希望卖掉其控股的业绩较差的公司。同时，这些业绩较差公司的管理层则认为，如果能够从这些企业集团中独立出来发展，并且管理层被授予良好的激励政策，那么这些下属企业仍然可以取得突出的业绩。

KKR集团创始人之一的科尔伯格，他研究出的杠杆并购模式，可以帮助企业管理层积极参与其中：充分促进具有丰富经验的企业管理层一起实施杠杆并购，让这些有能力提升企业价值的管理层持有一定股份，进而促进并购方与企业管理层的有效合作，提升管理层的管理效率，增强公司的盈利能力。

2000年后，并购基金的发展迎来第二次高潮，大量企业参与跨国并购和上市公司私有化活动。在此过程中，并购基金参与上市公司私有化的方式，主要是帮助上市公司控股股东或主要股东对流通在外的股份进行要约收购，从而实现上市公司私有化；进行资产重组和管理提升后，再选择对目标资产估值较高的上市地点重新上市。

20世纪80年代，美国并购基金大规模经营杠杆收购业务，KKR、黑石、凯雷、TPG都是这一时期发展壮大的。这些典型的并购基金在发展过程中也逐渐发生变化：一方面，并购基金的并购操盘策略从以控股型并购为主转变为控股型和参股型并重，特别是在这些并购基金进入中国、印度及其他新兴市场后，对参股型并购的运用越来越多；另一方面，在并购业务之外，部分领先的投资机构还开拓了房地产基金、对冲基金、债券基金等其他领域的基金业务，成为综合性的资产管理集团。

## （二）中国并购基金的成长阶段

海外资本市场中，并购基金在企业并购市场中发挥着重要作用。伴随着中国经济快速发展，自2000年以来，中国并购基金也开始成长，而且在发展中越来越受到国内资本市场的追捧与重视（见图2）。

### 1. 阶段一：海外并购基金开始拓展中国市场（1999~2000年）

海外并购基金拓展中国市场，标志事件是凯雷和Navis于1999年在中国创建了3只外资并购基金，在此之后，海外并购基金不断进入中国拓展中

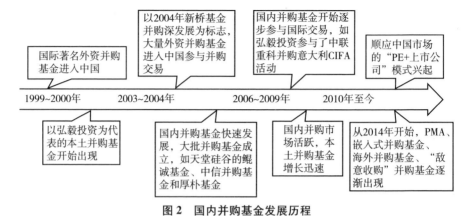

**图 2　国内并购基金发展历程**

资料来源：陈宝胜、毛世辉、周欣：《并购基金实务运作与精要解析》，中国法制出版社，2018。

国市场，实施了一些并购活动。而同时，作为新兴事物，其发展也促进了中国本土并购基金的成长。

2. **阶段二：海外并购基金在中国快速发展，中国并购基金进入萌芽阶段（2003~2004年）**

中国本土并购基金萌芽于2003年创建的弘毅投资，在此阶段，正在进行的大量国企改革带来了诸多并购机会。基于市场需求，中国并购基金与海外并购基金一起，开展了一系列关于国企改革的并购，如美国新桥基金并购深发展、弘毅投资并购苏玻集团等。

3. **阶段三：中国并购基金步入快速发展时期（2006~2009年）**

2006~2009年，共有36只并购基金在中国创建，如天堂硅谷在2006年创建了鲲诚基金，第二年中信并购基金和厚朴基金相继成立。这一阶段，由于并购基金陆续成立、数量不断上升，并购基金所参与并购交易的次数和影响力也陆续攀升，出现了一些比较有影响力的案例，如中联重科联合弘毅投资、海外的曼达林基金和高盛公司，组团实施了意大利CIFA并购。

4. **阶段四：中国市场涌现各类并购基金（2010年至今）**

自2010年以来，由于中国不断深入的经济结构调整与新兴产业发展，市场的需求使得中国并购活动日渐频繁，并购基金数量也相应地不断增加。

同时，各地方政府也通过引导基金方式，积极参与实现市场化决策的并购基金中。在这一发展阶段，并购基金的组织形式和投资理念也实现了快速发展。

按并购基金的核心运作模式分类，能够将目前市场上的并购基金分为六类：传统并购基金、"PE+上市公司"并购基金、PMA、嵌入式并购基金、海外并购基金和"敌意收购"并购基金。

这些类型中，总体上"PE+上市公司"并购基金比较契合中国并购现状和未来发展。一方面，上市公司通过与 PE 机构协同，能够实现双方优势互补，共同发挥资本运作的整合力量；另一方面，这类基金在成立之初，就能够围绕上市公司的战略发展方向进行布局，从而有着明确投资方向和通畅退出渠道，也具有较短投资周期的优势。

### （三）2021年中国并购基金的发展情况

中国证券投资基金业协会发布数据显示，2021 年私募股权基金总体规模不断扩大，共有私募股权基金管理人 1.5 万家，管理基金 4.53 万只，存量管理资本达到 12.78 万亿元，市场前景看好。私募股权投资管理机构的管理和运作更加规范，并出现了较多头部机构。

在国家政策的支持下，更多类型的机构取得私募股权投资基金管理人牌照，银行、保险、证券、信托等大型金融机构加入股权投资的竞争市场中，私募股权投资参与主体更加多样化，也给市场带来了更多的投资资本和资源。

而政府引导基金已成为市场化基金的重要组成部分，根据投中研究院数据，截至 2021 年末，各级政府共成立 1437 只政府引导基金，自身规模累计达 24666 亿元。2021 年，政府引导基金进一步加快投资步伐，设立数量为 62 只，目标规模为 2507 亿元人民币。早期设立的政府引导基金基本投资完毕，而在中后期设立的引导基金目前正处在投资的高峰时期。

根据《中国私募股权投资基金行业发展报告（2021）》，截至 2020 年末并购基金存量 5435 只，管理规模 1.84 万亿元。2020 年受国内外经济金

融环境、资本市场波动及监管政策调整影响，新备案并购基金数量和规模整体有所下降，且募资时长和难度增加。

越来越多的私募股权基金管理人开始涉足并购基金行业，从创投基金、PE 基金转向并购基金，这与国际发达地区私募基金发展的普遍趋势一致。

## 二 中国并购基金发展的机遇与挑战

### （一）中国并购市场的活动日趋频繁

中国并购市场的活动日趋频繁。根据普华永道发布的《2021 年中国企业并购市场回顾与 2022 年前瞻》，2021 年，中国国内并购交易数量达到历史最高，总数为 12790 项，与 2020 年相比增加了 21%；2021 年的并购交易金额，相比历史最高额的 2020 年，下降了 19%，总金额为 6374 亿美元（见图 3）。以交易量统计，中国占全球并购市场的比例约为 20%；以交易额统计，中国占全球并购市场的比例约为 13%，总体上，中国已经成为全球并购市场越来越重要的参与方。并购交易随着中国经济转型升级和战略推进而蓬勃发展。

图 3 2017~2021 年中国并购交易金额和数量

资料来源：普华永道。

226

根据全市场口径，2013 年中国 A 股上市公司，其并购交易总额达到 8892 亿元，至 2021 年则增加到 1.9 万亿元。并购重组已成为资本市场支持实体经济发展的重要方式。

相较于发达国家，中国在并购方面还属于初级发展阶段，而中国上市公司已成为国内并购市场的核心力量，主要原因是上市公司在融资与支付方面有着较大的优势。总体而言，根据交易目的不同，上市公司并购重组主要有三种类型，即整体上市、借壳上市与产业并购。比较明显的趋势是，中国上市公司已逐步发展为以产业并购为主来开展相关并购活动。

产业并购是以产业整合和产业价值提升为目的的资产重组与并购，具体是指以上市公司为主体进行行业或上下游产业的资产收购、重组行为，包括产业链的横向和纵向并购，也存在产业跨界并购，主要特征为市场化。近年来，此类并购交易发生越来越频繁，是上市公司实现成长的重要途径之一。并购能给上市公司带来更多的利润增长，反映在二级市场上则表现为股价和市值的提升，从而进一步推动上市公司进行更大规模、更高质量的产业并购。毫无疑问，产业并购将成为未来中国上市公司并购的主流。

## （二）第六次并购浪潮发展

目前，中国经济已进入转变发展方式、换挡发展速度、转换增长动力、调整经济结构的重要阶段，习近平总书记以"腾笼换鸟，凤凰涅槃"的"两只鸟论"，强调了"结构调整、方式转变"的核心要点及战略目标。

现阶段，客观而言，中国大多数企业的发展规模还较小，行业集中度也较低，企业的发展潜力和前进速度还较慢。在这种情况下，面对市场压力和竞争对手，企业较难通过自身积累实现产业转型升级。而反观跨国企业发展，并购无疑是这些世界 500 强企业实现快速崛起的重要路径，可以预见，未来并购也将是中国企业实现快速发展的重要路径。

目前，一方面，中国面临部分行业产能过剩、竞争激烈的现状，行业竞争中占据优势的企业可以通过自身的资金优势和管理优势整合过剩和落后的产能，通过输出管理和设备改造提升弱势企业的盈利能力；另一方面，高端

制造和现代服务业的供应不足，中国具有充足资本的企业都在向海外高技术产业进行资本输出，并购高新产业的技术和产能，期望在完成整合后引入需求巨大的中国市场，为中国市场提供高端产品和服务。

因此，行业整合、产业升级以及产融结合将是中国并购市场发展的主要方向，也是核心机会所在（见图4）。

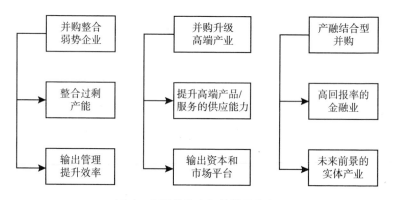

**图4　中国并购市场的发展方向**

# 三　并购基金收购案例

## （一）传统并购基金案例

### 1. 传统并购基金特点分析

（1）主要运作方式

传统并购基金通过控股或较大比例参股目标企业，后续帮助目标企业实施管理改善、业务整合、机构重组等，从而提升目标企业的核心内在价值，进而通过各类途径实现退出来获取基金收益。

（2）突出特点

中国传统并购基金和海外并购基金的运作思路较为一致，在并购基金赢利路径上，都是坚持长期产业投资，在此过程中协助企业实现价值增长。

**2.代表案例：高瓴资本联合鼎晖投资并购百丽国际**

2017年7月25日，高瓴资本、鼎晖投资以及百丽国际的执行董事于武、盛放组成的财团作为要约方，以6.3港元/股的价格收购百丽国际全部已发行股份，收购总价为531亿港元，较百丽国际停牌前最后交易日的收市价5.27港元溢价19.54%。百丽国际正式私有化，从港股退市。

上述财团成员共同成立并购基金 Muse Holdings Inc.，下设两层子公司用于收购百丽国际。交易完成后，高瓴资本持有百丽国际56.81%的股份，鼎晖投资旗下SCBL公司持有12.06%的股份，于武及盛放等百丽国际管理层出资组成的智者创业有限公司持有31.13%的股份（见图5）。

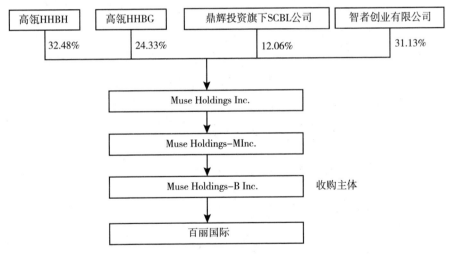

**图5 百丽国际私有化后的股权结构**

经过多年的扩张，百丽国际的经营业绩趋于稳定。由于整体行业性的问题以及百丽品牌老化、销售渠道等因素，股价持续低迷。百丽国际退市前营业收入为417亿元，利润为35.55亿元。

要约收购百丽国际的现金出资为453亿港元，其中280亿港元为美国银行提供的并购贷款，剩余173亿港元由高瓴资本和鼎晖投资等组成的财团提供。

在高瓴资本、鼎晖投资等收购方看来，百丽国际拥有良好的现金流，年度净利润超过 30 亿元，符合作为杠杆收购对象的基本要求。

一方面，百丽国际的业务本身也存在可以提升的空间；另一方面，百丽国际运动服饰业务具有独特的价值，并可以运作分拆在中国香港上市。因此，在百丽国际私有化之后，高瓴资本就开始分拆百丽国际，将滔搏国际从中独立出来，并开展品牌更新、管理改善和效率改进等系列活动。

2019 年 6 月，分拆自百丽国际的体育用品经销商滔搏国际向港交所提交招股申请，拟赴香港主板上市。

2019 年 10 月 10 日，滔搏国际在港交所实现上市。员工约 4 万人的滔搏国际，在中国 30 个省份近 270 个城市有着 8300 余家直营门店，是中国最大的运动鞋服直营网络，占据国内运动鞋市场超过 15% 的市场份额，行业排名第一。滔搏国际运营的品牌包括耐克、阿迪达斯、彪马、匡威、Asics 等国际品牌。

上市首日，滔搏国际股价收盘时每股报 9.25 港元，市值达 574 亿港元，已超 2017 年百丽国际私有化时 531 亿港元的市值。而在私有化 5 年之后，由高瓴资本操刀转型后的百丽国际又将重新冲击港股 IPO。2022 年 3 月 16日，百丽时尚集团正式向港交所提交上市申请。

## （二）"PE+上市公司"并购基金案例

### 1."PE+上市公司"并购基金特点分析

（1）主要运作方式

该类并购基金，主要是由私募股权投资（PE）机构联合上市公司（或关联人）成立，一起参与基金管理，创建并购基金，进而以此上市公司的核心产业链或未来发展方向为战略投资重点。

（2）突出特点

该类并购基金成立之初，就有着明确的战略投资方向和顺畅的并购退出渠道，因此可以实现较短的投资周期，退出较为方便。在这种模式下，PE机构和上市公司联手，发挥各自优势，能够协同产业和资本，总体上具有较好的整合运作能力。

### 2.代表案例：爱尔眼科设立并购基金

作为眼科专科医院的龙头企业，爱尔眼科于2014年首次设立并购基金，2017年上半年爱尔眼科注入9家并购基金医院，为其带来营业收入4.35亿元，净利润6871万元，实现了业绩的超预期增长。通过"PE+上市公司"并购基金的运作，爱尔眼科进一步稳固了眼科专科医院的行业龙头地位。

2018年10月27日，爱尔眼科公告拟以自有资金1.9亿元投资湖南亮视长星医疗产业管理合伙企业（有限合伙）（以下简称"亮视长星"）。亮视长星总规模为10亿元，经营期限为5年（见图6）。

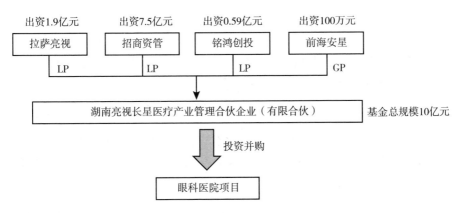

**图6 亮视长星并购基金结构**

从2014年开始，爱尔眼科先后参与设立了前海东方、湖南中钰、南京安星、亮视交银、亮视长银、亮视长星、亮视晨星7家专门用于收购医院资产的并购基金。这7家并购基金预计募资总额为72亿元，而爱尔眼科预计自身投资金额为12.68亿元，占总募资额的17.61%。

截至2021年12月31日，爱尔眼科品牌医院、眼科中心及诊所在全球范围内共有723家。其中，中国内地610家（上市公司旗下292家，产业并购基金旗下318家）、中国香港7家、美国1家、欧洲93家、东南亚12家，与上市之初相比已经有了数十倍的发展。爱尔眼科通过参与筹建并购基金，围绕自身战略发展方向，可以获得更多市场资金，支持网点快速扩

张，同时也规避并购风险，并为上市公司后续可持续发展储备了足够的潜在项目。

### （三）A股并购基金（PMA）案例

**1. PMA特点分析**

（1）主要运作方式

该类并购基金首先通过受让、二级市场交易等方式控股上市公司，进而重新明晰上市公司的战略目标与路径，注入受市场欢迎的战略新兴产业资产，提升上市公司盈利能力，从而实现价值提升并获取利润。

（2）突出特点

该类并购基金通过A股上市公司平台，对战略新兴产业资产或市场看好的创新概念资产进行并购重组，提升上市公司盈利能力，促进上市公司股价上涨，从而实现股权增值，获取利润。

**2. 代表案例：东方富海入主光洋股份**

深圳市东方富海投资管理股份有限公司（以下简称"东方富海"），其为国内著名的PE机构，通过收购A股上市公司光洋股份的母公司，达到了控制光洋股份的目的。

光洋股份主营业务为汽车精密轴承的研发、制造与销售，近年来的业绩表现平平，特别是2018年，汽车产业整体业绩欠佳。光洋股份出现上市后的首次亏损，2018年实现营业收入13.5亿元，净利润-9040.36万元，同比分别下降7.24%和849.80%。

常州光洋控股有限公司（以下简称"光洋控股"），为光洋股份的控股股东。2019年6月17日，东方富海及其关联方与光洋控股的3名自然人股东签署了《股权转让协议》。原股东将其持有的光洋控股100%股权转让给深圳富海光洋股权投资基金合伙企业（有限合伙）（以下简称"富海光洋基金"）和深圳市东方富海创业投资管理有限公司（以下简称"富海创业投资"）。

2019年8月之后，富海光洋基金分批次引入了扬州市江都区政府投资引导基金有限公司、扬帆新材、程上楠和沈林仙等数名有限合伙人（见图 7）。

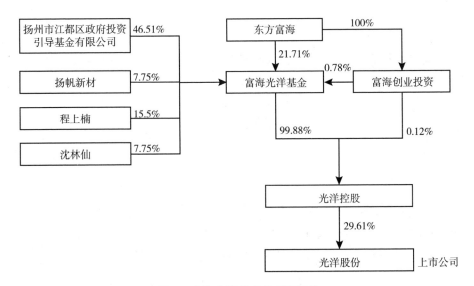

图 7　富海光洋基金的出资结构

其中，富海光洋基金通过支付 11.99 亿元并购 99.88%的光洋控股股份，而富海创业投资收购 0.12%的光洋控股股份。光洋控股 100%的股权，对应上市公司光洋股份总股本的 29.61%。此并购完成后，富海光洋基金将间接持有 29.58%的光洋股份股权。2019 年 6 月 29 日，光洋股份公告，实际控制人将变更为富海光洋基金。

在国内资本市场，由 PE 机构控制上市公司控制权的情况并不多见。比较引人关注的案例有 2015 年九鼎集团间接收购上市公司中江地产，并注入昆吾九鼎 100%股权，九鼎集团将私募股权投资业务注入中江地产，上市公司更名为九鼎投资。

富海光洋基金方面表示，购买上市公司控股股东股权是认可光洋股份的发展理念和业务战略，未来将结合自身资源，基于上市公司平台，不断改善资产质量，提高盈利能力，促进上市公司持续成长。

## （四）海外并购基金案例

### 1. 海外并购基金特点分析

（1）主要运作方式

该类并购基金收购中国境外标的公司，将业务引入中国市场进行发展。

（2）突出特点

海外并购基金的特点是将海外技术或产品嫁接到中国市场。

### 2. 代表案例：建广资产和闻泰科技先后收购安世半导体

安世半导体前身为荷兰恩智浦的标准产品事业部，拥有 60 多年的半导体行业专业经验，于 2017 年初开始独立运营。安世半导体覆盖了半导体产品的设计、制造、封装测试的全部环节，在全球拥有 11000 名员工，有 10000 多种热销产品和 20000 多家客户，销售网络覆盖全球主要地区。

由于高度依赖进口芯片对中国国内制造业自主发展造成了威胁，2016 年 6 月 14 日，恩智浦半导体标准产品事业部被建广资产和智路资本以 27.5 亿美元收购。除了设计部门，该交易还包括位于荷兰的恩智浦工业技术设备中心、恩智浦位于英国和德国的两座晶圆制造工厂和位于中国、菲律宾、马来西亚的 3 座封测厂，以及标准产品业务的全部相关专利和技术储备，由该业务独立产生了安世半导体公司。

建广资产是一家专注于集成电路产业与战略新兴产业投资并购的资产管理公司，它设立合肥裕芯作为境内出资方，与境外的智路资本（JW Capital）组成了海外并购实体裕成控股，继而收购安世半导体（见图 8）。

据报道，当时智路资本管理的基金投入 4.5 亿美元，建广资产管理的基金投入约 16.3 亿美元，合计约 20.8 亿美元全部投资到裕成控股。建广资产管理基金中，出资人包括京运通、闻泰科技、东山精密等多家上市公司或其实际控制人，以及合肥市建设投资控股（集团）有限公司。

由于安世半导体是全球领军的半导体器件供应商，建广资产完成对安世半导体的收购后，引来了银鸽投资、旷达科技、东山精密、闻泰科技等多家上市公司对其进行竞购。各方产业资本的竞标中，最终以闻泰科技为主的联

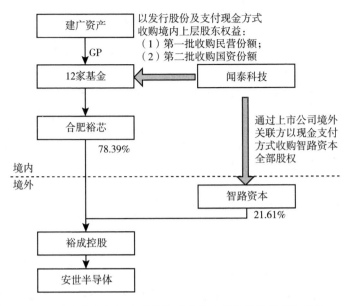

**图8　建广资产和闻泰科技先后收购安世半导体的出资结构**

合体胜出。

2019年3月，闻泰科技发布公告，拟以发行股份及支付现金的方式收购安世半导体的部分上层股东权益份额，并购对价267.9亿元人民币，相当于间接持有安世半导体74.46%的权益比例。2019年6月，该次交易获得中国证监会的核准，并于2019年12月正式实施。

2020年4月，闻泰科技发布公告，拟通过发行股份及支付现金的方式收购剩余的上层股东权益份额，并购对价63.3亿元人民币，获得安世半导体23.77%的权益比例，交易完成后总计持有安世半导体98.23%的权益比例。同时闻泰科技发行股份募集配套资金，主要用于安世半导体在中国设立新项目以及补充上市公司流动资金。

安世半导体专注于分立器件、逻辑器件及MOSFET市场。安世半导体在恩智浦手中时，2010~2016年的营收复合增速仅为1.1%，自2017年2月从恩智浦独立之后，开始逆势高速增长。

第一家收购方建广资产在并购整合上做了大量的工作，包括建立了完备

的高管团队，加强了项目和产业链的建设，充实上下游形成全产业链的竞争力。安世半导体背靠中国市场，又自主可控，在广东新增封测生产线，2018年生产总量稳居全球第一。

闻泰科技作为全球最大的手机原始设计制造商，具备集研发与制造于一体的全业务链解决方案能力。在此次收购安世半导体后，闻泰科技将成为中国唯一拥有完整产业链的国际整合元件制造商（IDM），真正让本次并购交易产生"1+1>2"的协同效应。

### （五）"敌意收购"并购基金案例

1. "敌意收购"并购基金特点分析

（1）主要运作方式

该类并购基金通常在未经目标公司董事会允许的情况下，开展收购活动，在收购过程中，并不在意对方是否同意而强行推进。

（2）突出特点

该类并购基金通常以上市公司为敌意收购对象，因为收购过程往往会动用打扰资金量，因此，一般会涉及较大金额外部融资。目前国内"敌意收购"主要是以控制上市公司为目的的战略性投资。

2. 代表案例：美年健康"敌意收购"爱康国宾

2014年4月9日，中国民营预防医疗服务提供机构爱康国宾成功登陆纳斯达克证券交易所，IPO募资规模1.53亿美元。与此同时，爱康国宾以公开发行价格向中投旗下的投资机构发行4000万美元的私募配售。由此，爱康国宾成为中国健康体检行业第一家上市公司。

2014年11月，美年健康以36亿元人民币的对价收购慈铭体检，成为行业第一，并在2015年3月以55亿元人民币的对价成功借壳江苏三友。

美年健康基于行业整合的目的，向爱康国宾发起"敌意收购"，最终爱康国宾被云锋基金私有化。整个"敌意收购"过程分为以下6个步骤。

第一步：爱康国宾实际控制人启动私有化，美年健康却展开"敌意收购"

2015年8月31日，爱康国宾董事长兼CEO与相关基金一起（以下简称

"内部买方团"），向爱康国宾提出，愿意以 17.80 美元每份美国存托股份（ADS）的价格私有化（相当于每股 35.6 美元）。

然而，美年健康却提出拟以更高价格对爱康国宾进行要约收购。2015 年 11 月 30 日，江苏三友集团股份有限公司（即美年健康）主导的买方团，向爱康国宾董事会提出，以 22 美元每份美国存托股份（ADS）的价格私有化，相比内部买方团报价高出 23.6%。

第二步：爱康国宾董事会通过"毒丸计划"

2015 年 12 月 2 日，"毒丸计划"由爱康国宾董事会表决通过。

第三步：美年健康应对"毒丸计划"两次提高报价

2015 年 12 月 15 日，由美年健康买方团提出，将以 23.50 美元每份美国存托股份（ADS）价格，全现金收购所有普通股和美国存托股份（ADS）。该收购价格比内部买方团报价高出 32.0%。

2016 年 1 月，阿里巴巴、中国人寿等企业也加入内部买方团，从而联合构建新的内部私有化买方团。

之后，美年健康买方团又进一步提出，可以以 25 美元每份美国存托股份（ADS）价格，全现金收购所有普通股和美国存托股份（ADS）。该收购价格比内部买方团报价高出 40.4%。

美年健康买方团在原买方成员的基础上又新增了上海源星胤石股权投资合伙企业（有限合伙）、上海赛领资本管理有限公司和海通新创投资管理有限公司。

第四步：美年健康与爱康国宾在私有化报价之外的"斗争"

除了启动"毒丸计划"之外，爱康国宾已在其他领域对美年健康展开狙击，意图阻止美年健康的恶意收购，包括如下几方面。

一是举报在美年健康担任销售职务的前爱康国宾员工泄露爱康国宾商业机密。

二是向商务部实名举报美年健康涉嫌违反《中华人民共和国反垄断法》，同时向中国证监会与交易所举报美年健康在信息披露方面存在披露不实的问题。

三是进一步向法院递交关于双方之间的知识产权诉讼等。

第五步：云锋基金开展私有化报价

2016 年 6 月 6 日，爱康国宾公告，收到云锋基金发出的私有化报价函，对方愿意以每份美国存托股份（ADS）20~25 美元的价格，全现金收购 100% 爱康国宾股权。该报价上限与美年健康最新一次报价相同。

2016 年 6 月 8 日，美年健康公告，因为"鉴于爱康国宾私有化进程的最新变化，公司参与的买方团综合考虑各方面的因素，决定不再向爱康国宾特别委员会呈递有约束力的收购要约，公司亦决定退出买方团"，也就是"敌意收购"爱康国宾行动被停止。

第六步：云锋基金、阿里巴巴联合爱康国宾创始人再次报价，最终爱康国宾董事会接受交易价格

云锋基金首次报价后，爱康国宾私有化进程搁置了很长时间。2018 年 3 月，爱康国宾公告，云锋基金与阿里巴巴联合牵头的买方团，提出了全现金收购计划，表明愿意收购爱康国宾的所有 A 类、C 类普通股，以及美国存托股份（ADS），提议收购价为每份美国存托股份（ADS）20 美元。

在本次私有化之前，爱康国宾董事长张黎刚、副董事长何伯权两人合计持有的股权比例是 25.6%，虽然持股比例不高，但是两人持有的表决权比例高达 43.1%（包含 C 类股）。

2019 年 1 月，爱康国宾宣布私有化完成，私有化价格最终定为每份美国存托股份（ADS）20.60 美元（41.20 美元/普通股）。私有化主体为 IK Healthcare Holdings Limited 及其全资子公司 IK Healthcare Investment Limited。

**参考文献**

[1] 成思危：《中国风险投资实务运作与创新发展》，民主与建设出版社，2003。
[2] 张陆洋、崔升、肖建：《创业—组合投资理论与实务》，复旦大学出版社，2010。
[3] 张陆洋：《风险投资发展国际经验研究》，复旦大学出版社，2011。
[4] 陈宝胜、毛世辉、周欣：《并购重组精要与案例》，中国法制出版社，2017。

［5］刘东波：《基于 Pre-IPO 项目下的中国私募股权基金风险浅析》，《商业经济》2012 年第 3 期。

［6］郑振龙、陈志英：《现代投资组合理论最新进展评述》，《厦门大学学报》（哲学社会科学版）2012 年第 2 期。

［7］陈宝胜、毛世辉、周欣：《并购基金实务运作与精要解析》，中国法制出版社，2018。

［8］伍旭川、刘学：《金融科技的监管方向》，《中国金融》2017 年第 5 期。

［9］张磊：《价值》，浙江教育出版社，2020。

［10］〔美〕苏世明：《我的经验与教训》，中信出版社，2020。

# 热 点 篇
## Popular Issues

# B.16
# 反垄断监管框架下互联网平台
# 并购发展新趋势

俞铁成 杨淇茗 田雪雯*

**摘　要：** 随着2021年反垄断监管的常态化，互联网和相关服务业的并购业务受到一定的影响，2021年全年互联网和相关服务业的并购交易数量相比去年同期下降了23.75%。互联网企业受反垄断行政处罚案件数量为89起，占处罚案件总数的74.17%，涉及的领域包括电商、餐饮外卖等，罚款累计已经突破了200亿元，仅阿里巴巴和美团的处罚就分别达到182.28亿元和34.42亿元，刷新了中国反垄断行政处罚纪录。国家市场监督管理总局依法禁止虎牙和斗鱼合并则是中国首次以反垄断为由阻止互联网科技行业的合并。

---

\* 俞铁成，广慧并购研究院院长、广慧投资董事长、上海金融文化促进中心副理事长，著有《并购陷阱》等；杨淇茗，英国伦敦政治经济学院金融统计硕士，现任广慧投资执行董事，曾就职于普华永道、凯石资本，擅长股权投资与企业并购咨询；田雪雯，剑桥大学金融学硕士，广慧并购研究院总监、广慧投资副总裁，拥有多年海外工作经验，前摩根大通集团企业与投资银行部高级分析师。

**关键词：** 反垄断　互联网　并购

# 一　互联网平台反垄断监管事件及政策梳理

自 2020 年底国家市场监督管理总局发布的《关于平台经济领域的反垄断指南（征求意见稿）》起，针对互联网与平台的监管已进行一年多，特定行业发展更为健康有序，政策体系的建设与实施也逐步完善。

**表 1　反垄断相关事件及政策时间线**

| 时间 | 政策/事件 |
|---|---|
| 2020.11 | 国家市场监督管理总局发布《关于平台经济领域的反垄断指南（征求意见稿）》 |
| 2020.12 | 国内互联网反垄断第一起执法案例：对阿里巴巴投资、阅文和丰巢网络顶格处罚 |
| | 国家市场监督管理总局对阿里巴巴集团涉嫌"二选一"垄断行为进行立案调查 |
| | 中共中央政治局会议强调强化反垄断和防止资本无序扩张 |
| | 中央经济工作会议将"反垄断和防止资本无序扩张"列为 2021 年八项重点任务之一 |
| 2021.02 | 国务院反垄断委员会发布《国务院反垄断委员会关于平台经济领域的反垄断指南》 |
| 2021.03 | "十四五"规划中强调加大反垄断执法司法力度 |
| | 中央财经委员会第九次会议强调提升监管能力，充实反垄断监管力量 |
| | 腾讯、百度、美团、苏宁以及多家互联网科技公司被实施顶格处罚 50 万元 |
| 2021.04 | 国家市场监督管理总局会同多部门召开互联网平台企业行政指导会，34 家企业代表参加 |
| | 国家市场监督管理总局公布阿里巴巴处罚决定书，罚款 182.28 亿元并责令改正 |
| 2021.07 | 国家市场监督管理总局依法禁止斗鱼与虎牙合并 |
| | 国家市场监督管理总局对腾讯音乐收购中国音乐股权做出行政处罚决定，责令腾讯音乐解除网络音乐独家版权 |
| 2021.08 | 中央全面深化改革委员会第二十一次会议强调，加强反垄断反不正当竞争监管力度，完善物资储备体制机制 |
| 2021.09 | 人民银行副行长表示，互联网平台整顿已取得重要的阶段性成果，支付领域反垄断有待深入 |
| 2021.10 | 国家市场监督管理总局公布美团处罚决定书，罚款 34.42 亿元并责令改正 |
| 2021.11 | 国家反垄断局正式挂牌成立 |
| | 国家市场监督管理总局依法对 43 起经营者集中案做出行政处罚决定，对涉案企业分别处以 50 万元罚款 |

续表

| 时间 | 政策/事件 |
|---|---|
| 2021. 12 | 中央经济工作会议提出要深入推进公平竞争政策实施,加强反垄断和反不正当竞争,以公平监管保障公平竞争 |
| 2022. 01 | 国家发展改革委等九部门联合印发《关于推动平台经济规范健康持续发展的若干意见》 |

资料来源:国家市场监督管理总局官网、中国政府网、工信部官网、《人民日报》、《21世纪经济报道》、财联社、中新网、广慧并购研究院。

2021年11月,国家反垄断局正式挂牌成立,市场竞争反垄断监管进入新常态。2022年3月,全国市场监管系统反垄断工作会议召开,明确了过去反垄断工作取得的成效。

根据《中华人民共和国反垄断法》的规定,垄断行为如表2所示。

表2 垄断行为与行为解释及特点

| 垄断行为 | 行为解释及特点 |
|---|---|
| 经营者达成垄断协议 | 指经营者之间通过协议达成合意,实施固定价格、划分市场、限制产量、指定交易等限制、排除竞争的行为,通常垄断协议表现形式多种多样,在实际中可能是一个行业上下游经营者达成指定交易协议,抑或具有竞争关系的经营者达成划分市场的协议 |
| 经营者滥用市场支配地位 | 指具有市场支配地位的经营者利用该地位实施的打压其他经营者而达到限制、排除竞争目的的行为。<br>滥用市场支配地位的典型案例较多,主要特点为罚款数额大、对市场影响大。目前针对"滥用市场支配地位"方面的执法主要集中在"限定交易"方面,即"二选一"问题。最典型的案例就是对阿里巴巴182.28亿元的判罚 |
| 经营者集中 | "经营者集中"涉及企业收购与合并,具体指的是经营者在经营过程中通过股权收购、资产收购、合同协议等方式取得对其他经营者的实际控制权或产生实质影响的行为<br>对"经营者集中"的关注度在2021年显著上升,呈现案件多、追溯处罚时间跨度长、单笔罚款金额较小的特点。互联网领域第一起被禁止的经营者集中案就是虎牙与斗鱼的合并 |

资料来源:《中华人民共和国反垄断法》、广慧并购研究院。

## 二 互联网平台并购及反垄断处罚情况概览

### 1. 互联网行业与反垄断监管时间轴

中国互联网指数（H11136.CSI）是由中证指数选取的在海外交易所上市的中国互联网企业作为样本股，采用自由流通市值加权计算，反映了中国互联网企业的整体走势。2021 年之前，全球资金对高增速的中国互联网企业较为偏爱，在全球资金流动性较为充裕以及疫情带来的线上红利刺激下，互联网行业表现较为强势。

然而在 2021 年前后，中国拉开反垄断序幕，自 2021 年 2 月国务院反垄断委员会正式发布《国务院反垄断委员会关于平台经济领域的反垄断指南》后，便对互联网行业产生冲击，在接下来的一年多时间里，随着监管力度的加强，互联网企业业务商业化力度减弱，市场不断下调对互联网企业利润增速的预期，带动指数整体下跌。

### 2. 互联网和相关服务业并购交易数量和金额

根据中国证监会二级行业分类统计，互联网和相关服务业的并购交易数量如图 1 所示。2021 年全年的互联网和相关服务业的并购交易数量较 2020 年有所减少，由 400 笔减少为 305 笔，下降了 23.75%，即使是按每个季度的表现来看，也较上年同期都有所下降，尤其是第四季度，并购交易下降幅度超过 33%。这从侧面印证了反垄断监管对互联网行业产生的冲击。

与并购交易数量下降有所不同的是，互联网和相关服务业的并购交易金额却呈现上升态势。如图 2 所示，2021 年全年互联网和相关服务业的并购交易金额为 768.81 亿元，比 2020 年的 681.77 亿元增长了 12.77%，这也使得平均交易额由 2020 年的 1.70 亿元提高到 2021 年的 2.52 亿元。

互联网和相关服务业的并购交易进度如图 3 所示，在 2021 年全年的 305 笔交易中，完成了 156 笔，占比为 51.15%，失败的交易有 8 笔，占比为 2.62%，剩余 46.23% 的交易还在进行中。

2021 年互联网和相关服务业的并购交易时间分布如图 4 所示。2021 年

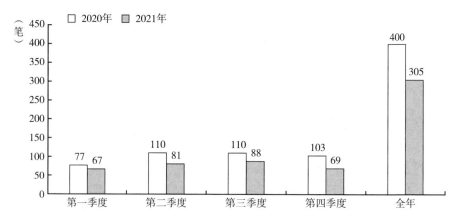

**图 1　2020~2021 年互联网和相关服务业的并购交易数量**

资料来源：Wind 数据库、广慧并购研究院。

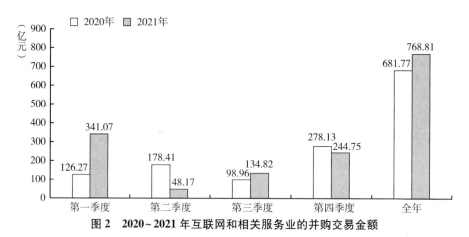

**图 2　2020~2021 年互联网和相关服务业的并购交易金额**

资料来源：Wind 数据库、广慧并购研究院。

初随着《国务院反垄断委员会关于平台经济领域的反垄断指南》的发布，交易数量略微走低，但在实际行动之前，并购交易活动有所回升。然而随着年内互联网公司几大巨头纷纷受到相关反垄断监管措施的处罚，相关交易被叫停，并购市场也持续走低；直到年底时随着国家反垄断局的正式挂牌成立，相关政策体系的逐渐完善，市场也逐渐接受相应的监管力度，互联网和相关服务业的并购交易也在年末时逐步回暖。

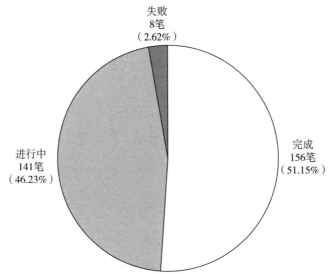

**图3　2021年互联网和相关服务业的并购交易进度**

资料来源：Wind数据库、广慧并购研究院。

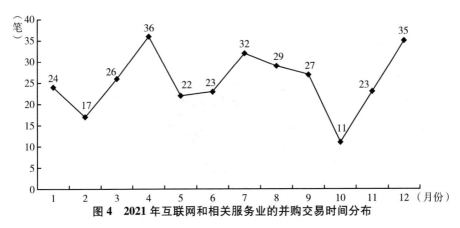

**图4　2021年互联网和相关服务业的并购交易时间分布**

资料来源：Wind数据库、广慧并购研究院。

在2021年互联网和相关服务业的并购交易中，只有不到2%的交易构成重大资产重组，其他超过98%的交易都不构成重大重组（见图5）。

互联网和相关服务业单笔并购交易金额分布如图6所示，在2021年全年的交易中，单笔金额小于1亿元的交易占多数，比例达到48.52%；大于等于5亿元的交易仅有16笔，占比为5.25%。

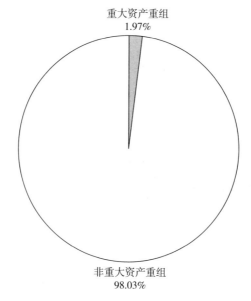

**图5　2021年互联网和相关服务业的并购交易构成重大资产重组情况**

资料来源：Wind 数据库、广慧并购研究院。

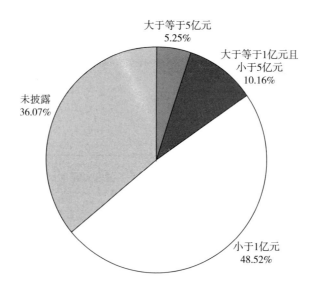

**图6　2021年互联网和相关服务业的单笔并购交易金额分布**

资料来源：Wind 数据库、广慧并购研究院。

### 3. 互联网行业反垄断相关概况

在 2020 年 11 月国家市场监督管理总局发布《关于平台经济领域的反垄断指南（征求意见稿）》之前，中国反垄断执法机构仅公开了 59 起未依法申报案例，其中没有案例发生在互联网领域。

而到了 2021 年，根据国家反垄断局官网公告，全年与达成垄断协议、滥用市场支配地位以及经营者集中等垄断行为相关的行政处罚案件为 120 起，较上年有明显提升。其中有 89 起是关于互联网企业反垄断处罚的案例，占总数的 74.17%（见图 7），罚款累计已经突破 200 亿元，涉及的领域包括电商、餐饮外卖等，并产生多个天价罚单，其中仅阿里巴巴和美团的处罚就分别达到 182.28 亿元和 34.42 亿元，刷新了中国反垄断行政处罚纪录，为互联网企业的并购交易敲响了警钟。

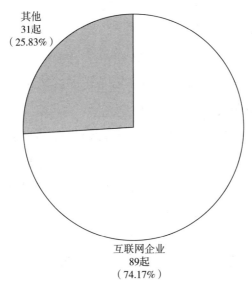

**图7　2021年互联网企业受反垄断行政处罚案件占比**

资料来源：国家反垄断局官网、广慧并购研究院。

经过梳理，在关于互联网企业反垄断处罚的 89 起案例中，腾讯系企业涉及的数量最多，达到 24 起，阿里巴巴系企业、滴滴系企业紧随其后，分

别达到 21 起和 14 起。各大互联网行业巨头在 2021 年频领罚单，具体情况如图 8 所示（部分案件存在交叉重合的情况）。

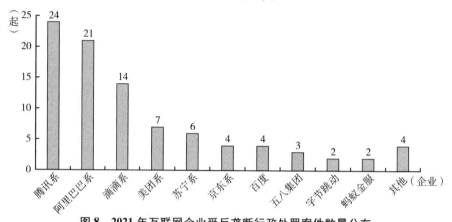

**图 8　2021 年互联网企业受反垄断行政处罚案件数量分布**

注：部分案例存在交叉重合的情况。
资料来源：国家反垄断局官网、广慧并购研究院。

通常，国家市场监督管理总局对于国内互联网企业关于反垄断行政处罚的顶格处罚为 50 万元，但 2021 年关于阿里巴巴和美团的处罚有所不同，这两笔处罚分别为 182.28 亿元和 34.42 亿元。

通常，50 万元的顶格处罚是关于股权收购范畴的处罚，而对阿里巴巴和美团做出的两笔处罚的依据是，《中华人民共和国反垄断法》第十七条第一款第（四）项禁止"没有正当理由，限定交易相对人只能与其进行交易"的滥用市场支配地位的行为，即过去几年存在的"二选一"问题。该问题对行业发展甚至整体经济的发展具有更深远的影响，因而处罚力度也自然会更大。这两笔巨额罚单的存在，致使 2021 年全年的反垄断行政处罚金额分布如图 9 所示。

## 三　2021年主要互联网平台反垄断涉案情况概览

### 1. 阿里巴巴

（1）反垄断处罚概况

2021 年，阿里巴巴累计受到国家市场监督管理总局的反垄断行政处罚有

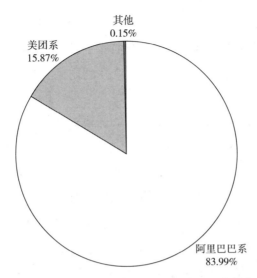

**图 9 2021 年互联网企业受反垄断行政处罚金额分布**

资料来源：国家反垄断局官网、广慧并购研究院。

21 起。其中最大的一笔罚金为 182.28 亿元，处罚原因为滥用该市场支配地位；其余 20 起罚金均为 50 万元，处罚原因均为未依法申报违法实施经营者集中，包括阿里巴巴收购饿了么、高德地图、广州恒大足球俱乐部等企业。

其中，针对阿里巴巴在中国境内网络零售平台服务市场垄断案处罚金额高达 182.28 亿元，刷新了中国反垄断处罚金额的最高纪录。国家市场监督管理总局调查后认定阿里巴巴在中国境内网络零售平台服务市场具有支配地位，且自 2015 年以来滥用该市场支配地位，实施"二选一"行为，禁止平台内经营者在其他竞争性平台开店和参加其他竞争性平台促销活动，排除、限制了相关市场竞争，侵害了平台内经营者的合法权益，损害了消费者利益，阻碍了平台经济创新发展，且不具有正当理由。最终，国家市场监督管理总局根据《中华人民共和国反垄断法》责令阿里巴巴停止违法行为，不得限制平台内经营者在其他竞争性平台开展经营及促销活动，并处以其 2019 年中国境内销售额 4557.12 亿元 4% 的罚款，共计 182.28 亿元。

（2）公司应对措施及重要改变

阿里巴巴在 2021 年 4 月 16 日发布《依法合规经营承诺书》，承诺全面

规范企业竞争行为，不实施"二选一"、协议垄断等排除、限制市场竞争行为；依法进行经营者集中申报；不利用技术手段、平台规则和数据、算法等手段实施不正当竞争和不正当价格行为，依法规范广告经营活动，共同营造公平、有序、开放的市场竞争环境。

为降低前期垄断行为对平台内经营者和消费者带来的不良影响，阿里巴巴推出一系列降低平台商家经营成本、减免经营费用的举措，包括生意参谋免费、降低运费险等，优化平台经营环境，降低创新成本。

同时，阿里巴巴的发力从消费互联网平台向传统产业渗透，形成消费互联网与产业互联网相结合的模式。阿里巴巴 CEO 张勇多次强调消费互联网与产业互联网的结合是阿里巴巴今后的战略定位。由于产业互联网具有行业特性，客户需求多元，互联网平台公司在其中扮演着基础设施的角色，需要在理解行业特性的同时对科技进行大量投入。产业互联网会在垂直细分领域出现龙头，但很难形成垄断行业的"巨头"。阿里巴巴对产业互联网的态度从拥抱转为深耕，是在反垄断大环境下做出的重大改变。从阿里巴巴 2021年的投资中也可以看出，在反垄断环境下，阿里巴巴的投资战线收缩，披露投资金额同比下降 27.4%，愈发聚焦电商物流和企业服务，这符合其消费互联网与产业互联网结合的发展战略。

阿里巴巴的另一个重要改变是在互联互通、开放生态方面。阿里巴巴首先在支付领域开放生态，尝试互联互通，银联云闪付接入淘宝 App，阿里巴巴旗下大麦、考拉海购、书旗等 App 已接入微信支付功能。阿里巴巴系生态下的盒马集市、1688、菜鸟裹裹、淘票票电影、优酷视频、高德打车、饿了么、飞猪、哈啰出行等大量产品均已在微信开通小程序，可通过微信直接使用该功能，并支持微信支付。

此外，阿里巴巴还通过达摩院加大对"硬科技"的研发投入，以应对反垄断后新的市场竞争环境和监管部门对公司的要求。阿里巴巴达摩院院长张建锋曾公开表示："未来阿里将坚定不移继续加大对基础技术和前沿技术的投入，在人工智能、芯片、量子计算、区块链等领域进行科研攻关，力争实现重大突破。"阿里巴巴董事会主席兼 CEO 张勇也多次表示"将继续对达摩院加大投入"。目前，阿里巴巴达摩院正在投巨资建设第二个量子硬件实验室，以增强量子芯片制备和测试能力。这些对"硬科技"研发的支持侧面反映了阿里巴巴积极应对监管部门对平台型科技公司的要求，在失去垄断保护伞后，阿里巴巴正在新的竞争环境中调整生存、发展之路。

2. 腾讯

（1）反垄断处罚概况

2021年，腾讯累计受到国家市场监督管理总局的反垄断行政处罚24起，每起处罚金额50万元，累计处罚金额1200万元。这24起处罚原因均为未依法申报违法实施经营者集中，最早一起追溯至2011年7月腾讯收购猎豹移动10%的股权并取得控制权，还包括腾讯收购中国音乐集团、搜狗、小红书、58同城等企业。

其中，针对腾讯收购中国音乐集团的行政处罚中，国家市场监督管理总局还要求腾讯不得与上游版权方达成或变相达成独家版权协议或其他排他性协议，已经达成的须在三十日内解除。

除了对已经完成的收购进行处罚，2021年7月，国家市场监督管理总局还禁止了虎牙和斗鱼的合并，原因是合并后腾讯有动机和能力对游戏直播行业进行双向纵向封锁，形成上下游的垄断闭环，具有排除、限制竞争效果。这是中国首次以反垄断为由阻止互联网科技行业的合并，预示着未来反垄断监管将由先前的"事后处罚"转变为"事前防范"。

（2）公司应对措施及重要改变

腾讯在2021年4月13日发布了《依法合规经营承诺书》，承诺依法合规经营，不违法实施包括"二选一"在内的行为排除、限制竞争，不实施垄断协议，不违法实施经营者集中、依法进行经营者集中申报等。

2021年7月，腾讯发布关于放弃音乐版权独家授权权利的声明。截至2021年8月23日，腾讯已针对已达成的独家协议全部上游版权方发送相关函件，告知其需按期解约，其中，绝大部分独家协议已按期解约。

同时，腾讯也开始在互联互通、开放生态、拥抱产业互联网上做出努力。2021年9月17日腾讯宣布，以安全为底线来推进"分阶段、分步骤"

的互联互通方案，对不正当的屏蔽外链行为进行整改。整改后，阿里巴巴旗下的饿了么、优酷视频等 App 已接入微信支付，此外，盒马集市、1688、菜鸟裹裹、淘票票电影、优酷视频、高德打车等也入驻了微信小程序。

此外，腾讯还将公益平台与企业社会责任部进行升级，在企业发展事业群（英文简称 CDG）下设立可持续社会价值事业部，宣布将首期投入 500 亿元用于可持续社会价值创新，对包括基础科学、教育创新、乡村振兴、碳中和、FEW（食物、能源与水）、公众应急、养老科技和公益数字化等领域展开探索。

3. 美团

（1）反垄断处罚概况

2021 年，美团累计受到国家市场监督管理总局的反垄断行政处罚 7 起。其中最大的一笔罚金为 34.42 亿元，处罚原因为滥用该市场支配地位；其余 6 起罚金均为 50 万元，处罚原因均为未依法申报违法实施经营者集中，包括美团收购青萍科技、奥琦玮、易酒批等企业。

其中，针对美团在中国境内网络餐饮外卖平台服务市场垄断案处罚金额高达 34.42 亿元。国家市场监督管理总局调查后认定美团在中国境内网络餐饮外卖平台服务市场具有支配地位，且自 2018 年以来滥用该市场支配地位，系统、全面实施"二选一"行为，阻碍平台内经营者与其他竞争性平台合作。最终，国家市场监督管理总局根据《中华人民共和国反垄断法》责令美团停止违法行为，不得限制平台内经营者与其他竞争性平台合作，全额退还违法收取的独家合作保证金，并处以其 2019 年中国境内销售额 1147.48 亿元 3% 的罚款，共计 34.42 亿元。

（2）公司应对措施及重要改变

在国家市场监督管理总局公布处罚决定后，美团立即表示：诚恳接受，坚决落实，按照《行政处罚决定书》和《行政指导书》全面深入自查整改，杜绝"二选一"等违法行为，退还全部独家合作保证金，并按要求向国家市场监督管理总局提交自查合规报告。

同时，美团为更好地适应反垄断大环境以及符合监管部门对平台公司的要求，将公司的战略由"Food+Platform"升级为"零售+科技"，扩大对新业务尤其是商品零售的投入，以应对失去"二选一"保护伞后的更加激烈的市场竞争。

美团还推出的"农鲜直采"计划，使美团能以集中采购、以销定采的模式高效匹配生产与需求，为农民创造额外收入，积极助农，自觉承担社会责任，与监管形成良性互动。

4. 滴滴

（1）反垄断处罚概况

2021年，滴滴系累计受到国家市场监督管理总局的反垄断行政处罚14起。处罚理由均为未依法申报违法实施的经营者集中，罚金均为50万元，包括滴滴商业服务有限公司收购优点网络科技，滴滴或其旗下公司与浪潮智投、软银、比亚迪汽车、一汽集团、北汽新能源等公司设立合营企业等。

（2）公司应对措施及重要改变

2021年4月9日，在广州平台"大数据杀熟"专项调研会上，包括滴滴出行在内的共10家互联网平台企业代表签署了《平台企业维护公平竞争市场秩序承诺书》，承诺不非法收集、使用消费者个人信息，不利用数据优势"杀熟"。

2021年4月13日，滴滴公开发布了《依法合规经营承诺书》，回应近期大众对反垄断相关问题的担忧。滴滴承诺：严格遵守法律法规，加强合规管理，维护市场经营活动正常秩序；保证公平竞争等市场原则，不滥用市场支配地位，不实施"二选一"经营行为；依法经营，不实施垄断协议，不违法实施经营者集中；杜绝任何不正当竞争行为；依照法律诚信经营，严禁不正当价格行为；规范本单位广告活动，不发布违法广告；促进社会主义文化和科学事业的发展与繁荣，严格履行知识产权保护义务；保护消费者的合法权益，不侵犯消费者的知情权和选择权等；保护公民个人信息，除正常经营行为必须外，不违法收集个人信息和滥用个人信息。

5. 苏宁

（1）反垄断处罚概况

2021年，苏宁系累计受到国家市场监督管理总局的反垄断行政处罚6

起。处罚理由均为未依法申报违法实施的经营者集中，罚金均为 50 万元，违法案件包括苏宁或其旗下公司与南京银行、三菱重工、阿里巴巴等公司设立合营企业，苏宁易购收购八天贸易股权等。

（2）公司应对措施及重要改变

2021 年 4 月 13 日，苏宁易购集团股份有限公司公布了《依法合规经营承诺书》，承诺不实施垄断行为；不达成横向、纵向、轴辐垄断协议，不通过数据、算法、平台规则或者其他方式从事实质上的协调一致行为，破坏市场公平竞争环境；依据经营者集中申报标准，积极履行经营者集中申报义务，并配合市场监督管理部门开展经营者集中审查，执行审查决定；无正当理由，不实施"二选一"、"大数据杀熟"、搭售、低于成本销售等滥用市场支配地位的行为。

## 四 虎牙斗鱼合并受阻案例分析

2021 年 7 月 10 日，国家市场监督管理总局发布公告，正式宣布禁止虎牙股份有限公司（以下简称"虎牙"）与斗鱼国际控股有限公司（以下简称"斗鱼"）的合并。此举意义重大，因为这是中国首次以反垄断为由阻止互联网科技行业的合并。虎牙与斗鱼合并的否决是中国反垄断执法史上的一个重要里程碑，也预示着未来反垄断监管将由先前的"事后处罚"转变为"事前防范"，从而更好地防止资本无序扩张，推动平台经济规范健康持续发展。

1. 合并背景介绍

虎牙在开曼群岛注册成立，通过协议控制境内运营实体，主要从事游戏直播等互动娱乐视频业务。虎牙的前身是 YY 游戏直播，背靠上市公司欢聚时代。公司成立后陆续获得中国平安、腾讯等机构的投资，并于 2018 年 5 月在美国纽约证券交易所上市。2020 年 4 月，腾讯通过收购欢聚时代所持有的虎牙 B 类普通股，成为虎牙的控股股东。

斗鱼在开曼群岛注册成立，通过协议控制境内运营实体，主要从事游戏直播等互动娱乐视频业务。斗鱼成立后陆续获得奥飞动漫、红杉资本、腾讯等机构的投资，并于 2019 年 7 月在美国纳斯达克证券交易所上市。目前斗鱼由腾讯与斗鱼创始人陈少杰团队共同控制，腾讯是斗鱼的第一大股东。

虎牙和斗鱼是中国规模最大的两家以游戏直播和娱乐直播为主业的公司，它们都获得了腾讯的大额投资，且均已在美国上市。根据国家市场监督管理总局的反垄断审查决定公告，虎牙和斗鱼的市场份额远远领先于其他竞争对手：从营业额来看，虎牙和斗鱼的市场份额分别超过 40% 和 30%；从活跃用户数来看，虎牙和斗鱼的市场份额分别超过 45% 和 35%；从主播资源来看，虎牙和斗鱼的市场份额均超过 30%。无论从哪个维度来看，两家的市场份额合计均超过全行业的 60%。

游戏直播行业严重依赖优质主播、游戏及赛事直播版权，各平台竞争需要大量烧钱投入。企查查数据显示，游戏直播赛道累计融资约 500 亿元，其中，虎牙和斗鱼的累计融资金额分别高达 106 亿元和 121 亿元。腾讯作为两家游戏直播行业龙头的最大投资方，通过将两家进行合并从而降低成本、提高平台议价权成为必然选择。

在腾讯的撮合下，虎牙与斗鱼于 2020 年 10 月正式宣布合并。根据合并协议，虎牙将通过以股换股合并收购斗鱼所有已发行股份，合并后斗鱼将成为虎牙的全资子公司，并从纳斯达克证券交易所退市。2020 年 11 月，腾讯向国家市场监督管理总局提交虎牙与斗鱼合并案经营者集中反垄断申报。

2. 合并后的市场影响

国家市场监督管理总局从横向及纵向两个维度对虎牙和斗鱼合并后对市场竞争可能产生的影响进行了深入分析，这也是中国监管机构第一次在反垄断审查中分析并披露纵向效应。

（1）横向效应

横向分析重点聚焦虎牙和斗鱼合并后，最终控股方腾讯对于游戏直播行业的市场支配地位。合并前，虽然腾讯已具有虎牙的单独控制权和斗鱼的共同控制权，但虎牙和斗鱼仍有竞争；合并后的实体在游戏直播市场中至少占 60% 的市场份额，市场力量远超其他竞争对手，从而进一步强化腾讯在游戏

直播市场的支配地位。再考虑到游戏直播市场进入壁垒较高、经营者集中将损害游戏主播和消费者的权益等因素，国家市场监督管理总局认为合并将强化腾讯在中国境内游戏直播市场上的支配地位，限制或消除游戏直播市场的竞争。

（2）纵向效应

游戏直播市场的上游是网络游戏运营服务市场，目前，腾讯是最大的玩家，市场份额超过40%。国家市场监督管理总局分析了腾讯可能实施两种形式的双向纵向封锁，总结如下。

封锁游戏版权——腾讯作为网络游戏运营服务提供商，拥有众多热门网络游戏版权许可，在游戏直播行业掌握着上游关键资源。合并后，腾讯将有能力和动机阻止下游的游戏直播竞争对手获得此类版权，从而限制或排除游戏直播市场的竞争。

封锁推广渠道——游戏直播为网络游戏运营服务商的游戏提供了重要的游戏推广渠道。合并后，腾讯有动机利用其控制的游戏直播平台对其网络游戏市场竞争者实施推广渠道封锁，从而排除和限制上游市场网络游戏运营服务的竞争。

3. 合并的法律分析

根据《中华人民共和国反垄断法》第二十一条规定："经营者集中达到国务院规定的申报标准的，经营者应当事先向国务院反垄断执法机构申报，未申报的不得实施集中。"而国务院关于经营者集中申报标准为参与集中的所有经营者上一会计年度的合计营业额在全球范围内超过100亿元人民币或在中国境内超过20亿元人民币。2020年全年，虎牙营业收入为109.14亿元，斗鱼营业收入为96.01亿元，两家合计已达到经营者集中的申报标准。

同时《中华人民共和国反垄断法》第二十八条规定："经营者集中具有或者可能具有排除、限制竞争效果的，国务院反垄断执法机构应当作出禁止经营者集中的决定。"虎牙和斗鱼合并后，腾讯既有动机和能力对下游的游戏直播公司实施游戏版权封锁，又有动机和能力对上游的网络游戏运营服务公司实施推广渠道封锁，形成上下游的垄断闭环。虽然腾讯后续提交了多轮附加限制性条件承诺方案，但国家市场监督管理总局评估后认为腾讯提交的承诺方案无法有效减少集中对竞争产生的不利影响，最终做出禁止虎牙和斗鱼合并的决定。

作为互联网平台禁止经营者集中的第一案，虎牙斗鱼合并案的叫停预示着未来互联网平台的并购将受到重点监管。国家在鼓励和促进平台创新发展的同时，积极预防和制止"资本无序扩张"，对可能造成排除、限制竞争效果的垄断行为进行有效监管，优化市场营商环境，激活平台经济发展潜能。

## 五　互联网平台并购的监管总结及发展趋势

1. 2021年互联网平台并购的反垄断监管总结

（1）对互联网平台的反垄断监管力度空前

2021 年是中国针对互联网平台经济的反垄断执法元年，《国务院反垄断委员会关于平台经济领域的反垄断指南》出台后，反垄断执法机构对多起典型案件进行了查处。这与欧盟、美国等对平台企业的强监管趋势不谋而合，体现了中国反垄断执法机构对市场竞争结构变化的敏锐洞悉。

（2）VIE 架构被纳入反垄断监管范围

从对 2021 年互联网平台的反垄断行政处罚情况可以看出，反垄断执法机构已经将互联网行业的可变利益实体架构（即 VIE 架构）纳入经营者集中的监管框架之中。VIE 架构是当前中国大型互联网企业在收购其他企业时普遍采取的方式，中国反垄断执法部门在此之前对涉及 VIE 架构企业之间的集中行为并无明确态度；国家市场监督管理总局通过对阿里巴巴、腾讯、美团等公司的处罚，明确了应进行申报和接受审查的经营者集中的范围，对于强化互联网平台并购行为的反垄断监管具有重要意义。

（3）处罚和指导并重

2021 年，反垄断执法机构贯彻了处罚与教育相结合的原则，对涉事企业不仅做出行政处罚，而且还通过约谈、下发《行政指导书》等方式要求

企业进行全面整改,如对部分互联网平台企业要求全面规范竞争行为、严格落实企业主体责任、完善企业内部监督管理制度。

**2. 2022年互联网平台并购发展趋势**

(1)互联网平台并购依然是反垄断的执法重点

国家反垄断局反垄断执法一司、二司已分别设立单独处室,负责平台企业和数字经济的监管。反垄断执法机构将继续加强对平台企业的反垄断监管,除"二选一"外,平台封禁、拒绝交易行为、"大数据杀熟"等很可能也会成为执法重点。在经营者集中领域,涉及平台企业的经营者集中将继续受到严格和全面的审查,相关企业的投融资交易需重点考虑反垄断监管可能产生的影响。

(2)互联网平台并购违法成本大幅提高

2021年10月,全国人大常委会公布了《中华人民共和国反垄断法(修正草案)》,并向社会公开征求意见。该修正草案预计于2022年6月提请全国人大常委会二次审议,有望于2022年正式出台。修正草案针对违法的经营者集中行为的处罚进行了重要修改,将现行规定的处罚上限50万元修改为上一年度销售额的10%。修正草案正式实施后,互联网平台企业的违法成本预计将大幅提高,主动建立完善的反垄断合规体系变得至关重要。

(3)平台战略由消费互联网向产业互联网转变

消费互联网面对的是C端消费者,市场需求较为统一,容易形成"统一的大市场",进而培育出"垄断巨头";产业互联网具有行业特性,客户需求多元,互联网平台公司在其中扮演着基础设施的角色,需要在理解行业特性的同时对科技进行大量投入。产业互联网会在垂直细分领域出现龙头,但很难形成垄断行业的"巨头"。因此,大型互联网平台一方面将逐步减少通过并购的方式在大消费领域获得市场垄断地位,另一方面会投入更多资源深耕产业互联网。

(4)同质化的并购投资逐渐减少,差异化并购投资逐渐增加

过去,中国互联网平台公司都在教育、医疗、支付、影视、直播、游戏

等热门赛道上进行同质化的并购投资，这样导致一些细分赛道出现恶意竞争。一些细分赛道竞争到最后就会出现几个行业领先者之间的并购整合并导致反垄断监管。预计今后中国互联网平台公司在并购投资时会更加重视差异化策略，按照各自平台的核心优势和竞争力精选最佳方向而不是盲目"跟风"进行同质化并购投资。

# B.17

# ESG 投资框架下的并购行业发展

李正威　何　超　李育文*

**摘　要：**　在"双碳"目标的背景下，企业可持续发展与企业的 ESG 表现开始逐步成为影响各项投资决策的重要因素。在并购交易中，各参与方也开始逐步将标的企业的 ESG 表现及自身的 ESG 目标作为重要的考量指标。2021 年，中国并购行业稳步发展，数量与规模上相较于前一年均有所上升，在参与并购的上市公司的 ESG 表现上，整体上出现了一定程度的提升；在中国不同区域之间，参与并购的上市公司的 ESG 表现出现一定的分化，大体呈现中部、西部和东部依次降低的态势；2021 年参与并购的国有企业的 ESG 表现优于外资企业，进而优于民营企业；对于参与并购的不同行业的上市公司，部分行业呈现一定的集中度，在 ESG 表现上也呈现一定的分化。未来，基于 ESG 投资框架下的并购将成为企业绿色转型的重要渠道，有助于企业把握全球 ESG 浪潮所带来的机遇。

**关键词：**　ESG 投资　并购重组　绿色投资

---

* 李正威，硕士，湘财证券研究所金融工程部副经理，主要研究方向为金融工程、计量经济学、数理统计等；何超，硕士，湘财证券研究所宏观分析师，CFA 持证人，主要研究方向为国内外宏观经济和产业并购发展；李育文，硕士，湘财证券研究所宏观研究员，主要跟踪国内外宏观经济运行情况，分析国内外宏观政策主线，并做出相关的专题研究及预测分析。

# 一　ESG 投资框架及其发展背景

　　自 2006 年联合国责任投资原则组织（UN PRI）成立后，以 ESG 为投资理念的 ESG 投资开始在国内外快速发展。UN PRI 将负责任投资定义为：将环境、社会和治理（ESG）因素纳入投资决策和企业所有权的投资策略和实践。ESG 主要指企业的环境（Environment）、社会（Social）和公司治理（Governance）三个方面。ESG 投资与 UN PRI 所倡导的责任投资完美契合，相较于传统投资，ESG 投资更关注于企业的社会责任，而不仅仅关注企业的财务绩效。其中，环境方面主要考量企业对气候、环境等影响，强调企业的绿色发展理念，包括企业的能源消耗、污染物排放、自然资源的使用与管理、原材料的重复利用等；社会方面强调企业除了追求利润、对股东和员工承担法律责任外，还要承担对消费者、社区和环境的责任，主要包括员工多样性、社区及社团贡献、产品安全、消除贫困等外部影响；治理方面主要考虑组织内部治理、组织内部员工关系、公司内部薪酬问题，包括公司贿赂与腐败治理、高管薪酬制度、企业内部风险识别与风险管理等。

　　从 2006 年至 2021 年，全球各国签署 PRI 的机构数量与机构的资产管理规模逐年增加，在 2021 年全球共有 3826 家企业签署 PRI，较上一年增长 25.94%；其中有 609 家企业从事资产管理，该规模相较于上一年增长 16.89%；2021 年总资产管理规模为 121.3 万亿美元，较上一年增长 17.31%；2021 年资产所有者的资产管理规模为 29.2 万亿美元，较上一年增长 24.38%（见图 1）。在 2021 年，中国签署 PRI 的机构数量与对应的资产管理规模也出现了较大幅度的上升，近年来中国 ESG 投资出现了较为迅猛的发展。

　　美国、欧盟是全球最先探索发展 ESG 的地区，中国起步相对较晚，目前对于上市公司的 ESG 信息披露还未进行强制要求，主要以鼓励为主，分步推进。但是 ESG 的发展已经深刻影响到全球企业商业模式及投资策略，是中国企业提升国际竞争力、推动国内国际双循环的重要契机。

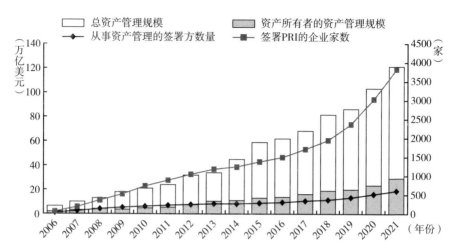

**图1 2006~2021年全球各国签署PRI的机构数量与资产管理规模统计**

资料来源：UN PRI。

　　近年来，中国ESG信息披露准则及监管政策逐步完善。2018年，A股被纳入MSCI新兴市场指数后，公司的ESG表现开始逐步被纳入公司的评价标准之一。同年中国证监会发布修订后的《上市公司治理准则》，开始引导上市公司按照ESG治理原则，逐步依法披露环境及社会责任等信息，开始形成企业ESG信息披露的基本框架。2021年6月28日，中国证监会发布的《公开发行证券的公司信息披露内容与格式准则第2号——年度报告的内容与格式（2021年修订）》就要求单独设立"环境与社会责任"章节，鼓励公司主动披露、积极履行社会责任的工作情况。2021年7月22日，中国人民银行发布了《金融机构环境信息披露指南》，对金融机构在环境信息披露过程中应遵循的原则、披露形式和披露内容进行了要求。2022年4月15日，中国证监会发布了《上市公司投资者关系管理工作指引》，其中在与投资者关系管理中首次增加了上市公司ESG信息，进一步落实新发展理念要求。虽然已取得了一定的进展，但目前中国ESG信息披露机制仍需进一步规范，需要更多的ESG评级机构、第三方监管机构等积极参与，从而逐步提高并稳定企业ESG信息披露质量。

　　在"双碳"目标下，企业的ESG表现和相应的信息披露制度开始逐步成为影响投资决策的重要因素。目前，越来越多的企业及投资机构关注到 ESG 投资所带来的长期价值，ESG 逐步成为国际上较为主流的投资策略，从而也对上市公司的信息披露制度提出更高的要求。根据中国上市公司协会数据，2021 年年报收官之际，全市场 4682 家上市公司中披露了独立的社会责任报告或 ESG 报告的企业有 1408 家，占比为 30.07%；同时，有 4660 家上市公司在年报中披露了履行社会责任、加强环境保护、助力乡村振兴的相关信息，占比为 99.53%。

## 二　ESG 投资对并购的影响

近年来，受新冠肺炎疫情影响，全球经济遭受严重冲击。此外，环境污染、气候变化、卫生健康等问题日趋严重。在此背景下，基于 ESG 投资框架下的并购活动逐渐受到青睐，企业的 ESG 表现在未来的并购活动中所起到的作用有望进一步提升。在并购交易中，ESG 理念对企业并购的影响主要体现为并购前的决策考量、企业估值以及并购后企业的商业表现等。

### （一）企业的 ESG 表现影响到参与方在并购前的决策

随着中国经济转向高质量发展，越来越多的企业开始将 ESG 理念融入自身发展及战略的考量中，通过着力优化 ESG 表现来提高自身综合竞争力，从而能更好地吸引国内外资金的投资。越来越多的投资者也开始关注到企业较好的 ESG 表现所附加的长期潜在增长价值，在响应国家可持续发展战略的背景下，更倾向于投资清洁能源、绿色科技、现代农业等与 ESG 理念相契合的行业。在并购活动中，投资者也开始将企业的 ESG 表现及信息披露等作为企业长期成长价值的重要参考标准，多层次、全方位地对企业进行价值衡量及风险评估，使得企业的 ESG 表现成为并购活动中的关键指引。根据中国证券投资基金业协会发布的《2019 中国上市公司 ESG 评价体系研究报告》，ESG 的投资方式主要包括黑名单机制、白名单机制、基准筛选、整合 ESG 因素、可持续性主题投资、影响力/社区投资、履行管理人责任等。

另外，企业可以通过并购 ESG 评级较高的公司来提高自身的 ESG 评级，使得自身发展更契合国家可持续发展战略的方针，也有企业通过 ESG 投资来实现产业升级与转型。例如，在"双碳"目标下，水泥作为高污染行业是中国节能减耗的重点整治对象，2021 年，安徽海螺水泥股份有限公司并购海螺新能源，通过积极切入新能源领域，实现了产业绿色转型，通过 ESG 投资探索可持续增长新动能。电力零碳化是"双碳"目标的核心也是关键，上海电力作为电力能源企业，更是加快了新能源领域并购的步伐，在 2021 年先后收购了盐城抱日新能源公司 100% 股权、盐城远中能源公司 100% 股权、江苏协鑫新能源有限公司拥有 100% 股权的 16 个光伏项目与子公司，通过进一步加大新能源开发力度，提高清洁能源比重，成为"奉献绿色能源，服务社会公众"的倡导者。

### （二）ESG 表现影响企业估值

在传统的并购过程中，对企业的估值主要通过考虑企业的财务状况，并结合相关行业及宏观趋势进行估算，一般会较少关注企业在环境、社会、公司治理等非财务绩效方面的情况，忽视了企业 ESG 表现带来的风险或收益，进而高估或低估了企业价值。而在 ESG 投资框架下，投资者会额外关注企业在环境、社会、公司治理层面的表现及信息披露情况，作为企业估值的重要考量因素，强化社会责任履行对于企业价值的长远影响，有助于更深层次、更全面、更科学地评估企业的综合实力，从而修正企业估值。长远来看，企业良好的 ESG 表现能帮助其提高经营效率，降低经营风险与融资成本，从而对企业价值有正向拉动作用。

### （三）ESG 投资能给投资者带来更丰厚的回报

从高质量和可持续发展的角度来看，ESG 表现较好的企业通常有更优的内部治理结构及更强的外部资金吸引力。通常，主权基金、养老金等对于所投企业的 ESG 表现会提出更高的要求，ESG 评级较高的企业有利于获得更优质的长期资本投资。同时，在"碳中和"背景下，市场监管机构也偏向支持

ESG 表现良好的企业，基于 ESG 投资框架下的并购能够有效降低投资风险，也可帮助投资者有效避免"黑天鹅"因素，获得更加安全稳定的长期收益。

## 三 2021 年 ESG 下的并购行业发展

根据东方财富 Choice 数据库的统计数据，2021 年，中国共有 2112 家上市公司发生并购事件，其中沪市 737 家、深市 1362 家、北交所及新三板上市企业 13 家，相较于上一年增加了 167 家上市公司，增长率为 8.59%，相较于 2020 年，与上市公司相关的并购行业在中国稳步发展。部分企业信息披露机制不够完善，还未给出相应的 Wind ESG 评级与评分。在 2112 家参与并购的上市公司中，有 2072 家上市公司有对应的 Wind ESG 评级，有 2086 家上市公司有对应的 Wind ESG 评分。其中，一共有 247 家上市公司的 Wind ESG 评级在 A 级及以上，占比为 11.92%，该比重相较于 2020 年的 9.54% 上升了 2.38 个百分点；2020 年和 2021 年占比最高的评级群体均为 BBB 级与 BB 级，二者占比之和分别为 83.30% 与 82.82%；BBB 级及以上的上市公司比重从 2020 年的 48.89% 上升到了 2021 年的 52.08%（见表 1 和图 2）。

表 1 2020~2021 年中国参与并购的上市公司的 ESG 评级统计

单位：家，%

| Wind ESG 评级 | | | 华证 ESG 评级 | | |
|---|---|---|---|---|---|
| ESG 级别 | 2021 年企业数及占比 | 2020 年企业数及占比 | ESG 级别 | 2021 年企业数及占比 | 2020 年企业数及占比 |
| AA | 41(1.98) | 21(1.12) | A | 18(0.87) | 23(1.21) |
| A | 206(9.94) | 159(8.43) | BBB | 190(9.13) | 169(8.86) |
| BBB | 832(40.15) | 742(39.34) | BB | 584(28.08) | 516(27.06) |
| BB | 884(42.66) | 829(43.96) | B | 644(30.96) | 565(29.63) |
| B | 100(4.83) | 124(6.57) | CCC | 383(18.41) | 361(18.93) |
| CCC | 9(0.43) | 11(0.58) | CC | 131(6.30) | 127(6.66) |
| CC | 0(0.00) | 0(0.00) | C | 130(6.25) | 146(7.66) |

注：括号里的数据为对应的占比，余同。

资料来源：湘财证券研究所、东方财富 Choice 数据库、Wind 数据库。

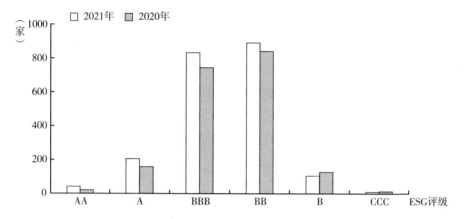

图 2 2020~2021 年参与并购的上市公司 Wind ESG 评级分布

资料来源：湘财证券研究所、东方财富 Choice 数据库、Wind 数据库。

对于参与并购的上市公司的华证 ESG 评级，2021 年大部分上市公司的华证 ESG 评级为 BB 级与 B 级，2021 年 B 级及以上的上市公司占比为 69.04%，相较于 2020 年的 66.75% 上升了 2.29 个百分点。这说明相较于 2020 年，2021 年参与并购的上市公司的 ESG 表现得到了一定的提升（见表 1 和图 3）。

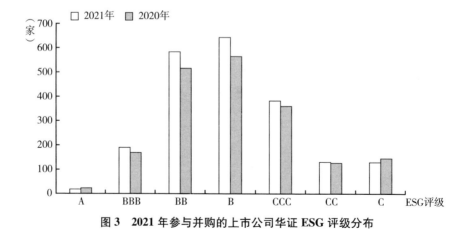

图 3 2021 年参与并购的上市公司华证 ESG 评级分布

资料来源：湘财证券研究所、东方财富 Choice 数据库、Wind 数据库。

2018~2021 年，中国参与并购的上市公司的平均 Wind ESG 评分依次为
6.00 分、6.02 分、5.99 分与 6.05 分；2019~2021 年，参与并购的上市公
司的平均 Wind ESG 评分均略高于所有 A 股的平均 Wind ESG 评分；相较于
2020 年，中国在 2021 年参与并购的上市公司的平均 Wind ESG 评分的上升
幅度较为明显（见图 4）。

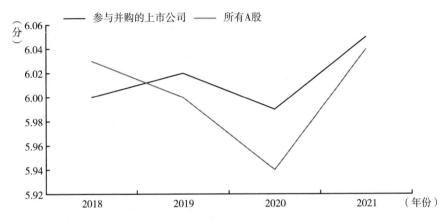

**图 4　2018~2021 年中国参与并购的上市公司与所有 A 股平均 Wind ESG 评分**

资料来源：湘财证券研究所、东方财富 Choice 数据库、Wind 数据库。

分省份来看，广东、浙江和江苏为 2021 年中国参与并购的上市公司数
量排前三的省份，数量均在 200 家以上，而宁夏和青海为 2021 年中国参与
并购的上市公司数量排最后两位的省份，在不同省份之间呈现一定的分化。
中国在 2021 年参与并购的上市公司的平均 Wind ESG 评分排前三的省份分
别为西藏、河南与北京，而评分排最后三位的省份分别为宁夏、黑龙江和吉
林。在不同省份，参与并购的各上市公司的 Wind ESG 评级大部分集中在
BBB 级与 BB 级；参照国家统计局对东部、中部与西部的划分标准，东部、
中部与西部各地区参与并购的上市公司的平均 Wind ESG 评分分别为 6.0572
分、6.0814 分与 6.0704 分，大体上呈现中部、西部和东部依次降低的态势
（见表 2）。

表2　2021年中国各省参与并购的上市公司的 Wind ESG 评级与评分

单位：家，分

| 省份 | 参与并购上市公司数 | 平均 Wind ESG 评分 | 对应评级下的上市公司数 | | | | | |
|---|---|---|---|---|---|---|---|---|
| | | | AA | A | BBB | BB | B | CCC |
| 西藏 | 10 | 6.4900 | 0 | 2 | 5 | 3 | 0 | 0 |
| 河南 | 51 | 6.3002 | 2 | 9 | 18 | 19 | 1 | 0 |
| 北京 | 162 | 6.2858 | 4 | 33 | 64 | 50 | 6 | 0 |
| 上海 | 171 | 6.2514 | 7 | 21 | 73 | 62 | 5 | 0 |
| 福建 | 70 | 6.2364 | 2 | 12 | 27 | 25 | 3 | 0 |
| 贵州 | 16 | 6.2288 | 0 | 1 | 10 | 5 | 0 | 0 |
| 内蒙古 | 10 | 6.2280 | 1 | 0 | 6 | 2 | 1 | 0 |
| 天津 | 28 | 6.2271 | 0 | 4 | 11 | 13 | 0 | 0 |
| 云南 | 19 | 6.1316 | 0 | 3 | 8 | 8 | 0 | 0 |
| 青海 | 4 | 6.1200 | 0 | 0 | 2 | 2 | 0 | 0 |
| 安徽 | 62 | 6.1163 | 1 | 9 | 23 | 24 | 3 | 0 |
| 四川 | 79 | 6.0954 | 2 | 9 | 28 | 36 | 3 | 1 |
| 山东 | 123 | 6.0746 | 0 | 12 | 59 | 48 | 4 | 0 |
| 江西 | 37 | 6.0643 | 1 | 1 | 15 | 18 | 2 | 0 |
| 广西 | 15 | 6.0460 | 0 | 3 | 3 | 8 | 1 | 0 |
| 新疆 | 30 | 6.0434 | 0 | 1 | 15 | 13 | 0 | 0 |
| 辽宁 | 34 | 6.0274 | 0 | 3 | 14 | 16 | 1 | 0 |
| 湖南 | 62 | 6.0269 | 1 | 4 | 27 | 24 | 5 | 0 |
| 湖北 | 58 | 6.0107 | 1 | 5 | 26 | 21 | 3 | 0 |
| 陕西 | 24 | 6.0000 | 1 | 2 | 6 | 12 | 2 | 0 |
| 广东 | 385 | 5.9928 | 10 | 30 | 140 | 172 | 21 | 2 |
| 江苏 | 238 | 5.9808 | 3 | 15 | 92 | 116 | 9 | 2 |
| 重庆 | 27 | 5.9526 | 0 | 3 | 7 | 14 | 3 | 0 |
| 浙江 | 273 | 5.9258 | 4 | 18 | 110 | 121 | 11 | 3 |
| 海南 | 14 | 5.8964 | 0 | 1 | 4 | 4 | 2 | 0 |
| 河北 | 38 | 5.8237 | 0 | 4 | 11 | 18 | 4 | 0 |
| 甘肃 | 18 | 5.8022 | 0 | 0 | 8 | 8 | 2 | 0 |
| 山西 | 18 | 5.7929 | 0 | 1 | 8 | 6 | 1 | 1 |
| 宁夏 | 3 | 5.7800 | 0 | 0 | 1 | 2 | 0 | 0 |
| 黑龙江 | 16 | 5.7675 | 1 | 0 | 4 | 8 | 3 | 0 |
| 吉林 | 17 | 5.6788 | 0 | 0 | 7 | 6 | 4 | 0 |

资料来源：湘财证券研究所、东方财富 Choice 数据库、Wind 数据库。

　　按照国家统计局《统计上大中小微型企业划分办法（2017）》的划分依据，我们将参与并购的上市公司在企业规模上进行划分。分企业规模来看，2021 年参与并购的上市公司中，大、中型企业的平均 ESG 表现要优于小、微型企业的平均 ESG 表现。在参与并购的大型上市公司中，其 Wind ESG 评级主要集中在 BBB 级，而对于中、小、微型企业，其 Wind ESG 评级主要集中在 BB 级。在参与并购的上市公司的数量上，大致也呈现大型、中型、小型和微型依次减少的态势（见表 3）。

表 3　2021 年中国不同规模下参与并购的上市公司的 Wind ESG 评级与评分

单位：家，分

| 企业规模 | 参与并购上市公司数（家） | 平均 Wind ESG 评分（分） | 对应评级下的上市公司个数（家） | | | | | |
|---|---|---|---|---|---|---|---|---|
| | | | AA | A | BBB | BB | B | CCC |
| 大型 | 1505 | 6.1725 | 39 | 189 | 631 | 571 | 51 | 6 |
| 中型 | 549 | 5.7827 | 1 | 17 | 192 | 279 | 41 | 3 |
| 小型 | 51 | 5.5802 | 1 | 0 | 8 | 30 | 7 | 0 |
| 微型 | 7 | 5.5317 | 0 | 0 | 1 | 4 | 1 | 0 |

资料来源：湘财证券研究所、东方财富 Choice 数据库、Wind 数据库。

　　我们根据企业实际控制人信息，将参与并购的上市公司按公司属性进行区分。2021 年参与并购的上市公司主要有中央国有企业、地方国有企业、公众企业、外资企业、民营企业、集体企业与其他企业 7 种类别。在参与并购的上市公司中，中央国有企业的平均 ESG 表现最好，其次为地方国有企业，外资企业的 ESG 表现优于民营企业与集体企业，而公众企业的 ESG 表现介于国有企业与外资企业之间。参与并购的国有企业的 Wind ESG 评级主要集中在 BBB 级，而公众企业、外资企业和民营企业的 Wind ESG 评级逐步开始向 BB 级过渡，而在参与并购的集体企业中，BB 级的企业在集体企业中所占比重最大（见表 4）。

表4　2021年中国不同公司属性下参与并购的上市公司的ESG评级与评分

单位：家，分

| 公司属性 | 参与并购上市公司数 | 平均Wind ESG评分 | 对应评级下的上市公司数 | | | | | |
|---|---|---|---|---|---|---|---|---|
| | | | AA | A | BBB | BB | B | CCC |
| 中央国有企业 | 154 | 6.4163 | 7 | 32 | 69 | 44 | 2 | 0 |
| 地方国有企业 | 401 | 6.1944 | 14 | 47 | 166 | 152 | 18 | 0 |
| 公众企业 | 123 | 6.1228 | 4 | 12 | 50 | 51 | 5 | 0 |
| 外资企业 | 61 | 6.0757 | 2 | 2 | 22 | 34 | 1 | 0 |
| 其他企业 | 19 | 5.9722 | 0 | 1 | 9 | 8 | 0 | 0 |
| 民营企业 | 1341 | 5.9702 | 14 | 110 | 516 | 585 | 74 | 8 |
| 集体企业 | 13 | 5.7846 | 0 | 2 | 0 | 10 | 0 | 1 |

资料来源：湘财证券研究所、东方财富Choice数据库、Wind数据库。

根据2021年申万一级行业分类标准，我们将参与并购的上市公司区分为31个行业。分行业来看，机械设备、基础化工和医药生物行业在2021年参与并购的上市公司数量排名前三，分别为209家、196家和184家，占所有行业的比重分别为9.90%、9.28%和8.71%；排名前三的行业集中度为27.89%，排名前五的行业集中度为41.48%，在行业上呈现一定的集中效应。

在ESG表现上，排名前三的行业分别为银行、医药生物和非银金融，平均Wind ESG评分分别为7.32分、6.54分和6.51分；排名后三的行业分别为房地产、家用电器和有色金属，平均Wind ESG评分分别为5.51分、5.73分和5.81分，排名靠前与靠后的企业在Wind ESG评分上呈现较大的分化。值得注意的是，2021年银行业参与并购的上市公司数量最少，仅为4家，居所有行业之末，但对应的ESG表现为所有行业最佳，居于所有行业之首，说明银行业并购案例数较少，但在并购过程中更关注企业的ESG表现（见表5）。

表5　2021年中国各行业参与并购的上市公司的Wind ESG评级与评分

单位：家，分

| 申万一级行业 | 参与并购上市公司数 | 平均Wind ESG评分 | 对应评级下的上市公司数 | | | | | |
|---|---|---|---|---|---|---|---|---|
| | | | AA | A | BBB | BB | B | CCC |
| 银行 | 4 | 7.32 | 0 | 3 | 1 | 0 | 0 | 0 |
| 医药生物 | 184 | 6.54 | 7 | 33 | 106 | 35 | 2 | 0 |

| 申万一级行业 | 参与并购上市公司数 | 平均 Wind ESG 评分 | 对应评级下的上市公司数 | | | | | |
|---|---|---|---|---|---|---|---|---|
| | | | AA | A | BBB | BB | B | CCC |
| 非银金融 | 36 | 6.51 | 5 | 7 | 11 | 10 | 1 | 0 |
| 计算机 | 121 | 6.51 | 3 | 26 | 63 | 27 | 1 | 0 |
| 交通运输 | 60 | 6.44 | 6 | 10 | 26 | 16 | 2 | 0 |
| 传媒 | 63 | 6.39 | 3 | 10 | 28 | 19 | 1 | 0 |
| 煤炭 | 10 | 6.32 | 1 | 2 | 4 | 2 | 1 | 0 |
| 钢铁 | 17 | 6.31 | 1 | 1 | 8 | 7 | 0 | 0 |
| 社会服务 | 35 | 6.15 | 1 | 4 | 13 | 12 | 2 | 0 |
| 美容护理 | 9 | 6.11 | 0 | 0 | 5 | 4 | 0 | 0 |
| 建筑材料 | 43 | 6.10 | 0 | 3 | 19 | 18 | 3 | 0 |
| 电子 | 166 | 6.08 | 2 | 20 | 59 | 74 | 6 | 0 |
| 国防军工 | 49 | 6.06 | 1 | 2 | 22 | 23 | 1 | 0 |
| 综合 | 22 | 6.01 | 0 | 3 | 7 | 10 | 2 | 0 |
| 公用事业 | 54 | 5.98 | 0 | 7 | 16 | 28 | 2 | 0 |
| 纺织服饰 | 40 | 5.97 | 0 | 1 | 22 | 15 | 1 | 0 |
| 建筑装饰 | 75 | 5.95 | 1 | 6 | 30 | 31 | 2 | 1 |
| 汽车 | 114 | 5.95 | 0 | 6 | 50 | 49 | 5 | 2 |
| 石油石化 | 21 | 5.94 | 0 | 3 | 6 | 9 | 3 | 0 |
| 基础化工 | 196 | 5.94 | 1 | 10 | 85 | 85 | 10 | 2 |
| 轻工制造 | 69 | 5.92 | 0 | 7 | 23 | 33 | 3 | 1 |
| 通信 | 56 | 5.92 | 1 | 3 | 21 | 25 | 4 | 0 |
| 食品饮料 | 44 | 5.92 | 1 | 4 | 16 | 19 | 2 | 0 |
| 商贸零售 | 49 | 5.91 | 0 | 3 | 20 | 21 | 4 | 0 |
| 环保 | 45 | 5.87 | 2 | 4 | 11 | 22 | 4 | 0 |
| 农林牧渔 | 49 | 5.87 | 0 | 3 | 20 | 20 | 6 | 0 |
| 机械设备 | 209 | 5.85 | 2 | 6 | 69 | 125 | 4 | 1 |
| 电力设备 | 116 | 5.85 | 0 | 2 | 39 | 63 | 6 | 0 |
| 有色金属 | 66 | 5.81 | 2 | 7 | 14 | 35 | 7 | 0 |
| 家用电器 | 39 | 5.73 | 1 | 2 | 8 | 24 | 2 | 2 |
| 房地产 | 51 | 5.51 | 0 | 3 | 10 | 23 | 13 | 0 |

资料来源：湘财证券研究所、东方财富 Choice 数据库、Wind 数据库。

针对参与并购交易的不同主体，我们将并购交易的参与方分为买方和卖方。在 2021 年并购买方共有 1321 家，其中沪市 458 家、深市 840 家、北交

所及新三板上市企业 16 家、香港上市企业 7 家。行业上主要为基础化工、机械设备以及电子行业；其中有 1301 家企业有对应的 Wind ESG 评级，有 1304 家企业有对应的 Wind ESG 评分。2021 年，并购交易的卖方共有 309 家，其中沪市 87 家、深市 210 家、北交所及新三板上市企业 8 家、香港上市企业 4 家，行业上主要为机械设备、医药生物与基础化工行业；有 299 家上市公司有对应的 Wind ESG 评级，有 299 家企业有对应的 Wind ESG 评分。

2020~2021 年，并购交易的买方和卖方的 Wind ESG 评级主要集中在 BBB 级与 BB 级；买方的华证 ESG 评级主要集中在 BB 级与 B 级，而卖方的华证 ESG 评级主要集中在 B 级与 CCC 级（见表 6 和表 7）。2021 年，在所有行业的并购买方 ESG 评级上，表现较好的行业为非银金融、医药生物和计算机行业，而表现较差的行业为房地产、国防军工和有色金属行业；在所有行业的并购卖方 ESG 评级上，表现较好的行业为医药生物、计算机和传媒行业，而表现较差的行业为商贸零售、家用电器和钢铁行业。2020 年与 2021 年，买方的平均 Wind ESG 评分分别为 6.1063 分与 6.0985 分，卖方的平均 Wind ESG 评分分别为 6.0635 分与 6.0403 分，买方的 ESG 表现略优于卖方的 ESG 表现。但从 2020 年到 2021 年，参与并购的买方与卖方上市公司的 Wind ESG 表现均出现一定程度的下滑。

表 6 2020~2021 年中国参与并购买卖方上市公司的 Wind ESG 评级

单位：家，%

| Wind ESG 评级 | 2020 年（企业数及占比） | | 2021 年（企业数及占比） | |
|---|---|---|---|---|
| | 买方 | 卖方 | 买方 | 卖方 |
| AAA | 1(0.08) | 0(0.00) | 0(0.00) | 0(0.00) |
| AA | 20(1.63) | 7(2.11) | 25(1.92) | 5(1.67) |
| A | 130(10.59) | 37(11.14) | 128(9.84) | 27(9.03) |
| BBB | 525(42.75) | 127(38.25) | 537(41.28) | 126(42.14) |
| BB | 523(42.59) | 144(43.37) | 579(44.50) | 130(43.48) |
| B | 29(2.36) | 17(5.12) | 32(2.46) | 11(3.68) |

资料来源：湘财证券研究所、东方财富 Choice 数据库、Wind 数据库。

表7 2020~2021 年中国参与并购买卖方上市公司的华证 ESG 评级

单位：家，%

| 华证 ESG 评级 | 2020 年（企业数及占比） | | 2021 年（企业数及占比） | |
|---|---|---|---|---|
| | 买方 | 卖方 | 买方 | 卖方 |
| A | 14(1.15) | 4(1.21) | 7(0.54) | 0(0.00) |
| BBB | 123(10.07) | 28(8.46) | 125(9.67) | 23(7.74) |
| BB | 351(28.72) | 55(16.62) | 431(33.33) | 64(21.55) |
| B | 427(34.94) | 90(27.19) | 421(32.56) | 87(29.29) |
| CCC | 204(16.69) | 95(28.70) | 206(15.93) | 72(24.24) |
| CC | 54(4.42) | 30(9.06) | 63(4.87) | 26(8.75) |
| C | 49(4.01) | 29(8.76) | 40(3.09) | 25(8.42) |

资料来源：湘财证券研究所、东方财富 Choice 数据库、Wind 数据库。

# 四 ESG 并购案例

（1）光大水务收购天津滨海环保

2021 年 1 月 21 日，光大水务及天津滨海环保签订产权交易合同、产权交易合同补充协议及合作协议。光大水务拟作价 6.66 亿元购买天津滨海环保 65%的股权。并购完成后意味着标的公司天津滨海环保将由一家国有独资企业改制为混合所有制企业，由光大水务及天津滨海环保分别持有 65%和 35%的股权。

光大水务是以水环境综合治理业务为主业的环保集团，在新加坡和中国香港两地上市，直接控股股东为中国光大环境（集团）有限公司。光大水务的业务范围涵盖供水、市政污水处理、工业废水处理、中水回用、流域治理及污泥处理处置等领域，形成了水务行业全产业链布局。业务分布于华东、华中、华南、华北、东北及西北地区，海外业务布局毛里求斯。天津滨海环保全名天津滨海新区环塘污水处理有限公司，成立于 2010 年 4 月，成立初期由天津滨海新区建设投资集团有限公司旗下天津滨海环保产业发展有

限公司注册出资，属于国有全资子公司，坐落于天津滨海新区，是一家专业性污水处理公司。现时水处理规模共计 22 万吨/日，其中包括北塘污水处理厂的污水处理规模 15 万吨/日（含一期工程和提标改造工程）、北塘再生水厂的再生水供应规模 4.5 万吨/日（含再生水厂工程和供水管网工程）和港东污水处理厂的污水处理规模 2.5 万吨/日（含一期工程、一期提标改造工程、二期扩建工程）。

此次并购意味着光大水务将借助天津滨海环保的污水处理能力和区位优势发挥协同效应，进一步拓宽其在环保领域的战略布局，利用标的公司在天津市的影响力，为集团未来在天津市及周边地区进一步承接污水处理项目奠定坚实基础。光大水务与天津滨海环保的并购案是 2021 年基于 ESG 投资框架下的典型案例。

（2）首创环保集团收购首创大气

2021 年 11 月，首创环保现金收购首创大气 100% 股权，作价共 13.6 亿元。此次并购案的发起人首创环保的控股股东为首创环保集团，同时也是首创大气的控股股东，因此，此次并购构成关联交易。

首创环保集团成立于 1999 年，是北京首都创业集团有限公司旗下国有控股环保旗舰企业，于 2000 年在上海证券交易所挂牌上市。作为较早从事环保投资的上市公司，首创环保集团率先践行国内水务环保产业市场化改革，积极推动环保事业发展。首创大气成立于 2002 年，由首创环保集团和北京市科学技术研究院共同创建。作为首创环保集团环保版块践行"蓝天"战略的国有控股环保企业，是中国领先的致力于公共环境下大气污染综合防治服务的国家级高新技术企业。

在此次并购后，首创环保已成长为千亿资产的集团化环保企业，在不断拓展业务范围后，首创环保形成了包括传统水务、再生水、固废处理、环境综合治理的全业务布局。水务投资和工程项目分布于 28 个省、自治区、直辖市，覆盖范围超过 100 个城市，合计拥有超过 2344 万吨/日的水处理能力，居国内水务行业前列。收购环保大气将加强其在"水、固、气、能、生态"方面的全要素服务支撑能力，尤其是首创大气的并入能够弥补首创环保在"气"业务领域的相对薄弱，使各个业态充分融合，客户、资源、市场等协同效应也将进一步提升。

（3）东江环保收购雄风环保

2021 年 7 月，东江环保股份有限公司（以下简称"东江环保"）以现金方式收购郴州雄风环保科技有限公司（以下简称"雄风环保"）70%股权，收购价格为 4.29 亿元。

东江环保创立于 1999 年，在深港两地上市，具有国资背景。东江环保业务涵盖了工业和市政废物的资源化利用与无害化处理、稀贵金属回收领域，配套发展水治理、环境工程、环境检测等业务，为企业的不同发展阶段定制和提供"一站式"环保服务，并可为城市废物管理提供整体解决方案。公司年危废处置能力超 230 万吨，下设 60 余家分子公司，员工超 5000 人，业务网络覆盖中国珠三角、长三角、京津冀、长江经济带及中西部市场等危废行业核心区域，服务客户超 2.7 万家，在全国危废行业领先优势明显。郴州雄风环保科技有限公司成立于 2001 年，注册地位于湖南省郴州市永兴县经济开发区国家循环经济示范园，经营范围包括从事环保领域内的科学技术研发服务、工业固体废物和危险固体废物等再生资源回收、处置及利用等。

此次并购将有利于东江环保快速进入稀贵金属回收业务领域，优化资源化板块布局，完善固废危废资源化业务链条，并加快公司业务转型升级，为积极应对未来危废市场竞争格局变化提前做好准备。同时，雄风环保的业务包含 9 大类 28 小类危险废物，已形成对含有有色金属的废料、废渣等废弃资源及其他物料回收再利用的成熟生产工艺。此外，雄风环保的稀贵金属回收工艺、设施技术也将与东江环保在危废处理上产生协同效应，并可进一步整合广东地区资源，发挥公司在固废领域的市场优势，为后续资源综合利用业务的原料采购以及业务拓展提供保障，实现优势互补。雄风环保所处行业具有高产值的特点，并购后不但可以有效扩大东江环保的营业规模，还能利用上市平台优势推动加快产业拓展，提升公司综合竞争实力，在 ESG 领域进一步做大做强。

（4）中原环保收购鼎盛固废

2021年3月，中原环保股份有限公司（以下简称"中原环保"）公告宣布第八届董事会临时会议审议通过了《关于收购郑州鼎盛工程技术有限公司所持中原环保鼎盛郑州固废科技有限公司股权的议案》，中原环保以现金1700万元收购郑州鼎盛所持中原环保鼎盛郑州固废科技有限公司（以下简称"鼎盛固废"）40%股权，收购完成后，鼎盛固废由中原环保控股子公司变更为全资子公司。

中原环保业务涵盖供水、城镇污水处理、农村污水治理、污泥处置、中水利用、集中供热、建筑垃圾处置及资源化利用、环保设备制造、光伏发电、市政建设、园林绿化、水环境综合治理、生态治理及技术研发等领域，形成了具有战略性和全局性的产业链。中原环保在郑州、洛阳、开封、漯河、商丘、南阳、安阳、驻马店、周口、信阳、济源、焦作、平顶山及山西运城、贵州都匀等地开展业务，实现多区域发展布局。鼎盛固废位于河南自贸试验区郑州片区，业务范围涵盖固体废物治理、机械设备研发、土壤污染治理与修复服务、生态恢复及生态保护服务等。

本次股权收购符合双方在环保领域的发展战略和业务发展需要，而收购完成后，鼎盛固废由中原环保控股子公司变更为全资子公司也有利于进一步发挥投融资优势，提升管理决策效率和运营管理能力，推动中原环保深耕固废行业，促进公司全产业链发展，增强市场综合竞争力。

## 五　ESG投资框架下的并购行业展望

据科尔尼咨询的调查发现，未来企业的并购将更多考虑ESG的因素，和其他并购动机相比，更多高管预计未来一年的ESG转型趋势将成为促进并购的重要推力，其中85%的高管预测ESG驱动的并购将包括收购新兴技术以实现特定ESG目标，75%的高管预测并购活动将包括剥离部分不适合实现ESG目标的业务。与此相呼应的结论来自麦肯锡公司发布的名为《ESG溢价：价值与绩效的新视角》的研究报告。报告数据显示，83%的企业高管与投资专业人士认为，ESG 项目将在未来 5 年中贡献更多的股东价值。受访者还表示愿意支付大约 10%的溢价来收购一家在 ESG 方面拥有积极记录的企业。此外，全球权威的 ESG 评级与研究机构 Sustainalytics 通过研究 2001~2016 年完成的 231 起企业并购交易得出以下结论：ESG 表现良好的企业可能会对并购交易买方的财务成功做出积极贡献。可以看到，企业的 ESG 表现与 ESG 风险应对水平会对企业的盈利能力有一定的潜在影响。随着时间的推移，由于受到企业的 ESG 绩效支持，投资者的获取收益能力和并购成本的比值体现出正向增长趋势。另外，根据普华永道发布的《2021年中国能源行业并购活动回顾及未来展望》，2021 年中国能源行业并购交易金额为 4029 亿元，其中清洁能源行业交易金额为 3207 亿元，同比增长56%，占比近 80%，在中国能源产业加速清洁低碳发展的背景下，清洁能源投资成为能源并购的主要驱动力。

从上述调研可以判断，伴随环保、社会责任、公司治理等意识的崛起，企业将越发重视 ESG 所能发挥的长期积极效应，未来企业并购的考量也将把 ESG 的因素置于更加重要的位置。在中国经济绿色低碳转型的道路上，基于 ESG 投资框架下的并购将成为企业绿色转型的重要渠道，有助于企业把握全球 ESG 浪潮所带来的机遇。对企业而言，随着投资负面清单的完善，投资者更加青睐将那些在 ESG 领域表现良好的企业作为优选的投资标的，并在融资层面和估值层面都能形成正向反馈。对社会而言，投资者和被投企业对 ESG 的不断重视将降低社会的治理成本，减少负外部性的影响，并增加社会总福利。

**参考文献**

[1] 中国证券投资基金业协会、国务院发展研究中心金融研究所：《2019 中国上市公司 ESG 评价体系研究报告》，2020。
[2] 中国上市公司协会：《中国上市公司 2021 年年报经营业绩快报》，2022。

# B.18
# 元宇宙领域的并购现状与趋势分析

仇 华 张智珑 李 杰*

**摘 要：** 元宇宙是人类科学技术发展到可以打开精神世界大门的拐点，未来发展可以分为三个阶段：数字孪生阶段、虚拟原生阶段和虚实共生阶段。目前元宇宙还处于数字孪生的初级阶段，但已为互联网行业进一步发展打开了想象空间。2021年是中国元宇宙发展的"元年"，抢注商标是业内主要风景；2022年以来，元宇宙领域并购数量开始显著上升。从全球来看，目前元宇宙的发展还是以大公司为主，Meta、微软、腾讯、字节跳动等公司是元宇宙领域发展的重要方向标。元宇宙的发展也面临一定的问题，如何监管、如何预防沉迷以及伦理方面的问题，都将影响元宇宙的发展。

**关键词：** 元宇宙 并购 股权收购

## 一 元宇宙未来想象空间大但还处于初始阶段

世间万物发展遵循"我在"到"我思"的过程。元宇宙概念的提出，是人类从"我在"的物质世界向"我思"的精神世界加速转变的拐点。此前，人类科学技术的发展更多研究现实的物质世界，忽视虚拟的精神世界。

---

\* 仇华，湘财证券研究所行业部经理，主要研究方向为机械行业、证券市场投资策略；张智珑，湘财证券研究所金融行业分析师，主要研究方向为非银金融、房地产行业；李杰，湘财证券研究所电子行业分析师，主要研究方向为电子行业。

而元宇宙概念的提出，使人类发现，科学已发展到可以打开精神世界大门的程度。

## （一）元宇宙未来想象空间巨大

元宇宙（Metaverse）这个名词最早出现在美国著名科幻大师 Neal Stephenson 于 1992 年发表的小说《雪崩》中。全球知名研究机构 Strategy Analytics 对当前涉及元宇宙的相关应用产品及科技公司的元宇宙布局领域进行调研，将元宇宙定义为：一个持续的（Persistent）、同步的（Synchronous）、去中心化的（Decentralised）及多用户的（Multiuser）环境，在这个环境中用户能够交互、创造内容及享受第三方服务。

通俗地讲，元宇宙是区块链、人工智能、大数据、5G、云计算、物联网、数字孪生等新一代 ICT 技术群发展到临界点后的重要突破方向。元宇宙将逐步模糊现实与虚拟的边界，进一步构建完整的虚拟世界，并最终反馈和促进现实世界的发展。

元宇宙未来发展可以分为三个阶段：数字孪生阶段、虚拟原生阶段和虚实共生阶段（见图1）。数字孪生，就是通过建立现实世界物理系统的虚拟数字镜像，贯穿于物理系统的全生命周期，并随着物理系统动态演化。具体是将工业产品、制造系统、城市等复杂物理系统的结构、状态、行为、功能和性能映射到数字化的虚拟世界，通过实时传感、连接映射、精确分析和沉浸交互来描述、预测和控制物理系统，实现虚实融合。数字孪生契合了中国以信息技术为产业转型升级赋能的战略需求，这也是元宇宙在中国被广泛关注的重要原因之一。虚拟原生，是在数字孪生的基础上，产生反向映射。例如，AlphaGo 在与人的博弈过程中，通过人工智能机器学习，想出人类想不到的妙招。虚拟原生将以数字世界为中心，将人工智能与云基础架构相结合，处理数据并产生应用输出，创造对物理世界有用的价值。虚实共生，是走向全感官协同的虚实莫辨，走向脑机接口、以想象力创造价值的全真社会。这是对元宇宙终极形态的构想，其内涵将随着元宇宙的发展而不断演变。

目前，元宇宙处于数字孪生阶段的初级形态。现阶段主要发展动力是：互联网产业在内容载体、传播方式、交互方式、参与感和互动性上长期缺乏突破，而元宇宙为互联网进一步发展提供了想象空间。不过，元宇宙的发展是一个漫长的过程，目前主要是从容易落地的游戏、虚拟人等细分领域开始突破。

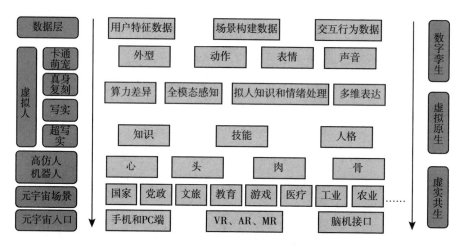

**图1 元宇宙的三个阶段与相应的虚拟程度描述**

资料来源：清华大学新闻与传播学院新媒体研究中心于2022年发布的《元宇宙发展研究报告2.0版》、湘财证券研究所。

## （二）2021年是元宇宙"元年"

2021年发生了两个标志性事件引发了市场对元宇宙的强烈关注，2021年因此被学术界、产业界普遍称为元宇宙"元年"。

第一个标志性事件是，2021年3月，"元宇宙第一股"Roblox公司成功在纽约证券交易所上市。Roblox宣称自己是元宇宙公司的主要原因是，它给玩家提供了一个虚拟世界，让玩家可以自由地改造这个虚拟世界。此外，用户生成内容（UGC）构建了Roblox的虚拟世界，是Roblox虚拟世界的主体，促使其成为现阶段元宇宙的代表。Roblox的上市，是元宇宙作为商业概念的成功标志，开启了互联网的下一个时代。第二个标志性事件是，2021年10

月，扎克伯格宣布将 Facebook 公司名更改为 Meta，并且正式转型进军元宇宙领域。

在国际互联网巨头投身于元宇宙的背景之下，国内互联网科技公司也不甘落后，加快对元宇宙相关领域的布局。中国一些地方政府也积极布局元宇宙，上海、武汉、合肥、无锡、杭州、南昌、厦门等地先后提出重点发展元宇宙相关产业，相继成立了长三角元宇宙联盟、广州元宇宙创新联盟等产业联盟，致力于协同上下游推进元宇宙领域的发展。

不过，在创业邦研究中心等发布的《2022 中国元宇宙产业投资白皮书》中，多数投资人认为元宇宙在部分行业中能够形成应用还至少需要 5 年时间。

## 二 元宇宙领域并购现状

### （一）元宇宙领域的热度初起，起步于2021年的商标抢注

如图 2 所示，2021 年前，元宇宙在国内产业界的关注度并不高，相关企业以及相应商标数量较少，2021 年 1~8 月的商标注册数量都在 100 个以内，但 9 月的元宇宙相关商标注册数量快速上升到 2000 多个，且趋势上行，这反映了元宇宙在产业界的热度快速上升。企查查数据研究院发布的《中国元宇宙商标申请企业画像报告（2021 年）》显示，2021 年，中国共申请"元宇宙"商标 11374 个，涉及公司 1691 家。其中，95% 以上是 2021 年 9 月之后抢注的。

据睿兽分析数据，2022 年一级市场对元宇宙的投资热情在持续升温。2022 年第一季度，在全球元宇宙相关领域中，仅 VR/AR 与区块链两个细分赛道，融资事件达到 277 起，涉及 273 家创业公司。总融资金额达到 525.65 亿元人民币，对比 2021 年同期增长 66.5%。全球共 682 家机构参与投资，2021 年同期参与投资机构数量为 466 家。

其中，中国在元宇宙相关领域的投融资事件共 49 起，涉及 48 家公司，

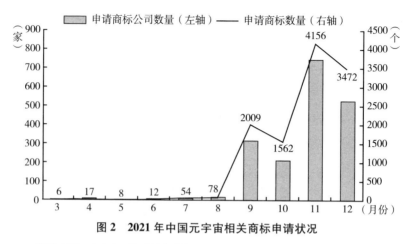

图 2　2021 年中国元宇宙相关商标申请状况

资料来源：企查查、湘财证券研究所。

融资总额为 66.06 亿元人民币，较 2021 年同期翻番，同比增长 108.1%，增速高于全球。参与投资机构数量也从 2021 年的 83 家增加到 110 家。

## （二）元宇宙相关的 XR 领域融资情况

在元宇宙相关子领域中，XR 行业和区块链发展得相对较快，我们着重分析这两个领域的投资情况。

近年，XR 行业（AR、VR、MR）飞速发展，国内外投资并购十分活跃。如图 3 所示，2021 年全球 XR 行业整体融资并购总额达 556.0 亿元，同比增长 128%，行业迎来飞跃式发展。从交易数量来看，2021 年全球 XR 行业融资并购数量达到 340 起，同比增长 55%，且平均单笔融资并购金额达 1.6 亿元，同比增长 50%。就中国而言，如图 4 所示，2021 年中国 XR 行业融资并购数量达 124 起，同比增长 130%，融资并购金额达 181.9 亿元，同比增长近 8 倍。从海外市场来看，由于海外的 XR 市场规模更大，融资标的更多，拥有核心技术的龙头企业也以海外企业为主，因此，海外 XR 行业的融资并购规模显著高于国内。2021 年，海外 XR 行业融资并购数量达 216 起（同比增长 30%），融资并购金额达 374 亿元（同比增长 67%），其中美国的融资活动最为活跃，有近百家 XR 企业完成融资。

图 3　2015~2021 年全球 XR 行业融资情况

资料来源：VR 陀螺、湘财证券研究所。

图 4　2015~2021 年中国 XR 行业融资情况

资料来源：VR 陀螺、湘财证券研究所。

细分来看，如图 5 和图 6 所示，2021 年全球 VR、AR 和 MR 领域的融资并购数量分别为 109 起（同比增长 43%）、89 起（同比增长 46%）、142 起（同比增长 71%），涉及金额分别为 167 亿元（同比增长 112%）、149 亿元（同比增长 51%）、241 亿元（同比增长 258%）。

2022 年以来，全球 VR/AR 领域投资进一步加快。根据 Strategy

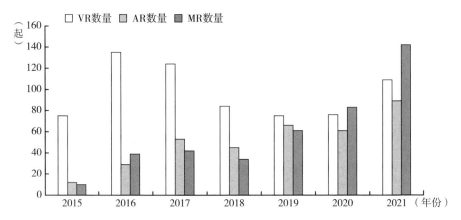

图 5　2015~2021 年全球 XR 行业细分领域融资并购数量

资料来源：VR 陀螺、湘财证券研究所。

图 6　2015~2021 年全球 XR 行业细分领域融资并购金额

资料来源：VR 陀螺、湘财证券研究所。

Analytics 的 VR/AR 收并购跟踪报告，2022 年第一季度发生的收并购金额已经超过了 2020 年全年，许多初创企业和新进入者已经开展了多轮融资，而且很多大公司宣布要加大元宇宙的相关投资。例如，Meta 投入 100 亿美元到元宇宙核心部门 Reality Labs、高通将成立 1 亿美元的元宇宙基金（Snapdragon Metaverse）等。

### （三）区块链领域收并购状况

区块链技术在中国已经发展多年，逐步形成一套稳定的基础功能架构。目前，区块链应用正在向深化产业服务方向发展，加速在金融、制造等行业的渗透，相关投并购融资规模也不断扩大。

如表1所示，2021年全球区块链累计投融资事件达1786个，获投项目总数为1546个，总金额达3088.16亿元。其中，金融应用数量为1174个，占全球区块链投融资事件总数的65.73%；金融应用是区块链技术重点投资领域。

表1 2021年全球区块链投融资概况

| 项目 | 事件总数（个） | 获投项目数（个） | 总金额（亿元） | 金融应用数量（个） | 占比（%） |
|------|--------|--------|--------|--------|--------|
| 股权投资 | 1659 | 1424 | 2295.98 | 1093 | 65.88 |
| 并购 | 64 | 64 | 524.87 | 41 | 64.06 |
| 上市 | 13 | 13 | 205.63 | 9 | 69.23 |
| 代币融资 | 50 | 45 | 61.68 | 31 | 62.00 |
| 合计 | 1786 | 1546 | 3088.16 | 1174 | 65.73 |

资料来源：零壹智库、湘财证券研究所。

从2021年全球区块链投资分布来看，美洲、欧洲及亚洲是全球区块链股权投资的活跃区域。其中，美洲是全球股权投资数量最多且投资金额最高的区域，投资数量占比为全球的近1/3，投资金额占比过半（见图7和图8）。

亚洲与欧洲相比，虽然其投资数量占比比欧洲多3%，但在投资金额上，欧洲比亚洲多出一倍。比较显示，亚洲地区的平均单项投资明显弱于欧洲，更低于美洲。

就2021年区块链全球TOP10投资案例来看（见表2），投资金额最大的是印度的加密数字货币交易平台"Bill Desk"于2021年8月以47亿美元被"Prosus"收购。而进入前10的中国企业的并购交易案例是：数字货币芯片设计和矿机制造商"蜜蜂计算"于2021年4月以1亿美元被"比特矿业"收购。

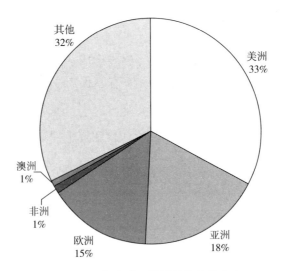

**图7 2021年全球区块链投资数量分布**

资料来源：零壹智库、湘财证券研究所。

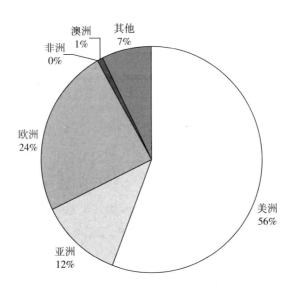

**图8 2021年全球区块链投资金额分布**

资料来源：零壹智库、湘财证券研究所。

表2　2021年区块链全球TOP10投资案例比较

| 序号 | 项目名称 | 融资金额 | 地区 | 收购方 | 业务领域 |
|---|---|---|---|---|---|
| 1 | Bill Desk | 47亿美元 | 印度 | Prosus | 加密货币交易、支付清算 |
| 2 | Bitkub Capital | 5.366亿美元 | 泰国 | SCB Group | 加密货币交易 |
| 3 | Bithumb | 4.6亿美元 | 韩国 | Nexon、Vidente | 加密货币交易 |
| 4 | Bitfield | 4亿欧元 | 德国 | Northern Data | 加密货币 |
| 5 | Mir | 4亿美元 | 美国 | Polygon Network | 加密货币 |
| 6 | Bottlepay | 3亿美元 | 英国 | NYDIG | 加密货币交易、支付清算 |
| 7 | Hermez | 2.5亿美元 | 未知 | Polygon Network | 加密货币交易 |
| 8 | GK8 | 1.15亿美元 | 以色列 | Celsius Network | 数据安全 |
| 9 | 蜜蜂计算 | 1亿美元 | 中国 | 比特矿业 | 加密货币 |
| 10 | Coinify | 0.84亿美元 | 丹麦 | Voyager | 加密货币交易、支付清算 |

资料来源：零壹智库、湘财证券研究所。

# 三　元宇宙领域并购动力分析与趋势展望

在元宇宙"元年"之后，2022年将是元宇宙逐步落地和深化的一年。元宇宙相关技术的快速发展是元宇宙领域收并购的根本动力源泉。

## （一）元宇宙各类技术梯次发展

元宇宙涉及的六大技术，简称为BIGANT（大蚂蚁）：区块链（Blockchain）、交互技术（Interactivity）、电子游戏相关技术（Game）、人工智能（AI）、网络及运算技术（Network）及物联网（Internet of Things）。就技术而言，六大技术之间存在千丝万缕的联系，但各技术领域都有独自的发展空间。中国在六大技术领域都有一定的发展（见表3），尤其是网络及运算技术领域，由于华为的存在，中国处于全球领先位置，但在区块链和物联网领域，中国企业优势并不明显，竞争激烈。

表 3　元宇宙六大技术主要相关公司

| 技术名称 | 主要相关公司 | 备注 |
|---|---|---|
| 区块链（Blockchain） | 腾讯、蚂蚁、浪潮、百度、京东 | |
| 交互技术（Interactivity） | 科大讯飞、华为 | |
| 电子游戏相关技术（Game） | 腾讯、字节跳动、网易 | |
| 人工智能（AI） | 百度、阿里巴巴、商汤、腾讯 | |
| 网络及运算技术（Network） | 华为、中国移动 | 全球领先 |
| 物联网（Internet of Things） | 腾讯、百度、阿里巴巴 | |

资料来源：龚才春主编的《中国元宇宙白皮书（2022）》、湘财证券研究所。

在网络及运算技术方面，元宇宙要求高同步、低时延，便于用户获得实时、流畅的体验感。在时延方面，根据第三方网络检测机构 Open Signal 的测试数据，4G LTE 端到端的时延可达 98 毫秒，已能够满足视频会议、线上课堂等场景的互动需求；5G 端到端的时延可以控制在 10 毫秒之内，不过受限于基站数量，5G 的实际传输速率可能达不到设计水平，但预期依然无法完全满足元宇宙对大量数据的迅速传输需求，可能需要期望 6G 来进一步完善。

比较而言，在元宇宙相关的六大技术中，中国目前在网络及运算技术方面处于全球领先地位，典型代表是华为。目前，华为在元宇宙领域已具备网络+芯片+终端的端到端能力。华为在芯片方面发布了多款 5G 相关的芯片来为 5G 提供技术支持。专利方面，根据咨询公司 Strategy Analytics 的数据，华为在端到端 5G 标准的总体贡献方面超过全球所有企业。

## （二）元宇宙与其他行业的融合——产业元宇宙

在互联网发展过程中，"互联网+"的方式带动了其他行业的发展。而在元宇宙的不断深化过程中，元宇宙的沉浸感特征，更有助于"元宇宙+"的理念也向其他行业快速渗透（见表4）。

表4　主要产业元宇宙发展重心问题归纳

| 产业元宇宙 | 主要发展内容 | 备注 |
|---|---|---|
| 金融元宇宙 | De-Fi、NFT | 数字货币是中心化的 |
| 农业元宇宙 | 实现农作物生长过程的数字仿真和动物发育的数字仿真、虚拟动植物——生长状态高精度模拟、农产品溯源——产品全生命周期体验 | |
| 能源元宇宙 | 新型电力系统 | |
| 教育元宇宙 | 数字智能教师实现全时伴读个性化教育、沉浸式互动教学环境让深度学习更容易发生 | |
| 地产元宇宙 | 让客户先进行沉浸式购房体验、生产和生活体验；进行产线建模，完美实现入住后的感官体验 | |
| 消费元宇宙 | 虚拟展览与虚拟拍卖、交互媒体与互动电影、虚拟表演与虚拟播音、NFT数字音乐与数字剧本、虚拟精灵 | |

资料来源：龚才春主编的《中国元宇宙白皮书（2022）》、湘财证券研究所。

## （三）中国元宇宙领域发展特征归纳

近年来，中国 ICT 行业快速发展，在 VR/AR 终端、通信网络设备、数通设备、液晶显示面板、软件交互等领域取得显著进步，构筑起元宇宙相关产业发展长板。中国 ICT 行业的消费市场规模庞大、行业级应用场景种类繁多、企业应用创新活跃，为元宇宙创新提供有力的市场与智力支撑基础。

不过，中国元宇宙领域的底层技术落后，发展后劲不足。一是 VR/AR 头显设备。在手机、电脑、电视等消费终端提供现实世界与数字世界交互的接口或界面方面，中国处于弱势。二是缺少 XR 专业芯片，缺少 XR 底层开发平台及工具。美国在这些方面处于领先地位，但目前中国受到美国针对性排挤，例如，脑机接口技术是美国工业和安全局出口管制名单上的新兴技术之一，中国元宇宙领域要进一步发展，面临较大挑战。

此外，中国元宇宙领域的发展，与全球发展模式相近，都是大型企业抢占赛道，快速领跑。例如，美国的 Meta、微软，中国的腾讯、字节跳动，

这些公司资金实力雄厚，他们可以通过并购快速获得成熟技术，目前已先行一步抢占了元宇宙优势赛道。

不过，从互联网领域发展经历来看，大公司对该领域的发展功不可没。例如，中国的BAT，客观上为普通消费者低成本接触互联网提供了便利。所以，目前处于领先地位的大公司，利用他们现有的资金、技术优势，在元宇宙领域短期内的确能够一路领先。这些公司的先期探索，将有助于元宇宙的快速发展，客观上推动人类元宇宙的发展。

元宇宙的发展充满未知数，目前在设备、内容上都处于起步阶段，在这些领域的投资风险较大，且现有技术无法覆盖所有元宇宙发展的可能，这就为中小企业留下了一定的发展空间。

# 四　重要案例分析

目前元宇宙领域的发展，大型企业占主导地位，我们重点选择美国的Meta、微软和中国的字节跳动、腾讯为代表，讨论其典型的并购案例以及对元宇宙行业的影响。

## （一）国际案例1——Meta 收购 Oculus

扎克伯格于2021年10月将Facebook更名为Meta，并于2021年12月1日起以新的股票代码"MVRS"进行交易，标志公司将以元宇宙为先，以发展AR、VR等软硬件及相关生态为主，带动全球新一轮元宇宙热。

Meta早在2021年9月即宣布成立XR计划和研究基金，用于元宇宙生态规则的探索和研究。目前，Meta在VR硬件方面处于行业龙头地位，其自2014年收购Oculus以来，于2016年发布了第一代消费者版VR设备Oculus Rift CV1，并持续更新迭代。其最新产品Oculus Quest2因出色的性价比深受消费者喜爱，截至2021年底Quest 2的累计销量达850万台，达到目前VR领域其他设备难以企及的高度。Meta收购Oculus，也成为元宇宙领域成功的典范。

1. Meta 收购 Oculus 背景

1987 年，美国 VPL 公司创建人、"虚拟现实之父"Jaron Lanier 首次提出 VR 概念，VPL 公司随后研发出一系列虚拟现实设备，包括 Dataglove 和 EyePhone 头戴式显示器和手套。由于 VR 的组合元件如显示屏、处理器、显卡和追踪器等尚未得到技术上的进一步改进，直到 2010 年之前，大多数 VR 的应用仍停留在科研机构与军方机构的实验室中，难以诞生商用级与消费级的产品。

直到 2012 年，以 Oculus Rift 为代表的头戴显示设备在成本、延迟、视域和舒适度等方面得到了显著改善，VR 因此重获关注。在此之后，以 Google 为首的多家科技巨头进军 VR 领域，带动了第一波 VR 热潮。2014 年 5 月，Google 在美国市场公开发售 Google 眼镜。2014 年 7 月，Facebook 耗资 30 亿美元完成收购 Oculus。2015 年 3 月，HTC 发布了 Vive 头显。至 2018 年，因 VR 产品性能不足、价格较高，这一波热潮归于沉寂。

2. Meta 收购 Oculus 的意义

为了增加营收的多元性，从 2013 年开始，Facebook 便将目光聚焦于消费硬件领域，与 HTC 合作推出定制款智能手机 HTC First 和一款 Android 桌面应用 Facebook Home。虽市场反馈较差，但 Facebook 依然在硬件领域积极探索，希望自己可以把握住智能手机时代之后的新机遇。扎克伯格认为 AR/VR 设备将会成为继智能手机后的下一代计算机平台，并希望在未来将 VR 与其社交生态融合。

经历了 5 代原型机的更新迭代，Oculus Rift CV1 终于在 2016 年 1 月正式发售，这也是 Meta 收购 Oculus 后真正意义上的第一款产品。在 2018 年的 OC5 大会上，Facebook 首次宣布第一代 VR 产品线为：Oculus Rift（系留 VR）、Oculus Go（3DoF 一体式 VR）、Oculus Quest（6DoF 一体式 VR）。Rift 主打高端极致 VR 体验，Oculus Go 主打观影及轻度休闲体验，Oculus Quest 主打游戏和主流体验。

在数十亿美元的投入后，Meta 的 VR 产品成为行业的标杆，在性价比方面做到了行业最好，并在 2020 年 9 月发布了第一款真正意义上的消费级 VR

产品 Quest 2，成为业内厂商争相效仿的对象，Meta 凭借自身的长期巨额投入，开发了领先的产品，同时极大地推动了 VR 行业的发展。

### （二）国际案例2——微软收购动视暴雪

微软在元宇宙布局主要体现在办公和游戏领域。微软要在其协作办公软件 Teams 内部建立虚拟世界，利用 3D 化的卡通人物造型，通过语音、体感等智能技术，降低会议的疲劳度，使人们彼此能够更真切沟通；Xbox 等游戏平台游戏如《我的世界》《模拟飞行》等已经在一定程度上接近元宇宙。微软的愿景是将不同的元宇宙连接起来。

#### 1. 微软收购动视暴雪的背景

2021 年 3 月，Roblox 公司上市，在招股书中，Roblox 介绍了元宇宙的概念，引发广泛关注。2021 年 10 月，Facebook 更名为 Meta，再次引发大众对元宇宙的关注。随后，国内外科技巨头纷纷布局元宇宙，并将其视为互联网的下一个状态。

多国政府也出台政策支持元宇宙产业发展，在全球范围内，韩国政府对元宇宙反应最快，已经成立了元宇宙协会。截至 2021 年 10 月，包括三星在内的 200 多家韩企已经加入了这个协会。2022 年 1 月 20 日，韩国在第 53 次紧急经济中央对策本部会议上重磅宣布"元宇宙新产业领先战略"：到 2026 年实现元宇宙全球市场占有率第五。日本经济产业省于 2021 年 7 月发布《关于虚拟空间行业未来可能性与课题的调查报告》，将元宇宙定义为"在一个特定的虚拟空间内，各领域的生产者向消费者提供各种服务和内容"。该报告体现了日本政府对元宇宙行业布局的思考。在中国，元宇宙被写入多地政府工作报告中。

微软在元宇宙领域也早有布局，其 Hololens 为全球最成功的 MR 产品，并获得美军大额订单。

#### 2. 微软收购动视暴雪的意义

2022 年 1 月 18 日，微软发表声明称，将以全现金方式斥资 687 亿美元收购游戏巨头动视暴雪，这将成为微软有史以来规模最大的收购案，微软

CEO 纳德拉评价这笔收购时直言不讳地表示，这笔交易将在微软元宇宙平台的发展中扮演关键的角色："游戏是当今所有平台娱乐中最具活力和令人兴奋的类别，也将在元宇宙平台的发展中扮演关键的角色。"

游戏是元宇宙初期最有希望落地的场景之一，动视暴雪以制作具有元宇宙组件的游戏而闻名，微软收购动视暴雪后，其元宇宙硬件和内容实力在全球均位列前茅，成为元宇宙的主要玩家之一，有望推动元宇宙产业的发展。同时，微软的入局，或将开启元宇宙军备竞赛，其他科技巨头或将在硬件与内容领域也加速拓展。

### （三）国内案例1——字节跳动收购 PICO

字节跳动，凭借 Tiktok、飞书（Lark）拥有的社交、内容、全球化优势，已经建立起庞大的内容运营体系。该公司一直期待突破内容生产的限制，将自己的内容应用到具有颠覆性的终端设备中。字节跳动收购 PICO，为其打通了从内容到设备之间的通道。

**1. 字节跳动收购 PICO 的背景**

Meta 于 2020 年 9 月发布的 Quest 2 大获成功，导致 VR 行业重获产业关注。2021 年，科技巨头纷纷入局，有效推动了 VR 行业的发展。2021 年 8 月 29 日，PICO 发布内部全员信，公司被中国领先的 VR 设备厂商字节跳动收购。

**2. 字节跳动收购 PICO 的意义**

字节跳动收购 PICO 的总金额约为 90 亿人民币，该金额占 2021 年国内 XR 行业总投资金额的近一半。字节跳动也因此成为国内 VR 行业投入最多的互联网厂商。由于字节跳动在软件、AI 技术等方面有着丰厚的积累，例如：借助抖音、TikTok，在视觉算法上进行了大量研究；在游戏、短视频等内容领域也有丰富积累。字节跳动收购 PICO 后，将在资金、技术、内容方面给予 PICO 更多支持。目前，全球 VR 行业以科技巨头为主导，例如 Meta、索尼、HTC，但国内此前少有大公司入局。字节跳动在 VR 行业的巨额投资，有望推动国内 VR 产业快速发展。

### （四）国内案例2——腾讯以投资试水元宇宙

腾讯是国内最能从元宇宙概念受益的互联网公司，目前的布局切中了元宇宙目前阶段的重点。从底层技术、云服务、大数据中心，到中层的各类型内容产品和成熟的社交网络互通生态，再到上层组织管理，腾讯具备了布局元宇宙的条件。

马化腾曾在腾讯内部刊物《三观》中写道：移动互联网十年发展，即将迎来下一波升级，我们称之为全真互联网。显然，"春江水暖鸭先知"，在社交、游戏和影业直播等领域布局多年的腾讯，很早就朝着元宇宙方向努力。在底层架构方面，腾讯没有直接布局 XR 硬件，但通过投资 EpicGames、Snap 占据 VR/AR 生态的有利地位。在后端基建方面，在 ToC 端，腾讯打造全周期云游戏行业解决方案，为用户提供全链路云游戏平台与生态；在 ToB 端，腾讯云布局全场景 IDC 能力。在内容与场景方面，腾讯在社交（微信+QQ）、游戏（全球最大游戏公司）、娱乐内容等领域的优势地位稳固。

不过，腾讯现阶段依然专注于收购而非创新，通过收购不断试水，但对巨额投资 XR 硬件依然谨慎。

腾讯投资元宇宙的主要案例如下。

2012 年 7 月，腾讯投资 3.3 亿美元于 EpicGames，受让其发行股本的48.4%。2022 年 4 月，EpicGames 宣布从索尼和乐高集团的母公司 Kirkbi 两方各筹集了 10 亿美元，合计 20 亿美元，完成估值为 315 亿美元（折合人民币 2000 亿元）的最新一轮融资。EpicGames 方面表示，资金将用于在元宇宙领域的发展。

2019 年 2 月，腾讯与 Roblox 共同出资成立了一家合营公司，Roblox 持股 51%，腾讯持股 49%。该合营公司主要打造"罗布乐思"平台。Roblox主要提供"罗布乐思"底层技术开发、平台内容，腾讯则负责中国地区的发行营销等。2020 年初，Roblox 完成了 1.5 亿美元的 G 轮融资，腾讯参投。

2020 年 12 月，中国版 Roblox 平台"罗布乐思"获得了版号，并于2021 年 7 月 13 日正式上线，游戏上线第一天即冲入 iOS 游戏免费榜第一名。

"罗布乐思"内部游戏基本是 Roblox 的"国服"版本，做了本地化的移植开发，可选择游戏类型较多，但大部分为低龄向的模拟经营、冒险、休闲社交等。玩家可以在平台商店购买物品装扮角色，也可以在游戏内购买道具；平台通用的虚拟货币"罗宝"与人民币的兑换比例为 1 元 = 10"罗宝"。

## 五　元宇宙发展风险

元宇宙还处于发展初期，其未来发展空间巨大，给予人们太多期望。但也有人担忧，元宇宙是否会像曾经的互联网金融、P2P 一样，一度光鲜亮丽，最终却变成部分人用于炒作的噱头、诈骗的工具。因而，希望能够提前对元宇宙面临的问题进行系统规划。

但元宇宙的发展是以加密学、区块链技术为基础的，其在经济体系、身份体系、治理体系三个维度上都与现有社会形态有着本质差异，且随着科技水平的不断发展，元宇宙领域必然日新月异，可能出现很多我们现阶段无法想象的问题。我们若从现有社会形态的角度来预判元宇宙，会有"闭门造车"之嫌。所以，为避免人为设置阻碍限制元宇宙的发展，不妨"让子弹多飞一会儿"，但我们要始终对元宇宙保持积极关注。

现阶段，元宇宙发展风险如下。

第一，产业垄断风险。元宇宙是以现实世界为物质基础的，其很难脱离现实世界而独立存在。当前，对元宇宙领域的探索，很多是资本雄厚的少数大型企业在进行，这些公司拥有充足的资金、强大的技术团队和完善的管理体系，并已抢占元宇宙各重要赛道，很容易通过他们在现实世界的资本、技术优势，在元宇宙领域构建垄断优势。

第二，技术发展不平衡风险。元宇宙相关技术呈现快速迭代情况，其中，硬件迭代速度快，而软件迭代速度慢，二者存在一定的矛盾。元宇宙对交互多感官、同时在线人数的要求较高，新一代 ICT 技术的全面发展才能更好地助力元宇宙产业落地。

第三，个体生理、心理风险。虚实之间存在调节冲突，且存在堕落和沉

迷风险。目前，元宇宙的发展与监管体系仍未成形，且存在身份认同危机、人格解体等风险。因此，在使用元宇宙相关产品时，用户仍需保持理性和冷静，在风险可控的前提下适当参与，感知新事物。同时，对人类而言，游戏容易使人沉迷。元宇宙的高沉浸感更容易使人迷失自我，沉溺其中无法面对真实世界，进而造成心灵的扭曲。

第四，监管问题。元宇宙是去中心化的，缺乏统一的规则体系，与现实世界的基本规则不同，这将导致对于元宇宙中触犯现实世界规则的行为如何监管的问题。近年来，中国已在推动对元宇宙数字资产交易的监管，协调元宇宙的全球化交易与支付规则本地化间的矛盾。而元宇宙"社区"治理的协调，包括由谁来制定元宇宙规则、如何协调元宇宙的规则与现实世界的法律等。

第五，信息泄露问题。元宇宙开放式的网络连接以及去中心化的数据储存方式，对各类信息可能产生数据泄露的潜在风险。如一个企业的专利信息、产量数据以及经营状况等在元宇宙中储存，这些隐私数据被他人获取破解后可能引起特有市场波动直接造成该企业的损失。现实世界与元宇宙的数据流是实时互通的，在元宇宙中即可向现实世界中的智能化装备发出指令，如果数据流被他人监控破解后，可能导致无形资产泄露，引发针对相应产品的恶性竞争。

第六，伦理问题。元宇宙的发展基于数字，主要是通过数字特征的人工智能来思考问题，但数字世界不存在现实世界的道德和责任相关的伦理概念，如何将数字化的公平、可靠、安全、包容、透明等准则，与非数字化的道德和责任相融合，是元宇宙发展过程中的重要问题之一。

**参考文献**

［1］龚才春主编《中国元宇宙白皮书（2022）》，2022。
［2］马兆林等主编《金融元宇宙研究白皮书（2022）》，2022。

［3］ 崔凡：《中国元宇宙的未来在这 1692 家公司手里》，经理人网，2022 年 1 月 6
日，https：//www. sino-manager. com/264752. html。

［4］ VR 陀螺：《2021 年全球 XR 行业融资报告》，2022。

［5］ 01 区块链、零壹智库：《大公司第一季度的元宇宙新动向》，2022。

［6］ 商汤科技、中国增强现实核心技术产业联盟（CARA）：《企业级 AI 数字人数
字经济发展"新动能"》，2022。

［7］ 创业邦研究中心等：《2022 中国元宇宙产业投资白皮书》，2022。

［8］ 清华大学新闻与传播学院新媒体研究中心：《元宇宙发展研究报告 2.0 版》，2022。

［9］ 毕马威中国：《初探元宇宙》，2022。

［10］ 中国信息通信研究院：《人工智能白皮书（2022 年）》，2022。

［11］ 头豹研究院：《元宇宙五大演绎趋势：应用篇》，2022。

［12］ 杨晓峰团队：《元宇宙分析框架：VRChat 或为元宇宙入口雏形》，2021。

# B.19

# 新冠肺炎疫情下的跨境并购现状及趋势

姚约茜*

**摘　要：** 疫情中各国宽松的财政和货币政策使得 2021 年全球并购交易出现历史新高，中企跨境并购交易也收获了近几年来的最高涨幅。然而，并购市场繁荣背后潜藏的是全球货币政策收紧、供应链受阻、疫情不确定性、市场环境变化、人员隔阂、逆全球化趋势和贸易保护主义的威胁。中资海外并购已经进入了具有新特点、新趋势和新要求的"新常态"时期。面对近年来以不确定性为主要特点的全球经济形势，我们建议中资企业发挥比较优势，成立专业团队，制定合理策略，规避风险，把握并购时机。

**关键词：** 新冠肺炎疫情　跨境并购　新常态

2020 年突如其来的新冠肺炎疫情让全球经济活动几乎停摆，全球并购市场也深受影响。2021 年，随着全球疫苗接种率的提高，全球经济逐渐恢复，并购交易也企稳回升。根据研究机构 Dealogic 的数据，截至 2021 年 12 月 16 日，全球并购交易额增长了 63%，首次突破 5 万亿美元，创下了 5.63 万亿美元的历史纪录，并远远超过 2007 年金融危机前 4.42 万亿美元的纪录。最大手笔的并购交易几乎都集中在科技和医疗行业，而全球的低利率和高估值更进一步推动了并购交易达到前所未有的水平。在这样的大环境下，2021 年中国跨境并购交易也得以同频共振、快速发展。

---

\* 姚约茜，北京浩天（上海）律师事务所管理合伙人，中美双证律师，上海律协国际投资委员会委员，上海交通大学凯原法学院硕士生导师，钱伯斯全球公司并购上榜律师，主要业务领域为境内外投资并购、私募基金、新经济、境内外复杂商事争议解决。

# 一 全球并购交易概况

从 2020 年下半年起，全球并购交易就进入了新的繁荣期：超过 50 亿美元的巨额交易不断涌现；北美市场、亚太市场、欧洲市场等不断创当地并购交易金额高点；跨境并购交易重新回到全球并购交易额 40% 的比例。而在 2020 年上半年，因新冠肺炎疫情影响，全球并购交易额创近十多年来的低点，不足 1 万亿美元（见图 1）。在很短的时间内，全球并购交易之所以得到迅速回升，并在 2021 年攀上交易额的巅峰，具体原因如下。①

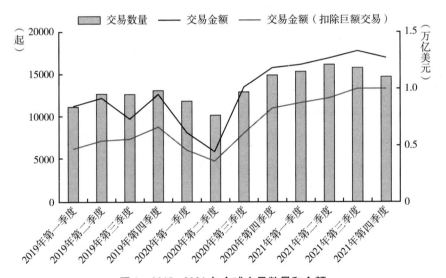

**图 1  2019~2021 年全球交易数量和金额**

注：巨额交易指交易金额为 50 亿美元及以上。
资料来源：Refinitiv，Dealogic 及普华永道。

其一，全球流动性充足。新冠肺炎疫情使得各国的政府加速发行了本国的货币储备，同时也使得市场的流动资金更加充沛。在较低的借款费用基础上，投资者和买家也乐于以低廉的价格贷款。

_____

① 张伟华：《2021 年跨境并购重回巅峰》，《中国外汇》2021 年第 24 期。

其二，企业现金储备创历史新高。包括邮轮公司和连锁酒店在内的一些行业为应对新冠肺炎疫情筹集了大量资金；另一些公司也趁着低利率环境加紧借贷，筹集更多资金。不少投资者预计公司会回购股票和债券、进行并购，或者三者兼而有之。

其三，股票市场的繁荣。以美国为例，美国采取宽松的货币政策，使得美股在 2020 年新冠肺炎疫情暴发后屡创新高。股票市场的繁荣助推了更多的并购交易，攀升的股价对于上市公司高管而言是一个意外的惊喜，他们可以充分利用股价的优势进行交易。例如，在进行并购交易时，他们用高估的股票代替货币用于换股并购。在股票市场繁荣的推动下，美国的并购交易在 2021 年的前三个季度就轻松跃过 2 万亿美元。

其四，私募基金的活跃。私募基金逐步扩大其在并购中的份额，2021 年近 40% 的交易数量、45% 的交易总额涉及私募基金，而在过去五年这一比例分别仅略高于 25% 和 30%。在中企海外并购交易中，私募基金和投资公司更是占据了举足轻重的位置。2021 年末，全球私募基金的资金存量为 2.3 万亿元，较年初增长 14%，预示着 2022 年将出现更多并购活动。持有 2 万亿美元可投资金的私募基金在全球交易市场上大量的买入、退出，占 2021 年全球并购交易总额的近 1/3，激进的竞标企业为了转型而剥离出来的资产，为全球并购市场的繁荣提供了强有力的助推。IBM、戴姆勒、通用电气、强生和东芝在内的一些大型成熟公司在 2021 年纷纷宣布分拆或资产剥离①，拆分他们的部分业务以专注于核心业务，为私募基金的并购提供了大量标的。

其五，SPAC（Special Purpose Acquisition Company，特殊目的收购公司）推动了并购热潮，SPAC 允许私有公司避开烦琐冗长的 IPO 程序而公开上市。2021 年有 613 家 SPAC 上市，共筹集了 1450 亿美元，比 2020 年的筹资额增长了 91%。

---

① 夏雨辰：《通用电气、强生与东芝纷纷分拆，"多元化"完了吗?》，华尔街见闻，2021 年 11 月 14 日，https：//wallstreetcn.com/articles/3644865；《2021 年 10 大分拆：全球巨头开启分拆潮》，雪球，2022 年 1 月 20 日，https：//xueqiu.com/8000884340/209529089。

其六，恶意收购与积极股东促进并购交易。一些公司在新冠肺炎疫情影响下，业绩下滑，出现流动性问题，使得优质标的成为恶意收购对象。从收购方的角度来看，流动性充裕及产业合并的冲动，更易引发恶意收购。积极股东在美国、欧洲及日本并购市场均表现活跃，截至2021年第三季度末，合计发起股东积极行动123次，其中大部分是并购行动。积极股东通过发起行动的方式，推动公司进行并购或者剥离交易。

## 二　中国的跨境并购现况

2021全球并购市场整体升温，创下近40年来的新高，从中国并购交易总量上看，虽创下历史新高，达到12790宗、较上年增长21%，但交易金额却从2020年历史最高水平下降至6374亿美元，原因是中国并购交易市场呈现明显的内外之分。一方面，国内并购市场迎来阵阵寒意，上市公司重组数量创下近年新低；另一方面，中企海外并购风景独好，交易数量、交易金额分别同比上升39.5%和75.4%，按照交易量计算，其在全球并购市场占据20%的份额。

随着世界范围内并购热潮的出现，中国的跨国收购业务一扫往年的低迷。中国商务部发布的数据显示，2021年，中国全行业对外直接投资总额为1451.9亿美元，同比增长9.2%，中企宣布的海外并购总额为570亿美元，同比增长19%，且出现多笔大额境外交易（见图2）。例如紫金矿业以9.6亿加元（折合人民币约49.39亿元）现金收购加拿大上市公司新锂公司。从并购对象来看，其不仅对发达国家相关产业开展并购，还包括对发展中国家发起的一系列并购交易，如滴滴收购巴西最大出行公司99。

中企跨境并购交易的迅速回升，主要有以下几个原因：其一，新冠肺炎疫情突袭而至后，得益于强有力的疫情管控措施，国内经济逐步回归至疫情之前水平，恢复速度领先全球；其二，"十四五"规划、境内产业升级需求，带动包括科技、医疗、新能源以及消费等在内的多个行业并购交易的发展，全球化的中企对这些行业海外优质资产需求较大；其三，"一带一路"

图 2 2017~2021 年中企宣布的海外并购金额

资料来源：中国商务部。

倡议、RCEP（《区域全面经济伙伴关系协定》）等国家政策的持续推进，为跨境并购发展创造了良好的政策环境；其四，中国买家实力提升，基于海外投资可分散风险、实现行业整合等诉求，企业"走出去"并购的动能依然存在；其五，全球行业整合势头仍在继续，境外整合中的资产剥离，给中企提供了更多交易机会。

2021 年中企海外并购活动呈现如下特点。

其一，受宏观经济向好和货币宽松政策影响，中企海外并购增长动力强劲。2021 年经济不确定性有所减弱，宏观经济指标逐渐好转。从全球来看，相较于 2020 年 4.3% 的经济萎缩，2021 年全球经济增速达 5.9%，创近 48年新高，[1] 部分企业特别是大型跨国企业对经济复苏充满信心。从国内来看，中国经济总量超 17 万亿美元，稳居世界第二，GDP 较上年增长8.1%，[2] 经济指标的回升较大程度刺激了并购交易。与此同时，为应对新冠肺炎疫情对经济的冲击，全球各主要经济体都整齐划一地推出了宽松货币

---

① 国际货币基金组织：《世界经济展望》，2021 年 10 月，https：//www.imf.org/zh/Publications/WEO/Issues/2021/10/12/world-economic-outlook-october-2021/。

② 《中华人民共和国 2021 年国民经济和社会发展统计公报》，国家统计局官网，2022 年 2 月28 日，http：//www.stats.gov.cn/xxgk/sjfb/zxfb2020/202202/t20220228_ 1827971.html。

政策，尤其是欧美国家还实施了零利率和负利率，使得全球利率持续保持低位。这极大地降低了企业的融资成本，促进了企业的扩张。

其二，私募基金在并购市场上更加活跃，其主导的交易占比大幅提高。私募基金和投资公司在中企海外并购交易中占据重要地位。从全球来看，以私募基金为主导的并购交易层出不穷，2021 年第三季度宣布的全球并购交易达到了 5000 亿美元，前三季度总计达到 1.6 万亿美元，刷新有史以来的最高纪录。[①] 持有 2 万亿美元可投资金的私募基金通过在全球交易市场上大量的买入、退出，极力助推了全球并购市场的繁荣。中企全球并购也显现出以私募基金为主导的交易日益活跃的趋势，在 2021 年公布的全球并购交易中，私募基金和投资公司主导的交易并购金额占据了将近 50% 的份额，交易笔数占比超过 40%，均超过了 30% 的全球行业平均水平，说明中国私募基金和投资机构在并购中对海外标的给予了更高的重视程度。例如，国内大型私募基金高瓴资本以 44 亿欧元收购荷兰皇家飞利浦的家用电器业务以及华润资本对 Viridor 的 42 亿英镑的投资。

其三，SPAC 并购模式横空出世，少数中企海外并购尝鲜。所谓 SPAC 的操作模式是公司发起人首先成立空壳公司并在市场上展开募资，资金募集完成后实现 IPO，接着便寻找目标收购企业，让原有的空壳公司变成实体上市企业。SPAC 模式下成立的公司需要花费精力快速寻找收购标的，从而确保在两年内不发生退市事件。中资企业和投资人也尝试使用 SPAC 方式在美国上市筹措资金进行收购，或者通过和 SPAC 合并方式实现上市。例如，国内企业微美全息旗下子公司 VIYI 算法公司就在 2021 年 6 月宣布将通过与特殊目的收购公司合并的方式公开上市。

其四，科技业、金融业、资源、基建和制药领域的海外并购活动占比较高。科技业、金融业、矿产资源类、交通基础建设和医药技术行业的海外并购占据中国企业出海收购的前五位，和 2021 年全球并购交易的热门行业大

---

① 姚影：《后疫情时期，中企全球并购新趋势及五大操作建议》，网易官网，2022 年 5 月 3 日，https://www.163.com/dy/article/H6FIVKTG0519AFU3.html。

致保持一致。在中资出海的热门收购行业中，医药技术行业的海外收购交易额增长速度最快，这也体现了新冠肺炎疫情以来，中企日益加强在海外收购高品质医药技术资产以满足国内市场对于高品质医药服务及设备的增长需求。

其五，中企参与全球并购的广度、深度和专业度在逐步提升。中企参与国际竞标的专业水平在逐步提高。在2021年加拿大上市公司千禧锂业的竞标并购交易中，中资企业赣锋锂业和宁德时代同时参加了竞标，随后赣锋锂业退出，宁德时代和千禧锂业达成交易。而后，另一家加拿大上市公司美洲锂业加入和宁德时代的竞购中，宁德时代并未和美洲锂业进行提价大战，而是选择接受交易卖方千禧锂业2000万美元的分手费，终止了和千禧锂业的并购交易。以往在中企海外收购中看到的"中国溢价"不再出现，中企境外并购的专业度有了很大提升。

同时，中企不仅以买家的身份参与全球并购，同时也成为并购的卖家。如江苏沙钢集团有意出售旗下总部位于伦敦的数据中心运营商Global Switch，国际私募基金巨头KKR、黑石考虑竞购潜在买方；中国天楹股份有限公司以18亿美元出售旗下的西班牙垃圾管理公司Urbaser；泛海集团以13亿美元向黑石出售旗下IDG；万达将其持有的美国AMC院线股权进行出售等。

其六，新冠肺炎疫情的持续、国际关系的紧张以及反全球化思潮的盛行，让中国企业的"出海"遭遇了重重阻碍。与2015年、2016年中资企业"出海"并购峰值相比，2020年至今中资海外并购明显减少。从大环境来看，新冠肺炎疫情在全球的持续蔓延，加上贸易摩擦不断加剧，地缘政治局势紧张也已成为"新常态"，跨国并购交易预计短期难以快速反弹。具体到交易上看，新冠肺炎疫情导致出境实地尽调与谈判难度大增，加上某些行业如高科技、智能制造等境外监管审查趋严，中国企业海外并购优质标的困难重重。例如，2021年3月，意大利政府利用"黄金权力"法规否决了深圳创疆投资控股有限公司对米兰半导体设备公司LPE的收购案；2021年12月，智路资本收购韩国OLED显示驱动芯片生产商Magnachip因未能获得美国外国投资委员会（CFIUS）批准而宣告失败；晶盛机电收购应用材料公司意大利、新加坡资产等多项涉及硬科技的交易被迫终止；2022 年 2 月，环球晶圆收购世创股份股权案，因未能在截止期限前获得德国政府核准而告终。

## 三　疫情对跨境并购带来的影响

### （一）疫情影响并购交易节奏

首先，疫情对交易确定性的影响。在跨境并购交易中，有不少交易是通过竞争性投标或公开招标进行的，在此类交易中，除了价格以外，交易的确定性是卖方筛选合适买方的重要考量之一。在各国实行的封锁措施造成了项目停滞或推进延缓。中国企业与国外企业的并购相比，其所面对的问题更复杂、更深刻，涉及政治、法律、财务、整合等诸多层面。目前，中国企业境外投资需要办理发改部门境外投资项目核准或备案、商务部门境外投资核准或备案、境外直接投资外汇登记，国有企业还需要向国资主管部门报批。在过往案例中，存在由于客观原因未获得核准或备案的情况，但是，的确也有买方以备案通不过为由不履行合同义务的情况。对于一些大型的集团公司，重大的境外投资项目往往需要履行多层次的内部审批流程，其内部审批的效率也会受到疫情的影响。

面对上述情况，中国企业可以提前与相关政府审批机关、上级审批单位沟通，尽量避免或缩短核准、备案及内部审批时间，并将上述沟通结果与卖方进行有效沟通。此外，中国企业也可以提前评估接受反向分手费和保证金的要求的可行性，以期在竞标项目中占据有利地位。

其次，疫情对交易人员的影响。由于跨境投资的复杂性，企业通常需要组建一个大型的团队，除企业自己的团队外，还需要聘请专业的中介机构共同参与项目，如投行、技术、商务、法律、财税等。受疫情影响，很多地方采取了交通管控或隔离措施，这必然会影响人员的到位。有些项目所在国，对中国公民采取了入境管制等措施，中国买方可能暂时无法派人前往。因

此，在选用工作团队时要留有余量，除了主要团队成员外，还要有备用成员。此外，专业团队在海外的人员配备也是一个重要的考量。

再次，买方可能需要对标的公司进行重新估值。鉴于疫情对社会及经济的影响，预计大部分公司的营收将大幅下滑。所以，买方必须考虑是否对标的公司进行再估价，特别是在卖方和买方还没有签订任何有法律强制约束力的合同时。在此背景下，买方要从多方面进行综合考量，既要考虑疫情的影响，也要从长期的可持续发展角度出发。另外，疫情也可能导致被收购公司业绩增长，对剩余款项的支付造成重大影响。如科华生物因其子公司西安天隆 2020 年净利润大增 12 倍，需按《投资协议书》以 105.04 亿元收购天隆公司剩余 38% 的股权而陷入投资纠纷。[①]

最后，关于已经签订协议或已经交付的项目可能会存在潜在纠纷。鉴于疫情有可能对标的公司的短期资金流动产生不利的影响，且对其未来有不确定的影响，买方和卖方是否能够继续履行其所签订的投资或并购协议存在不确定性；如果该项目已经完成交割，由于疫情原因，交易各方也有可能提出不同的主张。简单地说，有关各方可以就疫情是否属于"不可抗力"、"无法达到合同目的"、"重大不利影响"、"违约情形"或协议中约定的其他条款提出主张。根据对上述条款的相关约定及对相关概念的理解，买方可能提出各种不同的诉求，比如，返还投资款、调整估值、承担违约责任等。以上诉求是否能够得到支持，还需要综合考虑标的公司的具体情况、协议条款、适用法律、司法管辖地域等再进行具体判断。

### （二）疫情引发投资纠纷

疫情突袭而至后，市场、资金的变化导致国际市场中出现大量买方以疫情为由，援引"重大不利变化"条款和"正常经营"条款，要求终止交易的案例。

酒店业经典案例为 AB Stable v. MAPS Hotels 案。在 AB Stable v. MAPS

---

① 林志吟：《疫情意外引爆业绩，科华生物未完成并购案被要求支付 105 亿元》，第一财经网，2021 年 7 月 14 日，https：//www.yicai.com/news/101110324.html。

Hotels 案中，韩国的 Mirae Asset Daewoo Co.（以下简称"Mirae"）与中国 A 保险集团（以下简称"A 集团"）签订协议，收购后者下属公司 AB Stable 拥有的 15 家豪华酒店。双方于 2019 年 9 月签订协议，并约定于 2020 年 4 月交割。新冠肺炎疫情暴发后，酒店行业严重受挫，买方拒绝进行交割，并要求终止交易。买方拒绝交割的理由包括（1）疫情已导致目标公司发生重大不利变化；（2）为应对疫情，A 集团对酒店经营做出的变化已违反正常经营条款。目标公司 AB Stable 于是向特拉华州衡平法院（The Delaware Court of Chancery）提起诉讼，要求强制履行协议。

就买方提出的两项交易终止理由，法院判决如下。

1. 就新冠肺炎疫情是否构成"重大不利变化"，法院认为，尽管双方未在协议中将"大流行（pandemic）"规定为例外情形，但将"自然灾害（natural disasters and calamities）"规定为例外情形，从字面上理解，"自然灾害（calamities）"已经包括了新冠肺炎疫情大流行（pandemic），故疫情属于协议中规定的"重大不利变化"的例外情形，其风险仍应由买方承担。因此，Mirae 不能以疫情导致目标公司发生"重大不利变化"为由终止协议。

2. 就 A 集团为应对疫情，对酒店经营做出的变化是否违反正常经营条款，A 集团辩称，其做出的变化是根据当前状况（新冠肺炎疫情大流行现状）保持酒店的正常经营，并未违反正常经营条款。但法院认为"正常经营"为在正常情况下的经营措施，A 集团对酒店经营与以往不同，违反了正常经营条款，并认为买方可以以此拒绝交割。

特拉华州衡平法院判决后，卖方向特拉华州最高法院（The Delaware Supreme Court）提起上诉，诉称其为应对疫情对经营做出的变化未违反正常经营条款。但特拉华州最高法院维持了特拉华州衡平法院的判决，认为卖方在未事先征得买方同意的情况下，为应对疫情而对酒店经营做出的变化违反了正常经营条款。

旅游业经典案例为 WEX 与 Travelport 案。2020 年 1 月，WEX 与 Travelport 及其他 112 家公司签订协议，收购后者持有的 eNett International（Jersey）Limited 和 Optal Limited 的 100% 股权，目标公司的业务主要为旅游业提供支

付服务。随后，由于疫情影响，全球旅游业开始衰退，因此对目标公司的业务也造成严重影响。基于此，2020年5月4日，买方通知卖方，疫情导致全球旅游业衰退并对目标公司业务造成严重影响，已构成"重大不利变化"，买方有权终止交易。于是卖方起诉至英国高等法院。

在该案中，协议中的"重大不利变化"条款同样包括三部分，即"重大不利变化"的基本定义、"重大不利变化"的例外情形和例外情形之例外。根据协议的"重大不利变化"条款，大流行属于"重大不利变化"的例外情形。双方争议焦点在于，新冠肺炎疫情是否已经构成了"重大不利变化"的例外情形之例外，即对目标公司的影响，是否已经超过了对同行业其他公司的影响。而判断是否超过对同行业其他公司影响的关键在于对"行业"的判断。因为如果将目标公司的行业确定为旅游支付行业（travel payments industry），则新冠肺炎疫情对目标公司的影响未超过同行业其他公司，未构成例外情形之例外，故风险应由买方承担；如果将目标公司的行业确定为B2B支付行业（B2B payments industry），则新冠肺炎疫情对目标公司的影响超过了同行业其他公司，构成例外情形之例外，故风险应由卖方承担。

法院判决认为，应将目标公司的行业理解为B2B支付行业，因为新冠肺炎疫情对目标公司的影响，已超过同行业其他公司，构成"重大不利变化"的例外情形之例外，故买方可以据此终止协议。

### （三）新冠肺炎疫情改变并购协议内容

新冠肺炎疫情的暴发带来的有关"重大不利变化"条款和"正常经营"条款的投资纠纷以及丰富的判例对并购协议条款的订立产生了影响，目前，国际市场的通常做法是排除新冠肺炎疫情大流行的影响，同时明确将当前的疫情从"重大不利影响"（MAE）的定义范围中排除。这些排除条款中有许多甚至还排除了疫情的"恶化"和"未来的流行"以保证交易的完成。然而，疫情严重性的变化还在继续，也可能导致当前MAE排斥趋势的转变。

近来，出现在协议中的一个新问题是新冠病毒疫苗。随着政府和企业疫苗授权的日益普及，以及新冠肺炎加强疫苗管理的开始，协议将越来越需要解决疫苗问题，可能涉及从陈述与保证到交割后承诺中的广泛条款。例如，对于"完全接种疫苗"的定义在未来可能包括保护工人免受未来变异影响的加强注射或新健康措施的概念。

此外，"远程工作"（Remote Work）等新兴词汇也出现在了并购文件中，根据一项对向美国证券交易委员会提交的并购协议的研究发现，"远程工作"从 2019 年只有一个包含确切短语的协议跃升至 2020 年的 13 个协议，以及 2021 年迄今的 24 个协议。此外还有"远程交割"（Remote Closing）以及"虚拟交割"（Virtual Closing）的广泛接受。2021 年有 506 项协议允许远程交割。这一数字远高于 2020 年的 279 份和 2019 年的 200 份。

另外，企业正在将更多可持续性、多样性、人权和其他企业社会责任（CSR）内容纳入合同中。环境、社会和公司治理（ESG）因素也被更多地考虑到并购决策和战略中。

### （四）疫情导致国家收紧并购监管政策

随着逆全球化和贸易保护主义的抬头，在新冠肺炎疫情期间，欧美等国家和地区外商投资监管机构监管举措频出，也影响了跨境并购交易实施。受新冠肺炎疫情影响，国际关系紧张程度加剧和市场信心减弱，至少有 15 项价值超过 5000 万美元的跨国并购交易因监管或政治原因而失败，大量交易因竞争主管部门的担忧而中止。出于国家安全考虑而搁浅的并购交易有中国蒙牛乳业有限公司收购 Lion Dairy & Drinks Pty Ltd 项目、山东黄金矿业股份有限公司收购 TMAC 资源公司项目；中国企业航天工业发展股份有限公司间接控股的 EMST 有限公司收购雷达行业专家 IMST 有限公司的交易计划等。

根据世界投资报告统计，2020 年，政策趋势更加倾向于增加对外资的监管或限制性措施。在新出台的 152 项投资政策措施中，有 50 项旨在引入新的监管或限制。限制或监管性措施占旨在实现投资自由化或便利化的措施的比例达到 41%，是有记录以来的最高水平。限制或监管性措施在发达国家更加普遍，在出台的 43 项措施中占 35 项。例如，欧盟委员会向各欧盟成员国发布了一份关于在疫情期间监管外国直接投资和保护欧盟战略性资产的

指南，警惕外国投资者在新冠肺炎疫情危机中收购欧盟战略性资产；意大利、西班牙要求若外国企业收购当地企业的股权超过10%，就需要得到当地政府的批准；澳大利亚宣布所有外资收购一律接受该国外商投资审查委员会的审查。外国投资者对于可能引起东道国国家安全关切的交易也变得愈加谨慎（寒蝉效应）。此外，许多东道国政府开始在谈判的早期阶段就强力介入，一些交易在接受国家安全审查之前就已被实际终止。

## 四　疫情中部分国家/地区的监管政策

全球大多数重要司法辖区都设有单独的外商投资审查或者国家安全审查制度。伴随着新冠肺炎疫情的蔓延，各国的保护主义趋势逐渐显现。很多国家企业收购外国资产的相关交易会遭遇烦琐的监管审查，有些交易难以推进甚至被禁止。一些司法辖区内的监管政策制度设计明显针对中国，中国企业收购国外资产面临着重大风险。

此外，在国际投资监管收紧的大背景下，外商投资审查或者国家安全审查制度与其他审查共同构成中国企业海外投资的监管障碍，中国企业海外投资面临日益复杂的监管环境。例如，反垄断审查可能与上述提及的外商投资审查或者国家安全审查制度并行存在甚至互相影响。在有些国家，即使当地政府不存在或者不利用单独的国家安全审查或者外商投资审查，相关"国家安全"因素也可能在反垄断审查过程中有所反映；反之亦然，在国家安全审查或者外商投资审查中，执法机构还可能考量外国投资者在本国所涉市场的市场份额等传统意义上的竞争要素。另外，部分欧盟国家的外商投资/国家安全审查制度申报表中已增加有关投资方所受外国政府补贴的问题。

在美国，许多公司在2020年第二季度和第三季度初处境艰难。不良交易相当普遍，包括债务重组、防御性并购交易等。随着夏天的到来，股票交易所的活跃程度越来越高，私募基金也越来越受关注。部分原因在于，低成本的信贷更容易取得，而银行和借贷体系也比较平稳。美国的另外一项动态是2017年的很多税收改革于2021年实施。由于私募基金资金充足、金融体系稳定，因此并购市场一直在被推动。自 2020 年第三季度以来，交易市场逐渐活跃，交易量激增。IPO、SPAC 收购以及合伙、合资企业等非传统交易，也变得越来越普遍。

但是，在中美两国的贸易摩擦中，美国的监管制度也随之改变。美国政府于 2018 年 8 月颁布了《2019 财年国防授权法》和《外国投资风险评估现代化法案》（FIRRMA）。2020 年 1 月，美国财政部投资安全办公室出台了实施 FIRRMA 的 Final Regulations（《最终法规》），《最终法规》通过定义附加条款、增加一些条款的具体性以及说明性示例等方式来回应来自广泛利益相关方的公众意见。

通常情况下，美国外国投资委员会（CFIUS）重点审查外国投资人与美国企业之间的受辖交易。FIRRMA 提出了一些变革措施，例如：FIRRMA 在某些方面对"美国企业"和"受辖交易"的定义进行了修订，扩展了 CFIUS 的管辖权；建立了特定交易强制申报机制；加强审查涉及技术转让的并购；对涉及特定国家投资者的交易进行更严格的审查；收取申报费等。

在 FIRRMA 批准以前，"美国企业"被界定为："凡在美国从事洲际商业行为的实体，无论其控制人的国籍，活动范围均需限制在国家内。"根据该界定，CFIUS 的权限仅限于美国境内的资产。FIRRMA 和《最终法规》修订了"美国企业"的概念，删除了一些重要限制："但活动范围限制在国家内。"根据修订后的界定，CFIUS 可能可以对美国以外的资产进行管理，但由于缺乏相关案例，CFIUS 在美国以外的业务中到底拥有哪些权限，还没有一个清晰的解释。

"FIRRMA"的一个重大改变就是将其权限扩展到某些非控股的项目中，赋予 CFIUS 对拥有"关键技术"（T）、"关键设施"（I）或者收集和获取"敏感的个人数据"（D）的非控股企业进行安全审查的权利。该类企业被称为"TID 美国企业"。

受辖交易还规定了外资公司所取得的权益的种类。若外资主体对 TID 美国企业投资后，未取得以下三种权益中的任何一种，亦不构成管辖事务。

1. 可以获得非公开技术信息的权利，该权利分为两大类别：（1）关键

基础设施的设计建造技术、位置和操作信息，包括该设施的实体安全和网络安全信息；（2）用于设计、制造、开发、测试、生产关键技术（包括但不限于过程，技术或方法）所必需的信息。

2. 有权参加董事会或其他类似的管理机关，或者有权任命某人为董事会或其他类似的管理机关成员。

3. 有权获取、使用、开发、保留美国企业关键技术、关键基础设施和敏感个人数据。

2018 年《出口管制改革法案》（ECRA）将新兴技术和基础技术定义为"对美国国家安全至关重要的技术"，要求对已识别出的该等技术实施适当的出口管制，以确保其不会被用于损害美国国家安全的目的。美国商务部工业与安全局（BIS）发布了一份重要的法规制定提案预告（ANPRM），列出了其考虑强化管制的 14 个宽泛的新兴技术领域。BIS 通过对《商业管制清单》（CCL）的修订不时对新兴技术进行认定。当前，多项技术已被纳入强化管制的范围。2020 年 10 月，BIS 颁布的《最终法规》增加了六种被认为对美国国家安全至关重要的新兴技术。CCL 包括的新兴技术不仅将受到出口管制，且意味着其被 CFIUS 视为"关键技术"。因此，外国投资者对设计、制造、开发、测试、生产一项或多项该等技术的美国公司的特定投资可能需要遵守 CFIUS 的强制申报要求。

目前，从申报案例来看，已有多项中国企业投资被 CFIUS 否决。2020 年，CFIUS 强制要求北京中长石基信息技术股份有限公司及其全资所有的子公司（石基）剥离其在 StayNTouch 中持有的全部权益。StayNTouch 是一家从事酒店管理软件业务的美国 IT 公司，其产品通过身份证件扫描、面部识别技术等手段验证酒店住客的身份，同时也拥有管理客房门禁的功能。CFIUS 称有"可信的证据"表明，2018 年收购 StayNTouch 的石基"可能会采取威胁损害美国国家安全的行动"。石基此前未提交 CFIUS 申报，而 CFIUS 进行了交割后干预。

综上，FIRRMA 虽然将 CFIUS 的审核范围和授权进一步扩展，但更多的还是针对敏感行业、技术和地域。FIRRMA 并未做出会产生严重负面影响的重大变化，绿地投资、被动投资或不涉及敏感行业、关键技术或敏感个人数据的传统制造业、生物医药等行业的影响并不如想象中的严重。

而新冠肺炎疫情在欧洲蔓延后的前三至四个月内，由于该地区市场的不确定性，加上企业的悲观情绪和缺乏信心，几乎没有并购活动。然而，政府支持计划，包括对员工工资上的扶持，以及债权人的宽容计划，使许多公司能够暂时经受住这场风暴。在这一时期，政府的支持和补贴使该地区的并购机会稍微高于预期，交易活动主要集中在资产出售等防御策略上。当时已经有许多已宣布或计划首次公开发行（IPO），这表明市场上有资金，投资者尤其是私募基金正在积极寻找机会。但由于市场的不确定性，交易各方在更大程度上依赖于陈述和保证作为担保形式。在此等压力下也导致交易以较慢的速度完成，需要更密集的尽职调查过程。目前，欧洲企业在欧洲逐渐放开的政策下缓慢复苏，目前已向新冠肺炎疫情前的正常状态靠拢。

与 2018 年相比，2019 年中国对欧直接投资总量减少了 33%，仅仅约为 117 亿欧元。① 中国在欧洲的最大的资金交易发生在芬兰、英国、瑞典、德国、意大利。在上述交易中，中国投资最多的是消费品行业、服务行业和汽车行业。中国在欧洲的投资减少是由一些因素造成的，例如，一些中国公司的高负债率导致它们在其资产负债表改善之前不能进行新的投资活动，还有一些中国投资者正忙于合并它们在近数年来所购买的项目，因此没有时间进行新的收购交易。中国和欧洲对它们的投资审核相关法规要求越来越严格，这也造成了中欧之间的投资减少。中国对外资实行的强制批准制度，不仅对外资投资的领域进行了限制，而且对中国投资者交易、竞标的确定性和时间安排有一定限制。

2019 年 3 月 21 日，欧盟委员会（以下简称"委员会"）发布的《欧盟外商直接投资审查条例》（《委员会第 2019/452 号条例》）建立了制度性框架，确立了委员会与成员国之间执法合作和信息交换制度；该委员会有权审查其认为有可能"影响欧盟利益"的特定外商直接投资，但是无权否决交易或对交易附加条件；委员会可向进行审查的成员国出具无约束力的意见，成

---

① "Chinese FDI in Europe：2019 Update"，April 8，2020，https：//rhg. com/research/chinese-fdi-in-europe-2019-update/.

员国必须"认真考虑"委员会的意见，也必须"认真考虑"其他成员国的无约束力的意见，但最终决定由进行外商投资审查的成员国做出；明确成员国可以合法阻止涉及关键基础设施、关键技术、关键原材料、敏感信息以及媒体自由和多元化的外资收购，因此可能导致部分成员国引入新的外国投资审查制度或者扩大现有制度范围。① 《欧盟外商直接投资审查条例》已经于2020 年 10 月 11 日起正式全面实施，为外国投资者带来更大的不确定性。

欧盟在 2020 年 3 月 25 日公布了一项有关欧盟 FDI 指导方针，旨在保护其成员们的医疗卫生产业不被外国并购。② 委员会倡议已建立外商投资审查制度的成员国充分利用欧盟和本国法律项下的各类措施，避免可能危害欧洲安全或公共秩序的非欧盟国家的资本流入。

《欧盟外商直接投资审查条例》颁布之后，尤其是新冠肺炎疫情在全球蔓延以来，欧洲呈现进一步强化外商投资审查及加强欧盟与成员国协调合作的趋势，旨在防止非欧盟投资者买断特定敏感行业的欧洲企业。欧洲的一些其他地区也逐渐强化外资审查力度，进一步收紧外商投资审查政策。

德国对外资的审核越来越严格。德国在最近三年加强了外国投资审核的条件，这一点在下列方面体现了其收紧程度：新增了 10% 的投资门槛；新增了"重大基础设施"项目，这些项目将适用更加苛刻的审核条件；审批时限延长。2022 年 4 月 27 日，德国政府以公共安全问题为由阻止北京谊安医疗系统股份有限公司（以下简称"谊安医疗"）收购位于德国莱法州的小型呼吸机制造商 Heyer Medical AG（以下简称"禾珥医疗"）。该交易已在 2020 年 3 月交割，但德国政府现以公共安全问题为由否决交易，称交易不再有效。谊安医疗是中国医用呼吸机龙头企业之一。禾珥医疗是德国历史

① Regulation（EU）2019/452 of the European Parliament and of the Council of 19 March 2019 Establishing a Framework for the Screening of Foreign Direct Investments into the Union, PE/72/2018/REV/1.

② Communication from the Commission Guidance to the Member States Concerning Foreign Direct Investment and Free Movement of Capital from Third Countries, and the Protection of Europe's Strategic Assets, ahead of the Application of Regulation（EU）2019/452（FDI Screening Regulation）2020/C 99 I/01.

悠久的医疗器械制造商，2000 年后由美国投资者持股，但于 2018 年陷入财务困境申请破产，作为破产重组计划的一部分，谊安医疗香港子公司参与收购禾珥医疗前股东股份。德国政府在该案中对公共安全的考量很可能与德国政府受新冠肺炎疫情影响对德国医疗产品技术和产能重点关注相关。

西班牙放弃了放宽外资体制的打算，出台了一套针对外资的政策。按照上述指示的条款，若一家非欧盟公司有意在西班牙企业（不管是直接的或间接的）取得 10% 以上的股权，或是有意以某种商业或合法的形式，实际地从事对某一西班牙公司的经营和控制，并且此项交易涉及关键领域，此项交易必须经西班牙有关监管当局的同意。如果投资人为除欧盟之外的其他国营公司，则会采用更为严格的标准。

英国《国家安全和投资法案》于 2022 年 1 月 4 日生效。该法案对特定交易适用强制申报义务，并大幅拓宽可基于国家安全理由进行审查的交易范围。在之前制度下，符合审查标准的交易均适用自愿申报制度。英国政府可对符合审查标准的交易进行干预并施加救济措施，包括撤销交易。在该法案下，2022 年 1 月 4 日后交割的 17 个敏感领域内的符合审查标准的交易将适用强制申报义务，这 17 个敏感领域包括：民用核能、通信、数据基础设施、国防、能源、运输、人工智能、自动机器人、计算机硬件、加密认证、先进材料、量子技术、工程生物、政府关键供应商、应急处理服务关键供应商、军用或军民两用技术以及卫星和空间技术。其他符合审查标准且在 2020 年 11 月 12 日后交割的交易将适用该法案下的自愿申报制度，英国政府有权在交割后 5 年内对其进行审查。在该法案下，触发强制申报的条件为：投资于在英国 17 个敏感领域中任一领域开展经营的法人实体，且该投资导致投资者的股权或表决权超过 25%、50% 或 75% 的门槛，或者允许投资者否决或决定与目标公司业务有关的任何类别的决议。

可见，部分受欢迎的投资区域逐渐加大了对外资的管制力度。这将极大地冲击中国公司"走出去"的战略，尤其是重点行业的并购。需要指出的是，这种严格的外资管制不但会妨碍中国公司今后的海外投资和收购，而且某些已签订协议但尚未交割的项目还面临着交易不确定性增加、项目进度延

迟等各种风险。

中国公司在新能源、环保和数字化领域可能会从中获益。欧洲在2021~2027年的财政预算案以及欧盟基金计划中，除了抗击新冠肺炎疫情和支撑经济恢复之外，最大的投入是新能源、环保和数字化领域。

东盟十国、中国、日本、韩国、新西兰、澳大利亚于2020年11月15日正式签订RCEP。RCEP达成后覆盖了世界近47%的人口规模、约32%的GDP总量以及29%左右的全球贸易量，成为全球规模最大的自由贸易协定。

RCEP的一体化扩大了东盟、中国、日本和韩国等国家和地区的"10+1"自贸协议，并在原产地规则、关税削减、负面清单等方面做出了很高的开放保证，成为中日、日韩之间第一个自由贸易协定，给地区的经济发展增添了新的活力。

在RCEP中，15国都做出了更加公开的保证，包括货物贸易、服务贸易和投资，并将知识产权、电子商务、竞争政策、政府采购等现代化问题被列入其中。该协定的重要内容如下。其一，地区要素积累，推动原产地规范的统一。RCEP采用了区域性积累的原则，可以在15个成员组成的区域中积累商品的原产地价值，并根据RCEP中的每一种商品的价格组成，实行协定的优惠待遇，与其他的自由贸易协定比较，这项规定具有重要的作用，尤其是给予各成员国更多的弹性，以便更好地进行原料的购买。其二，降低商品贸易的关税，促进贸易的简化。在商品交易领域，RCEP将使该地区90%的商品最终实现零关税。其三，推行正面、负面清单保证，促进服务贸易。在服务贸易领域，日本和韩国等7个国家采取了负面清单的形式，而中国等8个国家则采取了正面清单的形式，并将在6年之内转变为负面清单。

总之，RCEP的签署对于中国和全球都具有重要的影响。第一，RCEP为中国建设国内国际双循环发展模式提供了动力。中国是将东盟等发达经济体与日本、韩国、澳大利亚等国家联系起来的重要纽带，RCEP有助于巩固中国在该地区产业链中的地位，从而使中国通过扩大对外开放来拉动内需，实现经济的高品质发展。第二，RCEP促进东亚地区的经济融合。RCEP的建立将会大大促进地区间的经济融合，增强各国对发展的信心。第三，

RCEP 将为世界各国的发展注入新的活力。随着新冠肺炎疫情的全球蔓延以及日益激烈的国际经贸关系，RCEP 的成功签订，对于促进中国实现自由贸易、维持多边贸易体系做出了重要的贡献，对于增强各国的经济发展和促进世界各国的经济发展具有重要意义。第四，RCEP 将为对外贸易提供更多的工作岗位。随着 RCEP 的签署，东盟各成员的合作范围不断拓宽，贸易创新与贸易变革将会加快中国对外贸易的发展，将会有更多的人得到工作。

RCEP 的签订有效缓解了亚太国家经济低迷的颓势，促进了各国就业，各签约国之间享有的投资保护权利也有利于各签约国之间投资并购交易的达成。虽然东南亚的生产成本相对低廉，可能会影响到中国的中下游生产，但是繁荣的亚太经济并不会损害中国的经济发展，中国也可能是签约国之间最大的出口国和进口国，各国也会增加人民币储备。

## 五　疫情影响下跨境并购未来的趋势

未来一段时间内，会有更多的跨境并购机会出现。虽然疫情导致了世界范围内的经济衰退，但也带来了不少新的外商投资和并购的机遇。一方面，全球范围正在陷入不同程度的经济困境，各国企业在资金流动上都承受着极大的压力，因此，出现了大量的并购和投资机遇。目前在市场上，高质量标的数量增多，并且处在一个较好的价位上。一些实力雄厚、资金充裕的公司，对市场上的优质资产更愿意以当前形势下的价格去购买，特别是那些没有被严密监控的优质标的。另一方面，疫情对医药产业的发展也起到了很大的促进作用。可以预计，在今后一段时间里，世界范围内的医药企业将迎来更多的并购机遇。

除了有更多的机遇外，未来的协议谈判模式及尽职调查机制可能会有所改变。在过去的数年间，由于疫情的冲击，许多国外的热点地区将会加快由卖方市场转向买方市场的趋势。由于买方和卖方在并购中的协商位置发生了微妙的变化，跨境并购的投资协议中的某些常用机制和具体内容可能也会逐渐被改变，例如：交易采取公开竞标的形式还是单独协商；定价采取锁箱机

制还是交割后价格调整机制；分手费如何安排；支付方式为一次性支付、分期支付还是根据标的公司后续经营情况进行支付；双方履约担保如何设置等。

下面我们选择了一些较为常见的概念或者机制进行梳理。

## （一）尽职调查

尽职调查是跨境并购相关工作中不可或缺的一环。买方可以通过对目标公司法律、财务、行业、商务等方面进行尽职调查对项目的价值和风险进行评估。

在跨境并购项目中，考虑到买卖双方之间的距离，卖方大多会先通过向买方提供电子文件或者开放标的公司内部数据库的形式，由买方开展初步尽职调查工作。然而，远程的尽职调查工作总有局限性，买方在完成初步尽职调查后会选择前往实地调查。例如，现场尽调人员与律师可以通过对标的公司原件的核查，与当地主管机关的交流，与目标公司员工、管理层、项目负责人的对话等方式，加深对项目实际运营状况、现场作业管理水平、安全保障措施、环保合规程度、与雇员和工会关系及与当地社区关系等方面真实状态的了解。

但是受疫情影响，买方可能难以派遣项目组人员前往实地进行尽职调查。大多数国家，特别是投资并购业务热门的区域，对于一些国家，特别是中国，采取了入境管制、签证限制、落地隔离等措施，对买方进行实地考察造成了较大的阻碍。因此，买方企业可以考虑替代方案，例如，由当地中介机构负责现场尽调工作，当地团队进行现场勘察而国内团队采用视频的形式对目标公司管理层及核心人员进行访谈等。

## （二）并购保证及补偿保险

在今后的跨境并购中，并购保证及补偿保险的运用将会更为广泛。目前，此类保险已经被大量应用于美国、欧洲国家、澳大利亚等，以便有效地防范与收购有关的风险。各国企业在投入跨境并购活动中时，可以给予这一领域更多的关注，从而减少跨国贸易的风险。

### （三）定价体系

在由卖方市场转向买方市场的情况下，针对标的公司的定价方式可能会发生转变。更有利于买方的交割后价格调整机制，将逐渐替代传统的锁箱机制。

锁箱机制是指当事双方在签署股权购买协议时即确定目标公司的固定股权价值的机制。该固定股权价值一般由锁箱日公司的资产负债表的数据计算获得，确定之后不再做调整，由买方在交割日支付与前述数据一致的对价。

交割后价格调整机制是跨境并购交易中一种常见的定价机制，在该机制项下，交易双方一般会通过尽职调查等方式来了解目标公司的运营及财务状况，以此在股权购买协议中约定一个初始购买价格。由于在股权购买协议签署日至交割日期间，目标公司的财务及经营状况会受到各种因素的影响，产生无法确定的负债或收益，因此，交易双方在交割后会确定一个最终的购买价格。该定价机制的运用，可以更好地反映目标公司在交割时的真实财务状况。

在市场较为平稳的情况下，锁箱机制更为买方和卖方所接受。从锁定的那一天开始，公司的利润和风险都会被转移到买家手中，所以，在这种情况下，交易流程变得更简单，也更快捷。比较来说，交割后价格调整机制赋予买方在交易当日按照标的公司的财务情况来调节购买价格的权利，更能精确地体现出买方在交割日获得标的公司股份时的价值。因此，若处于一个不稳定的市场环境下，交割后价格调整机制无疑是买方更好的选项。

### （四）疫情相关的协议条款

1. 重大不利变化/重大不利影响。"重大不利变化"或"重大不利影响"通常指若发生任何情形阻止或实质延误、干扰、妨害或阻碍交易的完成或标的公司履行交易文件项下义务，一方有权要求另一方承担违约责任或者单方解除协议。在疫情突袭而至后，很多交易方对疫情是否构成重大不利变化/重大不利影响产生争议。建议未来在起草相关协议时，将疫情是否属

于重大不利变化/重大不利影响进行明确约定或者定义，以避免产生类似纠纷。

2. 不可抗力条款。通常来说，不可抗力在协议中约定的范围较为笼统，指发生了双方不可避免、无法预见的情形，通常包括地震、台风、火山爆发、战争、地区冲突、罢工等。在疫情突袭而至后，很多交易因为疫情而推迟。因此，也有许多交易方对疫情是否属于不可抗力提出质疑。建议在相关协议中对不可抗力进行定义，将疫情暴发等情形明确纳入条款内。

# 六　海外并购风险与实务建议

疫情让全球经济备受打击，也给跨国并购带来诸多障碍和困难。封锁措施导致项目前期论证的停摆、产业供应链的断裂、资本市场的波动和社会动荡加剧，使跨国并购风险不断加大，同时，逆全球化和保护主义重新抬头，一些欧美发达国家借机对外商投资并购出台更为严格的审查机制，跨国并购面临更大的政策风险。

## 1.融资风险

融资风险主要包括汇率和利率两种风险。新冠肺炎疫情让全球金融市场处于更加变幻无常的环境，汇率剧烈波动是跨国并购面对的最直接问题。特别是当前美国、欧盟等西方主要经济发达体仍未摆脱疫情影响，全球主要货币汇率冲突加剧，汇率走势难以有效预测。融资风险出现的原因不外乎以下三方面：一是选择了不当的计价货币；二是错误地使用远期结售汇；三是对货币衍生品滥用。因此，如何有效防范汇率、利率变动给跨国并购带来的影响，成为跨国并购最难预测的风险。

## 2.政策法律风险

政策法律风险是跨国并购不可回避的问题。首先是各国加大疫情期间对重要支柱和核心产业的保护，如欧盟专门出台"警惕外国投资者在新冠肺炎疫情危机中收购欧盟战略性资产"的声明；其次是劳工法律风险，一些国家法律规定必须雇用当地雇员，欧美法律十分重视员工权利的保障；最后是环保法律风险，目前各国对环境认识普遍提高，国外环保团体力量强大，往往一个看似很小的环境问题，可能会被无限放大，导致并购"难产"。另外并购过程还会涉及税务、反贿赂、知识产权保护等一系列法律问题，都需要引起高度重视。

### 3.政治与社会风险

政治与社会风险是跨国并购面临的最大风险。新冠肺炎疫情加大社会风险，在海外，以种族矛盾和文化冲突为代表的社会分裂将更趋恶化。一些国家对中国企业在能源电力、高新技术等领域的并购持有很强的抵触心态，多项并购因此夭折。

### 4.市场风险

新冠肺炎疫情导致市场环境发生根本性的变化，极有可能会使原先预想的并购目标失去意义。譬如，在新冠肺炎疫情影响下，并购国家经济稳定和增长态势发生变化，出现新竞争对手及替代产品，生产要素市场价格发生变化等，都影响并购的最终结果。

### 5.整合风险

新冠肺炎疫情进一步加大不同种族间人员隔阂，也提高了并购后整合难度，跨国并购是将经营理念、管理制度、组织架构、生产方式、文化背景等完全不同的企业"捆绑"在一起，真正将它们拧成一股绳、集而成团、管而有控，其困难常常是超乎想象的。

国家发展改革委等七部门在 2018 年 12 月出台的《企业境外经营合规管理指引》中也提出，企业开展境外投资，应确保经营活动全流程、全方位合规，全面掌握关于市场准入、贸易管制、国家安全审查、行业监管、外汇管理、反垄断、反洗钱、反恐怖融资等方面的具体要求；企业开展对外承包工程，应确保经营活动全流程、全方位合规，全面掌握关于投标管理、合同管理、项目履约、劳工权利保护、环境保护、连带风险管理、债务管理、捐赠与赞助、反腐败、反贿赂等方面的具体要求；企业开展境外日常经营，应确保经营活动全流程、全方位合规，全面掌握关于劳工权利保护、环境保护、数据和隐私保护、知识产权保护、反腐败、反贿赂、反垄断、反洗钱、

反恐怖融资、贸易管制、财务税收等方面的具体要求。

由于中国的经济转型和私募基金的储备资本比较充足，因此，在2022年，跨境并购将存在很大的机遇。中国企业要从国家政策、外部法律环境、企业战略等多个角度出发，进行充分的尽职调查，制定并购战略，设计并购交易结构，以及对并购交易的可行性进行分析。因此，我们提出如下建议。

**1. 把握并购机会，抓住创新驱动型并购时机**

历史经验告诉我们，从宏观经济趋势来看，海外并购的合适时机可以选择在经济危机后。随着2022年美联储将执行加息缩表，全球流动性有可能锐减，导致各大经济体陷入危机。当公司陷于困境中时，正是并购的好时机，因为这时公司面临业绩增长迟缓、债务负担过重、出现技术瓶颈等问题，股东更愿意把公司股份出让给其他人。潍柴动力收购德国凯傲集团的案例就是"在合适的时间做海外并购"的充分证明，会带来超乎想象的回报。当一家公司的市场价值被低估时，该公司就有可能成为别人眼中的并购目标。紫金矿业作为"白衣骑士"收购加拿大矿业公司Nevsun的并购故事，就是以Nevsun市值被低估、第三方恶意收购为起点展开的。

**2. 制定合理的并购策略，恰当评估并购协同性**

在并购之初，针对企业的发展战略，制定有针对性的并购策略十分重要。并购协同效应主要是指经营上的协同效应，包括增加收入、降低成本。宝洁公司收购吉列刀片的交易就是一个典型案例。吉列刀片长年注重开发适合印度市场的产品，在这一市场具有相当的市场份额，宝洁公司收购吉列刀片之后不但得以扩展在印度市场的销售，并且获得了打入其他新兴市场的经验，其在新兴市场的销售收入增长了一倍。

**3. 成立专业并购团队开展尽职调查**

海外并购的尽职调查并不是一项轻松的工作。并购方需组建经验丰富且执行力强的外聘顾问团队以高效全面准确地完成尽职调查，推进交易的执行。尽职调查如此专业的工作应交给投行、会计师、律师来做，但这并不意味着买方的并购团队可以撒手不管。在尽职调查过程中，买方应与投行团队、尽调团队保持密切沟通，共同寻找目标公司可能存在的问题和潜在风险，并通过一定的方法进行验证。只有考虑充分，才能保证尽职调查的工作质量，并有理有据地与卖方进行探讨和沟通。另外，具备充分跨境并购交易经验的中国律师事务所的律师团队作为跨境并购律师团的牵头律师方亦成为众多"走出去"的中国企业的首选。

4. 设计合理的并购交易结构

融资方案设计是并购交易过程的核心环节，事关整个交易的成败，而好的融资方案又源于交易结构设计。银行作为企业实施并购的买方财务顾问，其首要工作就是设计并购交易结构和筹划融资方案。一份设计完善的融资方案，需要从融资可得性的角度出发，加速并购进展并提高并购融资的实际效果。融资方案设计的本质是更好地完成交易，使交易各方的利益实现最大化，所以应当充分体现交易各方的需求，解决交易各方关注的问题。

例如在哪些国家设立特殊目的公司（SPV）、股东在哪个层级出资、股东出资与债务融资的比例如何确定等这些都是影响交易能否顺利完成的关键。又如：卖方如果偏好现金，则在交易结构中尽可能多地安排现金；买方认为标的未来经营不确定性较大，风险较高，则在交易结构设计时考虑分步购买等。

5. 加强多种融资方式的综合运用

在中企全球并购中，应加强对定向增发、定向可转债、私募可交债、过桥融资、并购贷款等工具的综合使用，以达到获得大体量资金的目的。对于上市公司来说，定向增发、定向可转债、私募可交债等能够推动上市公司资产收购、兼并重组、改善资产结构，还能促进证券市场优化资源配置。特别是在上市公司收购优质海外资产的过程中，如果能够成功将品牌知名度高、技术水平高、经营创现能力好的目标公司装入上市公司中，对于改善上市公司业绩、提升上市公司市场竞争力具有非常好的效果。

"过桥融资+定向增发"是中企海外并购经常选择的组合融资模式。在并购方自筹资金不足的情况下，为满足客户的融资需求，银行可在表内并购融资工具以外，以股权投资方式为企业提供权益性或类权益性的资金支持。

国内企业在跨境并购中不断丰富融资手段，融资渠道日益多元，新兴融资工具以及"以小博大"的交易设计层出不穷，在跨境并购融资的过程中大显神威。

# 七　小结

由于中国的经济转型和私募基金的储备资本比较充足，因此，在 2022 年，跨境并购将存在很大的机遇。中国企业要从国家政策、外部法律环境、企业战略等多个角度出发，进行充分的尽职调查，制定并购战略，设计并购交易结构，以及对并购交易的可行性进行分析。尽管疫情尚未显露结束迹象，俄乌冲突影响国际和平局势，经济衰退和各国保守主义抬头阻碍商业投资，未知猴痘病毒威胁生命健康，使得 2022 年相较疫情初期不确定性更强，但全球并购在新技术、新模式、新产业的催生下，可能继续走出历史新高，国内企业也将在这一次并购浪潮中再显身手。

# B.20
# 区块链产业的并购重组机会和价值展望

邓 迪 樊义鹏*

**摘　要：** 本报告介绍了区块链产业并购的重组机会，分别从联盟链技术和公链技术层面，ToG、ToB、ToC 端业务层面及数据资产层面进行了阐述。本报告还展望了目前及今后区块链技术应用的产业价值，主要包括"区块链+产业"领域、数字藏品领域、元宇宙领域及技术标准领域。

**关键词：** 区块链　并购重组　元宇宙

## 一　区块链产业并购重组机会

### （一）技术并购

区块链技术主要分为联盟链技术和公链技术，公链技术现阶段发展缓慢，但并非由于技术方面存在问题，而是由于其与加密货币关系过于密切，在国内政策的严密监管下，ICO 体系完全被禁止。从国内公链技术发展的角度来看，应主要关注区块链各层级技术之间的关系。如一些技术公司在协议层的技术逐渐成熟之后，就会顺势向应用层去垂直拓展，反之亦然，类似的技术并购行为会不断发生。从国内的政策和技术发展路线来看，联盟链较适合国内主要的应用发展需要，但问题也很突出。由于中国缺乏区块链底层技

---

\* 邓迪，太一集团创始人兼董事长，全联并购公会区块链专委会主任；樊义鹏，太一云技术股份公司董事、总经理，主要研究方向为新金融科技企业融资并购。

术，在整个技术生态层面上也存在较大欠缺，目前国内大部分联盟链仍主要采用国外产品作为自己的底层技术，所以投入研究中国自主开发的联盟链成为一项重点工作。现阶段政府已经确实形成引导性基金，专门用作底层技术研发。很多大型企业及科技类上市公司，已经开始自主搭建相关区块链研发团队或采用并购合作方式参与研究，研发具有自主知识产权安全可控的区块链技术，来构建围绕数据资产和数字资产的底层基础核心技术。

（二）业务并购

区块链的业务场景，主要归结在三个层面，即 ToG、ToB、ToC。在 ToG 方面，政府希望借助区块链来打造开放的数据共享平台，从而实现搭建智慧城市的目的。原有的政务数据平台缺少跨部门、跨机构形成的数据共享机制，而区块链是在数据进行安全加密基础上进行可信共享和流转，从根本上能够解决这个问题。目前，很多央企及上市公司都把区块链作为核心技术方向纳入体系中，围绕新基建领域已经纷纷开始重点布局。在 ToB 领域主要是数字化转型，业务场景涵盖了大部分传统行业，需要应用区块链来实现技术改造，主要体现形式为"区块链+行业"的应用。在 ToC 领域主要是与民生相关，如在教育、版权领域可应用的数字档案、数字确权等。在 ToG、ToB、ToC 领域已经产生了一批借助区块链技术来拓展相关业务的科技类企业或行业类企业在 ToG、ToB、ToC 领域已经产生了一批借助区块链技术来拓展相关业务的科技类企业或行业类企业。在此转变过程中，为了减少技术研发周期，这些企业会采取并购方式，吸纳区块链技术企业进入其生态体系，为整个集团或产业生态来提供技术服务。现阶段不同行业的上市公司已经开始关注区块链带来的新模式、新经济和新方向。

（三）资产并购

对于金融领域来说，国内区块链技术应用最大的好处其实是能够把数据转变为一种新的资产标的。现在已经可以看到全国各地政府纷纷成立大数据交易平台及大数据中心，未来数据将会成为数字经济中一项核心要素。目前，对于各类数据还没有较完善的办法实现合法确权，目前，仅有极个别上市区块链技术公司与有关部门合作成立了国家级的备案平台，用区块链技术为数据确权，有计划地把数据真正转变为数据资产或数据增信。此市场的未来发展空间巨大，大量的政务数据可转变为国有资产，大型国企央企的基础性数据未来都可变成资产进入资产报表。如此巨大数量的数据资产会给未来并购提供巨大的机会。除此之外，数字资产的确权，如房地产的数字化，在政策及监管逐渐明朗的前提下，也会有很大发展空间。

## 二　区块链产业价值展望

2019 年 10 月 24 日，习近平总书记指出，要把区块链作为核心技术自主创新的重要突破口，加快推动区块链技术和产业创新发展。区块链技术终于成为国家科技创新的一项重要工作方向。经过两年多的发展，区块链技术本身的非中心化、安全性、透明性等特点已经被大众渐渐熟知，人们对区块链的了解已超越了数字货币这一单一应用领域。更多的正面价值被挖掘出来，这其中主要包括"区块链+产业"领域、数字藏品领域、元宇宙领域等，这些领域在多个衍生赛道上已经开始逐渐发展出自身的生态环境。

第一是元宇宙产业领域。从 2021 年底开始的元宇宙赛道已经慢慢展现出其价值，一些技术公司已经纷纷开始搭建元宇宙的空间雏形并赋予其社交功能，特别要提到的是很多央企和国企融合双方现有业务环境，开始搭建相关元宇宙并赋予其基于数字孪生的虚拟环境，并以日常的培训及模拟功能开始对元宇宙技术进行探索。同时，在疫情防控常态化背景下，为了提高人民生活质量，满足当前对防疫的要求，各地政府也开始结合当地独特环境及产业优势搭建虚拟现实的元宇宙，如赣州当地政府已经开始与多个大型企业尝试复刻及搭建其产业元宇宙，把人流从线下集中转为线上参与。虽然这些尝试有些还使用中心化系统模式，区块链实际功能应用并不强，但是对未来区块链衍生产品的应用及元宇宙的最终技术落地已经产生了极大的铺垫作用。

第二是"区块链+产业"领域，由各当地政府、监管部门、大型企业、

高校、区块链技术公司等共同开发的国家级、省级"区块链+产业"试点在各地已经陆续开展，将区块链与工业、农业、金融业、服务业等实体经济相结合，在电子政务、企业服务、社会治理、智慧城市、金融等领域，为政府提供新型的服务渠道和治理工具，为人民提供一站式服务。继赣州区块链应用试点城市项目实际落地后，海南已经开始进行智能化贸易金融企业监管和数字金融风控试点研究，为贸易企业提供便捷安全的数字化金融服务。未来区块链真正的爆发点不仅是由政府主导，更多的还是体现在传统产业与区块链技术的融合上，一部分传统企业将抓住数字经济转型这个大好机会成为未来的产业龙头。

第三是数字藏品领域，不同于国外极具金融属性的 NFT（Non-Fungible Token，指非同质化代币，技术上同数字藏品），在国内经过一年的吸收和改良，已经逐渐衍生出极具中国特色的功能和玩法。在强监管下，其金融属性已经基本被消除，呈现效果主要是作为文旅企业，尤其是博物馆等，将亟须弘扬的文化注入数字化文物中，吸引新一代年轻人的注意。同时，数字藏品本身是元宇宙的一部分实际应用，未来可操作空间非常广阔。但目前问题也很明显：一是市场目前发售平台已经基本进入红海初期，小型平台对知名 IP 获取的难度大、平台流量低易导致发行失败；二是多链条的藏品发行难以对藏品进行确权，易滋生了版权/IP 纠纷及欺诈的风险，而且在技术上多链条多格式的问题，容易滋生技术风险；三是对于当前缺少实际应用环境的数字藏品，仍然存在着一定的洗钱风险；四是国内现有法律和监管体系对数字藏品的交易和流通态度仍不完全明朗，这将左右着未来数字藏品的发展方向。

第四是区块链行业应用标准的重要性正日趋凸显。由于区块链技术发展还处于早期阶段，区块链技术的创新变化、应用场景也处于进一步的探索阶段。目前，IEEE、ITU、ISO、W3C 等国际标准化组织已经意识到区块链产业对标准的迫切需求，并开展了相关研究工作。如可信区块链标准、数字藏品方面的生成-发布-交换-权利确认-系统交互和显示过程标准、可跨链的数字藏品共识协议标准等目前都在研究过程中。标准的建立有助于对市场进行净化，减少部分虚假区块链技术企业对正规市场的扰乱，这些标准的建立离不开众多区块链企业的共同支持和参与。

# 三　小结

中国已经把区块链作为核心国家战略。围绕科技创新这一主线，特别是在国内已经发生了大量国外核心技术"卡脖子"事件的前提下，区块链在未来数字经济和数据资产这两大基础设施的建设上有广阔的发展机会。区块链的本质就是为数据来服务，它既是底层技术设施，又是国家治理现代化的工具，也是资产数字化的重要平台。同时，区块链真正的爆发点是在与传统企业的融合上，而这个爆发点是伴随着数字经济时代的发展过程来实现的。在政府智能化领域、商用领域、民生领域，其发展都离不开数据作为核心要素，那数据要素就一定离不开区块链在技术上的安全保障和中介平台的支持，这也就需要在背后形成自动化的长久过程。所以，面向区块链，面向所有产业的改变，才刚刚开始。

# B.21

# 深化混合所有制改革，助力国有经济布局优化和结构调整

于明礼*

**摘　要：** 2021年是国企改革三年行动的关键一年，在国企混改取得重要进展的基础上，促进国有企业聚焦主责主业、提升产业链供应链支撑和带动能力、加快国有经济布局优化和结构调整成为工作重点。深化混合所有制改革将进一步发挥国有资本投资运营公司的作用，聚焦主业推动专业化重组整合，不断提升技术牵引和产业变革的创新力，引导国有企业把准战略方向，围绕事关国家安全、产业核心竞争力、民生改善的重大战略任务，面向科技革命和产业变革重大方向，在新一代信息技术、人工智能、新材料等前沿领域超前布局。

**关键词：** 国有经济　经济结构　产业链

　　2021年是"十四五"开局之年，加快国有经济布局优化和结构调整、提升资源配置效率，不断提升国有资本配置效率成为工作重点。2021年也是国企改革三年行动的攻坚之年和关键之年，混合所有制改革（以下简称"混改"）进入全面深化阶段，中央企业集团层面战略性重组高潮迭起，通过进一步发挥国有资本投资运营公司作用，加快集中统

---

* 于明礼，高级统计师，招商证券董事总经理，投资银行总部副总监，全联并购公会常务副会长，主要研究方向为国企混改、上市融资、并购重组。

一监管经营性国有资产等措施，混合所有制改革得以加速推进深化，新一轮混合所有制改革成效显著。

# 一 "十四五"期间混合所有制改革的路径和任务

## （一）"十四五"期间混合所有制改革的路径

混合所有制改革是中国经济体制改革的重要举措，在加快国有经济布局优化和结构调整、提升资源配置效率、不断提升国有资本配置效率等方面发挥了重要作用。

"十四五"时期是经济高质量发展新阶段，国有企业需坚持国有资本"有进有退"。在混合所有制改革中，国有资本可以向大数据、人工智能、节能环保等重点产业集中。混合所有制改革对于支撑国家经济高质量发展、提高国有企业资源配置效率、加快国有经济布局优化和结构调整、促进国有经济和民营经济协同共生将发挥更大的作用。

"十四五"时期，混合所有制改革可以构建以"管资本"为主的"国资委－国有资本投资运营公司－国家参与出资的实体企业"国资监管体系，借助国有资本投资运营公司清晰区分国资委统一监管职能和出资人职能，并对不同行业领域与发展阶段的企业实现更为灵活的分类监管以达到保证资本安全和规范资本运作的目标。

## （二）"十四五"期间混合所有制改革的任务

2021年政府工作报告指出："促进多种所有制经济共同发展。坚持和完善社会主义基本经济制度。毫不动摇巩固和发展公有制经济，毫不动摇鼓励、支持、引导非公有制经济发展。各类市场主体都是国家现代化的建设者，要一视同仁、平等对待。深入实施国企改革三年行动，做强做优做大国有资本和国有企业。深化国有企业混合所有制改革。"

《国企改革三年行动方案（2020—2022年）》于2020年召开的第十四

次中央全面深化改革委员会议审议通过。此方案的出台意味着混改进入了关键阶段，2021年作为国企改革三年行动的关键之年，该方案的大力实施也将混合所有制改革推入新一轮的提速升级中，从"播种"阶段进入"深耕"阶段。

深化国有企业混改作为"十四五"时期主要目标任务，应以国资委发展规划为核心抓手，突出实业优化与主业优先战略，以国有经济结构、布局为着力点，补短板、强弱项，进一步提高国有经济的创新竞争力和影响力。

## 二　2021年混合所有制改革概况与案例

### （一）2021年混合所有制改革概况

2021年是国企改革三年行动的第二年，也是全面深化改革攻坚克难的关键之年。截至2021年底，国企改革已经完成70%的工作，已经完成了一系列重大战略重组和专业化项目整合。

国家发展改革委指出，2021年中央企业混改项目超过890项，累计引入社会资本超过3800亿元。目前，已经完成主体任务的100多家国企中，相较改革之前，营业收入平均增长22.6%。2021年，全国有40余家央企和地方国企积极推动上市融资，较2020年增长10.26%。中央企业在引进社会资本合作的同时，也积极通过市场化方式，开展对民营企业的参股投资，目前中央企业累计对外参股企业超过6000户。混合所有制改革在进行供给侧结构调整、推动行业高质量发展、帮助企业适应转型升级需要、打造多元化竞争力方面发挥了重要的作用。

### （二）2021年混合所有制改革案例

#### 1. 中国物流集团：重组整合，打造一流综合物流集团

2021年11月30日，中国铁路物资股份有限公司（以下简称"中国铁物"）公告称，中国铁物和中国诚通物流板块实施专业化整合，中国铁物

将更名为整合后的新集团，将中国诚通所持有相关企业股权无偿划入整合后的新集团中。

2021年12月3日，中国铁物公告称，公司名称变更为"中国物流集团有限公司"。

2021年12月6日，中国物流集团有限公司（以下简称"中国物流集团"）正式成立。中国物流集团，是由中国铁物等4家企业整合，并引入东方航空、远洋海运以及招商局集团3家战略投资者组成的新集团。本次重组后，国资委和中国诚通均持有集团38.91%的股权。此外，3家战略投资者的持股比例分别为：东方航空持有10.0%、远洋海运持有7.3%、招商局集团持有4.9%。

中国物流集团完成本次重组后，能整合多家央企物流公司的资源，结合实际，做强做优做大物流产业，提升国际话语权，争做世界一流的综合物流集团。中国物流集团的组建是央企体制机制改革的重要成果之一。

2. 中国稀土集团：央企重组，构建多元化股权结构

2021年12月23日，中国稀土集团有限公司（以下简称"中国稀土集团"）正式成立。中国稀土集团由中国铝业集团、中国五矿集团、赣州稀土集团等整合设立，为实现稀土资源协同发展，引入中国钢研科技集团、有研科技集团两家稀土科技研发型企业而组建的大型稀土企业集团。此次重组后，国资委持有中国稀土集团31.21%的股权，中国铝业集团、中国五矿集团、赣州稀土集团持有其20.33%股权，中国钢研科技集团和有研科技集团分别持有3.90%的股权。

此次整合是在深化混合所有制改革的背景下，实现稀土产业高质量发展的客观需要。中国稀土集团是国资委直接监管的中央企业，在能够明确国企的责任制度前提下，有效解决企业发展中资金不足的问题，同时其相对分散的股权结构，有利于将政府和企业分开，优化企业治理结构，更好地防控风险，为稀土行业科技协同创新、推动相关问题逐步解决提供坚实基础。

3. 鞍本重组："1+1>2"，重组混改推动效益

鞍钢成立于1948年，总部位于辽宁省鞍山市。本溪钢铁始建于1905

年，位于辽宁省本溪市，是中国十大钢铁厂之一。近年来，国内钢铁行业的合并重组步伐明显加快。

2021年4月，本钢板材公告称，鞍钢筹划重组本钢。2021年8月20日，鞍钢重组本钢大会在辽宁省鞍山市召开，辽宁省国资委将所持本钢51%股权无偿划转给鞍钢，本钢为鞍钢的控股子企业。2021年10月，鞍钢集团本钢集团有限公司正式揭牌。

在鞍钢重组本钢的同时，本钢的混改在同步进行。2021年12月，民营企业建龙集团成为本钢的战略投资者。同时，鞍钢完成了集团层面的股权多元化改革，中国诚通、中国国信均持有鞍钢17.826%的股权，建立起多元化公司治理结构。鞍钢还积极推动子公司完成混合所有制改革。2020年11月，鞍钢集团工程技术有限公司混改增资扩股仪式在北京举行。重组混改后，本钢营收同比增长47.2%，创造10年来最好利润水平，资产负债率大幅下降，截至2021年12月末下降12.43%。鞍钢和本钢在重组完成后，双方共建20余个项目组，能够帮助鞍钢实现经营效益历史最好水平的突破。

4. 东航物流：航空混改第一股

2016年9月，东航物流便成为全国首批、民航首家混改试点企业。东航集团按照股权转让、增资扩股、改制上市三步，实现了国内航空领域混改上市第一股。

股权转让：2016年11月，东航集团成立子公司东航产投，专门从事产业投资，并以非公开协议转让方式将东航物流100%股权转让给东航产投，从而实现了东航物流从上市公司的剥离。

增资扩股：2017年6月，东航物流通过产权交易，引入联想控股等5家非国有资本战略投资者，混改全面落地。

改制上市：2018年12月，东航物流改制为股份有限公司，2019年6月，正式向中国证监会提交上市申请。2021年5月7日，东航物流获得中国证监会核准首次公开发行股票的批复，成功登陆上海证券交易所主板。

东航物流此次上市也是按照"混改三步走"的路径，正式成长为一家上市公司。自从 2016 年逐步深化改革后，东航物流实现了营业收入扭亏为盈，改变了航空物流行业"十年九亏"的不利局面。东航物流在混改后快速完善了公司内部治理结构，彻底改变原有国企管理特色，使得公司能够加速运转，从而提升企业绩效。

5. 中国黄金："混改驶入上市快车道"

中国黄金成立于 2010 年，是黄金珠宝行业内唯一一家央企，公司通过多年的培育、扩张，市场影响力和竞争力持续上升，并成长为综合性黄金珠宝公司。在面对诸多国外品牌瓜分市场的情况下，中国黄金决定确立"混"与"改"紧密结合的工作方针，通过混改实现经营机制转变，提升品牌竞争力和公司竞争力。

2017 年，国家发展改革委批复第二批混合所有制改革试点单位，公司位列其中，这也成为中国黄金上市的推进器。根据混改方案，中国黄金采取进场挂牌增资扩股方式开展混改与员工持股，在引进战略投资人的同时完成员工持股。

中国黄金混改是国有企业混改的典型，是国家发展改革委混改试点以及国资委"双百行动"首家主板上市企业。在混改完成后，公司营业收入从 2017 年的 282.48 亿元提升至 2019 年的 382.74 亿元，净利润由 3.01 亿元提升至 4.5 亿元，并成功于 2021 年 2 月 5 日在主板上市，进一步提升了股权价值。中国黄金混改的特点在于，充分发挥资本市场功能，实现企业改革目的，帮助企业运用产权市场等。

6. 南网科技："重组+混改+上市"

南方电网电力科技股份有限公司（以下简称"南网科技"）作为广东电力系统专营进出口业务的对外窗口，是国资委的"科改示范企业"。

"重组"：2017 年和 2019 年，广东电网对南网科技进行两次重组，注入了关键人员、技术以及资产。

"混改"：2020 年 8 月，南网科技开始混合所有制改革工作。南网科技混改的第一步是将广东电网持有南网科技的 27.69% 股权无偿划转至南网产投。在进行无偿划转后，南网科技进行增资扩股，引进战略投资者，并于

2020 年 9 月在北京产权交易所挂牌，旨在公开征集战略投资者。

"上市"：在成功进行混合所有制改革之后，2021 年 12 月 22 日，南网科技科创板 IPO 上市，成为中央企业混合所有制改革完成后首发上市的经典案例。

### 7. 电气风电：地方国资分拆上市经典案例

2006 年电气风电成立，是上海电气在风电业务领域下的子公司，主营风力发电设备设计、研发、制造以及配套销售服务。对于电气风电的分拆，是落实上海国资改革的重要步骤，也是国企混合所有制改革的重要行动之一。

2020 年 1 月，上海电气公告称，计划分拆电气风电至科创板上市。

2021 年 5 月，电气风电成功在科创板上市。本次分拆后，上海电气也可继续引入战略投资者，加大对风电产业核心的投入，增强业务核心技术实力，提高其在风电领域的综合优势。同时，本次分拆有利于电气风电提升其融资效率，实现公司与资本市场的直接对接。

电气风电的混合所有制改革是中国证监会"A 拆 A"政策出台后，国资分拆和 A+H 两地上市公司分拆的经典案例。

### 8. 徐工集团："混改三步走"实现整体上市

徐州工程机械集团有限公司（以下简称"徐工集团"），通过子公司徐工集团工程机械有限公司（以下简称"徐工有限"）的混合所有制改革，实现了整体上市。

第一步：股权转让。徐工集团将其持有的 33.14% 徐工有限股权转让给江苏省国信集团有限公司等 3 家投资者，实现了股权多元化的结构。

第二步：增资扩股和员工持股。徐工有限通过增资扩股，引入 12 家外部投资者和员工持股平台。员工持股平台共计 435 名员工共同持股，因此，徐工有限实现了"一股领先+多元分散+激励股份"的最优股权结构。

第三步：整体上市。2021 年 9 月 29 日，徐工集团发布公告，拟向徐工有限的全体股东发行股份吸收合并徐工有限。2021 年 11 月 9 日，经江苏省国资委批复，重组完成后，徐工集团成为徐工有限控股股东兼实际控制人。

此次混合所有制改革，徐工集团子公司徐工有限在混合所有制改革过程中践行了最优股权结构，同时配套健全治理机制，使得徐工集团得以实现集团整体上市的阶段性目标。此外，徐工集团还在 2021 年将子公司徐工信息分拆至深圳证券交易所创业板上市。

9. 高铁电气：以科创板上市为契机，推动混合所有制改革

2020 年，中国中铁发布公告，决定分拆所属子公司高铁电气至科创板上市。

2021 年 10 月 20 日，高铁电气在科创板成功上市。此次首发上市，公司在上市阶段引入两家战略投资者，并顺利完成战略配售，两位投资者分别为中铁电工与四川艾德瑞，分别持有公司 71.40% 和 3.59% 的股份。历时两年，高铁电气成功登陆科创板，实现混合所有制改革。

此次混合所有制改革后，2021 年全年，高铁电气营业收入较上年同比增长 4.46%，工业产值较上年同比增长 7.99%。同时，高铁电气不仅在业务方面取得了显著成效，在管理层面，通过混合所有制改革，借此完善现代化制度建设、深化体制机制创新，公司规范运作管理水平持续优化，市场估值融资能力得以加强。高铁电气以科创板上市为路径，推动混合所有制改革，为其他国企提供了经验借鉴。

10. 天翼电子商务：二次混改打造最优股权结构

2011 年，天翼电子商务有限公司（以下简称"天翼电子商务"）成立，作为第四批混改"双试点"企业之一，天翼电子商务是名单中唯一的金融科技公司。其主要以云计算、大数据等技术为依托，向居民提供民生缴费、消费购物、金融理财的服务。

2018 年 3 月，天翼电子商务增资引入战略投资者并在上海联合产权交易所挂牌。

2019 年 1 月，天翼电子商务成功引入 4 家战略投资者，融资金额达9.45 亿元，释放股权比例 21.26%。

2020 年 6 月，天翼电子商务第二轮增资引战项目在上海联合产权交易所正式挂牌。

2021 年 4 月 27 日，天翼电子商务第二轮增资引战完成，共引进 10 家战

略投资者，融资金额约为 10.57 亿元。

在第一轮混改后，天翼电子商务的股权结构呈现"一股领先+相对分散"的模式。在第二轮混改引战完成后，公司股权结构变为"一股领先+高度风险+激励股份"的最优模式。此外，在两轮混改中，中国电信始终保持了绝对的控股地位。

11. 山东特检集团："央地混改"，出让集团控股权

山东特种设备检验检测集团（以下简称"山东特检集团"），是山东省政府于 2016 年设立的省属一级公益类国企。公司主要负责特种设备的监督、检验、技术评审、研发等配套服务。山东特检集团的混改与以往集团企业聚焦于二三级子公司混改不同，此次混改推动集团层面出让控股权。

2021 年 4 月，国投与山东省国资委正式签署增资协议，向山东特检集团增资 7.5 亿元。混改后，国投取得山东特检集团 51% 的控股权，集团控股股东也完成了由山东省国资委到国投的让渡。自此，山东特检集团成为中央企业。此次"央地混改"，可以进一步优化资源配置，促进山东特检集团的高质量发展，从而促进整个产业资源利用效率的提升。

12. 中国铁建：推动下属分拆上市

铁建重工成立于 2006 年，是中国铁建股份有限公司（以下简称"中国铁建"）的控股子公司，主要从事高端轨道设备装备的研究、设计和制造。在 2019 年 12 月，中国铁建表示将按照国资委关于国企改革的要求，分拆铁建重工在科创板上市。

铁建重工分拆科创板 IPO，是中国铁建、铁建重工落实国企改革三年行动、推进混合所有制改革、做强做优做大装备制造板块、打造"品质铁建"的重要举措。铁建重工以科创板上市为契机，加速"资本、产业、科技"深度融合，让更多创新成果产业化、更多产业产品科技化，大力构建"创新型、服务型"企业，坚持走"智能化、高端化、全球化"发展道路，持续提升企业核心竞争力。

2021 年 6 月，铁建重工成功登陆科创板。此次分拆上市，进一步帮助中国铁建将业务聚焦，提升其特定业务模块的科技创新能力和经营水平。

### 13.建信金科：银行系金融科技公司混改

建信金融科技有限责任公司（以下简称"建信金科"）于 2018 年 4 月成立，是中国建设银行旗下从事金融科技行业的全资子公司。建信金科成立后，以大数据、云计算、人工智能为业务发展方向。该公司积极进行混合所有制改革，旨在提升公司在金融科技领域的竞争力。

2020 年 7 月，建信金科通过增资扩股的方式引入外部投资者。2021 年 6 月，该项目正式落地，引入国开金融有限责任公司、中央国债登记结算有限责任公司、上海联银创业投资有限公司 3 家投资人。此次混改为国有银行系金融科技公司混改树立了典型。

### 14.北京建机院：以"混"促"改"，完善公司治理

北京建筑机械化研究院有限公司（以下简称"北京建机院"）成立于 2001 年，是中国建筑科学研究院的子公司，主要从事建设机械、电梯和机械化施工新技术的应用研究、产品开发等。2018 年，北京建机院便入选国资委"双百行动"企业名单。

2020 年 9 月，北京建机院于上海产权交易所公开挂牌，征集投资方。

2021 年 1 月 18 日，北京建机院增资扩股完成，募集资金近 4 亿元，新增股东包括中泰云智装备制造（山东）有限公司等多家民营企业和投资方。

混改完成后，北京建机院由国有独资企业转变为国有控股混改企业。其中，原股东持股 56%，外部投资方合计持股 34%，员工持股平台持股 10%。通过此次混改，北京建机院完善了公司的法人治理结构，成立外部董事占多数的董事会，打破传统国企用人桎梏，将外部股东加入公司治理结构中，有利于激发公司管理活力。

### 15.贝因美：二次引入国有资本

贝因美股份有限公司（以下简称"贝因美"）成立于 1999 年，2011 年 4 月 12 日在深圳证券交易所上市。公司主要从事婴幼儿食品研发和制造，提供母婴服务等。贝因美自上市后直到 2018 年，股权结构相对简单，由于融资约束加重等问题，导致股价下滑严重。

2018 年 12 月 5 日，贝因美将公司 5.09% 的总股本转让给长城（德阳）

长弘投资基金合伙企业（有限合伙）。此前贝因美与长城国融签署了战略合作协议。长城国融属于财政部控股的国有资本。

2021年1月5日，公司将5.38%的总股本转让给信达华建。信达华建隶属于中国信达资产管理股份有限公司。至此，贝因美完成了二次引入国有资本。

贝因美两次与具有国有背景的投资企业进行重组的行为，标志着混合所有制改革为民营企业融资提供了良好的平台，也表明国企对民营企业未来认可的同时将加快合作进程，推进不同制度的企业的互相融合。

16. 雅昌文化集团：民营控股转为国有控股

雅昌文化集团，成立于1993年，是民营印刷企业的优秀代表，主要从事高品质的艺术品印刷，且在国际上也拥有很高的认可度。2021年8月12日，雅昌文化集团官方称，深圳资本集团及深圳市汇通融信投资有限公司战略入股雅昌文化集团，按照7∶3的出资比例成立深圳市远致文化控股有限公司，通过受让老股以及增资方式成为雅昌文化集团的控股股东。

此次混改后，雅昌文化集团从民营企业变为国有资本控股企业，此次国有资本战略入股也意味着对雅昌文化集团行业地位及成就的认可。深圳资本集团由深圳国资委控股，此次战略入股能使雅昌文化集团更好地参与国家文化战略和文化体系建设，通过业务、人才、资金的引入，促进雅昌文化集团在艺术品印刷领域创造更大的企业价值。

17. 民营环保企业：引入国有资本整合资源

近年来，环保行业混改情况仍然火热，主要是民营环保企业项目投入规模较大、应收账款回款的周期长，导致企业发展不及预期。从近几年的趋势来看，国有资本在环保行业中被称为中坚力量，整合资源，助力民营环保企业高速发展。有2019年碧水源引入中国城乡作为其第二大股东的成功案例后，环保民企引入国有资本的案例纷纷出现。

2021年2月8日，铁汉生态控股股东向中国节能环保集团有限公司（以下简称"中节能"）转让2.37亿股流通股。同时，铁汉生态向特定对象发行股票，其中中节能以14.07亿元认购4.69亿股定向发行股票。

2021 年 3 月 19 日，纳川股份控股股东将其持有的公司 5.01% 股权通过协议转让方式，转让给长江环保集团，转让总价为 2.22 亿元。

2021 年 9 月 8 日，首创环境发布公告称，公司拟以 2.38 亿元收购驻马店泰来环保 85.64% 股权。

2021 年 9 月 10 日，三聚环保发布公告称，海淀国投集团为调整内部结构，筹划协议收购海淀科技所持有公司 29.48% 的股份。

2021 年作为"十四五"的开局之年，环保行业关注度较高，在目前国企对混改的认识与定位更加清晰的大背景下，民营环保企业会充分把握政策红利，引入国有资本，充分整合资源，促进企业高效运营，专注打造自身核心竞争力。

## （三）2021年混合所有制改革进一步推进

党的十八大以来，国资委和中央企业按照党中央、国务院的部署，积极推动混合所有制改革，取得了一系列进展。

1. 持续伸展的行业板块。不仅满足于在充满竞争活力的行业中进行混改，而且还拓展了涉及国计民生的物流、金融等重要领域。2021 年，各行业中首次通过混改上市的公司屡见不鲜。2021 年 12 月 18 日，国资委负责人在国资委中央企业负责人会议上表示，截至 2021 年 12 月，国企改革三年行动 70% 的目标任务已顺利完成。

2. 向经营机制中注入活力。混改促进了具备中国特色的现代企业制度的形成，建立了更加完善的职工激励制度和分配制度，出现了一批具有示范性和标杆意义的混改企业。

3. 增加国有资本的影响力。国企渗入民企的方式分为两类：第一类为投资入股、并购和增资，通过这种方式，2021 年央企实施混改的项目超过 6000 户；第二类为与民企进行供应链和产业链的深入合作，此般合作为市场输送了许多优质的龙头企业，进一步促进了民营经济的发展。

4. 地方级混改基金陆续成立。2020 年 12 月 29 日，经国务院批准，国资委委托中国诚通控股集团有限公司发起设立的中国国有企业混合所有制改

革基金有限公司（以下简称"混改基金"）在上海揭牌成立。

中国国有企业混改基金是中国发行的第三支国家基金。在基金发售初期便募集到了707亿元的初始资金，基金总规模达到2000亿元。此基金凭借良好的口碑和强大的信用担保，一经上市就引起了社会各经济体的广泛关注，吸引了各种各样的资金参与混合所有制改革。

随着国企改革行动进入"深耕"阶段，各地聚焦在国企混改的基金也纷纷出现，目前多地国企改革基金相继落地，多支混改基金成立。2021年9月，经广西国资委批准，由广西宏桂资本运营集团有限公司作为主发起人发起设立总规模300亿元的广西混改基金，首期规模100亿元。市场化运作方式和对社会资金的撬动作用是国资改革迈向纵深方向的加速器。

5. 2021年是国企混改和股权多元化改革的"深耕之年"，国企改革的深度也超越以往，"深"主要体现在政策深度、区域深度、行业变革深度、集团化改革深度、改革深度五个方面。

政策深度：2021年，疫情没有影响国企改革的步伐，全年共出台政策117条，较2020年有所下降，主要是由于混改政策体系制度趋于完善。从政策内容来看，2021年修订了公司法，本次修订在国家出资企业的两方面予以特别规定，不断完善中国特色现代企业制度并不断深化企业改革，解决改革过程中的盲点问题。

区域深度：2021年，地方层面国企改革体系也日趋完善，出台政策数量达369条，较2020年有所减缓，主要缘由也是混改政策体系制度趋于完善。2021年4月，国家发展改革委、科技部联合向北京市、天津市等13省市发出《国家发展改革委　科技部关于深入推进全面创新改革工作的通知》。该通知明确了总体要求、改革任务、组织方式，从顶层设计出发，助力全国省份全面展开改革创新工作，从最初9家混改试点到第四批上百家混改试点，混改范围得到全面扩大。

行业变革深度：从2021年开始，国内重点行业市场化改革与混合所有制改革紧密联系。铁路和电网等行业的混改在2021年加速落地，实现了多家传统央企子公司的分拆上市，为行业高质量发展提供了有力支持，进一步提升行业技术实力。

集团化改革深度：2021年开始，大型央企、地方大型国企集团等大型国企在混合所有制和股权多元化改革的集团化纵深推进方面都取得了诸多进展，集团整体战略层面规划并实施混合所有制改革企业数量大幅增加，更有中国物流、中国稀土等重大战略重组项目落地。此外，部分市场化不完善的混改国企集团，积极开展"二次混改"，进一步优化调整企业集团结构。

改革深度：混合所有制改革程度加深，主要表现在融资金额和项目规模（增资、股权转让等）等方面，企业内部经营机制也在深度转换和变革。

国企改革三年行动即将进入收官之年，也将进入决胜之年。无论是国有企业还是民营企业，都应深入贯彻落实中央部署，坚持稳字当头、稳中求进。对于国有企业来说，深化混改的广度和深度将超越以往，国企要更好地发挥"压舱石"作用，为稳定国内经济发展提供坚实基础；疫情对民营企业产生了深远影响，也需要民营企业多加准备。在上述背景下，要继续深化国企混改，优化民营经济发展环境，打造出国企与民企共生共赢的发展生态。

# 案 例 篇
## Cases Studies

# B.22
# 中升集团收购仁孚中国

吴 黛[*]

**摘 要：** 2021 年 7 月 1 日，中升集团控股有限公司宣布，其最终以 13.14 亿美元作价，完成了对仁孚中国 100% 股权的收购。交易完成后，中升集团成为奔驰南区最大经销商，以及国内最大的汽车经销商。此次收购将进一步强化中升奔驰品牌在华南和华西两大区域市场的地位，从而在全国主要豪华车畅销区域扩大奔驰品牌的市场销售份额。

**关键词：** 中升集团 代理制销售模式 议价权

## 一 交易概述

2021 年 7 月 1 日，中升集团（即中升控股，00881.HK）发布公告称，

---

\* 吴黛，金融学硕士，求思咨询高级行业顾问，主要从事 ICT 咨询、企业募投研究咨询工作，主要研究方向为金融风险、并购风险等。

拟以 13 亿美元（约 84 亿元人民币）向怡和集团的附属公司 Fu Tung Holdings 收购仁孚中国全部已发行股权，该交易将以新股和现金两种方式结算。根据该公告，交易完成后，中升控股将持有仁孚中国 100% 股份，同时，仁孚中国的财务业绩也将并入中升控股的财务业绩中。

## 二　并购背景

卖方仁孚中国为怡和集团的全资子公司，目前是梅赛德斯-奔驰在中国华南及华西地区最大的经销商网络之一，业务涵盖梅赛德斯-奔驰、AMG、梅赛德斯-迈巴赫及腾势的销售及售后服务以及其他汽车相关业务。被收购前其拥有 33 家梅赛德斯-奔驰门店，同时还计划建设 10 家分店。根据中国汽车经销商协会的数据，买方中升控股是中国第二大汽车经销商，目前经销店总数达 360 家，涵盖梅赛德斯-奔驰、雷克萨斯、奥迪、宝马、丰田、本田、日产、沃尔沃、捷豹路虎等品牌。

根据中国汽车经销商协会的数据，2020 年，中升控股总销量（含二手车）为 607684 辆，营业收入为 1483.48 亿元。2020 年，仁孚中国总销量为 44768 辆，营业收入为 192.24 亿元。中国第一大汽车经销商广汇集团在 2020 年销量为 101.87 万辆，总共营收为 1572.81 亿元，中升控股和仁孚中国在 2020 年营业收入之和为 1675.72 亿元。这也意味着，将仁孚中国收入麾下之后，中升控股的销量与营收都将大幅度提升，与"中国第一汽车经销商"广汇集团展开正面交锋的机会也将大幅提升。

## 三　交易动因

目前，广汇集团、中升集团这些早已与品牌生产商业务深度融合的经销商的困境主要源于电动车在销售模式、售后服务体系、用户运营理念以及其他金融保险衍生业务上的调整转变。最突出的影响因素就是汽车的销售模式正在发生变革，正从"4S 店"模式转向直营、网络渠道销售等模式，中升

集团需要应对这个变革所带来的影响。全球汽车行业急速向电动化、智能化挺进，以特斯拉为代表的造车新势力的直营模式打开了汽车销售的新窗口，直营模式减少中间分销环节，使得价格更加透明，备受年轻一代消费者的青睐。在新品牌风起云涌的格局之中，传统车企也跟随特斯拉的脚步将销售模式转向品牌直营模式。本田、奔驰、奥迪等传统车企纷纷宣布将在部分地区取消"4S店"模式，由经销商模式改为代理模式或网络渠道销售模式。这样，汽车授权经销商不能销售新车，购车客户只能从厂家官网预定，新车统一零售价。"取消4S店模式"意味着对于广汇集团、中升集团等各大经销商集团直接丧失议价权，进而没有新车差价以及厂家返利可赚，这对各个经销商来说是个不小的挑战。

中升集团采取多种措施以应对上述挑战，例如，中升集团正在电动汽车方面试水。2021年4月，中升集团与小鹏汽车订立《谅解备忘录》，旨在建立长期战略合作伙伴关系。公告显示，中升集团将会在中国投资并运营小鹏品牌经销店，以提供智能电动汽车销售及服务。中升集团采取的另外一个措施就是并购仁孚中国，对于中升集团来说，并购之路是一条发展壮大的捷径。仁孚中国是一个很有价值的标的，仁孚中国与奔驰有着超过半世纪的合作。豪华车品牌的经销权属于稀缺资源，仁孚中国要获得豪华车品牌的经销权仅靠强大的经济实力是不够的，还需要品牌对于经销商实力的充分认可，而仁孚中国在国内市场的表现以及在豪华车经销商领域的地位是有目共睹的。因此，在汽车销售模式变革的大背景下，并购仁孚中国对中升集团具有重大意义。

## 四　交易内容

2022年3月13日，中升集团控股有限公司宣布，最终以13.1398亿美元从怡和集团收购仁孚中国100%股权，最终收购价格较之前预估低0.14亿美元。此价格包含主要分布在广州、深圳、长沙、重庆、成都等地的37间门店和10个在建网络。

## 五 并购之后

本次中升集团收购仁孚汽车在国内包括广东、湖南、四川、重庆、贵州 5 个省市的 18 个城市的 37 家门店，其中，26 家为奔驰 4S 店，其余为展厅及售后维修网点，从而巩固中升控股在中国梅赛德斯—奔驰经销商市场的市场地位。但是如何解决两家公司经营模式等方面所存在的不同以及正在尝试直销及代理制的主机厂是否会对其产生冲击等问题，是中升集团在并购之后亟待解决的问题。

# B.23
# 极兔速递并购百世快递

吴 黛[*]

**摘 要：** 2021 年 10 月 29 日，极兔速递和百世集团共同宣布达成战略合作意向，极兔速递将以约 68 亿元人民币（折合 11 亿美元）的价格收购百世集团中国快递业务。未来，百世快递将进一步聚焦快运、供应链、国际核心物流业务，深耕综合智慧供应链服务。而极兔速递，则致力于在物流领域长期耕耘。

**关键词：** 极兔速递 智慧供应链服务 百世集团

## 一 交易概述

2021 年 10 月 29 日，极兔速递（J&T Express China）和百世集团（纽约证券交易所代码：BEST）共同宣布达成战略合作意向，极兔速递将以约 68 亿元人民币（合 11 亿美元）的价格收购百世集团中国快递业务。此次出售不包括百世集团的任何其他业务，即供应链管理、货运、Ucargo 和 Global。未来，百世快递将进一步聚焦快运、供应链、国际核心物流业务，深耕综合智慧供应链服务。而极兔速递，则致力于在物流领域长期耕耘。

---

\* 吴黛，金融学硕士，求思咨询高级行业顾问，主要从事 ICT 咨询、企业募投研究咨询工作，主要研究方向为金融风险、并购风险等。

## 二 并购背景

买方极兔速递是一家成立于 2015 年、快速增长的国际化快递物流企业，以快递和跨境物流为核心业务，极兔速递的快递网络覆盖中国、印度尼西亚、越南、马来西亚、泰国、菲律宾、柬埔寨、新加坡、阿联酋、沙特阿拉伯、墨西哥和巴西共 12 个国家。

卖方"百世快递"成立于 2007 年，是百世集团旗下的快递品牌，百世快递服务网络覆盖全国，业务辐射至西藏、新疆等偏远地区，乡镇覆盖率位居行业前列。根据百世集团发布的 2021 第三季度未经审计财务业绩，百世快递在全国拥有 95 个自营转运中心，管理 2179 条干线线路，拥有 5487 个一级加盟商和 21208 个加盟网点，省市网络覆盖率达 100%，区县覆盖率达 100%。

极兔速递的优势在于物流速度快，这主要得益于其快速建立的末端加盟体系，但是极兔速递在国内业务的短板是中转+运输能力。极兔速递在转运中心、干线运输环节，核心资产以租赁外包为主，因此，自有投资力度不够，极兔速递的发展劣势十分明显。极兔速递如果要在短期内弥补自身短板，依靠自身建设转运+干线运输网络，完全来不及应对飞速发展的中国快递市场的竞争，最好的途径就是收购一家现成的转运+干线运输网络。百世快递正好有打算出售的意愿，这正迎合了极兔速递的需求。自 2014 年起，百世快递由于长期烧钱换增长造成连年亏损，亏损累计数额超过 50 亿元，另外百世快递还面临着退市的风险。若想渡过难关，百世快递亟须强有力的现金流支撑。因此，百世快递计划转让国内快递业务以摆脱困境。

极兔速递与百世快递之间的交易处在良好的政策背景和市场环境下。2022 年 8 月，商务部等 9 部门联合印发的《商贸物流高质量发展专项行动计划（2021-2025 年）》指出，支持和鼓励符合条件的商贸企业、物流企业通过兼并重组、上市融资、联盟合作等方式优化整合资源、扩大业务规模，开展技术创新和商业模式创新。极兔速递的收购正好处于政策友好的环

境中。此外，快递行业的价格战的终止也必然引起资源的整合，电商巨头对各快递公司端口接入的垄断也开始逐步松动。商贸企业、物流企业开始通过兼并重组、上市融资、联盟合作等方式重新划分快递行业势力版图。极兔速递与百世快递之间的交易可谓是"天时地利人和"。

# 三　交易动因

收购百世快递是极兔速递打入中国市场重要的一步。由 OPPO 印尼地区前 CEO 四川人李杰在印尼雅加达创立的极兔速递与国内同行走了一条截然不同的发展道路。极兔速递借鉴中国高速发展的快递物流营运经验，抓住东南亚数字产业化的机遇，成为多个东南亚国家的知名快递公司。但在国内市场，极兔起步慢了很多，2020 年 3 月，极兔速递正式进入中国市场，9 月实现全国省市覆盖。极兔速递选择的是率先下沉国内三四线城市及农村市场，以避开与同行在城市快递市场的正面交锋。截至 2022 年 3 月 31 日，极兔速递在全国设立了 85 个转运中心，拥有 56 套自动化智能分拣设备，通过 6000 余辆干线运输车辆，构建 2100 余条运输干线班次，实现 100% 全国省、市覆盖率。极兔速递在国内的高速发展，很大程度上要归功于拼多多的崛起，拼多多为快递行业带来了新兴增量，极兔快递也从拼多多平台获得了稳定的商流支撑。另外，极兔速递末端网络能快速建立并覆盖更是得益于大量 OPPO、vivo 的加盟商鼎力扶持极兔速递的加盟网络。极兔速递迅速建立了下沉国内三四线城市及农村市场的快递网络，然而，极兔速递却面临着从下城市场向一二线城市扩大网络的难题。此时，收购一家有着成熟运营网络的快递公司成为一种快速解决方案。从外部环境看，这则收购案发生时间正好处于国家鼓励物流业兼并重组，以及终止价格战的时间节点上。

# 四　交易内容

2021 年 10 月 29 日，百世集团宣布，其已同意以约 68 亿元人民币（合

11 亿美元）的价格将其在中国的快递业务出售给一家中国有限责任公司和中国物流服务提供商 J&T Express Co. Ltd.（J&T Express China）。此次出售不包括百世公司的任何其他业务，即供应链管理、货运、Ucargo 和 Global 业务。百世集团目前预计在该交易中将获得约 39 亿元人民币（折合 6 亿美元）的现金。该交易于 2022 年第一季度完成。

# 五　并购之后

从业务整合的情况来看，百世集团在该交易后完成集团资金结构的优化，将专注于基于供应链的物流解决方案、提供集成的物流解决方案和国际快递业务。由于极兔速递与拼多多的合作紧密，其快递网络多布局在三线、四线城市，百世快递一线、二线城市的快递网络资源将对极兔速递是一个很好的补充。

公司之间的业务并购，容易出现因企业文化不符引起的运营效果不佳等问题。从人员整合的层面来看，目前，部分百世快递基层网点已经在为极兔速递进行派送服务，双方整合难度较小。除了基层的快递员、分拣员，极兔速递收购百世快递还得到了一支完整的、成建制的快递业管理人才队伍。相比于家族式管理的快递公司，百世快递的职业经理人队伍在营运和规划以及转运分拨等领域的专业化程度能快速提升极兔速递在管理人才方面的不足。在国内国外市场双向扩张的极兔速递，需要充足的人员支撑，将国内领先的快递运营经验复制到国外市场上。

并购交易之后，百世集团的资金结构得到优化。根据百世集团 2021 年第四季度以及全年业绩财报，不包括已转让的国内快递业务，百世集团 2021 财年营收 114.26 亿元，同比增长 8.5%；在营收增长的同时，百世集团也顺利实现扭亏为盈，2021 年第四季度百世集团净利润为 19.45 亿元，相比上一年同期的净亏损 6.3 亿元有所增长；就全年业绩来看，2021 年百世集团净利润为 2.1 亿元，相比上一年同期净亏损多达 20.51 亿元的糟糕情况已有显著改善。百世集团优化资金结构的措施已经初见成效。

# B.24
# 高瓴资本收购皇家飞利浦

吴 黛[*]

**摘　要：** 2021 年 3 月 25 日，荷兰著名家电厂商皇家飞利浦宣布将其家用电器业务出售给国际投资公司高瓴资本；高瓴资本获得了飞利浦品牌及其旗下特定家用电器产品的品牌授权名称 15 年。本次交易对飞利浦的家用电器业务估值约为 37 亿欧元，品牌授权预估净现值约为 7 亿欧元，总交易价值合计约为 44 亿欧元，折合人民币 340 亿元。

**关键词：** ODM 生产模式　品牌授权　高瓴资本　皇家飞利浦

## 一　交易概述

2021 年 3 月 25 日，国际知名电子产品生产厂商皇家飞利浦宣布将其家用电器业务出售给国际投资公司高瓴资本。根据出售协议，高瓴资本还获得了飞利浦品牌及其旗下特定家用电器产品的品牌授权名称 15 年。本次交易对飞利浦的家用电器业务估值约为 37 亿欧元，品牌授权预估净现值约为 7 亿欧元，总交易价值合计约为 44 亿欧元，折合人民币 340 亿元。

---

\* 吴黛，金融学硕士，求思咨询高级行业顾问，主要从事 ICT 咨询、企业募投研究咨询工作，主要研究方向为金融风险、并购风险等。

## 二　并购背景

高瓴资本是一家植根于中国而着眼于全球的公司，其重点投资领域包括互联网与媒体、消费与零售、医疗健康、能源与制造业等。高瓴资本以擅长投资新经济公司著称，曾投资过腾讯、京东、美团、百济神州、药明康德、去哪儿、携程等。

皇家飞利浦是荷兰知名跨国集团公司，于 1891 年在埃因霍温成立。飞利浦曾是世界上最大的电子公司之一，业务在并购之前涵盖照明、消费电子、医疗保健等多个领域。

高瓴资本在近几年已引入众多海外品牌和成功企业。高瓴资本希望把全球优质品牌资产和先进技术，以及全球的海外商业实践和管理体系带到中国，促进中国本土企业更长远、更稳健地参与全球竞争，向产业链高端迈进。而出售家电业务后，飞利浦将持续聚焦健康科技领域，并进一步转型为一家健康服务公司。

## 三　交易动因

近年来，飞利浦的发展战略是通过出售家电这类技术附加值较小的业务的方式，逐步把重心转移到医疗健康领域，让公司的发展更加聚焦。2018年，飞利浦将照明领域的股权比例降到 16.5%。2019 年起，飞利浦对旗下的三大业务架构进行了调整，最终划分为精准诊断、图像引导治疗、互联关护、个人健康四个方向。由于在家电市场研发门槛较低，很容易被超越，飞利浦在 2020 年曾透露过出售家用电器业务部门的计划，包括空气炸锅、咖啡机、吸尘器等在内的家电部门，该部门 2020 年的销售额为 22 亿欧元。

近年来，高瓴资本一直在家用电器领域进行投资布局。2019 年 12 月，高瓴资本通过旗下珠海明骏投资合伙企业以 417 亿元收购了格力电器 15%的股权。此外，高瓴资本还通过 HCM 中国基金直接持有格力电器 4339.64 万

股，持股比例为 0.72%，成为其第一大股东。不到一年半的时间，高瓴资本接连大笔收购在大家电、小家电领域各有所长的两家公司。高瓴资本相继收购格力电器、飞利浦家电业务，飞利浦家电业务与格力电器的产品线具有很强的互补性，飞利浦的厨房家电、家庭小家电产品、咖啡机等与格力的空调、冰箱业务不重合，双方的互补性很强。不仅如此，两家公司具备很强的合作可能性，飞利浦家电业务可以在品牌和渠道两方面为格力产品打开市场渠道，提升品牌影响力；格力则可以 OEM 代工飞利浦产品，提升飞利浦生产能力。

## 四 交易内容

2021 年 3 月 25 日，皇家飞利浦公司（纽约证券交易所代码：PHG；AEX：PHIA）宣布签署一项协议，向高瓴资本出售家用电器业务。该交易对家用电器业务的估值约为 37 亿欧元。交易完成后，飞利浦预计将收到约 30 亿欧元的税后现金收益和交易相关成本。此外，飞利浦和高瓴资本还签订了为期 15 年的独家品牌许可协议，估值约为 7 亿欧元，总交易价值约为 44 亿欧元。

## 五 并购之后

2022 年 3 月，飞利浦空调产研基地奠基仪式在安徽滁州举行，项目总投资高达 100 亿元，主要用于研发生产飞利浦家用空调、大型商用空调及压缩机、电机等配套设备。格力电器原执行总裁黄辉以及原总裁助理胡文丰等人均已加入飞利浦空调的管理团队，黄辉任飞利浦空调董事长，全面负责研发及公司大小事务；胡文丰以及原格力电器电商管理部部长李鹏，则分别担任飞利浦空调中国运营总部总裁和副总裁。飞利浦空调的生产能力被大幅度提升，但要与美的、海尔等中国空调行业巨头竞争高端市场份额，仍是一个不小的挑战。

# B.25
# 中国建材水泥板块业务完成深度整合

**摘　要：** 2021 年 12 月 11 日，中国建材水泥板块业务整合大会召开。本次整合，中国建材集团将旗下优质水泥企业的中联水泥 100%股权、南方水泥 99.93%股权、西南水泥 95.72%股权、中材水泥 100%股权注入上市公司天山股份，交易规模达 981.42 亿元，该并购项目为 A 股历史上交易规模最大的发行股份购买资产项目。

**关键词：** 板块业务　中国建材集团　水泥企业

## 一　交易概述

2021 年 12 月 11 日，中国建材集团有限公司（以下简称"中国建材集团"）在北京总部召开了水泥板块业务整合大会。本次整合是中国建材集团将旗下优质水泥企业的中联水泥 100%股权、南方水泥 99.93%股权、西南水泥 95.72%股权、中材水泥 100%股权注入上市公司天山股份，交易规模达 981.42 亿元，为 A 股历史上交易规模最大的发行股份购买资产项目。在此番"蛇吞象"后，天山股份市值已跃升至千亿元大关，成为全球规模最大的水泥上市公司。

---

* 吴黛，金融学硕士，求思咨询高级行业顾问，主要从事 ICT 咨询、企业募投研究咨询工作，主要研究方向为金融风险、并购风险等。

## 二 并购背景

新疆天山水泥股份有限公司（以下简称"天山股份"）是 1998 年在原新疆水泥厂的基础上改制设立，1999 年在深圳证券交易所上市的股份制企业，隶属于中国建材集团。而中联水泥、南方水泥、西南水泥、中材水泥也是中国建材集团旗下优质水泥企业。此次水泥板块业务整合是中国建材集团落实国务院国资委和中国证监会批复要求、解决同业竞争、兑现资本市场承诺的具体行动，是进一步优化基础建材业务布局、推动高质量发展的战略部署，是深化国企改革、建设具有国际竞争力的世界一流企业的重要举措，也高度契合供给侧结构性改革等时代主题。

## 三 交易动因

此次整合天山股份这个"巨无霸"上市公司已经孕育了至少 4 年之久。2016 年 8 月，中国建材集团和中国中材集团实施联合重组，两家国字头中央企业下面均有庞大的水泥业务。中国建材集团是中国最大的建材公司，主要业务包括水泥、轻质建材、玻璃纤维及玻璃钢制品以及工程服务业务四大类，旗下有中联水泥、南方水泥、西南水泥和北方水泥等区域性水泥公司；中国中材集团则是中国领先的水泥工程公司及第四大水泥公司，旗下有天山股份、祁连山、宁夏建材和中材水泥。"两材合并"之后，中国建材集团水泥板块一共有 8 家公司。"两材合并" 4 年之后，中国建材集团决定把旗下 4 家水泥公司剥离出去，先行装进了天山股份。从这次天山股份重组实情可以看到，为了打造中国水泥行业第一股，中国建材集团也是煞费苦心，道路曲折。在天山股份发布公告中并没有将中国建材集团所有的水泥板块都整合进去，只是重整了资产优良、业绩优秀的中联水泥、南方水泥、西南水泥和中材水泥四家公司。

## 四　交易内容

2021年10月，天山股份发布公告称：上市公司采用发行股份及支付现金的方式，向中国建材集团等26名交易对方购买中联水泥100%股权、南方水泥99.93%股权、西南水泥95.72%股权及中材水泥100%股权等资产。

## 五　并购之后

整合后天山股份的协同效应和核心竞争优势将进一步凸显，盈利能力、综合竞争力和可持续发展能力将进一步增强。完成整合后的天山股份市值约为1200亿元，拥有熟料产能约3亿吨、商品混凝土产能约4亿立方米、骨料产能约1.5亿吨，下属法人单位540家、员工约7.2万人，市场范围覆盖华北、华东、华中、华南、西南、西北地区20余个省、自治区、直辖市。其设有10个水泥、商混及骨料业务一体化公司，4个商混骨料和特种水泥业务专业化公司，是业务规模最大、产业链完整、全国性布局的水泥公司。本次交易完成后，汇集了多家企业水泥资产的天山股份，将一举超越海螺水泥，成为A股乃至全世界最大的水泥企业。

# B.26
# 齐星集团合并重整

吴立新 万 维 张晨晨*

**摘 要:** 2017 年 10 月，某省地方法院裁定齐星集团等 27 家公司合并重整。鉴于齐星集团等公司存在高额的相互担保以及高度混同情形，已丧失了独立的法人资格，地方法院依法适用关联企业实质合并重整方式进行审理。在确定重整投资人为齐星集团等 27 家公司重整提供 61.6 亿元偿债资金后，通过债权分类调整、出资人权益调整等制定专门的债权清偿方案和持续经营方案，在继续保持企业经营运转的同时，全力做好与重整相关各项具体工作，这为大型集团企业在法治化、市场化原则下通过合并重整方式成功熔断关联担保链条、化解区域性债务风险提供了成功样本与经验。

**关键词:** 实质合并重整 债权分类 权益调整

## 一 案情简介

齐星集团原名称为"山东邹平电力集团有限责任公司"，后经邹平县电力集团有限公司国有资质改制设立，于 2003 年 9 月 28 日更名为"山东齐星集团有限责任公司"，后又于 2006 年 6 月 14 日更名为"齐星集团有限公司"（以

---

* 吴立新，金融学博士，律师，全联并购公会常务理事，天达共和资深合伙人，主持了具有重大影响的金融业风险处置工作和金融及上市公司、大中型国有企业及其他型企业破产重整案；万维，北京天达共和（武汉）律师事务所合伙人，武汉市破产管理人协会预重整专业委员会委员；张晨晨，北京天达共和（武汉）律师事务所，实习律师。

下简称"齐星集团"），并进一步形成了以其为核心的大型集团企业，业务范围包括热电、铝业、新能源、新材料、建住房地产、铁路物流等。齐星集团等 27 家公司在后期经营管理过程中，因资金链断裂、经营不善、为关联方提供高额连带责任保证等陷入债务危机，先后向人民法院提出破产申请。

山东省邹平县人民法院（以下简称"邹平法院"）于 2017 年 8 月 1 日至 2017 年 10 月 12 日，分别做出（2017）鲁 1626 破 1 至 11 号、13 号、15 至 29 号裁定书，裁定受理齐星集团等 27 家公司的破产重整申请，并指定各公司清算组担任管理人。2017 年 10 月 20 日，邹平法院裁定齐星集团等 27 家公司合并重整，同时指定齐星集团有限公司管理人担任齐星集团等 27 家公司合并重整管理人。管理人自接受法院指定以来，在县委、县政府的领导和支持下，在法院的监督和指导下，在各中介机构的专业支撑下，在债权人的充分理解和配合下，坚持"依法、规范、高效、公平"原则，一方面聘任原经营管理团队继续做好生产经营工作，通过调整公司发展战略、创新管理模式等方式，保障继续经营的企业能够持续运转；另一方面全力以赴做好与重整相关的各项具体工作，在充分考虑债权人、职工、原股东以及重整投资人等各方利益的基础上，制定重整计划，通过债权分类调整、出资人权益调整等制定专门的债权清偿方案和企业经营方案，以期实现齐星集团等 27 家公司的债务清偿和企业就地重生。

本案于 2021 年被山东省破产管理人协会评选为十大破产典型案例之一，评选理由为"该案件是山东省内首次以网络方式召开债权人会议的破产案例，并且成功熔断关联担保链条，排除了担保圈易引发的区域性金融风险，成为此后山东省大型企业破产化解担保圈的主要借鉴模式"。

## 二 重整动因

### （一）具备重整价值

破产重整，是指专门针对可能或已经具备破产原因但又有维持价值和再生希望的企业，经由各方利害关系人的申请，在法院的主持和利害关系人的

参与下，进行业务上的重组和债务调整，以帮助债务人摆脱财务困境、恢复营业能力的法律制度。相比于破产清算和破产和解，破产重整更着眼于破产的积极预防，充分调动各方利害关系人的积极性，共同拯救陷于经营困境的企业，从根本上恢复债务人的生产经营能力，维持企业正常的生产经营秩序，实现企业价值的更生再造。其在性质上，具有清理债务和拯救企业的双重目的。

本案中，齐星集团等27家公司具备重整价值存在的主要特征：（1）齐星集团等27家公司作为多元化经营的大型民营骨干企业，曾先后获得"中国驰名商标""全国精神文明建设工作先进单位""省级精神文明单位"等荣誉称号，其在当地的知名度能够在一定程度上反映其具备相当的运营价值，具备较高影响力的破产价值；（2）齐星集团等27家公司的业务范围广泛、包含热电、铝业、新能源、新材料、建筑房地产以及铁路物流等方面，经营模式成熟，经营团队稳定，具备一定的市场认可度与较强的资质价值，所属行业前景良好；（3）齐星集团等27家公司作为经营领域多元化的大型民营骨干企业，通过破产重整可以在一定程度上使相关产业得到保留或价值提升，最大限度地保障债权人利益，还可以更妥善地安置职工，保障当地社会稳定，获得更加良好的社会效益。

综上，齐星集团等27家公司具有可挽救的价值，具有重整收益大于投入的价值，具有继续经营收益大于清算价值等核心重整价值，具有维持价值和再生希望。

## （二）最大程度维护债权人利益

对于债权人而言，破产重整的意义主要在于使债权损失最小化、尽力提高清偿率，以最大限度地实现债权人的利益保护。当齐星集团等27家公司经营状况严重恶化且无希望依靠自身力量走出困境之时，其面临着三个选择：一是继续亏损经营；二是破产清算；三是破产重整。

若选择在企业经营状况严重恶化的情况下继续经营，则其将面临更大的亏损，并使股权人和债权人遭受更大的损失。若选择破产清算，则需停止所有的经营活动，同时通过拍卖等方式依法偿还清算费用、职工工资、企业税款等，债权人受偿率较低，且其股权价值清零，其余损失由债权人吸收。另从实践中来看，破产重整状态下的对普通债权的清偿率往往高于破产清算的清偿率。

因此，相比之下，破产重整方案可以将债权人的损失最小化，帮助企业剥离不良资产，降低企业的负债率和不良资产率，促进企业财务状况的改进，债权人不会像继续亏损经营方案中那样遭受更大的亏损，且所获得的清偿率通常高于破产清算的方案。从债权人的角度来看，破产重整的本质是在战略投资者的支持下，债权人让渡部分甚至大部分当前的利益以避免未来更大的损失的最优选择。

### （三）实现债务人重组再生

对于债务人而言，破产重整的意义主要在于重组业务及债务、帮助其摆脱财务困境、以实现复工复产并重新进入市场经济中。破产重整给了企业从头再来的机会和重新评判产业布局的机会，以期通过破产重整后优化下来的业务为企业创造更大价值。

根据齐星集团等 27 家公司的经济状况及广泛意见征询，管理人决定在重整期间使有继续经营价值的 17 家公司继续经营，使已停业且恢复正常营业需要较大成本的其他 10 家公司暂停营业。为了恢复这 17 家公司的经营能力和营业能力，重整方案维持了各公司的主业不变、产品不变，也没有进行资产置换，而是立足于债务人的实际情况及各自的经营能力和优势，大力推动企业的整合重组，充分利用资源优势以发挥合作效应，同时通过调整公司发展战略、创新管理模式、强化职工队伍、打造核心竞争力产业等方式，促进企业的健康发展、职工就业与社会稳定。

## 三 方案分析

### （一）实质合并重整的模式分析

《中华人民共和国企业破产法》（以下简称"《企业破产法》"）的立法宗旨在于规范破产程序，公平清理债权债务。根据最高人民法院民二庭于

2012 年 10 月召开会议讨论的《关于适用实体合并规则审理关联企业破产清算案件的若干规定（征求意见稿）》[①] 以及最高人民法院于 2018 年 3 月 6 日发布的《全国法院破产审判工作会议纪要》第 32 条,[②] 当关联企业成员之间存在法人人格高度混同、区分各关联企业成员财产的成本过高、严重损害债权人公平清偿利益时，可例外适用实质合并重整程序进行审理，以有效推进重整程序、提高企业整体的营运价值，进而保障全体债权人能够公平受偿。

本案中，齐星集团等 27 家公司存在股权互持、法人人格高度混同等情形。从经营情况来看，齐星集团等 27 家公司多数工商登记为同一地址，法定代表人、公司高管、财务人员以及行政人员等也存在互相交叉任职的情况。此外，多家公司亦存在多重业务交叉混同情形，且互相之间存在大量关联债务及担保，形成高度混同的经营体，导致各公司的资产不能完全相互独立，债权债务清理极为困难。而齐星集团属于当地龙头企业，如不能妥善化解齐星担保链风险，任由齐星集团担保链辐射发酵，可能会波及更多的担保企业，涉及的企业和债务将可能呈倍数增长，很有可能形成区域更大规模的金融风险，将对当地甚至山东省的金融生态、经济发展和社会稳定都可能造成冲击。

这种情况下，采用实质合并破产方式，消除了这 27 家关联企业成员之间的债权债务，各成员的财产作为合并后统一的破产财产，由各成员的债权人作为一个整体在同一程序中按照法定清偿顺位公平受偿。同时，通过综合考虑 27 家关联企业的资产及经营优势、合并后债权人的清偿比例、出资人权益调整以及灵活设计清偿方案等方式，有利于最大限度地保障各方的合法权益，并推动重整程序顺利进行。

---

① 《关于适用实体合并规则审理关联企业破产清算案件的若干规定（征求意见稿）》规定："关联企业不当利用企业控股股东、实际控制人、董事、监事、高级管理人员及其直接或者间接控制的企业之间的关系，以及可能导致企业利益转移的其他关系，造成关联企业成员之间法人人格高度混同，损害债权人利益的，人民法院可以适用关联企业实体合并破产规则审理案件。"

② 《全国法院破产审判工作会议纪要》第 32 条："关联企业实质合并破产的审慎适用。人民法院在审理企业破产案件时，应当尊重企业法人人格的独立性，以对关联企业成员的破产原因进行单独判断并适用单个破产程序为基本原则。当关联企业成员之间存在法人人格高度混同、区分各关联企业成员财产的成本过高、严重损害债权人公平清偿利益时，可例外适用关联企业实质合并破产方式进行审理。"

现行司法实践中的实质合并破产或重整程序，主要依据系最高人民法院印发的《全国法院破产审判工作会议纪要》（以下简称"《破产会议纪要》"）第六部分关于"关联企业破产"之相关规定。根据《破产会议纪要》，法院在审理关联企业破产案件时，要立足于破产关联企业之间的具体关系模式，采取不同方式予以处理。既要通过实质合并审理方式处理法人人格高度混同的关联关系，确保全体债权人公平清偿，也要避免不当采用实质合并审理方式损害相关利益主体的合法权益。

### （二）引入优质资产进行重组

进入重整程序前，涉案的 27 家公司已陷入严重的经营危机，重整成功的关键在于真正盘活企业经营。为确保齐星集团等 27 家公司成功引入优秀重整投资人，管理人将 27 家公司按照业务关联组合，划分多个板块进行招募推介，按照整体重整优先于板块重整、板块重整优先于单个企业重整的方式，招募具有良好资金实力、较强社会责任感和相应经营能力的合格投资人。

最终确定邹平县城区投资建设有限公司作为重整投资人，为齐星集团等 27 家公司重整提供 61.6 亿元偿债资金，用于清偿债务人的公司债务、支付破产费用和共益债务。其优势及价值主要在于通过优质资产的及时注入对企业进行重组，形成新的经济增长因子，盘活关联企业的整体资源，提高债务清偿能力，恢复企业的经营能力，为重塑企业核心竞争力和顺利推进重整方案的执行奠定了坚实基础。

### （三）债权分类及调整方案

我国《企业破产法》第八十二条①明确规定，依照债权的性质及清偿顺

---

① 《中华人民共和国企业破产法》第八十二条："下列各类债权的债权人参加讨论重整计划草案的债权人会议，依照下列债权分类，分组对重整计划草案进行表决：

（一）对债务人的特定财产享有担保权的债权；

（二）债务人所欠职工的工资和医疗、伤残补助、抚恤费用，所欠的应当划入职工个人账户的基本养老保险、基本医疗保险费用，以及法律、行政法规规定应当支付给职工的补偿金；

（转下页注）

位将重整计划的表决组分为：担保债权组、劳动债权组、税款债权组、普通债权组（人民法院认为必要可以在普通债权组中设立小额债权组）。同时，根据《企业破产法》第一百一十三条①规定，在优先清偿破产费用和共益债务后，劳动债权、税款债权、普通债权按照顺序依次进行清偿，破产财产不足以清偿同一顺序的清偿要求的，按照比例分配。因此，破产重整程序作为一个以各类债权人为主的利益各方的博弈谈判程序，实践中最常见的有益的突破及尝试是在遵循法定分组的前提下，在法定分组内部，特别是在普通债权组中进行再分类，以不同的受偿方式、清偿比例等满足不同债权人的利益诉求，从而保证重整计划草案的通过，促进企业重生。

本案中，针对经法院裁定确认的普通债权金额在 20 万元以下（含）的部分，自法院裁定批准重整计划之日起六个月内全额清偿。对经法院裁定确认的普通债权金额在 20 万元以上的部分，由债权人在法院裁定批准重整计划之日起一个月内以书面形式在以下两种方式中任选一种方式进行清偿：法院裁定批准重整计划之日起十二个月内，按照重整计划确定的清偿率进行清偿；法院裁定批准重整计划之日起六个月内，由重整投资人指定主体以签订债权转让协议、受让债权的方式，按照重整计划确定的清偿率进行清偿。根据重整计划如有追加分配的，追加分配所得仍归属于选择债权转让方式受偿的原债权人。本案重整计划将普通债权进行了再分类，依据不同类型债权人的诉求灵活提出不同的受偿方案，最大限度地在破产重

---

（接上页注①）（三）债务人所欠税款；

（四）普通债权。

人民法院在必要时可以决定在普通债权组中设小额债权组对重整计划草案进行表决。"

① 《中华人民共和国企业破产法》第一百一十三条："破产财产在优先清偿破产费用和共益债务后，依照下列顺序清偿：

（一）破产人所欠职工的工资和医疗、伤残补助、抚恤费用，所欠的应当划入职工个人账户的基本养老保险、基本医疗保险费用，以及法律、行政法规规定应当支付给职工的补偿金；

（二）破产人欠缴的除前项规定以外的社会保险费用和破产人所欠税款；

（三）普通破产债权。

破产财产不足以清偿同一顺序的清偿要求的，按照比例分配。

破产企业的董事、监事和高级管理人员的工资按照该企业职工的平均工资计算。"

整程序内保障了各方债权人的利益诉求，特别是对小额债权人利益的特殊保护。

### （四）出资人权益调整

#### 1. 股权让渡

在缺乏偿债资金、资不抵债的情况下，运用出资人权益调整、资产变现、债转股、债务延期等方法全额清偿债务，有利于公开、透明推进利益博弈，发挥市场的决定性作用。从利益平衡的角度来说，破产重整程序中调整出资人权益符合破产利益平衡的要求，展现重整制度的立法本位。破产重整制度涉及各方利益，利益的多重性及其对立与冲突是符合利益平衡要求的前提考量，若在债务人资不抵债的前提下仍不对出资人权益进行调整，将导致重整程序成本完全由债权人和重组方承担，重整成功后的收益却由股东独享的后果，这在一定程度上违反了市场经济中的公平、公正、等价有偿原则和权责相统一的原则，同时可能会导致重整成本的急剧增加和重整时长的严重延长，还会导致企业由于无法吸引资金重组方而难以恢复生产经营和赢利，重整制度的初衷就会流于形式。

在本案重整计划制定中，鉴于债务人现有资金不足以清偿全部债务，同时基于债权优先于股权原则，确有必要对出资人权益进行调整。调整范围涵盖 27 家公司重整申请之日的工商登记在册的股东及其所代表的实际投资人，前述全部出资人的出资权益均调整为零，将所持有的全部股权无偿让渡给重整投资人。此种出资人权益调整符合重整法社会公共利益本位的立法理念，有利于维护全体债权人和债务人的合法权益，实现各方利益最大化。

#### 2. 股权质押解除

当出资人权益调整方式为股权让渡时，若被让渡的股权存在质押，则该等股权质押可能会对出资人权益调整方案造成较大影响。故本案中，鉴于债务人所有者权益为负、债权未获得全额清偿，质押权人已无就质押股权获得优先受偿的可能，故在无其他财产提供担保的情况下，相关债权将作为普通债权予以处理，对原出资人持有的齐星集团等 27 家公司股权享有质押权的

权利人，应配合办理解除股权质押登记手续；已对该等股权采取查封、冻结等财产保全措施的权利人应在重整计划批准之日起十五日内向相关法院申请解除财产保全措施。

根据《山东省高级人民法院企业破产案件审理规范指引（试行）》第一百五十七条①的规定，债务人资不抵债时，理论上股权权益归零，涤除股权上的质押权并不会对质押权人的权益造成实质性影响，要求股权质押权人配合办理解押手续合法合理。同时，根据《陕西省高级人民法院破产案件审理规程（试行）》（2020年12月31日）第一百八十六条②以及《四川省高级人民法院关于印发〈关于审理破产案件若干问题的解答〉的通知》（川高法〔2019〕90号）等，实践中在破产企业资不抵债的情形下，可以通过重整计划解除原股权上的质押。

## （五）经营方案的调整

为使债务人恢复经营能力和盈利能力，重整方案结合齐星集团等27家公司的实际情况，重新调整定位并制定经营方案，立足于各自产业优势，调整公司发展战略，创新管理模式，强化人力资源开发，升级主体资产并打造核心竞争力产业，全面重新调整27家公司战略布局，有效整合资源，提升企业运营水平和企业盈利能力，保障职工、债权人、股东及相关各方的合法

---

① 《山东省高级人民法院企业破产案件审理规范指引（试行）》第一百五十七条："重整计划对债务人、全体债权人有约束力。重整计划涉及出资人权益调整的事项，对债务人的全体出资人均有约束力。债务人资不抵债，重整计划所调整的股权已设定质押的，质押权人应当配合办理解除股权质押手续。
重整计划所调整的股权未被质押与冻结，但出资人拒不配合办理股权转让手续的，人民法院可以依据债务人的申请向有关单位发出协助执行通知书。"

② 《陕西省高级人民法院破产案件审理规程（试行）》（2020年12月31日）第一百八十六条："经法院裁定批准的重整计划，对债务人和全体债权人有约束力。重整计划涉及出资人权益调整的事项，对债务人的全体出资人均有约束力。
重整计划所调整的股权已设定质押的，质押权人应当按照重整计划的相关规定，配合办理解除股权质押手续。重整计划所调整的股权未被质押与冻结，但出资人拒不配合办理股权转让手续的，人民法院可以依据债务人的申请向有关单位发出协助执行通知书。
抵押权人、质押权人拒绝配合办理解除抵押、质押手续的，人民法院可以作出解除抵押、质押的民事裁定并向有关单位发出协助执行通知书。"

权益，促进企业健康发展、职工就业与社会稳定。

如果破产重整中普遍采用将公司全部资产进行处置，重新注入新的经营性资产的方式进行调整，则一方面可能导致债权人的债权清偿比例较低，另一方面可能导致债务人的主业和优质资源无法得到保留，进而影响企业职工就业以及债权人的利益保障。因此，本案维持债务人的主业不变、产品不变，没有进行资产置换，没有全部停产半停产，而是根据27家公司各自不同的经营能力及优势，重新制定经营方案，有利于实现企业的就地重生，维护社会和谐稳定。

# 四 重整评述

在实质合并重整过程中，需要法院、债权人、出资人以及管理人等各方的积极参与及配合，不仅要有效选择重整管理人及重整投资人，还要结合债务人实际情况制定最佳的企业经营方案，加强债权人与债务人等各方的沟通协调，共同实现困境关联企业重生，促成债务人、债权人、出资人、职工及企业等多方共赢。

齐星集团等27家公司以实质合并重整为契机，对公司资产、债务结构以及公司治理和发展战略进行了调整，是该27家公司今后持续经营与发展的原因和动力。同时，其通过实质合并重整、制定切合实际的企业经营方案等方式，有效提升重整效率，降低破产成本，最大限度地保护各利益相关方利益，取得了良好的经济效果和社会效应。齐星集团等27家公司的成功重整对于保证相关企业的持续经营、保障广大债权人及职工的合法权益、熔断关联担保链条、排除担保圈易引发的区域性金融风险、促进地方经济的健康发展及社会的和谐稳定等均具有重要意义及借鉴价值。

# 附　　录

Appendixes

## B.27
## 2021（第十八届）中国并购年会
## 精彩观点集萃

2021 年 12 月 18 日，2021（第十八届）中国并购年会在北京成功举行。本届年会由全国工商联指导、全联并购公会（以下简称"公会"）主办，联合赤道环境评价有限公司、尚融资本、观韬中茂律师事务所、国浩律师事务所、怡丰律师事务所、浩信德霖税务师事务所、亿阳集团、盛世乾通国际广告传媒共同协办。政府及监管部门领导、公会理事、金融行业人士、企业家和专家学者共 200 余人通过线上线下方式参会，年会还通过新华网、中华工商时报、新浪财经、新浪微博等媒体展开直播，全网观看总人次突破330 万。

本届年会以"并购赋能 聚焦民营经济高质量发展"为主题，深入贯彻落实党的十九届六中全会精神和 2021 年中央经济工作会议精神，汇聚各方智慧，深刻把握"稳中求进"的新内涵，找准"稳"的关键点和"进"的切入口，助力广大企业激发市场主体活力，共谋高质量发展。

全国工商联党组成员、秘书长赵德江，北京市地方金融监督管理局党组成员、副局长赵维久出席并致辞。国务院发展研究中心原副主任、中国国际经济交流中心副理事长、第十三届全国政协经济委员会委员王一鸣，著名经济学家、第十一届、十二届全国政协委员贾康，全联并购公会创始会长、金融博物馆理事长王巍，全国中小企业股份转让系统有限责任公司融资并购部总监蔡慧，清华大学公益慈善研究院院长、第十届、十一届、十二届全国政协委员王名，天津市信用协会会长、联合赤道环境评价有限公司董事长王少波发表主题演讲。全国工商联机关党委副书记、人事部副部长李慧敏，会员部商会处处长宗君，机关党委干部黄卫；全联并购公会会长尉立东，党委书记徐林，监事长景柱，顾问刘红路、王瑗、葛明，常务副会长蔡咏、郑建彪、柳志伟，副会长程亮、孙杰、陈佳、田源、吕红兵、王乃祥、张小艾，秘书长顾宁珂，监事徐模、渔童、谢佳扬、谢思敏；轮值主席单位中国工商银行代表程斌宏；全联并购公会党委常务副书记李聚合，党委委员姜山赫；全联冶金商会秘书长白莲湘、亿阳集团总裁邓伟等领导、专家线上线下出席。年会由全联并购公会会长尉立东主持。

赵德江充分肯定了公会在加强自身建设和党建工作、服务国家大局和会员企业、发挥引领作用和专业优势方面所做的具有开创性、规范性、时效性的工作。赵德江指出，年会的召开是公会学习贯彻中央经济工作会议精神、助力稳定宏观经济大盘的具体行动。"民营企业完全应该坚定长远预期，专心谋划未来，放心大胆发展"，赵德江强调，中央经济工作会议科学研判当前形势，统筹推出了一系列应对之策，及时回应了社会上特别是民营企业的关切，"在政策取向上条条都与民营经济密切相关，款款都有支持民营经济和市场主体发展之意"，为民营经济持续健康发展提供了广阔舞台，创造了无限商机。

赵维久表示，北京金融业在国家金融管理中心建设过程中迈出了新的步伐，在北京证券交易所的带动下，2021 年以来，北京直接融资额达到 1.14 万亿元，创历史新高。在金融改革开放方面，北京充分利用国家金融业开放发展的机遇和"两区建设"的政策红利，在放宽金融市场准入、业务资质获得、金融科技创新等方面都取得了积极进展。赵维久强调，北京市金融监

管局将与公会继续加强合作，推动并购金融、并购业务在北京的发展。公会及相关金融机构应把握科技创新、资本市场创新发展、绿色发展、金融开放、数字经济五方面的机遇，更多融入北京金融业发展中，共享北京金融业开放的创新成果，为服务民营经济贡献更多力量。

王一鸣以《稳定宏观经济，推动高质量发展》为题发表主旨演讲，详细解读中央经济工作会议精神。

贾康结合中央经济工作会议指导方针，明确提出要"吃好政策'定心丸'，坚定不移促发展"。他指出，中央明确重申"发展是硬道理"，特别强调"经济建设为中心"这一基本路线，我们要认真学习领会会议精神，从2022年的工作做起，做好民营企业发展的各项工作，跨越中等收入陷阱，推进中国实现新的"两步走"现代化宏伟蓝图。在人们现在所关注的资本方面的认识上，贾康表示，中央经济工作会议明确表述"社会主义市场经济中必然有各种形态的资本，要发挥资本作为生产要素的积极作用"。他表示，"要为资本设置红绿灯"是非常有新意的"金句式"的指导性表述，资本是生产要素，无论国资民资还是内资外资，功能合理发挥的要开绿灯，对可能出现的资本无序扩张和野蛮生长要亮红灯，资本作用的发挥要在纳入两个"毫不动摇"的轨道上加以规范，从而进一步树立民营企业发展的大局观和应有的信心。

王巍以《好的并购与公益社会》为题发表精彩演讲。"并购有效助力企业从无到有、从小到大、从弱到强的发展。"谈及企业价值观，王巍强调，"企业要不断地把创新推动社会福利作为第一目标，而不是仅仅积累财富，要有面向未来、视野广阔的财富观"。他表示，要学习华为任正非、福耀玻璃曹德旺、美国马斯克这样的企业家，要重视企业财富与创新精神的共同提升，企业要强调环境意识、社会责任与公共生态的和谐发展。他指出，好的并购应该包括三点：一是要审时度势，有大格局；二是要管理成长，不同阶段要有不同的管理战略；三是要创造社会价值，不仅是商业价值，还包括文化、教养、环保等社会价值。

蔡慧介绍了北交所成立以来的运营情况和显著特点：一是流动性大幅改

善，开设首日平均日成交额 21.77 亿元，是此前精选层的 4.66 倍；二是投资者参与比较踊跃，目前投资者规模超过 460 万户；三是市场的融资更加高效；四是市场的信心更加坚定，96% 的公司对新三板未来的发展充满信心。关于如何去打造创新型中小企业的主阵地，蔡慧认为，打造主阵地要做好四个"更加"。一是更加包容，理解中小企业的创新不仅包括技术创新，还包括服务创新、模式创新、产品创新。二是更加精准，希望我们在企业融资并购、人才引进和资源整合方面能够做出贡献。三是更加创新，积极探索融资方式、融资工具和产品的创新，进一步促进企业的投融资对接。四是更加具有活力，充分发挥北交所的市场组织功能，完善针对不同市场主体的激励机制，为企业更快更好的发展营造良好市场环境。

王名以《财富升维视角的并购与第三次分配》为题发表主题演讲。他分析了财富升维的三个维度及其涵盖内容，强调"资本向上的升维属性与并购息息相关"，有助于突破产权边界、做大资产市值、提高品牌价值、提升共同体影响力、提高可持续发展能力、共创更优的企业文化和更好的社会责任。王名从财富升维视角分析了第三次分配：第一，第三次分配超越了初次分配和再分配，是丰裕社会发展的必然要求；第二，财富不断积累提出的财富升维，即善待财富，是第三次分配的本质；第三，社会性、传承性和精神性，是财富升维从而实现第三次分配的三大维度。

王少波以《"双碳"目标下绿色金融发展与创新实践》为题发表演讲。他介绍了联合赤道公司在绿色监测评估方面服务资本市场、信贷市场、征信市场以及支小支农的总体情况。"我认为应该用市场化机制解决碳减排问题"，王少波建议，要构建"双碳"目标实现路径的制度基础，全面建立健全绿色服务体系，"特别是以市场机制为措施、充分利用正向激励引导推动'双碳'目标实现"，同时，要以建立人类命运共同体为指引，绿色引领，开放合作，推动人民币国际化进程。

年会第一场分论坛以"企业高质量发展与合规经营"为主题。全联并购公会顾问、并购维权委员会主任刘红路强调，论坛在 12 月 16 日最高人民检察院、全国工商联和有关部门联合举办涉案企业合规座谈会之后召开，恰

逢其时，是公会响应落实全国工商联、最高人民检察院等有关政法部门会议精神的具体措施。并购公会法律、维权、调解三个专委会也将充分发挥专业优势，在企业合规经营上发挥更大作用，助力高质量发展。

全联并购公会理事、并购调解委员会负责人、观韬中茂律师事务所合伙人孙韶松强调，当前合规经营已成为全社会关注的重点，国家从顶层设计监管角度也对企业合规经营有了更高的要求。他以美国企业为案例，从企业合规和法律诉讼角度分析了新阶段合规发展该怎么去做。孙韶松建议，中小企业应关注法律、政策的变化，要多角度研究和动态化应对，在事前建立企业合规机制，事中聘请律所及中介机构协助处理，最终实现企业良性发展。

全联并购公会并购法律委员会负责人、国浩律师（北京）事务所管理合伙人孙敬泽建议，《民营企业合规经营工作指引》的制定工作迫在眉睫，应提上议事日程。同时，应由专业律师在检察监督案件中发挥司法共同体的前置作用。他表示，企业合规首先是依法经营，在有法可依之外，要有法可执、有法可保。因此在完善建立合规法律体系的同时，应确保其可操作性、可执行性、可落地性。孙敬泽还提出，民企合规经营的目的是防范风险。在化解风险方面：一是要充分利用大数据和互联网；二是国家要完善关于不良资产处置的法律法规，能够在募投管退方面给予积极的支持。

全联并购公会理事、并购维权委员会执行副主任，怡丰律师事务所主任、合伙创始人王心波在发言中提出，《民法典》是市场化法治化营商环境的制度根基。《民法典》强调了产权的平等保护，强调了所有的企业的平等主体市场地位，是健康营商环境的重要指标；同时，对公权和私权的边界做了明确界定，也是维护民营企业财产权的重要保障措施。他表示，民企发展的前提是依法合规经营，这是提高民营企业抗风险能力的必由之路。并购维权委员会将助力企业更新营运思维观念，重建民营企业竞争力，使其符合新时期法治体系的新要求。

全联并购公会并购维权委员会委员、北京浩信德霖税务师事务所董事长贾金伟通过案例重点分析了民企在财富积累过程中存在的税务问题，并从财税角度对企业合规发展提出专业建议。他强调，民企要依据经营实质和特点，优化生产经营方式，充分利用国家相关税收优惠政策，进行系统、科学、有预见性的税收策划；同时，要切实转变思想，树立正确的纳税意识及税务风险防范意识，把企业财税管理合法合规放在首位，谋求企业长期稳定发展。

年会第二场分论坛——信用管理分论坛以"促进企业信用管理与个人信息保护"为主题。并购公会信用管理委员会常务副主任刘新海表示，并购公会信用管理委员会成立于 2019 年，已打造成为目前国内最专业的信用领域智库之一，目前正积极地研究行业的"痛点"问题，发布相关研究报告，出版相关行业书籍，为行业发展和信用体系建设献计献策。

中国市场学会信用学术委员会主任、信用管理委员会顾问林钧跃分析了企业信用管理的现状、技术方法和应用现状。他指出，企业信用管理理论有五项基本功能，包括客户信用档案管理、授信赊销、应收账款管理、商账追收、开拓市场。通过这五项基本功能，企业信用管理最终价值体现为促进业务发展以及实现业务与自由现金流的双增长。

北京大数据研究院专家、原央行征信中心顾问李铭分享了国际个人信息保护立法的主要"流派"及中国的立法历程。他强调："今年《个人信息保护法》正式落地实施，影响远远超过经济领域的范围，这给金融机构在合规方面提出了很多任务和挑战，合规可能是一个试错的长期过程，但必须马上行动。"

商务部信用研究所所长、中国服务贸易协会商业保理专业委员会主任韩家平在谈及中国社会信用体系建设的主要进展时表示：2014 年以来，中国社会信用体系建设进行了一系列有力有效的探索实践，在全面推广统一社会信用代码、加强重点领域信用记录归集共享和公开、开展信用分级分类监管、治理群众反映强烈的突出失信问题、促进中小微企业信用融资等基础领域和关键环节方面取得重要进展，为深化"放管服"改革、优化营商环境、推进国家治理体系和治理能力现代化提供了有力支撑。

第三场分论坛围绕 2021 年全球并购及国内资本市场新变化、新动态，就上市公司并购重组的状况、民营企业并购重组中存在的问题以及如何进行

改善等问题展开。

全联并购公会常务副会长，国元证券原党委书记、董事长蔡咏指出，2021年全球并购市场呈现以下特点：第一，数字化和技术资产的交易正在加速，已成为全球并购市场的热点；第二，并购标的资产的估值进一步分化，价格呈现"冰火两重天"状况；第三，对优质资产的竞争越来越激烈，出价越来越高，交易节奏也加快了；第四，"碳排放"的约束因素在促进全球并购重组中发挥了前所未有的正面作用；第五，在全球产业链重构中，一些规模较小的供应商面临着生存的压力，而大型制造业公司正在考虑通过纵向的产业并购，扩大其在产业链中的分量及价值，且表现得比较明显，所以全球并购市场中产业链的纵向并购笔数增加了很多；第六，私募股权基金、各国的PE基金近几年发展比较快，其强烈的交易意愿推高了估值水平，竞争愈发激烈。此外，受疫情的严重影响，原来的商业模式迭代速度比较快的行业，则受到私募股权基金利用这个机会打压其资产价格的案例也有不少。

湘财证券首席经济学家、副总裁、研究所所长李康详细分析了A股市场发展及并购重组的特点。一是受全球疫情反复的影响，跨境并购的活跃程度较疫情前有一定程度的降低，大幅度回暖要等到疫情结束。二是随着注册制持续推进，A股IPO数量呈井喷式爆发，A股借壳上市交易的热度在不断降低。预计随着全面注册制的到来，借壳上市的案例将会进一步减少，A股市场并购活动中寻求控制权变更的交易占比也将进一步降低。三是2021年并购交易更趋理性，聚焦主业做大做强。四是北交所成立推动新三板定增融资的机制形成，提高了新三板公司流动性预期，推升了新三板公司定向增发的获利空间。五是高端制造业维持高景气，其并购融资的需求比较旺盛。六是对于受疫情影响的上市公司并购重组项目，监管部门做好监管服务工作，加快审核进度，提高审核效率，支持上市公司发展。

博览财经信息技术股份有限公司创始人、首席经济学家李宏图认为，希望能够看到多一些国企与民企之间的并购，尤其是在新兴产业，可以降低成本，形成真正的优势互补。另外是产业链的上下游并购，选择优秀的供应商进行产业链并购组合，使企业成本得到优化和降低。

全联并购公会信用管理委员会委员安光勇表示，受疫情影响，并购的风险比以往有大幅增长，要尽量避免"蛇吞象"的模式以及跨界并购，要通过财务、法律、政策、信用等多维度对并购进行评估，要比以往做出更多的准备工作，通过小型的并购来积累丰富经验。

由全联并购公会主办的"中国并购年会"已经连续成功在北京、天津、上海和香港等地举办十八届，每一届年会都是政府领导、商界领袖和专家学者风云际会的平台，受到了国内企业界、经济界的广泛关注和一致好评，多方媒体竞相报道。"中国并购年会"业已成为中国并购业界的品牌性活动，成为全国乃至亚太地区最为成功的业界盛会。历届并购年会都秉承以往的成功经验，延续高端、高质、高效的活动特色。包括监管要员、企业高管、并购专家等并购领域翘楚汇聚一堂，围绕并购热点、并购价值等话题展开讨论。同时，并购当事双方案例评述、全场互动点评的举办，更有助于与会者了解并购、参与并购，并吸引更多的专业人士关注中国并购业的发展。

# B.28
# 第七届中国并购基金年会
# 精彩观点集萃

2021 年 10 月 30 日，由苏州基金博物馆主办，全联并购公会、苏州市金融发展研究会协办，在苏州市人民政府、苏州工业园区管理委员会的工作指导下，以"聚焦长三角 聚焦大重组"为主题的第七届中国并购基金年会在苏州开幕。两百余名金融行业人士、专家学者齐聚一堂，围绕长三角一体化国家战略，探讨重组与转型机遇。

苏州工业园区管委会主任林小明，苏州市财政局党组书记刘小玫，国创会学术委员会常务副主任、复旦大学特聘教授黄奇帆，上海市原市委常委、常务副市长、上海新金融研究院理事长屠光绍，全联并购公会荣誉会长、中国证监会原副主席高西庆，全联并购公会党委书记、中美绿色基金董事长徐林，苏州市政协党组书记朱民，苏州市原市委常委、常务副市长、苏州市金融发展研究会会长曹福龙，上海市互联网金融行业协会会长、原国泰君安证券董事长万建华，汉德资本主席、原德意志银行亚太区投资银行执行主席蔡洪平，嘉实基金总经理经雷，新华社高级记者、《经济参考报》党委委员周宁，全联并购公会会长尉立东，全联并购公会创始会长、金融博物馆理事长王巍，全联并购公会党委常务副书记、常务副秘书长、国家发展和改革委员会财政金融司原副司长李聚合，全联并购公会副秘书长沈联合等嘉宾莅临，部分嘉宾致辞并演讲。中国证券投资基金业协会党委委员、副会长高天红以视频方式致辞。

林小明表示，近年来苏州工业园区不断深化金融开放创新，大力推动包括并购基金在内的私募基金行业高质量发展，提升经济规模能级，全面赋能实体经济的发展。他衷心期待苏州基金博物馆能够持续做大做强创新实践的平台，在提升数字工业园区，基金的品牌和行业的影响力方面继续发挥积极作用，为园区以及苏州的产业深度融合，实现高质量发展，贡献更多的坚实力量。

高天红表示，并购基金作为私募基金行业重要的组成部分，在助力科技企业转型升级、支持战略新兴产业发展、支持区域经济发展、帮助企业完善治理水平等方面发挥越来越重要的作用。基金业协会在中国证监会的领导下，将持续贯彻落实"放管服"的要求，坚定不移"放"、科学精准"管"、全心全意"服"，努力推动行业规范和发展齐头并进，继续和行业共同努力，立足新发展阶段，贯彻新发展理念，坚定不移为推动基金行业服务实体经济高质量发展贡献力量。

黄奇帆表示，当今正在进入一个大时代，这个大时代是整个世界经济在重组中发展。他阐述了世界经济强国具备的两个前提条件，结合中国经济发展形态，讲到了工业革命、能源革命，具体到"碳达峰"、"碳中和"在推进过程中与民生、工业、经济的紧密关联。他表示，只有科技强国、工业强国，经济规模超大的强国，金融业才会得到很好的发展，金融业发展会使强国的效益大幅度提升。最后，他还阐述了世界的金融、货币的地位的三个等级，并对苏州基金博物馆寄予期望，提出对当代金融发展形成做一次金融资本的发展编年史，记录中国现在到未来 30 年里国内金融发展的重要意义，把中国金融人民币国际化，以博物馆的方式展现当代中国人民币国际化的痕迹，发展轨迹，形成当代中国金融人民币国际化步伐的痕迹。

屠光绍认为，长三角地区是中国经济高质量发展的一个最重要的区域，有着国内发展最好的资本市场、密集的金融机构、丰富的金融科技公司以及优质实体经济企业。社会责任投资推动高质量资本供给。高质量资本是高质量发展的关键资源，是承载国家发展战略的资本，是可持续发展的资本，涵盖生态环境保护、社会进步、共同富裕等各个方面，是促进利益相关方共享的资本和健康有序扩张的资本。如何促进高质量资本的形成，他认为，这是金融供给侧改革的重要任务，包括加快直接融资发展、加大高质量发展重要领域资本供给力度、提升资本运作效率和促进资本规范健康发展等重要

内容。

高西庆以"破产重整与企业纾困的要义"为题做了演讲。高西庆指出,破产机制的建立,破产重组的实施,最重要的是建立法治环境,有法可依。目前,中国已经有企业破产法,但并不完整,需要进一步改善,要有对企业加强重组方面的保护等。高西庆总结道:"为企业纾困,一方面要靠重组,靠市场的力量。另一方面,为了使企业重焕生机也需要有相应的机制,比如政府要救助,用什么方式救助? 通过什么程序救助? 都需要从机制上给予明确。总之,破产重组、企业纾困应遵循市场化、法治化和国际化的原则。"

徐林表示,长三角是中国经济最发达的地区之一,发展潜力巨大。长江三角洲区域一体化发展作为国家战略,不仅制定了专门规划,还打造了长三角生态绿色一体化发展示范区。在这样的大市场格局下,并购基金在推动长三角地区的创新驱动、绿色低碳转型和一体化发展方面可以起到非常独特的作用。徐林还指出,中国经济发展进入一定阶段后,市场对并购需求会越来越大,"需形成有利于并购基金或整个市场并购能更好发挥作用的投资生态"。监管部门应对上市公司的并购规则进行完善和改革,使企业的并购投资变得更加简便、容易,同时基金业监管部门也可以根据并购机构的募资、投资和退出情况,创造更规范的发展环境。"我相信中国未来会有越来越多的基金投身于企业的并购过程中,为中国经济的绿色低碳转型、能源的结构性变革、国家的创新发展发挥更积极的作用。"

王巍以"科技时代的并购和价值观"为题做了演讲。他表示,在科技时代里谈并购和金融,要关注三件事。时代是现实当中的"元宇宙",它会随着互联网的不断进步而发展,所涉及的内涵是 VR、AR、AI 等用科技手段来体现人们的精神世界和想象空间,人们可以用计算手段来帮助自身实现原本完成不了的东西。他还结合航海时代的历史发现,谈到了人们如何思考未来生存的空间。同时,他还阐述了能源变化、并购决定公司价值等内容,结合自身的行业领域的经历,分析了并购基金所带来的影响和重要意义。

朱民表示,中国并购基会年会能够在苏州举行,作为一个永久的会址,这对提升苏州基金业的整体发展水平起了很重要的推动作用。进入"十四五"以后，推动中国经济社会发展的重要动力，就是城市群和都市圈的发展。聚焦长三角发展，要用更大力度来推动一体化的进程，需要市场，尤其是资本市场的关注和助力。资本市场在上市融资、债券等区域非常活跃，其经济转型与创新能力在快速提升。目前，科创板新上市企业苏州名列第一，也源于长三角非常强劲的教育科技资源、人才资源和经济活力。

曹福龙表示，长三角一体化的发展已经上升到国家战略的高度。长三角城市群的发展应该进行国际方面的借鉴和比较。每一个城市群的发展都伴随着大的并购、大的重组。长三角城市群在 6 个世界级城市群当中人口最多，也是最具发展活力和潜力以及发展后劲的一个城市群。而苏州作为长三角一体化发展当中的中心城市，聚焦并购重组很重要。

蔡洪平结合自身多年来在行业领域的经历，简述了对元宇宙的理解和思考。他以不同年代所处的环境来分析风险投资这个话题，谈到三件事和三个缺乏。他分析了流量在互联网环境中所带来的影响和现象思考，并从工业产业的国内事例来阐述企业发展之道。

万建华以"关于金融科技产业的再认识"的视角来分享对互联网金融、金融科技的当今理解。他结合 8 年来对相关领域变化与发展的探索研究，阐述了金融科技与金融科技产业在概念、业务模式、业务创新、制度创新等方面，给国内金融业务效率带来的重要变化和影响。他表示，科技企业一定要守住业务底线，不守住业务底线就出问题。他还分析了金融科技企业的自身价值和未来前景，并以银行、证券、保险三个领域分别加以例证。最后，他从四个方面具体分析了中小金融机构对金融科技企业的需求以及相关投资价值。

经雷围绕本次年会主题并结合自身领域经验，具体阐述了信用违约类型和 ESG 要素如何融入信用风险管理，以及对行业未来的风险判断。同时，他简述了建立适合中国的 ESG 研究评价体系的必要性，强调 ESG 能识别出长期可持续发展的行业产业，避开高耗能产业、僵尸企业，精选环境、绩效优秀和低排放公司。他表示，对产业链与行业的分析，在国内做投研是至关

重要的，要更聚焦于有利于低碳战略转型的新兴行业和企业。

周宁表示，苏州基金博物馆十多年来专注做一件事，且在全国多个地方都开办了博物馆，留住了金融历史，打造了金融文化和金融地标，非常不易。围绕年会的大重组议题，他分享了行业领域中的几点调研参考，针对国企混改如何落实、问题出现的原因、成功的要素做了具体阐述。同时，他还对引入资本的底线、上市公司需要关注的风险、经济行为的判断等方面做了简述。

圆桌论坛环节中，苏州工业园区东沙湖金融服务公司总经理助理黄凯主持开场，邀请玉皇山南基金小镇副总经理赵永峰、虹桥基金小镇总经理康锐、嘉兴南湖基金小镇总裁吴雷萍、合肥滨湖金融小镇副总经理程丹润共同围绕"资本联动 长三角基金小镇发展展望"这个话题进行交流探讨。

黄凯介绍，东沙湖基金小镇地处苏州工业园区，面积 3.96 平方公里。作为省发改委第一批特色小镇，以各类私募基金集聚为主导，以隐性创业投资基金，特别是中小企业基金，兼顾股权投资兼并收购、产业投资等各类私募基金及金融机构、高端中介服务机构，夯实小镇特色产业定位，形成覆盖创新创业融资服务的全产业链，并结合长三角地区坐落在自贸区的优势，陆续出台了 KFLP、QDLP 鼓励境内外资金跨境投资等政策。截至 2021 年 9 月底，该小镇已累计入驻股权投资团队 243 家，设立基金 491 支，集聚资金规模超 2669 亿元，在对外投资的企业数量已超 3500 家，其中有 198 家已经上市，43 家完成了在科创板的登陆。

赵永峰介绍，玉皇山南基金小镇地处杭州的主城区上城区，毗邻西湖和钱塘江景区，交通便利，是全国首个"金融+"旅游的特色小镇。作为浙江省首批省级的特色小镇，于 2015 年正式创建，在多年发展中形成了几个明显特点：整体积极度高、私募基金管理人的类型丰富、整体发展状态稳健。根据不同阶段，小镇的主体名称也各不相同，但所有主体均为国有主体，包括公司也是全资国有。小镇以股权投资类（天使投资、创业投资、股权投资）、证券期货类（对冲基金、量化投资基金）、财富管理类投资机构为产业核心，以金融中介服务组织为补充，形成完整的新金融产业链。

　　康锐介绍，虹桥基金小镇毗邻虹桥枢纽，临靠中环，面积较小，属于集约型，小镇内有一百多幢别墅。经过三年多来的建设发展，目前，小镇内入驻的基金和各类机构有100多家，总体管理规模超过2000亿元，服务各类企业3000多家，这其中还有几支母基金。在上海的金融中心建设中，小镇也以发展特色的投融资高地为目标，为基金以及与基金相关的业态打造一个集聚区。虹桥基金小镇的运营模式是混合所有制，从传统意义上来讲，是"两老两新"，"两老"是陆家嘴和外滩，"两新"是虹口和临港。作为直接服务实体经济的投融资的集聚，虹桥基金小镇正在贯彻市政府的"基金+基地"战略。一方面，依托一支市政府作为主要出资方的母基金；另一方面，完全采用市场化建设和运行虹桥基金小镇。结合这两方面，虹桥基金小镇在整体园区的运营目标上，服务大的战略。从基金的集聚来看，虹桥基金小镇基本上和企业的成长周期是同步的，这是一个大方向的保证，也使政府、基金、园区自身的发展能够同频共振。

　　吴雷萍提出，南湖基金小镇秉承习总书记提出的首创精神，是全国第一个提出基金小镇概念、建立以私募股权基金为主导产业的基金小镇。在十年的发展中，持续为中国私募行业提供全生命周期、全产业链的基础服务。目前，小镇已注册和入驻的机构+产品8000多支，管理规模2.6万亿元。截至2021年9月底，小镇实缴资本5800多亿元，累计税收80多亿元。小镇特色鲜明，有85%是创投和股权基金。在服务实体企业方面，小镇内的基金已投资的上市公司有600多家，主要是为创投机构、投资机构做好一条龙的基础性服务。其运营模式是政府规划引导，市场化专业运营。于2015年被列入创建单位，如今已成为浙江省特色金融小镇。

　　程丹润在谈到合肥滨湖金融小镇的特色优势时提出如下几点。第一，合肥滨湖金融小镇有高位推动的过程。合肥是科学中心，有一个经营主体叫滨湖科学城，滨湖科学城提出要打造"一新一股一政"三个示范区。合肥滨湖金融小镇以"长三角金融新坐标 国际化生态未来地"为愿景定位，成为全省金融资源要素供应配置示范区，努力构建一座独具鲜明合肥特色、合肥性格的金融产业集聚区。第二，发展定位。2018年小镇提出"金融+科技"

的发展定位，把金融科技作为主导产业，全面优化投资融资、综合交易、人才集聚、技术服务"四大功能"，致力于打造金融科技研发中心、金融资本集聚中心、投资基金集聚中心、资本市场服务中心、金融人才服务中心"五大中心"。第三，运营主体。合肥滨湖金融小镇是一个联合组建的运营主体，有央企、大股东和相对控股的市属平台。其按照"政府引导、社会参与、市场化运作"方式，创新融合"央地合作""中外合资"等运作模式，成立"合肥滨湖金融小镇管理有限公司"，全面负责金融小镇的规划设计、投资融资、开发建设、产业招商、运营管理等全链条工作。

至此，第七届中国并购基金年会活动圆满结束。作为基金业界最具影响力的庆典盛会，年会对传递金融前沿资讯、普及金融教育、推动高端金融人才培养、活跃苏州及长三角地区金融文化环境起到了重要的促进作用。

# B.29
# 亚太地区企业并购模拟竞赛简介

亚太地区企业并购模拟竞赛是亚太地区学界及业界的年度盛事。竞赛旨在建立海峡两岸、港澳地区及海外高等学府师生间之交流平台，促进两岸企业界与学术界之间的对话，是一个区域性、跨专业的平台，提供学员们向并购领域前辈、先进请教讨论的机会，并借由本竞赛培养未来亚太地区乃至于全球之并购人才。

竞赛起源起于台湾政治大学法学院方嘉麟教授、商学院楼永坚教授、协和国际法律事务所林进富律师三位共同开设的《企业并购实例研习》课程所延伸的一项课间活动，由来自法律、会计、企业管理等不同领域的学生组成团队，透过虚拟个案模拟实际并购交易的过程，课程活动反响热烈，收效明显。

2011年，台湾政治大学法学院以此为契机，邀请清华大学法学院、中国人民大学法学院赴台北共同竞赛——首届企业并购模拟竞赛于是正式诞生。在第一届企业并购模拟竞赛取得良好成效后，海峡两岸、港澳地区及海外高校纷纷表达参与意愿，至第五届（2015）时，竞赛规模已扩大至十二所院校，第八届（2018）时已增加至十六所院校参与。

竞赛广邀杰出企业并购专家，以评审及业师身份给予参与同学们专业建议。随着竞赛发展日益成熟，现已发展为固定的机制，每年竞赛由不同院校轮流举办。许多曾经参与竞赛的学生，现今已以律师、会计师、顾问等身份投入世界各地的并购工作中。许多参与竞赛的学生也借由竞赛的合作交流扩展了人生道路，收获了深厚的友谊。

竞赛迄今已举办十届，因各校及各位老师同学的努力参与，竞赛越办越好，期盼能更持续加深跨域并购人才的培育与交流。第一届（2011）和第

二届（2012）为台湾政治大学举办，第三届（2013）为中国人民大学举办，第四届（2014）为台湾大学举办，第五届（2015）为上海交通大学举办，第六届（2016）为台北大学举办，第七届（2017）为清华大学举办，第八届（2018）为香港大学举办，第九届（2019）为北京大学举办，第十届（2022）为澳门科技大学举办。

并购公会自第七届（2017）起参与主办亚太地区企业并购模拟竞赛，邀请了来自金融机构、企业、律师事务所、会计师事务所等金融领域的资深专家担任现场评审和书状评审，延续了赛事一贯的高水准和专业性。

高校是并购领域专业人才培养的摇篮，全联并购公会是并购行业标准的制定者和并购行业规范发展的引领者。亚太地区企业并购模拟竞赛立足于国际性、多元性、前瞻性和专业性，提供未来并购精英相互切磋、展示的平台，以及与当代并购大师对话与学习的机会，引领企业并购与产业整合潮流，必将对促进并购人才培养，推动亚太地区乃至全球并购的健康、快速发展产生积极、深远的影响。

# B.30
# 全联并购公会"两会"提案:

《关于在区域性股权市场登记结算机构
与商事登记机构之间建立信息对接机制的提案》

　　全联并购公会认真履行参政议政职能,坚持把提案作为发挥公会作用的重要载体和途径,聚焦"十四五"开局,服务经济社会发展,积极参与全国工商联 2021 年团体提案工作。2021 年 3 月,全联并购公会围绕行业高质量发展提交的《关于在区域性股权市场登记结算机构与商事登记机构之间建立信息对接机制的提案》(以下简称"《提案》")喜上两会,通过全国工商联正式报送全国政协十三届四次会议,呼吁国家市场监管总局同意建立区域性股权市场信息对接机制。本提案经过层层筛选,从全国工商联收到的255 件提案初稿中脱颖而出,成为最终被确定的 48 件上报提案之一。

　　《提案》引发全国股交行业热议,全联并购公会微信文章被全国各大股交中心转发。原因在于《提案》触及了十年来阻碍全国股交行业发展的一个重大障碍,即国家市场监管部门与股交中心之间在非上市公司股权质押登记及信息系统对接方面的难题。

　　《提案》立足专业,深入行业,聚焦区域性股权市场发展。《提案》指出区域性股权市场登记结算机构是《证券法》授权的合法的从事证券登记、结算业务的机构,但在实际运行中,还没有实现与各级地方政府市场监督管理部门之间的信息共享和互联互通,导致相关市场主体之间一直存在关于股权信息的不对称,容易引发权属纠纷的法律风险和经济风险。《提案》还针对存在问题提出了如下专业建议。

　　一、建议区域性股权市场登记结算机构建立企业查询股东名册及股东查询持股情况的自主信息查询系统,并与各省市当地市场监督管理部门实现信

息联通。

二、通过连接互通的信息平台将股权出质、司法冻结及扣划信息及时传递共享。

三、对区域性股权市场登记结算机构与商事登记机构的职责进行系统性的清理，特别是对交叉地带、模糊区域的工作进行责任边界的明确划分。

自 2006 年起，全联并购公会通过全国工商联每年向"两会"提交提案，多项提案受到国家相关部委、参会代表、媒体在内的社会各界的广泛关注。全联并购公会充分发挥自身优势，积极建言献策，作为政府、行业与企业之间的桥梁纽带作用得到提升，把握产业动态、引领行业规范发展的权威性也不断加强。下一步，全联并购公会将在全国工商联的指导下全面跟进，与政府有关部门进行进一步的沟通和联系，确保提案的意向落到实处。

# Abstract

In 2021, as economic entities around the world gradually recover production activities from the epidemic successively, coupled with implemented large-scale monetary and fiscal stimulus policies, the global mergers and acquisitions (M&A) market has experienced a significant rebound in 2021. The general report provides a comprehensive analysis of the macro-environment for the development of China's M&A market in 2021, points out that with the negative impact of COVID-19 mitigating on the margin, the backlog of M&A demand in 2020 has been released concentratedly, and with the support of the abundant liquidity provided by quantitative easing the willingness and capacity to invest in the M&A market were greatly enhanced as well. There was an accelerated growth in the number of M&A transactions, but a significant decrease in the single transaction value in China's M&A market in 2021. As China's economy has entered the stage of high-quality development of slowing down and improving quality, the Matthew Effect has gradually emerged, and the willingness of small and medium-sized enterprises to be acquired is gradually increasing.

The Policies and Regulations Section presents a complete picture of the legal system of laws related to mergers, acquisitions and restructuring in China throughout 2021, by reviewing and analyzing the laws, regulations and normative documents that are newly promulgated by legislative and administrative authorities in China during the period from 2020 to 2021 that are directly or indirectly related to M&A. Also, through the analysis and evaluation of major laws, regulations and major normative documents, it further presents the improvement of China's existing rules on M&A and restructuring or the establishment of new regulations in 2021, and briefly interprets these improved rules and new regulations. The Industry

Section explains the developmental background, current situation and development tendency, scale of M&A, features and problems, as well as the logical framework of major M&A cases and well-known cases in the top 10 industries including the manufacturing industry, the energy and mining industry and so on, in which a systematic and comprehensive presentation of the status quo of M&A in each industry is given, and the M&A cases in each industry are interpreted with a top-down approach. lt also reveals that in the current restructuring of tle global industrial chain and the creation of a 'dual cycle' development pattern, some small enterprises face the pressure of survival and growth, while large enterprises are expanding their value and scale in the market competition through vertical industrial M&A . Vertical M&A in the industry chain grew rapidly in the domestic M&A market in 2021. The Special Topics Section focuses on the domestic M&A market. It summarizes and analyzes the M&A of listed companies, private enterprises and the development of M&A funds. Popular Issues Section lays emphasis on the analysis of the new situation of M&A in related industries under the framework of anti-monopoly and ESG investment. In particular, the analysis on the current status and trend of cross-border M&A under COVID-19, and the in-depth discussion of heated topics including mergers, acquisitions and restructuring in the metaverse field, and deepening the reform of mixed-ownership systems and helping the optimization of the layout and structural adjustment of state-owned economy. Cases Studies Section focuses on the analysis of some of the most influential M&A cases this year, and interpret cases such as Zhongsheng Group acquiring Zung Fu China, J&T Express combining with Best Express, Hillhouse capital acquiring Royal Philips, and the in-depth integration of the cement sector of China Building Materials. Finally, in the appendix of this report, readers are provided with a collection of the highlights of the 18th China M&A Annual Conference and the 7th China M&A Fund Annual Meeting.

**Keywords:** M&A Market; M&A of Industries; M&A and Restructuring

# Contents

## I  General Report

**Abstract:** As economic entities around the world recover production activities from the epidemic successively, coupled with implemented large-scale monetary and fiscal stimulus policies, the global mergers and acquisitions ( M&A ) market has experienced a significant rebound in 2021. The total value of M&A transactions worldwide exceeded 5 trillion dollars, and over 60000 deals were made. Enhanced liquidity and raised expectation were the main driving forces for the recovery of the M&A market in 2021. First of all, this report analyzes the macroeconomic environment for the M&A market in 2021. With the negative impact of COVID−19 mitigating on the margin, the backlog of M&A demand in 2020 has been released concentratedly. Supported by the abundant liquidity provided by quantitative easing policy, people's willingness and capacity to invest in the M&A market were greatly enhanced as well. Secondly, according to the analysis from the perspective of international M&A market, both the number and scale of M&A in the Americas, the EMEA and Asia Pacific region have increased on a year-on-year basis, as the COVID−19 epidemic and the recovery of global production activities have stimulated the demand for M&A in the fields of healthcare, finance, communications, aviation, etc. . Lastly, there was an accelerated growth in the number of M&A, but a significant decrease in single transaction value in China's M&A market over 2021. As China's economy lowers the speed in exchange for

entering the stage of high-quality development, the Matthew Effect has gradually emerged, and the willingness of small and medium-sized enterprises to be acquired is gradually increasing. China's M&A cases in 2021 mainly focused on dual-cycle, consumption upgrading, digital economy and other related fields.

**Keywords**: M&A Environment, International M&A Industry, M&A

# II   Policy and Regulation

**B** . 2   M&A Laws, Regulations and Policy Evaluation

*Zhang Xiaosen, Wan Yijiao, Zhang Wei and Zhang Songtao / 024*

**Abstract**: This report gives a complete picture of the legal system construction of laws, regulations and normative documents related to mergers, acquisitions and restructuring in China throughout 2021, by reviewing and analyzing the laws, regulations and normative documents that are newly promulgated by China legislation and administrative organs during the period from 2020 to 2021 that are directly or indirectly related to M&A in China from 2020 to 2021. Through the analysis and evaluation of laws, regulations and major normative documents, this report further presents the improvement of China's mergers, acquisitions and restructuring rules and the establishment of new regulations in 2021, and briefly interprets these further improved rules and new regulations.

**Keywords**: M&A and Restructuring; Business Environment; The Capital Market

# III   Industry Reports

**B** . 3   Analysis of M&A in Manufacturing Industry in 2021

*Zhou Jing / 085*

**Abstract**: Against the backdrop of increasing uncertainties such as the continuing spread of the epidemic, investment protectionism and anti-globalization undercurrents, China's manufacturing sector has bucked the trend of steady growth and turned positive. China will continue to leverage its strength as a manufacturing powerhouse, and more enterprises will explore ways to deeply participate in the reconstruction of international industrial chains and supply chains through M&A. Accelerated digital transformation of enterprises will become a new engine to promote high-quality economic development. Meanwhile, it is imperative to recognize the severe challenges faced by China's manufacturing industry to achieve high-quality development. It is necessary for us to recognize the prominent problems in fields of innovation-driven development, institutional innovation and corporate governance. In the wave of digital transformation, it is urgent for Chinese manufacturing enterprises to accelerate the construction of a new development pattern in which mutual promotion between domestic and global value chain is realized.

**Keywords**: PMI Index; Global Ralue Chain; M&A; Manufacturing Industry

**B**.4 Analysis of M&A in Energy and Mining Industry in 2021

*Hu Wei, Jiang Yihong and Gao Chen* / 102

**Abstract**: In 2021, due to the impact of COVID − 19, M&A in the traditional energy industry were not active . However, the intention of mergers and acquisitions increased steadily compared with 2020. While the number of completed deals declined, the total transaction value increased. There were 38 M&A transactions in China's energy and mining industry over 2021 in terms of scale, with the disclosed transaction amount of 60. 152 billion yuan. Among them, state-owned enterprises accounted for a high proportion of M&A in the energy sector. The number of M&A transactions of the energy and mining industry with state-owned enterprises as buyers accounted for 47. 37%, but the transaction amount accounted for 93. 78%. KunLun Energy selling 60% equity and other assets to Beijing Pipeline Company, Sinopec acquiring equity and related non-equity assets of subsidiaries of China Petroleum & Chemical Corporation, other assets from Anqing Shuguang,

并购蓝皮书

extending oil capital increase, and acquiring Shanxi Gas Group, Guodian Technology & Environment selling 40% equity of Guodian United Power, and Shanxi Natural Gas making 100% equity investment are the major M&A events in the energy mining industry throughout 2021.

**Keywords:** Energy and Mining Industry; M&A; Equity Acquisition

## **B**.5  Analysis of M&A in Financial Industry in 2021

*Zhang Zhilong* / 112

**Abstract:** China's economy continues to recover in 2021, with the GDP growing rapidly in the first half of the year. However, in the second half of the year, due to the impact of repeated epidemics, floods in some areas and energy shortage, along with the limitation of production and power supply, the economic growth rate faces certain downward pressure. However, the pace of deepening capital market reform is still accelerating. Steady progress was made in the reform of the registration system, and the capital market continued to expand, which promoted the prosperity of the financial sector. The number of M&A and the transaction value in the financial industry increased significantly compared with that of 2020 in terms of M&A situation. The M&A will mainly take the form of negotiated acquisition, and the targets of M&A are mainly distributed in diversified financial industries, with relatively few in banking and insurance industries. Among them, the two largest M&A cases completed by the securities industry are Oceanwide transferring equity to Minsheng Securities, and Shaanxi Investment Group accepting the transfer of equity from Western Securities. Banking and insurance industries are accelerating business layout through M&A, such as the transfer of shares of shengjing Bank to Evergrande Group, the acquisition of Huarong Consumer Finance by Bank of Ningbo, and American International Assurance purchasing shares from China Post Life are both typical M&A cases in the industry.

**Keywords:** Securities; Banking; Insurance Industry; M&A

**B** . 6    Analysis of M&A in Internet Information Technology

Industry in 2021                        *Jiang Hong* , *Sun Fangcheng* / 124

**Abstract**: The number of M&A deals in the Internet information technology sector showed an upward trend in the first four months of 2021, reaching its yearly peak in April. Then, the volume of transactions began to fall back, showing a relatively stable activity state with a high average number of monthly transactions from May to December. The number of M&A deals in February was the lowest of the year, but despite the fact that there was a holiday, the monthly average daily number of transactions in February was not low and trading remained active. On the whole, M&A activities within the Internet information technology industry over 2021 are characterized by high transaction activity, software and services industry accounting for the largest proportion, small individual M&A transaction amount, and centering around M&A in the industry. Luxshare investing a huge sum to hold controlling interest in Rikai Computer Accessories, ∗ ST Datang issuing additional directional shares to acquire Datang Liancheng, and Tatfook vertically making an acquisition of Affluence & Eternity are the important M&A cases in the industry.

**Keywords**: Internet; Information Technology; M&A; Equity Investment

**B** . 7    Analysis of M&A in Semiconductor Industry in 2021

*Chen Chao* / 138

**Abstract**: According to the statistics from China Semiconductor Industry Association, the sales volume of the integrated circuit industry in China reached 1045. 83 billion yuan in 2021, increasing by 18. 2% compared with that of 2020 taking about 30% of the total global sales value. M&A activity in the domestic semiconductor industry is also quite active in 2021, but there are a limited number of large-amount M&A transactions that qualify for major asset restructuring. The semiconductor industry has a very long industrial chain and broad application. Its industrial chain includes

upstream (IP, EDA software tools, integrated circuit design), midstream (IC manufacturing including IC equipment, silicon or silicon wafer processing, chemical materials, photomasks, and etc.) and downstream (packaging equipment, packaging testing, substrate, lead frame, and etc.). The segmentation of the market is significant, which provides semiconductor enterprises an opportunity to grow larger and stronger through M&A. Meanwhile, it also provides traditional industries and other enterprises an opportunity to try to transform, upgrade, and future listing through acquiring semiconductor enterprises. This report finds that among the M&A cases in china's semiconductor industry in 2021, 55.30% of M&A transactions were related M&A transactions, and these related parties rarely retain intermediaries to participate in the deals. Among the rest 44.70% non-related ones, the number of transactions that disclosed the participation of intermediaries is still limited. Usually, only one party involved in M&A in 2021 is a listed company. According to the distribution statistics of the listed securities market, 78.79% of them are listed on the main board, 18.18% are listed on the National Equities Exchange and Quotations (NEEQ), and the rest 3.03% are listed in Hong Kong. For example, according to whether the buyers and sellers of the transactions are listed companies, and differentiated by the securities market in which they are listed, it is shown that the competing buyers listed on the main board account for 56.06% of the semiconductor M&A listed companies on the main board, while the sellers listed on NEEQ account for 70.83% of all the semiconductor M&A listed companies on NEEQ. The top 5 provinces with the most M&A transactions in the semiconductor industry in 2021 were Shanghai and Guangdong, with 23 M&A events each, accounting for 17.42%, followed by Jiangsu Province with 16 cases, accounting for 12.12%. Zhejiang Province ranked fourth with 13 cases, accounting for 9.85%, and Beijing ranked fifth with 9 cases, accounting for 6.82%. According to the data of the enterprises in the semiconductor industry that first announced M&A events in 2021, the number of M&A events peaked in the second half of the year, with the largest number of M&A events taking place in September, November and December in particular, accounting for 40% of all M&A's deals.

**Keywords**: Semiconductor Industry; M&A; Industrial Chain; Related-party Transaction

**B**.8 Analysis of M&A in Culture, Sport and Entertainment

Industry in 2021 *Hu Wei, Jiang Yihong and Gao Chen* / 149

**Abstract**: Culture, Sports and Entertainment industry influence a wide range of people, which with a large market size and an increasing demand. Due to the strong demand for Culture, Sports and Entertainment industry, it is difficult to reach a balance between supply and demand in a short time. The "Internet Plus" has brought new development opportunities for the industry. Meanwhile, COVID-19 epidemic caused an unprecedented impact on the global economy. Although with the epidemic prevention requirements of keeping social distance and less contact, the industries with dense crowd such as culture tourism, exhibition, supermarket, performing arts, sports events, film and television production have been significantly affected. However, this event has also accelerated the evolution of remoteness and virtualization for economic and social activities. The corresponding information industry, related business models and formats will confront unprecedented development opportunities and expansion space.

**Keywords**: Culture & Sport Industry; Entertainment Industry; Equity Investment

**B**.9 Analysis of M&A in Construction Industry in 2021

*Yao Yuanjia, Shu Ning and Xin Yunzhe* / 159

**Abstract**: Construction industry has always been the pillar industry of the national economy. In recent years, the construction industry has gradually become green, low-carbon and intelligent. Firstly, this report reviews the development trends of the construction industry in recent years, and makes an analysis indicating that after the nation focuses on the "new infrastructure and new urbanization initiatives and major projects" in 2021, a number of major projects have started construction, injecting new momentum into the high-quality development of the construction industry. Secondly, this report provides an overview of M&A in the

construction industry in 2021. The total number of M&A deals in the construction industry over the year of 2021 was 138. In terms of subdivided industries, construction and engineering industries serve as the main body, and construction machinery and heavy trucks accounted for the least proportion. Finally, this report introduces five major M&A events in the construction industry over the year of 2021, and among them, the typical case of Xinjiang Tianshan Cement Co., Ltd. issuing shares and paying cash to acquire four cement companies is analyzed and interpreted.

**Keywords:** Construction Industry; Low-carbon; M&A

**B.10 Analysis of M&A in Thermal and Gas Public Services Industry in 2021** *Hu Wei, Jiang Yihong and Gao Chen* / 170

**Abstract:** In 2021, the public service industry recovers significantly with the effective control of COVID-19 epidemic in China. For the Gas-Supply industry, with theadjustment for energy consumption structure of residents in the process of China's urbanization and the increasingly stringent environmental protection supervision, the appeal for gas to replace coal applying for power supply and heating is rising. In recent years, the consumption of natural gas has shown a rapid expansion tendency. For the Water-Supply industry, the "14th Five-Year Plan for the Construction Of Water - Saving Society" proposes that China will comprehensively execute the establishment of water - saving nation, strive to develop the recycling economy, and gradually dilute the boundaries of the environmental protection industry. The "comprehensive environmental protection service" which oriented by governance performance, becoming the main development trend in the future. In 2021, the M&A events of Thermal and Gas public service industry mainly concentrated in the fields concluding traditional power generation, new energy power generation, gas, water, etc., which showed various characteristics in each sub-sector.

**Keywords:** Thermal; Gas; Water-Supply Industry; M&A; Public Service

**Abstract**: In 2021, the economic operation of transportation was generally stable. Under the superimposed influence of multiple factors such as the epidemic, the indicators fluctuated to a certain extent, but remained within a reasonable range compared with that before the epidemic. Transportation and warehousing logistics industry is the basic strategic industry supporting the development of national economy, and there are many development opportunities. Although China's logistics industry was continuously affected by the COVID-19 in 2021, the general tone of seeking progress in stability, the total amount of social logistics in China increased steadily. In 2021, there were 136 transactions in China's transportation and warehousing logistics industry, with a disclosed transaction amount of 75.566 billion yuan; The number of mergers and acquisitions of private enterprises was 91, accounting for a relatively high proportion; There are 119 transactions related to highway transportation, 14 transactions related to waterway transportation, and few transactions related to air transportation. Liaogang Co., Ltd (601880. SH) absorbed and merged Yingkou port, Delixi xinjiang Transportation Co., Ltd. (603032. SH) to acquire 100% equity of Zhihong precision Ltd, Shanxi road&Bridge Co., Ltd (000755. SZ) to acquire 100% equity of Pingyu company, Shanghai qiangsheng holding Co., Ltd to replace assets and to acquire 100% equity of Shanghai Foreign Service (600662. SH), Hengye International (872698. NQ) to acquire 100% equity of Hengye Logistics, which were the main mergers and acquisitions in 2021.

**Keywords**: Transportation; Warehousing and Logistics M&A; Equity Acquisition

**Abstract**: Firstly, this article analyzes the current situation and trend of

development of the accommodation and catering industry in the context of repeated COVID – 19 outbreaks. The accommodation and catering industry struggled under various pressures, maintaining recovery growth as a whole. The accommodation and catering industry grew by 14. 5% on a yearly basis, of which 4689. 5 billion RMB was generated, with the growth rate of catering revenve higher than the growth rate of total retail social consumption. However, with the continued impact of the COVID−19 pandemic, catering enterprises like Haidilao Hotpot, Go Believe, and Modern China Tea Shop were under great pressure, and closed a large number of branches. The accommodation facilities decreased with a number of 85, 700 than that in 2020, a 19. 18% decrease on a yearly basis. Meanwhile accommodation and catering enterprises are also actively seeking change through innovation, such as prefabricated food, and accommodation+X, which has brought new development opportunities to the accommodation and catering industry. Secondly, this report also analyzes the status quo of M&A in the accommodation and catering industry over 2021 compared to 2020, the number of M&A cases is decreasing. Finally, this report analyzes some typical M&A cases in the accommodation and catering industry.

**Keywords:** Accommodation Industry; Catering Industry; M&A

# Ⅳ  Special Topics

**B** . 13  M&A Analysis of Listed Companies in China in 2021

*Zhao Yan*, *Geng Xinyi* / 202

**Abstract:** This article reviews the overall situation of M&A activities of listed companies in China over 2021. Against the market background of significant promotion in the registration system reform, the examination and approval of IPO were accelerated, the number of M&A projects submitted to the proposal meeting was reduced, and the passing rate of application for examination and approval was increased. The function of the capital market in promoting capital formation and optimizing resource allocation was further enhanced. In 2021, M&A activities of listed companies still concentrated in the manufacturing sector, and mainly covered 7 industry categories. The value of M&A deals was concentrated within 100 million yuan, and most of the transactions took the form of agreed purchase through cash payment. Valuation risk problems with a high P/E ratio widely exist in the A-share market. In addition, this article involves the statistics of financial advisory agencies, law firms, accounting firms asset appraisal institutions, and securities companies for share transfer businesses that participate in M&A of listed companies, revealing the distribution characteristics of M&A of listed companies more comprehensively.

**Keywords:** Listed Company; M&A; Issuance Examination; Agency Institution

**B.14**  Characteristics and Summary of Private Enterprise

M&A in 2021                                *Wang Dapeng / 213*

**Abstract:** In 2021, the role of private enterprises in the M&A market is becoming more and more important, with the restructuring of the global supply chain system, industrial mergers and acquisitions have become a trend, and the merger and integration around the upstream and downstream of the industrial chain has been chosen by many private enterprises. At the same time, the guidance of the national macro policy has made private enterprises in different tracks feel different, the digital economy and "carbon neutrality" have become the darlings of the times, while the education, training and real estate industries are in a difficult situation. Many factors have also caused some private enterprise giants to encounter difficulties. Looking forward to 2022, with the full implementation of the registration system, M&A exit will become another important option in addition to IPOs. As an important starting point for strengthening the chain and replenishing the chain, the 'Specialization, Refinement, Differentiation and Innovation' will inject new potential energy into the M&A market. With the restructuring of the global industry, private enterprises will sail abroad again. The traffic light of capital also makes the development and expansion of the platform economy usher in more standardized guidance.

**Keywords**: Industrial M&A; Private Enterprise; Specialization, Refinement, Differentiation and Innovation

**B**.15　Analysis on the Development of China's M&A Funds

*Chen Baosheng* / 221

**Abstract**: In recent years, the development of foreign M&A funds has been closely related to the M&A wave in American history. The scale of global M&A funds has increased significantly. However, both the investment and exit through foreign M&A funds have declined. China's M&A funds have experienced four stages: the entry of famous overseas M&A funds into China, the emergence of local M&A funds, the accelerated development of local M&A funds, and the emergence of various types of M&A funds. In 2021, the overall scale of private equity funds in China continued to expand, the market was promising, and the administration and operation of management organizations became more standardized. With the increasingly frequent activities in China's M&A market, the sixth M&A wave has started. China's M&A funds will face both opportunities and challenges in the future. In general comparing the proportion of domestic M&A funds in private equity investment with that of western developed countries, domestic M&A funds are still in the initial stage and still have great growth potential.

**Keywords**: M&A Fund; Investment; Private Equity Investment

# V　Popular Issues

**B**.16　The Mergers and Acquisitions Trends of Internet Industry
　　under the Anti-monopoly Regulatory Framework

*Yu Tiecheng, Yang Qiming and Tian Xuewen* / 240

**Abstract**: With the normalization of anti-monopoly supervision, mergers and acquisitions in China's Internet and related service industries will be affected to a certain extent in 2021, The number of M&A transactions in the Internet and related service industries for the whole year decreased by 23. 75% compared with the same period last year. The number of anti-monopoly administrative penalties imposed on Internet companies was 89, accounting for 74. 17% of the total number of penalty cases. The accumulative fines have exceeded 20 billion RMB, of which the penalties of Alibaba and Meituan alone have reached 18. 228 billion RMB and 3. 442 billion RMB respectively, setting a new record for anti-monopoly administrative penalties in China. The State Administration for Market Regulation's lawfully forbidden to the merger of Huya and Douyu is the first time China has blocked a merger in the Internet technology industry on antitrust grounds.

**Keywords**: Anti-monopoly; Internet; Mergers and Acquisitions

**B**. 17   Development of M&A Industry under the Framework

of ESG Investment      *Li Zhengwei, He Chao and Li Yuwen* / 260

**Abstract**: In the context of the "dual carbon" (peak carbon dioxide emissions and carbon neutrality), the sustainable development and the ESG performance of enterprises have gradually become the critical factors affecting investment decisions. In M&A deals, involved parties gradually take the ESG performance of the target enterprises and their own ESG target as important indicators as well. In 2021, China's M&A industry developed steadily, with an annual increase in quantity and scale compared with the previous year. The ESG performance of listed companies participating in M&A improved to a certain extent on the whole. The ESG performance of listed companies participating in M&A showed some degree of differentiation in different parts of China, roughly showing a trend of decline from central, western to eastern to western regions. The ESG performance of state-owned enterprises participating in M&A in 2021 is better than that of foreign enterprises, which in turn is better than that of private enterprises.

For listed companies in different industries participating in M&A, some industries showed a certain degree of concentration, as well as some degree of differentiation in the ESG performance. In the future, M&A based on the ESG investment framework will become an important channel for the green transformation of enterprises, and help them grasp the opportunities brought about by the global ESG wave.

**Keywords:** ESG Investment; M&A and Restructuring; Green Investment

**B**.18　Analysis on the Current Status and Trend of M&A
　　　in the Field of Metaverse

*Qiu Hua, Zhang Zhilong and Li Jie / 278*

**Abstract:** Metaverse is the inflection point for the development of science and technology that can open the door of the spiritual world, and its future development can be divided into three stages: digital twin stage, virtual primary stage and virtual symbiosis stage. So far, metaverse is still at the initial stage of digital twin, but it has opened up imagination for the further development of the Internet industry. 2021 is the first year for the development of metaverse in China, and trademark squatting is the most common phenomenon in the industry; Since 2022, the number of M&A cases in the metaverse sector has rised significantly. From a global perspective, the development of metaverse is still dominated by large companies, such as Meta, Microsoft, Tencent, and ByteDance, and they are the important indicators of the development of this field. There exists certain problems with the development of metaverse. For example, how to regulate, how to prevent addictions, and ethical issues will all affect the development of metaverse.

**Keywords:** Metaverse; M&A; Share Acquisition

**B**.19  The Current Situation and Trend of Cross-border

Mergers and Acquisitions in COVID−19        *Yao Yuexi* / 298

**Abstract:** Loose fiscal and monetary policies of countries in the epidemic led to a record high of global mergers and acquisitions in 2021, cross-border mergers and acquisitions of Chinese companies also reaped the highest increase in recent years. However, lurking behind the M&A boom are the threats of tightening global monetary policies, disruptions in supply chains, epidemic uncertainty, changes in the market environment, personnel quarantine, anti-globalization trends and trade protectionism. Chinese-funded overseas M&A has entered the 'new normal' period with new characteristics, new trends and new requirements. In the face of the recent global economic situation characterized by uncertainty, we recommend that Chinese enterprises make full use of their comparative advantages, establish professional teams, formulate reasonable strategies, avoid risks, and seize the opportunity of M&A.

**Keywords:** COVID−19; Cross-border M&A; New Normal Period

**B**.20  Opportunity and Value Prospect of Mergers, Acquisitions

and Restructuring in the Blockchain Industry

*Deng Di, Fan Yipeng* / 325

**Abstract:** This paper introduces the restructuring opportunities of M&A in the blockchain industry at alliance chain technology and public chain technology level, ToG, ToB and ToC level, and data asset level. It also looks ahead to the industrial value of blockchain technology application at present and in the future, mainly including the fields of "blockchain + industry", digital collections, metaverse, and technical standards.

**Keywords:** Blockchain; M&A and Restructuring; Metaverse

**B**.21  Deepening the Reform of Mixed-ownership Systems
and Assistance in Improving the Distribution
and Structure of State-owned Economy    *Yu Mingli* / 330

**Abstract**: 2022 is the end of the three-year action of state-owned enterprise reform. On the basis of the important progress made in the reform of mixed state-owned enterprises (SOES), the focus of our work will be to encourage SOES to focus on their primary responsibilities and businesses, enhance the support and driving capacity of industrial and supply chains, and accelerate the optimization and structural adjustment of the state-owned economy. Deepening the reform of the mixed ownership will further play to the role of the state-owned capital investment and operation companies, focus on the main drive professional restructuring integration, enhance technical drawing and industrial transformation, and guide state-owned enterprises to take the strategic direction, focus on major strategic tasks related to national security, industrial core competitiveness, and the well-being of the great strategic task, face the major direction of scientific and technological revolution and industrial transformation, and lay out ahead in the frontier fields of new generation information technology, artificial intelligence, and new materials.

**Keywords**: State-owned Economy; Economic Restructuring; Industry Chain

# VI  Cases Studies

**B**.22  Zhongsheng Group Acquires Zungfu China    *Wu Dai* / 344

**Abstract**: On July 1. 2021, Zhongsheng Group Holdings Co. Ltd. announced that it had finally completed the acquisition of 100% equity of Zungfu China at a price of US$ 1.314 billion. After the transaction was completed, Zhongsheng Group has become the largest dealer of Mercedes-Benz in the south China and the largest auto dealer in China. The acquisition will further strengthen the position of the Zhongsheng Mercedes-Benz brand in the two major regional markets of South China and West China, thereby expanding the market share of the Mercedes-Benz brand in major luxury car-selling regions across the country.

**Keywords:** Zhongsheng Group; Agency Sales Model; Bargaining Power

**B**.23   J&T Express China Merged with Best Express        *Wu Dai / 348*

**Abstract:** On October 29, 2021, J&T Express China and Best Group jointly announced that they had reached a strategic cooperation intention. J&T Express China would acquire Best Group's China express business at a price of about 6.8 billion yuan ($ 1.1 billion). In the future, Best Express will further focus on express delivery, supply chain, and international core logistics business, and deeply cultivate comprehensive intelligent supply chain services. J&T Express China will be committed to long-term cultivation in the field of logistics.

**Keywords:** J&T Express China; Smart Supply Chain Service; Best Group

**B**.24   Hillhouse Capital Acquired Royal Philips        *Wu Dai / 352*

**Abstract:** On March 25, 2021, Royal Philips, a well-known Dutch home appliance manufacturer, announced the sale of its home appliance business to Hillhouse Capital, an international investment company. In addition, Hillhouse Capital also obtained the Philips brand and the brand authorization name of its specific home appliance products for 15 years. The transaction valued Philips′ home appliance business at about 3.7 billion euros, the estimated net present value of brand licensing was about 700 million euros, and the total transaction value was about 4.4 billion euros, equivalent to 34 billion yuan.

**Keywords:** ODM Production Mode; Brand Authorization; Hillhouse Capital; Royal Philips

并购蓝皮书

**B** . 25   China National Building Materials Cement Sector

Business Completed Deep Integration          *Wu Dai* / 355

**Abstract**: On December 11, 2021, the China Building Materials Cement Sector Business Integration Conference was held. In this integration, China National Building Material Group injected 100% equity of China United Cement, 99. 93% equity of Southern Cement, 95. 72% equity of Southwest Cement, and 100% equity of Sinoma Cement of its high-quality cement companies into Tianshan, a listed company, with a transaction scale of 98. 1 billion yuan. The M&A project is the largest transaction in the history of A-shares to issue shares to purchase assets.

**Keywords**: Plate Business; China National Building Material Group; Cement Companies

**B** . 26   Consolidation and Reorganization of Qixing Group

*Wu Lixin, Wan Wei and Zhang Chenchen* / 358

**Abstract**: In 2017, a local court in the province ruled that Qixing Group and 26 other companies should carry out merger and restructuring. As Qixing Group and other companies were disqualified as independent legal persons due to the existence of high amount of mutual guarantees and high degree of confusion of companies, the local court should adopt the method of substantive merger and restructuring of affiliates according to the law. After determining that investors for restructuring provided Qixing Group and other 26 companies with the debt repayment funds of 6. 16 billion yuan for the restructuring, the court established a special debt settlement plan and a sustainable business plan by adjusting the classification of claims and the interests of investors, so as to effectively carry out various specific work related to the restructuring while maintaining the operations of the enterprises. This provides a successful example and experience for large group enterprises to successfully break the chain of related guarantees and resolve regional debt risks by means of merger and restructuring under the rule of law and the principle of market-oriented principles.

**Keywords**: Substantive Consolidation Reorganization; Classification of Claims; Equity Adjustment

# Ⅶ  Appendixes

社会科学文献出版社

# 皮 书

## 智库成果出版与传播平台

### ❖ 皮书定义 ❖

皮书是对中国与世界发展状况和热点问题进行年度监测，以专业的角度、专家的视野和实证研究方法，针对某一领域或区域现状与发展态势展开分析和预测，具备前沿性、原创性、实证性、连续性、时效性等特点的公开出版物，由一系列权威研究报告组成。

### ❖ 皮书作者 ❖

皮书系列报告作者以国内外一流研究机构、知名高校等重点智库的研究人员为主，多为相关领域一流专家学者，他们的观点代表了当下学界对中国与世界的现实和未来最高水平的解读与分析。截至2021年底，皮书研创机构逾千家，报告作者累计超过10万人。

### ❖ 皮书荣誉 ❖

皮书作为中国社会科学院基础理论研究与应用对策研究融合发展的代表性成果，不仅是哲学社会科学工作者服务中国特色社会主义现代化建设的重要成果，更是助力中国特色新型智库建设、构建中国特色哲学社会科学"三大体系"的重要平台。皮书系列先后被列入"十二五""十三五""十四五"时期国家重点出版物出版专项规划项目；2013~2022年，重点皮书列入中国社会科学院国家哲学社会科学创新工程项目。

# 皮书网

（网址：www.pishu.cn）

发布皮书研创资讯，传播皮书精彩内容
引领皮书出版潮流，打造皮书服务平台

## 栏目设置

◆ 关于皮书

何谓皮书、皮书分类、皮书大事记、
皮书荣誉、皮书出版第一人、皮书编辑部

◆ 最新资讯

通知公告、新闻动态、媒体聚焦、
网站专题、视频直播、下载专区

◆ 皮书研创

皮书规范、皮书选题、皮书出版、
皮书研究、研创团队

◆ 皮书评奖评价

指标体系、皮书评价、皮书评奖

◆ 皮书研究院理事会

理事会章程、理事单位、个人理事、高级
研究员、理事会秘书处、入会指南

## 所获荣誉

◆ 2008 年、2011 年、2014 年，皮书网均
在全国新闻出版业网站荣誉评选中获得
"最具商业价值网站"称号；
◆ 2012 年,获得"出版业网站百强"称号。

## 网库合一

2014年，皮书网与皮书数据库端口合
一，实现资源共享，搭建智库成果融合创
新平台。

皮书网

"皮书说"
微信公众号

皮书微博

# 基本子库
## SUB DATABASE

### 中国社会发展数据库（下设 12 个专题子库）

紧扣人口、政治、外交、法律、教育、医疗卫生、资源环境等 12 个社会发展领域的前沿和热点，全面整合专业著作、智库报告、学术资讯、调研数据等类型资源，帮助用户追踪中国社会发展动态、研究社会发展战略与政策、了解社会热点问题、分析社会发展趋势。

### 中国经济发展数据库（下设 12 专题子库）

内容涵盖宏观经济、产业经济、工业经济、农业经济、财政金融、房地产经济、城市经济、商业贸易等 12 个重点经济领域，为把握经济运行态势、洞察经济发展规律、研判经济发展趋势、进行经济调控决策提供参考和依据。

### 中国行业发展数据库（下设 17 个专题子库）

以中国国民经济行业分类为依据，覆盖金融业、旅游业、交通运输业、能源矿产业、制造业等 100 多个行业，跟踪分析国民经济相关行业市场运行状况和政策导向，汇集行业发展前沿资讯，为投资、从业及各种经济决策提供理论支撑和实践指导。

### 中国区域发展数据库（下设 4 个专题子库）

对中国特定区域内的经济、社会、文化等领域现状与发展情况进行深度分析和预测，涉及省级行政区、城市群、城市、农村等不同维度，研究层级至县及县以下行政区，为学者研究地方经济社会宏观态势、经验模式、发展案例提供支撑，为地方政府决策提供参考。

### 中国文化传媒数据库（下设 18 个专题子库）

内容覆盖文化产业、新闻传播、电影娱乐、文学艺术、群众文化、图书情报等 18 个重点研究领域，聚焦文化传媒领域发展前沿、热点话题、行业实践，服务用户的教学科研、文化投资、企业规划等需要。

### 世界经济与国际关系数据库（下设 6 个专题子库）

整合世界经济、国际政治、世界文化与科技、全球性问题、国际组织与国际法、区域研究 6 大领域研究成果，对世界经济形势、国际形势进行连续性深度分析，对年度热点问题进行专题解读，为研判全球发展趋势提供事实和数据支持。

# 法律声明